令和 6 年度版

労働新聞社

はじめに

労働保険とは、労働者災害補償保険（労災保険）と雇用保険とを総称した名称です。

労災保険は、労働者の業務上の災害や通勤途上の災害に迅速に対処して必要な保険給付を行う制度であり、また、雇用保険は、労働者が失業した場合に生活の安定を図るとともに再就職の促進を図るために必要な給付を行う制度です。

すなわち、労働保険は、今日の産業社会においては、労働者の福祉の向上を図るという意味で、事業経営者及び労働者の双方にとって大変重要な役割を果たしています。

この労働保険に関しては、保険料の申告・納付や保険給付請求など、一定の事務手続が必要でありますが、特に新年度を迎える時期には、それぞれの事業主の方々は、労働保険の年度更新の準備をされることと思います。

本書は、労働保険に関する適用から保険料の申告・納付、保険給付請求の諸手続等を各様式の記入例やイラストを使ってわかりやすく解説しています。

本書が事業主や労働保険の事務担当者など広く関係者に活用され、労働保険の普及と関係者の実務の一助になることを心から願うものであります。

令和６年３月

労働新聞社

労働保険の手引　目次

付　録

（主な事項について、根拠条文を付しました。
法＝労働保険の保険料の徴収等に関する法律）

※本書の掲載内容や様式は、令和６年２月24日時点で判明・確認しているものとなります。以降の変更につきましては対応しておりません。ご了承ください。

※最新の様式等については、厚生労働省のパンフレットやWEB等をご確認ください。

I　労働保険適用徴収システム

労働保険適用徴収事務を迅速かつ効率的に行うため、昭和56年10月からOCR（光学文字読取装置）を導入した労働保険適用徴収システムを実施しています。

システム実施によって、事業主及び労働保険事務組合の方々から提出される主要な届出書は直接OCRで読み取らせますので、届出書の取扱い及び記入等に当たっては次のことに注意してください。

1　取扱い上の注意

（1）なるべく折り曲げないようにし、やむを得ない場合には、折り曲げマーク（▶――◀）の所で折り曲げてください。

（2）汚さないようにしてください。

（3）パンチ、ホッチキス等で穴をあけないでください。

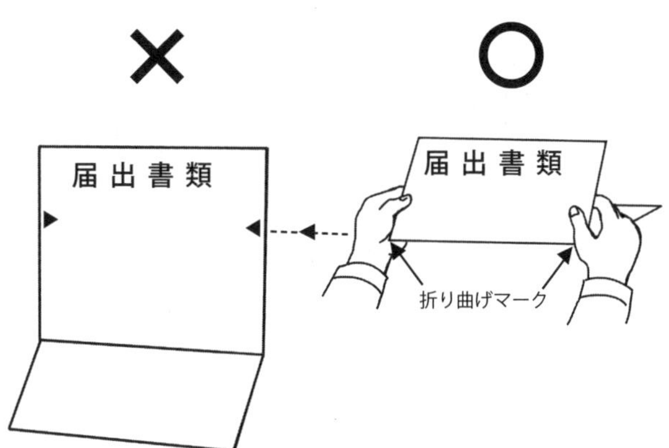

2　記入上の注意

（1）黒のボールペンを使用して記入してください。

（2）ボールペンのボタやカスレのないようにするため別の紙などできれいに調整してから、記入を始めてください。

（3）□□□□で示された記入枠に記入する文字は、「標準字体」にならって大きめの文字で記入してください。

（4）記入すべき事項のない記入枠は空欄のままとし、※印のついた記入枠には記入しないでください。

3　具体的な記入方法等

（1）労働保険番号の記入方法

労働保険番号を記入する場合は、枠すべてを使って例のように記入してください。

04-3-01-930010-001

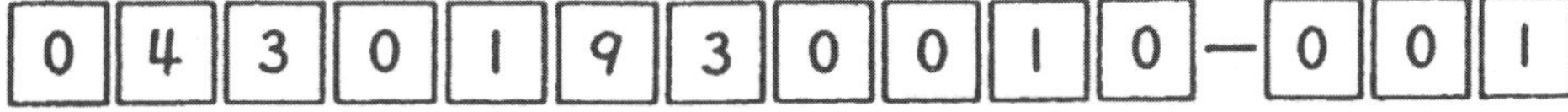

13-1-01-000001-000

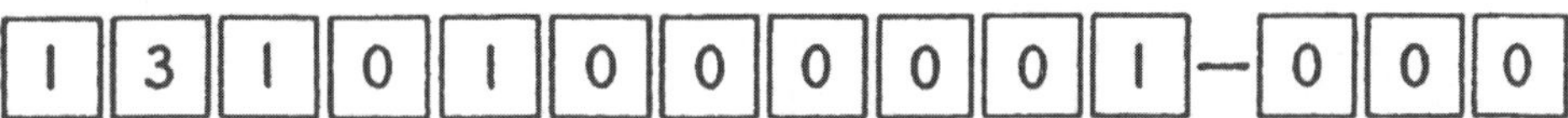

（2）年月日の記入方法

年月日を記入する場合は、枠すべてを使って例のように記入してください。

元号については、平成の場合は「7」、令和の場合は「9」を記入してください。

令和6年4月1日

9－06－04－01

（3）書き損じた場合の訂正方法

①　1文字又は複数の文字の訂正方法

1文字又は複数の文字を書き損じたときは、例のようにその枠の上下をややはみ出すように縦の1本線を引いたうえ、正しい文字を枠の中の右上隅に記入してください。

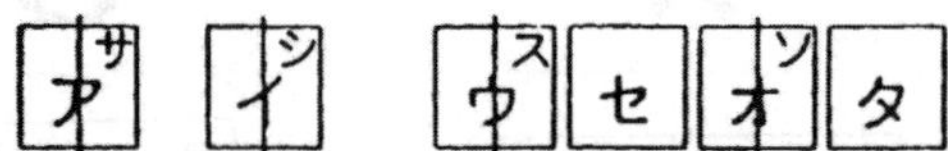

②　1項目すべての訂正方法

1項目すべてを書き損じたときは、例のように両端に1文字のときと同様に縦の1本線を引き、その間を横線で結んだうえ、正しい文字を枠の中の右上隅に記入してください。

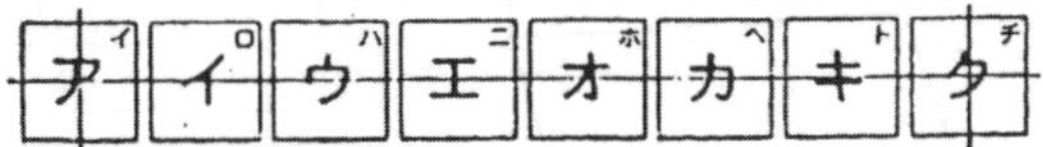

（4）誤読されやすい文字

字形の似たものはOCRが誤って読み取られないよう、その特徴に注意し、記入してください。

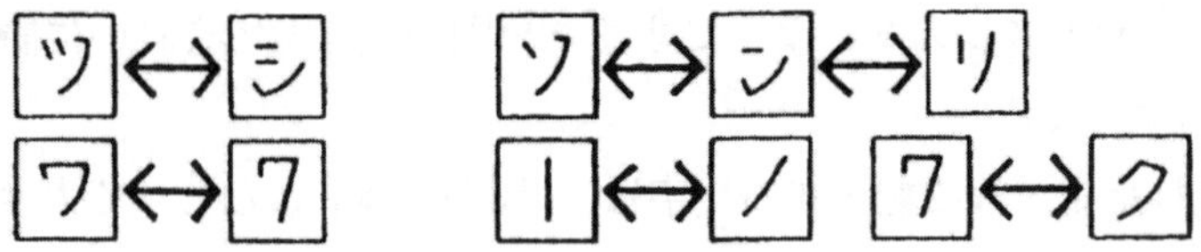

4　標準字体

日本工業規格（JIS）光学文字認識のための手書文字です。

（1）数字の標準字体（JIS X9006-1979）

0 1 2 3 4 5 6 7 8 9

（2）カナの標準字体（JIS X9005・1979）

（注）1　ヰ、ヱは、「カナ記入欄」では使用できません。

2　「カナ記入欄」については、促音、拗音について記入する場合も、例のとおり大きく書いてください。また濁点、半濁点は１文字と同様１つの枠を使って記入してください。

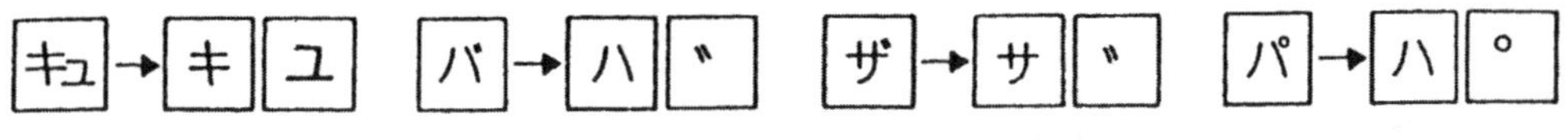

３　「漢字記入欄」に記入するカナについては、促音、効音を記入する場合は小さく書いてください。また、濁音、半濁音は以下のとおり記入してください。

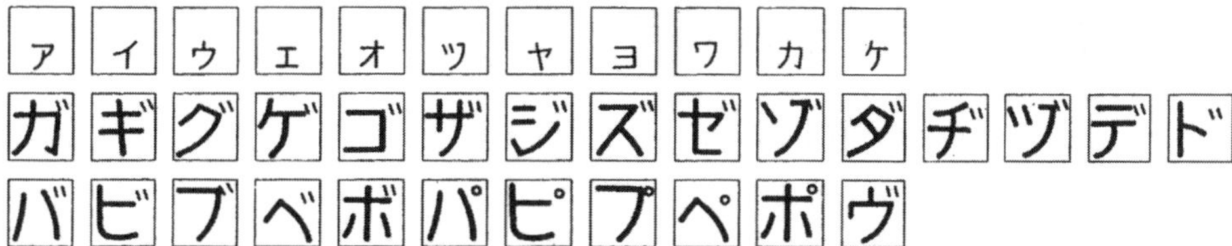

（３）記号の標準字体（JIS X9008-1981）

①「カナ記入欄」の場合

＋ － ． ＃ ＊ ／／ ￥

（注）円記号の￥は納付書の納付額を記入するときのみ、使用します。

②「漢字記入欄」の場合

＋ － ￥ ＊ ＃ ． ・ （ ） 々 〆 ゞ

（４）英字の標準字体（JIS X9007-1981）

A B C D E F G H I J K L M N Ō
P Q R S T U V W X Y Z

（５）平仮名の標準字体（JIS X9009-1991）

（注）濁音、半濁音は文字と同じ枠内に記入してください。

（6）漢字の記入要領

一つの漢字は一つの記入枠内にかい書体で、次の事項に注意して記入してください。

① 記入枠をはみだしたり、極端に小さい文字を記入しない。

木←木 木 木

② 線素及び偏・つくりなどのバランスをくずして記入しない。

貝←見 道←道 道

③ 水平、垂直斜めの筆画の方向はそれぞれ正しく記入する。更に、文字全体を極端に傾斜させたり、角を丸めて記入しない。

三←彡 小←小 円←円

④ 筆画は正しい相互関係に注意して記入する。

田←田 玉←玉 多←多

⑤ 不必要な“はね”や“かざり”をつけない。
　また“はね"や“はらい”が必要な場合でも、極端に大きく記入しない。

林←林 林 力←力

⑥ 点画は、小さすぎたり、大きすぎたりしない。更に、線はかすれたり、極端に太くしない。

太←太 太 白←白 書←書

⑦ 略字では記入しない。

門←门 第←才

⑧ つづけ字では記入しない。

油←油 無←無

5　電子申請、電子納付について

労働保険の適用徴収に係る諸手続については、電子申請及び電子納付を行うこともできます。

また、年度更新については、申告書を電子申請した場合には電子納付を行うこともできます（延納（分割納付）の申請をしたことによる第２期分以降の納付については、申告書を電子申請していない場合も電子納付を行うことができます）。

電子申請を行う場合は、労働保険適用徴収・電子申請システムを利用することにより、都道府県労働局、労働基準監督署又は公共職業安定所に出向くことなく、自宅や事業場のパソコンからインターネットを通じて申請の手続を行うことができます。

概算保険料申告書のように保険料の納付が同時に発生する手続の申請においては、マルチペイメントネットワーク（ＭＰＮ）を介した電子納付も行うことができます。電子納付を利用することで、金融機関まで直接出向かなくとも保険料を納付することができます。

電子申請のメリット

申請者	１．手続に必要な申請書様式をインターネット経由で取得することが可能です。 ２．オンラインでの申請が可能です。 ３．電子申請ソフトの機能により、申請内容のチェックを事前に行うことが可能です。 ４．ペーパーレス化が可能です。

電子申請の流れ

電子申請の流れを以下に示します。

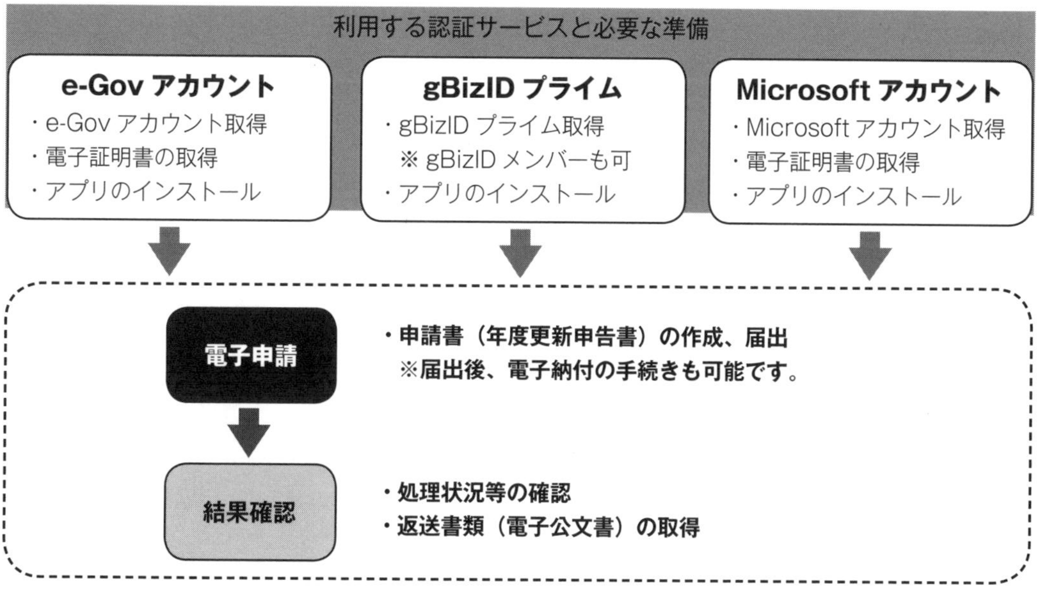

利用する認証サービスと必要な準備

e-Gov アカウント	gBizID プライム	Microsoft アカウント
・e-Gov アカウント取得 ・電子証明書の取得 ・アプリのインストール	・gBizID プライム取得 ※ gBizID メンバーも可 ・アプリのインストール	・Microsoft アカウント取得 ・電子証明書の取得 ・アプリのインストール

↓

電子申請
- **申請書（年度更新申告書）の作成、届出**
  ※届出後、電子納付の手続きも可能です。

↓

結果確認
- **処理状況等の確認**
- **返送書類（電子公文書）の取得**

詳しくは、「e-Gov ポータル」（https://www.e-gov.go.jp/）をご覧ください。

なお、電子申請システムの操作方法等については以下へお問い合わせください。

○「e-Gov 利用者サポートデスク」

電話 050−3786−2225（050 ビジネスダイヤル）

受付時間　4 月・6 月・7 月は平日 9 時から 19 時まで（土日祝日は 9 時から 17 時まで）

5 月・8 月から 3 月は平日 9 時から 17 時まで（土日祝祭日および、年末年始（12 月 30 日～ 1 月 3 日）は受付を休止）

Ⅱ　労働保険の適用と保険料

1　適用のしくみ

（1）事業の概念

事業とは、一般に反復継続する意思をもって業として行われるものをいいますが、労働保険においては、労災保険に係る保険関係及び雇用保険に係る保険関係の成立単位としての事業、すなわち、一定の場所において一定の組織のもとに有機的に相関連して行われる一体的な経営活動がこれにあたります。

したがって、事業とは、経営上一体をなす本店、支店、工場等を総合した企業そのものを指すのではなく、個々の本店、支店、工場、鉱山、事務所のように、一つの経営組織として独立性をもった経営体をいうこととなります。

（2）継続事業及び有期事業

「継続事業」とは、事業の期間が予定されない事業をいい、例えば、一般の工場、商店、事務所等がこれに該当します。

「有期事業」とは、事業の期間が予定される事業、すなわち、事業の性質上一定の予定期間に所定の事業目的を達成して終了する事業をいい、例えば、建築工事、ダム工事、道路工事などの建設の事業、立木の伐採などの林業の事業がこれに該当します。

（3）一元適用事業及び二元適用事業

「一元適用事業」とは、労災保険に係る保険関係と雇用保険に係る保険関係との双方を一の事業についての保険関係として取り扱い、労働保険料の申告・納付等を両保険につき一元的に処理する事業をいい、次の①から⑤以外の事業が該当します。

「二元適用事業」とは、労災保険に係る保険関係と雇用保険に係る保険関係とを別個の二つの事業として取り扱い、労働保険料の申告・納付等はそれぞれこの二つの事業ごとに二元的に処理する事業をいい、

①　都道府県及び市町村の行う事業

②　都道府県に準ずるもの及び市町村に準ずるものの行う事業

③　港湾労働法第２条第２号の港湾運送の行為を行う事業

④　雇用保険法附則第２条第１項各号に掲げる事業

（土地の耕作若しくは開墾又は植物の栽植、栽培、採取若しくは伐採の事業その他農林の事業
動物の飼育又は水産動植物の採捕若しくは養殖の事業その他畜産、養蚕又は水産の事業）

⑤　建設の事業

が該当します。

(4) 地域的適用範囲

① 日本国内にある外国企業の出先機関等の取扱い

日本国領土内における事業については、外国の商社、銀行の支店、出張所等についても適用されます。

② 海外における日本の企業の出先機関等の取扱い

前記①の場合とは逆に海外において行われる事業については、適用されません。

ただし、海外で行われる事業に派遣される労働者であって次の者については、特別加入の承認（第３種特別加入）を受けていれば、労災保険法が適用されます。

イ 国際協力機構等開発途上地域に対する技術協力の実施を業務とする団体から開発途上地域で行われている事業に派遣される者

ロ 日本国内で行われる事業（継続事業に限られます）から海外支店、工場、現場、現地法人、海外の提携先企業等へ派遣される者

ハ 日本国内で行われる事業（継続事業に限られます）から派遣されて、海外にある一定数以下の労働者を常時使用する事業に従事する事業主等

なお、単に留学する者、現地採用者は、特別加入の対象とはなりません。

また、適用事業に雇用される労働者が海外において就労する場合であっても、次の者については雇用保険法が適用されます。

イ 日本国の領域外にある適用事業主の支店、出張所等に転勤した場合（現地で採用される者は、国籍のいかんにかかわらず被保険者となりません）

ロ 日本国の領域外にある他の事業主の事業に、派遣した事業主と雇用関係を継続したまま派遣された場合（雇用関係が継続しているかどうかは、派遣時の契約内容によります）

(5) 人的適用範囲

イ 労働者の概念

労働者とは、職業の種類を問わず、事業に使用される者で、賃金を支払われる者をいいます。

なお、労災保険法及び雇用保険法の適用を受けない者（労働者であっても雇用保険法上の被保険者とならない者を含みます）は、徴収法上の「労働者」とされず、労働保険料のうち労災保険又は雇用保険に係る部分（労災保険率又は雇用保険率に応ずる部分）の額の算定にあたり、賃金総額の計算対象から除かれることとなります。

ロ 労働者の具体的範囲

(イ) 請負と労働関係

請負契約による下請負人は、労務に従事することがあっても徴収法上の「労働者」とはなりません。しかし、請負のような形式をとっても、その実態において使用従属関係が認められるときは、当該関係が労働関係（又は雇用関係、以下同じです）であり、当該請負人は「労働者」となります。このような関係は林業や建設業に比較的多く見られます。

（ロ）委任と労働関係

委任は、「事業に使用される」関係ではありませんが、その委任者と受託者の間に実質的に使用従属関係があって労働関係があるとみられる場合もあります。

（ハ）共同経営と労働関係

共同して事業を経営するような場合には、民法第667条の組合契約のこともあり、あるいは中小企業等協同組合法による組合経営の場合もありますが、単に共同経営だからといって、直ちにそこに働く者が「労働者」でないとはいいきれません。

（ニ）自営業者等と労働関係

自営業者は、労働者を使用している場合には労働基準法上の使用者となりますが、「労働者」となることはありません。ただし、実態において第三者の支配を受ける場合に労働関係があるとみられる場合があり、すでに請負と労働関係、委任と労働関係で説明したとおりです。

（ホ）２以上の適用事業主に雇用される者

労災保険に係る保険関係については、当該２以上のそれぞれの事業において「労働者」とされます。雇用保険の被保険者資格はその者が生計を維持するに必要な主たる賃金を受ける一の雇用関係についてのみ認められます（令和４年１月から、一部の高年齢者を対象とする二重加入の特例が開始されています）ので、雇用保険に係る保険関係については、主たる賃金を受ける一の事業以外の事業においては雇用保険法の適用を受けない者であり、これらの事業における雇用保険に係る保険関係については、「被保険者」としないこととなります。

（ヘ）引き続き長期にわたり欠勤している者

労働者が長期欠勤している場合であっても、雇用関係が存続する限り（賃金の支払いを受けているか否かを問いません）労働者になります。

ハ　法人の役員等

（イ）労災保険

①　法人の取締役・理事・無限責任社員等の地位にある者であっても、法令・定款等の規定に基づいて業務執行権を有すると認められる者以外の者で、事実上業務執行権を有する取締役・理事・代表社員等の指揮監督を受けて労働に従事し、その対償として賃金を得ている者は、原則として「労働者」として取り扱います。

②　法令又は定款の規定により、業務執行権を有しないと認められる取締役等であっても、取締役会規則その他内部規定によって業務執行権を有する者と認められる者は、「労働者」として取り扱いません。

③　監査役及び監事は、法令上使用人を兼ねることを得ないものとされていますが、事実上一般の労働者と同様に賃金を得て労働に従事している場合には、「労働者」として取り扱います。

④　特例有限会社の取締役は次により取り扱われます。

1．特例有限会社の取締役は、旧有限会社法第27条第２項の規定により各自会社を代表することとされていることから、同条第３項の規定に基づく代表取締役が選任されていない場合には、代表権とともに業務執行権を有していると解されるので、労働者として取り扱いません。

2．特例有限会社において代表取締役が選任されている場合であっても、代表取締役以外の取締役は、当然には業務執行権を失いませんが、定款、社員総会の決議若しくは取締役の過半数の決定により業務執行権がはく奪されている場合、又は、実態として代表取締役若しくは一部の取締役に業務執行権が集約されている場合にあっては、業務執行権を有していないと認められることから、事実上、業務執行権を有する取締役の指揮、監督を受けて労働に従事し、その対償として労働基準法第 11 条の賃金を得ている取締役は、その限りにおいて労働者として取り扱います。

（ロ）雇用保険

① 株式会社の取締役は、原則として「被保険者」となりません。ただし取締役であって同時に会社の部長、支店長、工場長等従業員としての身分を有する者は、報酬支払等の面からみて労働者的性格の強い者であって、雇用関係があると認められるものに限り「被保険者」となります。

② 代表取締役は「被保険者」となりません。

③ 監査役については、会社法上従業員との兼職禁止規定があるので、「被保険者」となりません。ただし、名目的に監査役に就任しているに過ぎず、常態的に従業員として事業主との間に明確な雇用関係があると認められる場合には、「被保険者」として取り扱います。

④ 合名会社、合資会社の社員は株式会社の取締役と同様に取り扱い、代表社員は「被保険者」となりません。

⑤ 特例有限会社の取締役は、株式会社の取締役と同様に取り扱い、会社を代表する取締役については、「被保険者」となりません。

ニ 同居の親族

（イ）労災保険

同居の親族は原則として労災保険上の「労働者」に該当しませんが、同居の親族であっても、同居の親族以外の労働者を常時使用する事業において、一般事務又は現場作業等に従事し、かつ、次の条件を満たすものは労災保険法上の「労働者」として取り扱います。

① 業務を行うにつき、事業主の指揮命令に従っていることが明確であること。

② 就労の実態が当該事業における他の労働者と同様であり、賃金もこれに応じて支払われていること。特に、(i) 始業及び終業の時刻、休憩時間、休日、休暇等及び（ii）賃金の決定、計算及び支払の方法、賃金の締切り及び支払の時期等について、就業規則その他これに準ずるものに定めるところにより、その管理が他の労働者と同様になされていること。

（ロ）雇用保険

個人事業の事業主と同居している親族は、原則として「被保険者」にはなりません。

法人の代表者と同居している親族については、通常の被保険者の場合の判断と異なるものではありませんが、形式的には法人であっても、実質的には代表者の個人事業と同様と認められる場合があり、この場合は、個人事業主と同居の親族の場合と同様、原則として「被保険者」にはなりません。

ホ　短時間就労者（いわゆるパートタイマー）

（イ）労災保険

「労働者」として取り扱います。

（ロ）雇用保険

短時間又は期間雇用のパートタイマー等については、次のいずれにも該当するときに限り、「被保険者」として取り扱い、これに該当しない場合は、原則として「被保険者」として取り扱いません。

①　1週間当たりの所定労働時間が20時間以上であること。

②　31日以上引き続き雇用されることが見込まれること。

ヘ　清算中の会社の従業員

保険関係は、事業主とすべての労働者との労働関係が解消し、保険給付の原因となる労働災害又は失業が発生する余地がなくなった時点において消滅すると解すべきですから、清算中の会社の従業員（清算人となる者を除きます）も、清算終了のときまでは、「労働者」として取り扱います。

ト　高年齢労働者

（イ）労災保険

「労働者」として取り扱います。

（ロ）雇用保険

要件に該当すれば「高年齢被保険者」となります。

（平成29年1月1日以後、適用拡大されました）

その年度の4月1日に64歳以上の方を対象とする保険料免除措置は、令和2年3月31日で終了しています。

（6）適用事業及び暫定任意適用事業の意義

適用事業とは、法律上当然に保険関係が成立する事業をいいます。したがって、適用事業については、その事業が開始された日又は適用事業に該当するに至ったときに、事業主の意思にかかわりなく法律上当然に保険関係が成立することになります。

暫定任意適用事業とは、適用事業以外の事業をいいます。暫定任意適用事業の場合には、労働保険に加入するかどうかは事業主の意思又は当該事業に使用されている労働者の意思にまかされており、事業主が任意加入の申請をし、認可があった日にその事業について保険関係が成立します。

なお、暫定任意適用事業であるかどうかの判断は、個々の事業ごとに行うのであって、事業主単位に行うものではありません。したがって、数個の暫定任意適用事業を行っている事業主は、それぞれの暫定任意適用事業ごとに、任意加入の申請をする必要があります。

（7）労災保険の適用事業及び暫定任意適用事業

労災保険については農林水産の事業の一部を除き、労働者を使用する事業は業種のいかんを問わず、すべて適用事業とし、適用事業としない農林水産の事業の一部は暫定任意適用事業とされています。

暫定任意適用事業の具体的な範囲は、農林水産の事業（都道府県、市町村その他これらに準ずるものの事業、法人である事業主の事業、特定農作業従事者及び指定農業機械作業従事者として特別加入している者（119ページ参照）が、労働者を使用して行う当該特別加入に係る事業及び「業務災害の発生のおそれが多いものとして厚生労働大臣が定める事業」を除きます）であって、常時５人以上の労働者を使用する事業以外のものとされています。

なお、「業務災害の発生のおそれが多いものとして厚生労働大臣が定める事業」として、①林業の事業であって、常時労働者を使用するもの又は１年以内の期間において使用労働者延人員が300人以上であるもの、②特定の危険又は有害な作業を主として行う事業であって、常時労働者を使用するもの（①及び③の事業を除きます）、及び③総トン数５トン以上の漁船による水産動植物の採捕の事業（河川、湖沼又は業務災害のおそれが少ないと認められる特定の水面において主として操業する事業を除きます）が指定されています。

（8）雇用保険の適用事業及び暫定任意適用事業

雇用保険については、農林水産の事業の一部を除き、労働者が雇用される事業は業種のいかんを問わず、すべて適用事業とし、適用事業としない農林水産の事業の一部は暫定任意適用事業とし、その具体的な範囲は、農林水産の事業（国、都道府県、市町村その他これらに準ずるものの事業及び法人である事業主の事業を除きます）であって、常時５人以上の労働者を雇用する事業以外のものとされています。

（9）労働保険の保険関係

労働保険の保険関係とは、保険事故（業務災害若しくは通勤災害又は失業）が生じた場合に労働者ないし被保険者は保険者（政府）に対して保険給付を請求する権利を取得し、事業主は保険者に保険料を納付する義務を負うという権利義務関係の基礎となるところの継続的な法律関係をいいます。

法では、各適用事業ごとに、原則として労災保険と雇用保険の両保険が一体となった労働保険の保険関係が成立するものとして、保険関係の成立、消滅等の適用事務を一元的に処理することとしています。

ただし、二元適用事業は、例外として、労災保険に係る保険関係と雇用保険に係る保険関係ごとに別個の二つの事業として取り扱うこととされていますので、適用事務についても、当該二つの事業ごとに処理を行うこととなっています。

2　保険料等のしくみ

（1）保険料の種類

政府は、労働保険の事業に要する費用に当てるため労働保険料を徴収しますが、その種類は、次の六つに区分されています（法第 10 条第２項）。

① 一般保険料

事業主が労働者に支払う賃金を基礎として算定する通常の保険料をいいます。

② 第１種特別加入保険料

労災保険の中小事業主等の特別加入者（119 ページ参照）についての保険料をいいます。

③ 第２種特別加入保険料

労災保険の一人親方等の特別加入者（119 ページ参照）についての保険料をいいます。

④ 第３種特別加入保険料

労災保険の海外派遣の特別加入者（123 ページ参照）についての保険料をいいます。

⑤ 印紙保険料

雇用保険の日雇労働被保険者（137 ページ参照）についての雇用保険印紙による保険料をいいます。

⑥ 特例納付保険料

雇用保険の未手続者から保険料を徴収していた事業主に対して、特例納付保険料の納付を促すものです。

（2）労働保険料の計算方法

① 一般保険料の計算（法第 12 条）

一般保険料は、原則的には事業主がその事業に使用するすべての労働者に支払う賃金の総額に労災保険率（279 ～ 288 ページ参照）と雇用保険率とを合計した率を乗じて計算します（法第 11 条）。ただし、労災保険又は雇用保険のいずれか一方の保険関係のみが成立している場合には、労災保険率又は雇用保険率のみを乗じて計算します。

② 第１種特別加入保険料の計算（法第 13 条）

中小事業主等の特別加入者に係る保険料算定基礎額（136 ページ参照）の総額にその者に係る事業についての第１種特別加入保険料率を乗じて計算します。

③ 第２種特別加入保険料の計算（法第 14 条）

一人親方等の特別加入者に係る保険料算定基礎額（136 ページ参照）の総額に第２種特別加入保険料率（291 ページ付録２参照）を乗じて計算します。

④ 第３種特別加入保険料の計算（法第 14 条の２）

海外派遣の特別加入者に係る保険料算定基礎額（136 ページ参照）の総額に第３種特別加入保険料率（291 ページ付録２参照）を乗じて計算します。

⑤ 印紙保険料（法第 22 条第１項）

雇用保険の日雇労働被保険者１人につき１日あたりの賃金日額が 11,300 円以上の者については 176 円（第 1 級印紙保険料日額）、賃金日額が 8,200 円以上 11,300 円未満の者については 146 円（第 2 級印紙保険料日額）、賃金日額が 8,200 円未満の者については 96 円（第 3 級印紙保険料日額）です。

なお、日雇労働被保険者については、印紙保険料のほかに一般保険料の負担があります。

（3）一般拠出金

「石綿による健康被害の救済に関する法律」（以下「石綿健康被害救済法」という）に基づく「一般拠出金」です。

アスベスト（石綿）は、全ての産業において、その基盤となる施設、設備、機材等に幅広く使用されてきました。このため、健康被害者の救済に当たっては、アスベストの製造販売等を行ってきた事業主のみならず、全ての労災保険適用事業場の事業主に一般拠出金をご負担いただくこととしています。

（4）一般拠出金の計算方法

一般拠出金は一般保険料の計算と同様に事業主が労働者に支払った賃金総額に一般拠出金率（一律 0.02/1,000）を乗じて計算します。

（5）高年齢労働者についての保険料の免除（令和元年度までの措置）

高年齢労働者の雇用の促進と福祉の増進に資するため、保険年度の初日（ 4 月 1 日）において満 64 歳以上の労働者であって、任意加入による高年齢継続被保険者、短期雇用特例被保険者及び日雇労働被保険者以外の者（以下「免除対象高年齢労働者」といいます）については、一般保険料のうち雇用保険分に相当する保険料が免除されていました（削除前の法第 11 条の 2)。しかし、この免除措置は令和 2 年 3 月 31 日で終了しています。

3　保険料等の申告と納付

（1）概算保険料の申告と納付（一般保険料の場合）

工場、事務所等の継続事業は、毎保険年度（毎年 4 月 1 日から翌年 3 月 31 日まで）ごとにその保険年度の一般保険料を計算し概算保険料として、申告・納付することになります。概算保険料は通常の場合、前年度に支払った賃金（支払うことがきまった賃金を含みます）の総額によって算定し、当年度における賃金上昇などによる増加分は、翌年度の初めに精算すればよいことになっています。保険年度の中途で保険関係が成立した事業は、当該保険関係が成立した日から保険年度の末日（ 3 月 31 日）までの分を計算して申告・納付しなければなりません。

納付手続としては、前年度から引き続き労働保険の保険関係が成立している事業は、毎年６月１日から７月10日までの間（保険年度の中途で保険関係が成立した事業については、当該保険関係が成立した日から50日以内）に「概算保険料申告書」と「納付書」を作成し、この保険料申告書と納付書に概算保険料を添えて日本銀行（本店、支店、代理店又は歳入代理店（全国の銀行・信用金庫の本店又は支店、郵便局））、所轄の都道府県労働局、若しくは労働基準監督署に申告・納付することになります（法第15条）。

注）労働保険料及び一般拠出金は、口座振替による納付が可能です。詳細については、厚生労働省web、都道府県労働局・労働基準監督署にお問い合わせください（68ページ参照）。

（２）概算保険料の延納（分割納付）

概算保険料の納付は、原則としてその保険年度分の全額について行いますが、次の場合には延納（分割納付）の申請をすることができます（法第18条）。

すなわち、継続事業については、①納付すべき概算保険料の額が40万円（労災保険又は雇用保険のいずれか一方の保険関係のみが成立している場合は20万円）以上のもの又は②労働保険事務組合に労働保険事務の処理を委託しているものは、「概算保険料申告書」又は「労働保険料算定基礎賃金等の報告」の「延納の申請」欄に延納（分割納付）の回数「３」を記入すると、概算保険料を３期（４月１日から７月31日まで、８月１日から11月30日まで及び12月１日から翌年３月31日までの各期（４月１日から５月31日までに保険関係が成立した事業を含みます））に分けて納付することができます。なお、６月１日から９月30日までに保険関係が成立した事業については、当該保険関係が成立した日から11月30日までを最初の期とします（「延納の申請」欄の延納（分割納付）の回数は「２」）。10月１日から３月31日までの間に保険関係が成立した事業については、当該年度の概算保険料は延納（分割納付）することはできません（「延納の申請」欄の延納（分割納付）の回数は「１」）。延納（分割納付）する場合の各期分の納期限は、次のとおりです。

第１期分　７月10日　第２期分　10月31日　第３期分　翌年１月31日（単独有期事業の延納の場合は、翌年度以後の第１期分については、３月31日）

※労働保険料等の口座振替納付をする場合、口座振替納付日については68ページを参照してください。

ただし、労働保険事務組合に労働保険事務の処理を委託している事業の延納（分割納付）に係る第２期、第３期分の納期限はそれぞれ11月14日、翌年２月14日となります（納期限が土曜日、日曜日に当たるときは、これらの日の翌日となります）。

なお、有期事業については、事業の全期間が６カ月を超えるもので、概算保険料の額が75万円以上のもの又は労働保険事務組合に労働保険事務を委託しているものは、おおむね上記に準じた方法で延納（分割納付）が認められています。

（３）確定保険料の申告（一般保険料の場合）

継続事業の確定保険料の額は、毎保険年度の末日又は保険関係が消滅した日までに使用した労働者に支払った賃金（支払うことがきまった賃金を含みます）の総額を基礎として計算されます。確定保険料の算定は、既に申告・納付してある概算保険料の精算のために行われるものですから、概算保険料の額が確定保険料の額に不足する場合には、その不足額を納付し、逆に概算保険料の額が確定保険料の額を超える場合には、その超過額は事業主に還付されるか、又は当年度の概算保険料等に充当することになります。

確定保険料は、毎年6月1日から7月10日まで又は保険年度の中途に保険関係が消滅した事業については、当該保険関係が消滅した日から50日以内に申告・納付しなければなりません。すなわち、納付すべき不足額がなければ、「確定保険料申告書」のみ所轄の都道府県労働局又は労働基準監督署に提出し、納付すべき不足額があるときは、「確定保険料申告書」及び「納付書」に不足額を添えて日本銀行（本店、支店、代理店又は歳入代理店（全国の銀行・信用金庫の本店又は支店、郵便局））、所轄の都道府県労働局若しくは労働基準監督署に申告・納付することになります（法第19条）。

（4）第１種・第２種・第３種特別加入保険料の申告と納付

これらの保険料の申告・納付も、一般保険料の場合とおおむね同様の方式によって行います。

（5）印紙保険料の納付

印紙保険料の納付は、雇用保険印紙を日雇労働被保険者手帳に貼付して、消印することによって納付を行います（法第23条）。

（6）一般拠出金の申告・納付

一般拠出金の納付方法は、労働保険の確定保険料の申告に併せて申告・納付します（一般拠出金には概算納付の仕組みはなく、確定納付のみの手続きとなります。延納（分割納付）はできません）。

4　保険料等の負担

労働保険料は、事業主が政府に対して納付する義務を負っているのですが、一般保険料のうち、労災保険分（労災保険率に応ずる部分の額）については、労災保険の趣旨から事業主の全額負担です。

雇用保険分（雇用保険率に応ずる部分の額）については、令和６年度は15.5/1,000（農林水産業、清酒製造業については17.5/1,000、建設業については18.5/1,000）で、このうち８/1,000（農林水産業、清酒製造業及び建設業については10/1,000）が失業等給付に、４/1,000が育児休業給付に充てられ、その負担は労使折半です。残りの3.5/1,000（建設業においては4.5/1,000）は雇用保険二事業（雇用安定事業及び能力開発事業）に充てられ、全額事業主負担となっています。

そして、その月又はその日の賃金支払いの都度、その賃金額に被保険者負担率を乗じることにより得られる額（原則として、源泉控除する場合、被保険者負担分の端数が 50 銭以下の場合は切り捨てた額、50 銭 1 厘以上の場合は切り上げた額）が「被保険者負担一般保険料額」であり、この被保険者負担分は、その月の賃金支払いの際、賃金の中から控除することができます。

なお、免除対象高年齢労働者については令和元年度までの措置として雇用保険分の負担が被保険者及び事業主とも免除されていましたが、令和 2 年度から免除措置は廃止されています。

被保険者負担を賃金から控除したときは、保険料控除に関する計算書を作成（賃金台帳で代用できます）するとともに控除した額を被保険者に知らせなければなりません（法第 32 条第 1 項）。

一般拠出金は労災保険適用事業場の全事業主が対象となっています。その負担は全額事業主負担となっており、一般拠出金率は一律 0.02/1,000 となります。

5　労働保険事務組合

（1）労働保険事務組合とは

労働保険への加入手続や労働保険料の申告・納付の手続、その他雇用保険の被保険者に関する手続などの労働保険事務は、中小零細事業主にとっては負担となっている場合が少なくありません。そこで、労働保険事務組合として認可された事業主等の団体が、その構成員である事業主等の委託を受けて、労働保険料の申告・納付や労働保険の各種の届出等をすることができるような制度が設けられています。これは、中小事業主の事務処理面の負担の軽減を図るとともに、労働保険の適用の促進を図ろうとした制度です。また、本制度を利用することによって労働者とともに働いている中小事業主及び家族従事者等に、労働者と同様に労働保険の適用が受けられる（労災保険へ特別加入ができる）ようにした制度です（法第 33 条）。

労働保険事務組合とは、中小企業等協同組合法の事業協同組合又は協同組合連合会その他の事業主の団体又はその連合団体が、事業主から委託された労働保険事務の処理について厚生労働大臣の認可を受けた場合におけるその団体等の呼称であり、事務処理を行うために与えられる一種の資格ともいえるものです。したがって、労働保険事務組合という特別な種類の団体を設立する必要はありません。

（2）労働保険事務組合を設立するためには

労働保険事務組合は、個々の事業主の代理人として労働保険事務を処理するものですが、法の規定により、政府との関係において特別の責任を負うものであって、通常の代理人とは異なった地位にあり、一定の要件の下に一定の責任を負わねばなりません（法第 35 条）。

このため、労働保険事務組合となるには、厚生労働大臣の認可を受けなければならないことになっています（法第 33 条第 2 項）。この認可を受けるためには、事業主を構成員とする団体であることが必要条件であり、その団体が法人であるか、任意の団体であるかは問いません。また事業主を直接に構成員とする団体ばかりでなく、その連合団体でもかまわないわけです。もっとも事業主団体やその連合団体なら無条件で認可されるわけではなく、事業主団体等が次のような条件を備えていることが必要です。

① 団体として本来の事業目的をもって活動し、その運営実績が２年以上あること。

② 法人でない団体等にあっては、代表者の定めがあることのほか、団体等の事業内容、構成員の範囲、その他団体等の組織、運営方法（総会、執行機関、財産の管理運営の方法等）が規約等に明確に定められ、団体性が明確にされていること。

③ 労働保険事務の委託を予定している事業主が30以上あること。

④ 定款等において、団体等の構成員又は間接構成員である事業主（員外者たる事業主も含む）の委託を受けて労働保険事務の処理を行うことができる旨定めていること。

　この場合、定款等が行政庁の認可により効力が生ずるものであるときは、その認可を受けており、また、事業が登記を要するものであるときは、登記済のものであること。

⑤ 団体等は相当の財産を有し、認可後、労働保険事務組合の責任において労働保険料等の納付を確実に行うことが明らかであると認められること。

⑥ 労働保険事務を確実に行う能力を有する者を配置し、労働保険事務を適切に処理できるような事務処理体制が確立されていること。

⑦ 団体等の役員及び認可後の事務組合において予定されている事務を総括する者は、社会的信用があり、事務組合の行う業務に深い関心と理解を有する者であること。

⑧ 労働保険事務の処理の方法等が総会等の議決により、規約（労働保険事務等処理規約）として定められていること。

（３）事務処理を委託できる事業主の範囲

労働保険事務組合に労働保険等の事務処理を委託することができる事業主は、労働保険事務組合として認可を受けた事業主団体の構成員又は構成員以外の事業主のうち、次に該当する事業主です。

① 金融業、若しくは保険業、不動産業又は小売業を主たる事業とする場合にあっては、その使用する労働者数が常時50人以下の事業主

② 卸売業又はサービス業を主たる事業とする場合にあっては、その使用する労働者数が常時100人以下の事業主

③ 上記①、②以外の業種にあっては、その使用する労働者数が常時300人以下の事業主

（４）委託を受けて処理できる労働保険事務の範囲

労働保険事務組合が事業主に代って行うことができる事務の範囲は、およそ次のものがあげられますが、その団体の定める労働保険事務等処理規約にも明らかにしておかねばなりません。

① 労働保険料・一般拠出金及びこれらに係る徴収金の申告、納付に関する事務

② 雇用保険の被保険者に関する届出等に関する事務

③　保険関係成立届、任意加入の申請、雇用保険の事業所設置届等の提出に関する事務

④　労災保険の特別加入の申請等に関する事務

⑤　その他労働保険についての申請、届出、報告等に関する事務

なお、印紙保険料に関する事務並びに労災保険及び雇用保険の保険給付に関する請求等の事務は、労働保険事務組合が行う事務から除かれています。

（5）労働保険事務組合の責任

①　労働保険料等の納付責任

労働保険事務組合は事業主の代理人として労働保険料等の申告及び納付を行うものですが、労働保険料その他の徴収金の納付についての責任の範囲は、委託事業主から交付を受けた金額の限度内で、政府に対し納付の責めに任ずるものです（法第35条第1項）。

したがって、委託事業主から交付を受けていない保険料等については納付責任がありません。

②　労働保険事務組合の責めによるもの

労働保険事務組合の委託事業主の代理人としての地位にあるわけですが、次の場合は、通常の代理人とは異なった責任を負うことになります（法第35条第2項）。

イ　追徴金の納付責任

（イ）　委託事業主が前年度中に支払った賃金の総額などの労働保険概算・確定保険料／石綿健康被害救済法一般拠出金申告書を作成するための事実を報告したにもかかわらず申告期限を経過しても労働保険概算・確定保険料／石綿健康被害救済法一般拠出金申告書を提出しないため、政府の認定決定が行われその納付すべき額の100分の10に相当する追徴金を徴収される場合

（ロ）　その他労働保険事務組合の責めに帰すべき理由によって、追徴金を徴収される場合

ロ　延滞金の納付責任

（イ）　政府からの保険料等の滞納に対しての督促を、労働保険事務組合が事業主に行わなかったため督促状の指定期限までに納付できず、そのため延滞金を徴収される場合

（ロ）　委託事業主が督促状の指定期限の前までに（具体的には事務処理規約によって定めた期限内）保険料等を労働保険事務組合に交付したにもかかわらず、労働保険事務組合が指定納期限までに、その保険料等を政府に納付しないため延滞金を徴収される場合

（ハ）　その他労働保険事務組合の責めに帰すべき事由によって、延滞金を徴収される場合

③　保険料等の滞納に関する責任

労働保険事務組合は、すでに述べたように委託事業主から交付を受けた金額の限度内において、政府に対して責任を負いますが、それとの関連で交付を受けた保険料等につき滞納があった場合には、政府はまず、労働保険事務組合に対して滞納処分を行い、それでもなお、徴収すべき残余があるときにその残余の額を当該委託事業主から徴収することにし

ています（法第35条第3項）。

④ 不正受給等に対する責任

労災保険の保険給付や雇用保険の失業等給付の不正受給をした者に対し、政府が給付に要した費用を徴収する場合において、労働保険事務組合の偽りの報告などにより、不正受給が行われたものであるときは、労働保険事務組合は、不正受給者と連帯して徴収金を納付すべきことを政府から命じられることがあります（法第35条第4項）。

また、保険料等を算定する基礎である賃金について故意に過少算出し、保険料等の徴収を免れた場合における徴収を免れた保険料、追徴金等の徴収金の納付についても同様です。

6　労働保険番号

労働保険番号は、次のようなしくみになっています。

府県	所掌	管轄	基幹番号	枝番号	
○○	○	○○	○○○○○○	－○○○	（14桁）

（注）「所掌」は労働基準監督署と公共職業安定所のどちらの所掌であるかを次のようなコードで表わします。

1……労働基準監督署の所掌するもの

3……公共職業安定所の所掌するもの

「管轄」は、労働基準監督署（所掌が1のもの）又は公共職業安定所（所掌が3のもの）を表わし、労働基準監督署又は公共職業安定所に付されているコード番号が用いられます。

7　労働保険行政の事務分担

事業主及び労働保険事務組合が行う諸手続の相手方になる労働保険行政の事務分担は、次のとおりです。

労働基準監督署	公共職業安定所
1．一元適用事業（則第1条第3項）で、事務組合に事務処理を委託しない事業（以下「個別加入事業」という。一元適用事業で雇用保険に係る保険関係のみ成立している個別加入事業を除く）及び二元適用事業（法第39条第1項、則第70条）のうち、労災保険の保険関係に係る事業（個別加入事業、委託加入事業を問わない）に係る申請書等の受理 2．1．の事業に係る保険料等の徴収金に係る保険料申告書等の受理及び収納	1．一元適用事業で、事務組合に事務処理を委託する事業（以下「委託加入事業」という）、一元適用事業で雇用保険に係る保険関係のみ成立している個別加入事業及び二元適用事業のうち、雇用保険の保険関係に係る事業（個別加入事業、委託加入事業を問わない）に係る申請書等の受理（保険料等の徴収金に係る申告書等（保険料申告書、印紙保険料納付計器指定申請書、始動票札受領通帳等）の受理及び収納を除く） 2．雇用保険印紙関係事務その他日雇雇用保険関係事務

Ⅲ　年度更新の手続

年度更新時の申告・納付の手続（図解）

（労働保険概算・確定保険料／石綿健康被害救済法一般拠出金申告書の提出と納付）

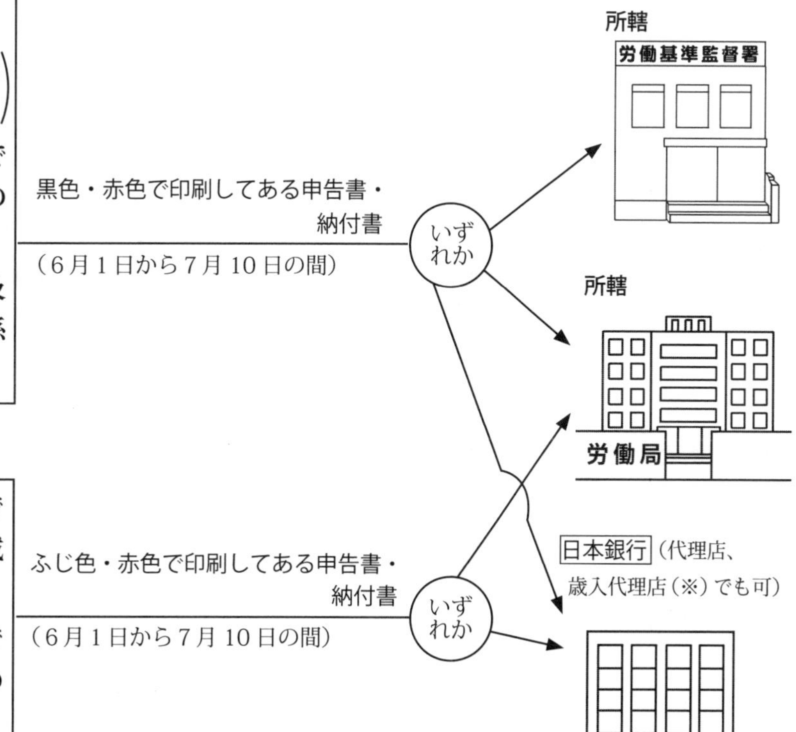

※（全国の銀行・信用金庫の本店又は支店、郵便局）

注1．建設事業の場合は、「一括有期事業報告書」及び「一括有期事業総括表」を、立木の伐採の事業の場合は、「一括有期事業報告書」を所轄の労働基準監督署長に併せて提出します。

2．確定申告の結果、保険料の還付を希望する場合は、「労働保険料／一般拠出金還付請求書」を所轄の都道府県労働局又は労働基準監督署に提出します（86ページ参照）。

なにを	◇労働保険概算・確定保険料／石綿健康被害救済法一般拠出金申告書（様式第6号（甲））
だれが	◇事業主
いつ	◇「労働保険概算・確定保険料／石綿健康被害救済法一般拠出金申告書」は、6月1日から7月10日までの間
どこに	◇黒色と赤色で印刷されている申告書は、所轄の労働基準監督署、都道府県労働局、日本銀行（本店、支店、代理店又は歳入代理店（全国の銀行・信用金庫の本店又は支店、郵便局）） ◇ふじ色と赤色で印刷されている申告書は、所轄の都道府県労働局、日本銀行（本店、支店、代理店又は歳入代理店（全国の銀行・信用金庫の本店又は支店、郵便局））
その他知っておくべきこと	◇労働保険料及び一般拠出金は、賃金総額（又は保険料算定基礎額の総額）に保険料率又は一般拠出金率を乗じて算出される。 ◇概算保険料の額が、40万円（労災保険又は雇用保険のいずれか一方の保険関係のみ成立している場合は、20万円）以上になると、延納（分割納付）することができる。 ◇一般拠出金は、延納（分割納付）することができない。

1　年度更新の意味

4月1日から翌年3月31日までが保険年度

労働保険の保険料は、毎年4月1日から次の年の3月31日まで（これを「保険年度」といいます）の1年間を単位として計算されることになっています。そして、その額は、原則として保険関係が成立している事業で使用されるすべての労働者の「賃金総額」に、その事業に定められた「保険料率」を乗じて算出されます（法第11条）。

つまり労働保険では、まず、保険年度の当初に概算で保険料をきめて納付（法第15条）しておき、保険年度末に賃金総額が確定したところで精算（法第19条）するという方法をとっています。

前年度の精算と新年度の概算申告が年度更新

したがって、前年度又はそれ以前から既に労働保険に加入している一般の継続事業（一括有期事業を含む）の事業主は、新年度の概算保険料を納付するための申告・納付と前年度の保険料を精算するための確定保険料の申告・納付の手続が必要となります。これが「年度更新」の手続です。

この年度更新の手続は、毎年6月1日から7月10日までの間に行わなければなりません。また、この手続は、労働保険事務組合や特別加入団体も行うことが必要です。

手続を怠ると政府が保険料等を決定する

労働保険料等は、事業主の自主的な申告・納付をたてまえとしていますが、この年度更新の手続を怠りますと政府が保険料等の額を決定すること（法第19条第4項）になりますし、また、追徴金を徴収されることにもなります（法第21条）。

2　労働保険料等の計算方法

（1）算　式

労働保険料は、原則として次の式によって算出されます。

イ　一般保険料

労災保険と雇用保険の双方の保険関係が成立している場合

一般保険料 ＝ 賃金総額 ×（労災保険率 ＋ 雇用保険率）

労災保険の保険関係のみが成立している場合

一般保険料 ＝ 賃金総額 × 労災保険率

雇用保険の保険関係のみが成立している場合

一般保険料 ＝ 賃金総額 × 雇用保険率

ロ　第１種・第２種・第３種特別加入保険料

第１種特別加入保険料
第２種特別加入保険料
第３種特別加入保険料 ＝ 保険料算定基礎額の総額 × 第１種特別加入保険料率
第２種特別加入保険料率
第３種特別加入保険料率

一般拠出金は次の式によって算出されます。

一般拠出金額 ＝ 賃金総額 × 一般拠出金率（一律 0.02/1,000）

（2）令和５年度確定保険料額の計算

令和５年度使用労働者の支払賃金総額をもとに計算

この確定保険料の額は、前年度既に申告・納付した令和５年度の概算保険料を精算するためのもので、前年度中、つまり令和５年４月１日から令和６年３月 31 日までに使用したすべての労働者に支払われた賃金総額に保険料率を乗じて算出します。労災保険の特別加入者の場合には、その者の保険料算定基礎額の総額に特別加入保険料率（第１種、第２種又は第３種特別加入保険料率）を乗じて算出します。

そして、令和５年度に申告・納付した概算保険料の額がこの確定保険料の額より多いときは、令和６年度の概算保険料に充当されるか、あるいは事業主に還付（法第 19 条第６項）されます。また、少ないときは、追加納付することとなります（法第 19 条第３項）。

（3）令和６年度概算保険料額の計算

通常令和５年度の確定賃金総額をもとに計算

令和６年度の概算保険料の額は、令和６年度中、つまり、令和６年４月１日から令和７年３月 31 日までの間に支払われる賃金総額の見込額に保険料率を乗じて算出しますが、その賃金総額の見込額が令和５年度の賃金総額の 100 分の 50 以上 100 分の 200 以下である場合は、令和５年度の賃金総額をそのまま令和６年度の賃金総額の見込額として、その額に保険料率を乗じて算出します（有期事業の一括については 58 ページ参照）。

労災保険の特別加入者の場合には、その者の保険料算定基礎額に特別加入保険料率（第１種、第２種又は第３種特別加入保険料率）を乗じて算出します。

（4）一般拠出金の計算

通常令和５年度使用労働者の支払賃金総額をもとに計算

一般拠出金には、概算納付の仕組はなく、確定納付のみの手続となるため、確定保険料の計算と同様に前年度中、つまり令和５年４月１日から令和６年３月 31 日までに使用したすべての労働者に支払われた賃金総額に一般拠出金率（1,000 分の 0.02）を乗じて算出します。

3　賃金総額

労働保険料（一般保険料）及び一般拠出金は、適用単位である事業ごとに、その事業に使用される労働者に支払った賃金総額に保険料率又は一般拠出金率を乗じて計算するのを原則としています。

労災保険と雇用保険とを別個に計算する場合

ただし、その事業に使用される労働者のうち、**雇用保険の被保険者とならない者に対して支払った賃金がある場合には、労災保険に係る賃金総額と雇用保険に係る賃金総額とを区別して計算し、それぞ**れ別個の保険料率を乗じて一般保険料を計算することになります。雇用保険の被保険者とならない者には、学生アルバイト、同居の親族等が該当しますが、これらの者でも一定の要件を満たすものについては、被保険者として取り扱われる場合があります。**賃金総額は、事業主が、その事業に使用するすべての労働者に支払う賃金の総額をいいます**（法第11条第２項）。

賃金とは労働の対償として支払ったすべてのもの

賃金とは、賃金、給与、手当、賞与など名称のいかんを問わず労働の対償として事業主が労働者に支払うすべてのものをいい、一般には労働協約、就業規則、労働契約などにより、その支給が事業主に義務づけられているものです。

なお、労働保険では、退職金（退職を事由として支払われるものであって、退職時に支払われるもの又は事業主の都合等により退職前に一時金として支払われるものに限る）、結婚祝金、死亡弔慰金、災害見舞金などは、労働協約等によりその支給が事業主に義務づけられていても、これを賃金として取り扱わないこととしています。

現物給付も一定範囲のものは賃金

また、**現物給付**については、原則的には所定の現金給付の代りに支給するもの、つまり、その支給によって現金給付が減額されるものや、労働契約において、あらかじめ現金給付のほかにその支給が約束されているものは、賃金となります。このような現物給付でも、代金を徴収するものや労働者の福利厚生的とみなされるものは、賃金に該当しませんが、代金を徴収する場合でも、それが社会通念上著しく低額であるものは賃金となりますので注意を要します。

このように、賃金総額に算入されるものとされないものについては、次ページの「賃金総額算入早見表（例示）」を参考にしてください。

なお、建設事業など支払賃金を正確に把握することが困難な場合には、後述（98ページ参照）するように賃金総額の特例が認められています。

賃金総額算入早見表（例示）

支給金銭等の種類	内　　容	算入・非算入別
基本給・固定給等基本賃金	日給・月給を問わず通常の賃金をはじめ、臨時、日雇労働者、アルバイトに支払う報酬	算入される
超過勤務手当、深夜手当、休日手当等	通常の勤務時間以外の労働に対して支払われる報酬	〃
扶養手当、子供手当、家族手当	労働者本人以外の者について支払われる手当	〃
宿直・日直手当		〃
役職手当、管理職手当		〃
住宅手当		〃
地域手当	寒冷地手当、僻地手当、地方手当等	〃
教育手当		〃
別居手当		〃
技能手当		〃
特殊作業手当	危険有害業務手当、臨時緊急業務手当等	〃
奨励手当	精・皆勤手当等	〃
生産手当	生産に応じて支給される手当	〃
物価手当		〃
調整手当	配置転換、初任給等の調整手当等	〃
賞与	いわゆるボーナス、プラスアルファー等特別加算額も含む	〃
通勤手当	非課税分を含む	〃
休業手当	労働基準法第 26 条の規定に基づくもの	〃
定期券・回数券等	通勤のために支給される現物給与	〃
雇用保険料その他社会保険料	労働者の負担分を事業主が負担する場合	〃
前払い退職金	労働者が在職中に退職金相当額の全部又は一部を給与や賞与に上乗せするなど前払いされる場合	〃
住居の利益	社宅等の貸与を行っている場合、貸与を受けない者に対し均衡上住宅手当を支給する場合	住宅手当に相当する額が全員に支給されているものとみなされ、その額が算入される
	一部の社員のみ貸与され他の者に何ら均衡給与も支給されない場合	福利厚生施設とみなされ算入されない
休業補償費	法定額を上回る差額分を含む	算入されない
傷病手当金	健康保険法第 99 条の規定に基づくもの	〃
結婚祝金	就業規則、労働協約等に定めのあるとないとを問わない	〃

死亡弔慰金	就業規則、労働協約等に定めのあるとないとを問わない	算入されない
災害見舞金	〃	〃
私傷病見舞金	就業規則、労働協約等に定めのない場合	〃
解雇予告手当	労働基準法第20条の規定に基づくもの	〃
年功慰労金		〃
制服	交通従業員の制服、工員の作業服等、業務上必要なもの	〃
出張旅費、宿泊費等	実費弁償的なもの	〃
会社が全額負担する生命保険の掛金	従業員を被保険者として保険会社と生命保険等厚生保険の契約をし、事業主が保険料を全額負担するもの	〃
財産形成貯蓄のため事業主が負担する奨励金等	労働者が行う財産形成貯蓄を奨励援助するため、事業主が労働者に対して支払う一定の率又は額の奨励金等	〃
創立記念日等の祝金	恩恵的なものではなく、かつ、全労働者又は相当多数に支給される場合を除く	〃
チップ	奉仕料の配分として事業主から受けるものを除く	〃
退職金	就業規則、労働協約等に定めのあるとないとを問わず、退職を事由として支払われる場合であって、退職時に支払われるもの又は事業主の都合等により退職前に一時金として支払われるもの	〃

4　保険料率等

労働保険の一般保険料に係る保険料率は、次のとおりです。

① 労災保険及び雇用保険に係る保険関係が成立している事業 ｝ 労災保険率に雇用保険率を加えた率（法第12条第1項第1号）

② 労災保険に係る保険関係のみが成立している事業 ｝ 労災保険率（法第12条第1項第2号）

③ 雇用保険に係る保険関係のみが成立している事業 ｝ 雇用保険率（法第12条第1項第3号）

（1）労災保険率

労災保険率は事業の種類ごとに、業務災害、複数業務要因災害及び通勤災害に係る災害率並びに二次健康診断等給付に要した費用の額等を考慮して定められています（法第12条第2項）。

さらに、一定規模以上の事業については、個々の事業ごとにメリット収支率に応じて労災保険率を上げ下げする、いわゆるメリット制がとられています（法第12条第3項）。

メリット制は、事業主の保険料負担の公平を図り、かつ、事業主の自主的な労働災害防止努力の促進に役立っているといえます。

労災保険率は、54の事業の種類ごとに定められており、徴収法施行規則第16条及び同法施行規則別表第1「労災保険率表」に規定されています。平成30年4月以降の労災保険率は、事業の種類により、最高1,000分の88から最低1,000分の2.5までとなっています（279～288ページ参照）。

なお、事業の種類の細目については、別途「労災保険率適用事業細目表」及び「船舶所有者の事業の種類の細目表」が告示されています（巻末付録1参照）。

1事業1料率の原則

原則として、1つの事業については、1つの労災保険料率が適用されます。したがって、1つの事業で2つ以上の事業内容を持つ場合であっても、原則としてその事業の主たる事業内容に該当する労災保険料率が適用されることになっています。

メリット制

メリット制は、保険関係成立後3年以上経過している事業であって、かつ一般の継続事業については、労働者が連続する3年度間についてそれぞれ100人以上の事業又は20人以上100人未満の事業であって保険料率（非業務災害率1,000分の0.6を除く）と労働者数を乗じた積が0.4以上の事業に対して適用され、また、一括有期事業（建設事業及び立木の伐採の事業）については、連続する3年度間のそれぞれの確定保険料が40万円以上の事業に対して適用され、当該連続する3年度の次の次の年度に適用されます（法第12条第3項）。

これらの事業における連続する3年度間に支払われた業務災害に関する保険給付額及び特別支給金の額（一部の保険給付及び特別支給金については、負傷又は発病年月日から3年以内の分として支給された額又は労働基準法に規定された補償額に換算した額）と同期間中の確定保険料の額（非業務災害分を除く）に一定の調整率を乗じて得た額との割合（以下「メリット収支率」といいます）が100分の85を超え、又は100分の75以下であるときは、事業の種類ごとに定められた保険料率（非業務災害率を除く）を40%（立木の伐採の事業については35%、建設の事業又は立木の伐採の一括有期事業であって、年度中の確定保険料の額が40万円以上100万円未満の事業については30%）の範囲内で、メリット収支率に応じて上げ下げし、これに非業務災害率を加えた率を当該連続する3年度の次の次の年度の保険料率とするものです。

また、中小企業事業主が特別の安全衛生措置等を講じた事業（建設の事業及び立木の伐採の事業を除く）について、当該措置を講じた次の年度の4月1日から9月30日までの間に特例の適用の申告があるとき、安全衛生措置等が講じられた年度の次の次の年度から3年度間、メリット制が適用となる年度に限り、労災保険率（非業務災害率を除く）の増減幅が、通常は最大40%であるところ、最大45%となる特例メリット制が設けられています（法第12条の2）。

なお、メリット収支率算定の際に確定保険料の額に乗ずる調整率は、以下により設定されています。

メリット収支率算定の際、分母に算入する額は業務災害に関する実際の確定保険料の額ですが、分子に算入する保険給付等の額のうち一部の年金給付については、労働基準法に規定された補償額に換算した額を算入するなどの調整を行っています。そこで、分子の保険給付等の額で行っている調整に合わせるために、第１種調整率という係数を設定し、分母の確定保険料の額に乗ずることとしています。

この第１種調整率は 0.67 となっています。ただし、林業、建設事業及び港湾関連事業については、特定の疾病に係る保険給付等の額がメリット収支率算定の際の分子に算入する保険給付の額に算入しないこととなっているので、その分も含めた調整を行うことから、第１種調整率をそれぞれ林業 0.51、建設事業 0.63、港湾関連事業 0.63、船舶所有者の事業 0.35 と設定しています。

メリット収支率＝
（連続する３年度間に業務災害に関して支払われた保険給付の額及び特別支給金並びに特別遺族給付金（※）の額）－（①遺族補償一時金（失権差額一時金）及び当該遺族補償一時金の受給権者に支払われる遺族特別一時金 ②障害補償年金差額一時金及び障害特別年金差額一時金 ③特定疾病に係る保険給付の額及び特別支給金の額 ④第３種特別加入者に係る保険給付の額及び特別支給金の額）
――――――――――――――――
（連続する３年度間の確定保険料の額（非業務災害率に応ずる部分の額を除きます））×第１種調整率
× 100

（※）特別遺族給付金は、石綿健康被害救済法の規定に基づく、特別遺族年金及び特別遺族一時金です。なお、複数事業労働者を対象とする保険給付・特別支給金については、災害発生事業場における賃金額を基に算定した額に相当する額のみを算入するものとされています。

（２）雇用保険率

雇用保険率は、1,000 分の 15.5（一般の事業）と、1,000 分の 17.5（建設の事業を除く特掲事業）及び 1,000 分の 18.5（特掲事業のうち建設の事業）の３種類の率となっています（法第 12 条第４項）（法附則第９条）。

特掲事業は、次の事業です。

①　土地の耕作若しくは開墾又は植物の栽植、栽培、採取若しくは伐採の事業その他農林の事業（園芸サービスの事業は除かれます）（法第 12 条第４項１号）

②　動物の飼育又は水産動植物の採捕若しくは養殖の事業その他畜産、養蚕又は水産の事業（牛馬の育成、養鶏、酪農又は養豚の事業及び内水面養殖の事業は除かれます）（法第 12 条第４項第２号）

③　土木、建築その他工作物の建設、改造、保存、修理、変更、破壊若しくは解体又はその準備の事業（通常「建設の事業」といいます）（法第 12 条第４項第３号）

④　清酒の製造の事業（法第 12 条第４項第４号）

（３）一般拠出金率

一般拠出金は労災保険適用事業場の全事業主が対象で、料率は業種を問わず一律 1,000 分の0.02です。労災保険のメリット対象事業場についても一般拠出金率にはメリット料率の適用（割増、割引）はありません。

5　年度更新申告書の作り方

これまでは年度更新手続の基本的な事柄について説明してきたわけですが、次は実際に「労働保険概算・確定保険料／石綿健康被害救済法一般拠出金申告書」（以下「年度更新申告書」といいます）を作成することになります。

なお、年度更新申告書はOCR（光学文字読取装置）帳票になっていますので、作成に当たっては13～16ページをあらかじめ読んでください。

申告書は事業主に郵送
申告・納付は7月10日まで

ところで、この年度更新申告書（きりとり線から下方には納付書（領収済通知書）が接続しています）は、あらかじめ労働保険番号、事業主の住所、氏名等を印書したものが各事業主あてに郵送されますので、事業主は、後述の記入要領にしたがって、所要の事項を記入し、事業主控用の年度更新申告書だけを切り離して、1枚目の提出用の年度更新申告書と納付書（3枚とも）に保険料等を添え、**7月10日までに申告・納付**を行うことになります（法第15条第1項及び第19条第1項）。

1枚目の申告書と納付書3枚は切り離さない

年度更新申告書は3枚1組のノーカーボン複写式となっていますので、記入に当たっては、まず図1のように3枚目の白紙部分と注意事項の部分を切り離してください。申告書及び納付書の記入が終わりましたら、事業主控を図2のように切り離し保存してください。なお、その際に1枚目の提出用の申告書と納付書（3枚1組）は、切り離さないよう特に注意してください。

（1）一般の継続事業の場合

イ　年度更新申告書の作成区分

　　一般の継続事業の場合には、次の区分にしたがって記入します。

（イ）　一元適用事業（19ページ参照）で労働保険に個別加入している事業（雇用保険

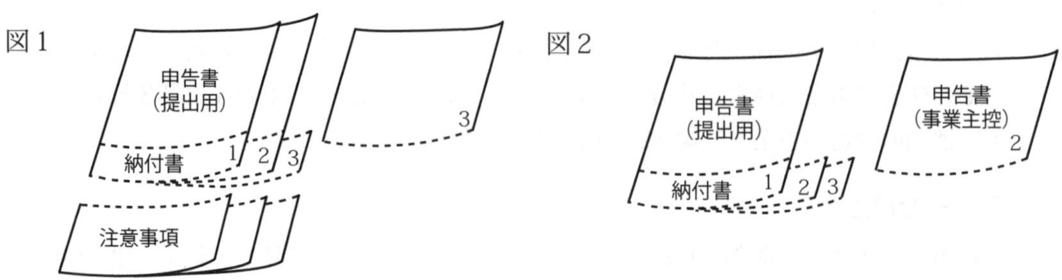

の保険関係のみが成立する事業を除きます）及び二元適用事業（19ページ参照）であって労災保険の保険関係に係る事業についての概算・確定保険料等の申告は、黒色と赤色で印刷されている申告書を使用します。

（ロ）　一元適用事業で労働保険に個別加入している事業のうち、雇用保険の保険関係のみが成立する事業及び二元適用事業のうち、雇用保険の保険関係に係る事業についての概算・確定保険料の申告はふじ色と赤色で印刷されている申告書を使用します。

ロ　年度更新申告書の作り方

まず、「令和５年度　確定保険料・一般拠出金算定基礎賃金集計表」（46ページ参照）を用意し、労災保険及び雇用保険の対象労働者の人数・賃金を集計します。うち「常時使用労働者数（労災保険対象者数）」「雇用保険被保険者数」「労災保険対象者分」「雇用保険対象者分」「一般拠出金」に記入した人数・賃金を、年度更新申告書に転記します。その他の記入枠・欄については記入要領（47ページ以降）をご確認ください。

令和 ◯ 年度 確定保険料・一般拠出金算定基礎賃金集計表

(算定期間 令和◯年4月～令和◯年3月)

※概算・確定保険料・一般拠出金申告書(事業主控)と一緒に保管してください

労働保険番号	府県	所掌	管轄	基幹番号	枝番号
					000

出向者の有無	
受	名
出	名

事業の名称	電話	具体的な業務又は作業の内容
事業の所在地	郵便番号 －	

区分 / 月	労災保険および一般拠出金(対象者数及び賃金) ①常用労働者 常用労働者のほか、パート、アルバイトで雇用保険の資格のある人を含めます。		②役員で労働者扱いの人 実質的な役員報酬分を除きます。		③臨時労働者 ①②以外の全ての労働者(パート、アルバイトで雇用保険の資格のない人)を記入してください。		④合計(①+②+③)		雇用保険(対象者数及び賃金) 被保険者 ⑤常用労働者、パート、アルバイトで雇用保険の資格のある人(日雇労働被保険者に支払った賃金を含む)		⑥役員で雇用保険の資格のある人(実質的な役員報酬分を除きます)		⑦合計(⑤+⑥)	
令和◯年 4月	人	円	人	円	人	円	人	円	人	円	人	円	人	円
5月														
6月														
7月														
8月														
9月														
10月														
11月														
12月														
令和◯年 1月														
2月														
3月														
賞与 年 月														
賞与 年 月														
賞与 年 月														
合計							⑨	⑩					⑪	⑫

※A 次のBの事業以外の場合、各月賃金締切日等の労働者数の合計を記入し⑨の合計人数を12で除し小数点以下切り捨てた月平均人数を記入してください。

↓

B 船きょ、船舶、岸壁、波止場、停車場又は倉庫における貨物取扱の事業においては、令和2年度中の1日平均使用労働者数を記入してください。

常時使用労働者数(労災保険対象者数)

⑨の合計人数		申告書④欄に転記
	÷12=	人

(令和◯年度に使用した延労働者数/令和◯年度における所定労働日数)

備考	役員で労働者扱いの詳細 氏名	役職	雇用保険の資格
			有・無
			有・無
			有・無
			有・無
			有・無

※各月賃金締切日等の労働者数の合計を記入し ⑪の合計人数を12で除し小数点以下切り捨てた月平均人数を記入してください。

切り捨てた結果、0人となる場合は1人としてください。

また、年度途中で保険関係が成立した事業については、保険関係成立以降の月数で除してください。

雇用保険被保険者数

⑪の合計人数		申告書⑤欄へ転記
	÷12=	人

労災保険対象者分	⑩の合計額の千円未満を切り捨てた額	千円 申告書⑧欄(ロ)へ転記
雇用保険対象者分	⑫の合計額の千円未満を切り捨てた額	千円 申告書⑧欄(ホ)へ転記
一般拠出金	⑩の合計額の千円未満を切り捨てた額	千円 申告書⑧欄(へ)へ転記

記　入　要　領

「④　常時使用労働者数」の記入枠

令和５年４月１日から令和６年３月31日までの１カ月平均使用労働者数の記入枠です。

賃金集計表の「常時使用労働者数（労災保険対象者数）」の人数を転記します。

ただし、船きょ、船舶、岸壁、波止場、停車場又は倉庫における貨物取扱いの事業及び一括有期事業については、令和５年度中の１日平均使用労働者数を記入します。

なお、いずれの事業においても常時使用労働者数を計算した結果、小数点以下の端数が生じた場合は、それを切り捨てた数を記入します（切り捨てた結果０人となる場合は、１人とします）。

$$１カ月平均使用労働者数＝\frac{\text{令和５年度の各月末（賃金締切日がある場合には月末直前の当該賃金締切日）の使用労働者数の合計}}{\text{12（ただし、令和５年度中途に保険関係が成立した事業にあっては、保険関係成立以後の月数）}}$$

「⑤　雇用保険被保険者数」の記入枠

令和５年度中の１カ月平均被保険者数（小数点以下の端数があるときは、これを切り捨てた数）の記入枠です（切り捨てた結果０人となる場合は、１人とします）。

賃金集計表の「雇用保険被保険者数」の人数を転記します。

「⑧　保険料・一般拠出金算定基礎額」欄

令和５年４月１日（令和５年度の中途に保険関係が成立したものは保険関係の成立の日）から令和６年３月31日までに使用したすべての労働者に支払った賃金（支払いが確定した賃金を含みます）の総額を、次の区分にしたがって記入する欄です。

⑧欄の（ロ）には賃金集計表の「労災保険対象者分」の額を、⑧欄の（ホ）には「雇用保険対象者分」の額を、⑧欄の（ヘ）には「一般拠出金」の額を転記します。

なお、賃金総額に1,000円未満の端数があるときは、その端数を切り捨てて記入します（法第15条第１項各号）。

1. 労災保険と雇用保険の双方の保険関係が成立している事業で、使用したすべての労働者が雇用保険の被保険者である場合には、労災保険の賃金総額（(ロ）の額）と雇用保険の賃金総額（ホ）の額）が同額となりますので、この場合は（イ）及び（ヘ）のみに記入します。
2. 両保険の成立事業で1の場合とは異なり、学生アルバイトなど雇用保険の適用を受けない者を使用した場合には、両保険の賃金総額が異なりますので、この場合は、労災保険分（すべての労働者に支払った賃金総額）を（ロ）及び（ヘ）に記入し、雇用保険分は（ホ）に記入します。
3. 労災保険の保険関係のみ成立している事業については(ロ)及び(ヘ)に記入します。
4. 雇用保険の保険関係のみ成立している事業については（ホ）に記入します。
5. （ヘ）には原則として（ロ）と同額を記入します。

「⑨　保険料・一般拠出金率」欄

あらかじめ印書（一括有期事業、一人親方等の特別加入団体、労働保険事務組合は除きます）されています。

「⑩　確定保険料・一般拠出金額（⑧×⑨）」欄

「⑧ 保険料・一般拠出金算定基礎額」に「⑨ 保険料・一般拠出金率」を乗じて得た額を記入します。

なお、（ロ）及び（ホ）を記入した場合は、その合計額を（イ）に記入します。

※（ヘ）の額は（イ）に合計しないでください。

「⑫　保険料算定基礎額の見込額」欄

令和６年度に使用する労働者に支払う賃金総額の見込額を記入します。ただし、令和６年度の賃金総額の見込額が令和５年度の確定賃金総額の100分の50以上100分の200以下である場合には、令和５年度の確定賃金総額がそのまま令和６年度賃金総額の見込額となりますので、⑧欄の（イ）から（ホ）までの額を⑫欄のそれぞれ対応する欄に記入します。

「⑬　保険料率」欄

あらかじめ印書（一括有期事業、一人親方等の特別加入団体、労働保険事務組合及び労災保険のメリット制適用事業は除きます）されています。

「⑭　概算・増加概算保険料額（⑫×⑬）」欄

「⑫保険料算定基礎額の見込額」に「⑬保険料率」を乗じて得た額を記入します。

なお、（ロ）及び（ホ）に記入した場合は、その合計額を（イ）に記入します。

「⑰　延納の申請」欄

延納（分割納付）を申請するかしないかの意思表示をする欄ですから、する場合は「３」、しない場合は「１」と必ず記入してください（この欄が空白のままとなっている場合は、ＯＣＲ読み取り時に、自動的に「１」と判断されます）。

概算保険料は「⑭概算・増加概算保険料額」欄の（イ）の額が40万円（労災保険又は雇用保険のいずれか一方の保険関係のみが成立している事業は、20万円）以上の場合に、保険年度を３期（４月１日より７月31日まで、８月１日より11月30日まで、及び12月１日より翌年３月31日まで）に分けて納付することができます。

「⑱　申告済概算保険料額」欄

既に印書されていますので、この金額を訂正しないで「⑩確定保険料・一般拠出金額」の（イ）との過不足額を計算します。なお、印書されている金額に疑問のある場合には、所轄の都道府県労働局に照会してください。

「⑳　差引額」欄

「（イ）充当額」、「（ロ）還付額」及び「（ハ）不足額」の３欄がありますので、⑱欄の申告済概算保険料額が、「⑩」欄の（イ）の確定保険料額より上回った場合で、その差額を令和６年度の概算保険料に充当するときは（イ）欄に、返還を希望するときはその差額を（ロ）欄に記入します。

また、「⑱」欄の申告済概算保険料額が「⑩」欄の（イ）の確定保険料額より下回った場合は（ハ）欄にその不足額を記入します。

「㉒　期別納付額」欄

延納の申請をしない場合（「⑰延納の申請」欄に「１」を記入した場合）は、「⑭概算保険料額」欄の（イ）に記入した額を（イ）に、延納の申請をした場合（「⑰延納の申請」欄に「３」を記入した場合）は、「⑭概算・増加概算保険料額」欄の（イ）に記入した額を３等分（１円又は２円の端数があるときはその額を第１期分に加算）した額を（イ）、（チ）及び、(ル）にそれぞれ記入します。「⑳差引額」欄の（イ）充当額、又は（ハ）不足額、の額があるときは、それぞれ㉒欄の（ロ）又は（ハ）に転記し、(ニ）の額（今期労働保険料)、（ヌ）の額（第２期納付額）及び（ワ）の額（第３期納付額）を計算します。⑳（イ）欄の充当額から一般拠出金充当額がある場合は、その額を㉒（ホ）欄に記入し、⑩（へ）欄の額から㉒（ホ）欄の額を差し引いた額を㉒（へ）欄に記入します。

そして、(ニ）今期労働保険料と（へ）一般拠出金の合計額が（ト）今期納付額となります。

「㉔　事業廃止等理由」欄

事業の廃止、労働保険事務組合への事務処理委託、他都道府県への事業の移転等の事実があったとき、当該事項を○で囲み「③事業廃止等年月日」欄にその年月日を記載します。

「㉕　事業又は作業の種類」欄

「労災保険率表」（279 ～ 288 ページ参照）の事業の種類又は「第２種特別加入保険料率表」(291 ページ参照）の事業若しくは作業の種類を記入することになっていますが、できる限り事業の内容（製品名、製造工程等）を具体的に記入してください。

「㉖　加入している労働保険」欄

令和６年４月１日現在に保険関係が成立している労働保険の種類を、次により○で囲みます。労災保険と雇用保険の両保険が成立している場合は「(イ)」と「(ロ)」を、労災保険のみが成立している場合は「(イ)」を、雇用保険のみが成立している場合は「(ロ)」をそれぞれ○で囲みます。

「㉗　特掲事業」欄

特掲事業（43 ページ（2）雇用保険率参照）に該当する場合は「(イ)」を、該当しない場合は「(ロ)」を○で囲みます。

「㉘　事業」欄

保険関係の成立している事業の所在地及び名称を記入します。

「㉙　事業主」欄

事業主の住所（法人のときは主たる事務所の所在地)、名称、氏名（法人のときは代表者の氏名)、郵便番号、電話番号を記入します。なお、押印を求める手続きの見直しにより、労働保険関係の様式についても、原則、押印または署名を求めない形に改められています（以下同様)。

「㉛　法人番号」欄

法人番号を記入します（個人事業主の行う事業については、13 桁すべてに「０」を記入します)。

「⑧　保険料・一般拠出金算定基礎額」、「⑩　確定保険料・一般拠出金額」、「⑫　保険料算定基礎の見込額」、「⑭　概算・増加概算保険料額」欄の金額の前に「¥」記号は付さないでください。

「納付額」の記入枠

納付書の納付額は、㉒欄の（ニ）（へ）（ト）の額を転記し、金額の前に必ず「¥」記号を付してください。

なお、納付額を訂正しますと日本銀行（本店、支店、代理店及び歳入代理店（全国の銀行・信用金庫の本店又は支店、郵便局））では受け付けませんので、所轄の都道府県労働局又は労働基準監督署で納付書の再交付を受け、書き直してから納付してください。

記　入　例

○一元適用事業で労災保険及び雇用保険が成立している場合の記入例

「記入例１」両保険の保険料算定基礎となる賃金総額が同一の場合（51ページ参照）

「記入例２」アルバイト学生等雇用保険の被保険者とならない者がいる場合(52ページ参照)

「記入例３」事業の拡張等により、令和６年度の賃金総額の見込額が令和５年度の確定賃金総額の100分の200を超える場合（53ページ参照）

「記入例４」事業の縮小等により、令和６年度の賃金総額の見込額が令和５年度の確定賃金総額の100分の50未満となる場合（54ページ参照）

○二元適用事業で労災保険又は雇用保険が成立している場合の記入例

「記入例５」労災保険が成立している場合（55ページ参照）

「記入例６」雇用保険が成立している場合（特掲事業の建設の事業）（56ページ参照）

「記入例７」⑳（イ）欄の充当額が、延納する場合の労働保険料の第１期分の額より多く、一般処出金も充当する場合（57ページ参照）

充当される順位は、概算第１期分→一般処出金→概算第２期分→概算第３期分となる。

「㉚　充当意思」欄が空欄のままとなっている場合は、ＯＣＲ読み取り時に、自動的に「１」と判断され、労働保険料のみに充当されることになります。

記入例1

①一元適用事業で労災保険と雇用保険の両保険が成立している、②両保険の保険料算定基礎となる賃金総額が同一、の場合

※当該様式は変更されることもあります。手続き時は最新情報をご確認ください。

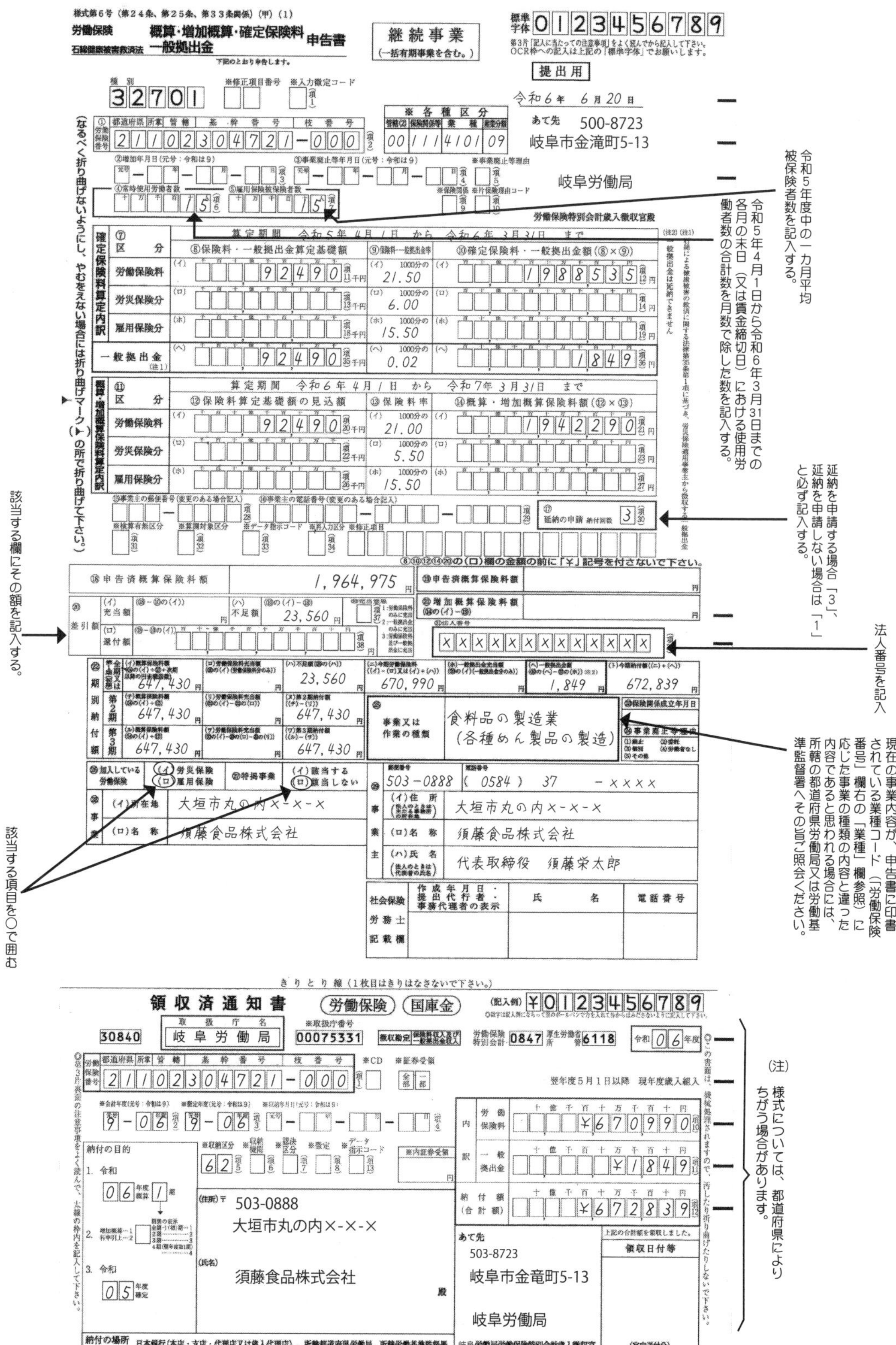

様式第6号（第24条、第25条、第33条関係）（甲）（1）

労働保険　概算・増加概算・確定保険料　石綿健康被害救済法　一般拠出金　申告書

継続事業（一括有期事業を含む。）

標準字体 0123456789

提出用

種別 32701

令和6年 6月20日

あて先 500-8723 岐阜市金滝町5-13 岐阜労働局

①労働保険番号 21102304721-000

※各種区分 00 111 4101 09

④常時使用労働者数 15　⑤雇用保険被保険者数 15

労働保険特別会計歳入徴収官殿

確定保険料算定内訳　算定期間 令和5年4月1日 から 令和6年3月31日 まで

⑦区分	⑧保険料・一般拠出金算定基礎額	⑨保険料・一般拠出金率	⑩確定保険料・一般拠出金額（⑧×⑨）
労働保険料	（イ）92490千円	（イ）1000分の21.50	（イ）1988535円
労災保険分	（ロ）千円	（ロ）1000分の6.00	（ロ）円
雇用保険分	（ホ）千円	（ホ）1000分の15.50	（ホ）円
一般拠出金	（ヘ）92490千円	（ヘ）1000分の0.02	（ヘ）1849円

概算・増加概算保険料算定内訳　算定期間 令和6年4月1日 から 令和7年3月31日 まで

⑪区分	⑫保険料算定基礎額の見込額	⑬保険料率	⑭概算・増加概算保険料額（⑫×⑬）
労働保険料	（イ）92490千円	（イ）1000分の21.00	（イ）1942290円
労災保険分	（ロ）千円	（ロ）1000分の5.50	（ロ）円
雇用保険分	（ホ）千円	（ホ）1000分の15.50	（ホ）円

⑰延納の申請 納付回数 3

⑧⑩⑫⑭⑳の（ロ）欄の金額の前に「¥」記号を付さないで下さい。

⑱申告済概算保険料額 1,964,975円

⑲申告済概算保険料額　円

㉑差引額 （イ）充当額 円　（ハ）不足額 23,560円

⑳増加概算保険料額　円

法人番号 XXXXXXXXXXXXX

㉒期別納付額

第1期 （イ）概算保険料額 647,430円	（ハ）不足額 23,560円	（ニ）今期労働保険料 670,990円
（ヘ）一般拠出金額 1,849円	（ト）今期納付額 672,839円	
第2期 （チ）概算保険料額 647,430円	（ヌ）第2期納付額 647,430円	
第3期 （ル）概算保険料額 647,430円	（ヲ）第3期納付額 647,430円	

㉖事業又は作業の種類 食料品の製造業（各種めん製品の製造）

㉓加入している労働保険 （イ）労災保険 （ロ）雇用保険　㉔特掲事業 （イ）該当する （ロ）該当しない

㉕事業 （イ）所在地 大垣市丸の内×-×-×　（ロ）名称 須藤食品株式会社

㉘事業主 503-0888 （0584）37 -××××　（イ）住所 大垣市丸の内×-×-×　（ロ）名称 須藤食品株式会社　（ハ）氏名 代表取締役 須藤栄太郎

社会保険労務士記載欄　作成年月日・提出代行者・事務代理者の表示　氏名　電話番号

きりとり線（1枚目はきりはなさないで下さい。）

領収済通知書　労働保険　国庫金　（記入例）¥0123456789

30840　取扱庁名 岐阜労働局　00075331　労働保険特別会計 0847　6118　令和06年度

21102304721-000

翌年度5月1日以降 現年度歳入組入

9-06　9-06

内訳 労働保険料 ¥670990　一般拠出金 ¥1849　納付額（合計額） ¥672839

納付の目的 1. 令和 06年度概算 1期　3. 令和 05年度確定

62

（住所）〒503-0888 大垣市丸の内×-×-×

（氏名）須藤食品株式会社 殿

あて先 503-8723 岐阜市金竜町5-13 岐阜労働局

上記の合計額を領収しました。領収日付等

納付の場所 日本銀行（本店・支店・代理店又は歳入代理店）、所轄都道府県労働局、所轄労働基準監督署

記入例２　①一元適用事業で労災保険と雇用保険の両保険が成立している、②常用労働者のほかにアルバイト学生（雇用保険の被保険者とならない者）を使用している、の場合

※当該様式は変更されることもあります。手続き時は最新情報をご確認ください。

様式第６号（第24条、第25条、第33条関係）（甲）（1）

労働保険　概算・増加概算・確定保険料 申告書
石綿健康被害救済法　一般拠出金

下記のとおり申告します。

継続事業（一括有期事業を含む。）

標準字体 0123456789

第３片「記入に当たっての注意事項」をよく読んでから記入して下さい。OCR枠への記入は上記の「標準字体」でお願いします。

提出用

種別 32701　※修正項目番号　※入力徴定コード

令和６年６月20日

あて先 260-8612
千葉市中央区4丁目11-1
千葉第２合同庁舎
千葉労働局
労働保険特別会計歳入徴収官殿

（なるべく折り曲げないようにし、やむをえない場合には折り曲げマーク（▶）の所で折り曲げて下さい。）

①労働保険番号　都道府県 12　所掌 1　管轄 03　基幹番号 371240　枝番号 000

※各種区分　管轄(2) 08　保険関係等 1　業種 11　産業分類 5401　25

②増加年月日（元号：令和は9）　③事業廃止等年月日（元号：令和は9）　※事業廃止等理由

④常時使用労働者数 34　⑤雇用保険被保険者数 31　※保険関係等　※片保険理由コード

（注2）一般拠出金は還付できません

（注1）石綿による健康被害の救済に関する法律第35条第1項に基づき、労災保険適用事業主から徴収する一般拠出金

⑦区分	⑧保険料・一般拠出金算定基礎額	⑨保険料・一般拠出金率	⑩確定保険料・一般拠出金額（⑧×⑨）
確定保険料算定内訳　算定期間　令和５年４月１日から令和６年３月31日まで			
労働保険料	（イ）	（イ）1000分の 25.50	（イ）3,147,470円
労災保険分	（ロ）125,120千円	（ロ）1000分の 10.00	（ロ）1,251,200円
雇用保険分	（ホ）122,340千円	（ホ）1000分の 15.50	（ホ）1,896,270円
一般拠出金（注1）	（ヘ）125,120千円	（ヘ）1000分の 0.02	（ヘ）2,502円

⑪区分	⑫保険料算定基礎額の見込額	⑬保険料率	⑭概算・増加概算保険料額（⑫×⑬）
概算・増加概算保険料算定内訳　算定期間　令和６年４月１日から令和７年３月31日まで			
労働保険料	（イ）	（イ）1000分の 24.50	（イ）3,022,350円
労災保険分	（ロ）125,120千円	（ロ）1000分の 9.00	（ロ）1,126,080円
雇用保険分	（ホ）122,340千円	（ホ）1000分の 15.50	（ホ）1,896,270円

⑮事業主の郵便番号（変更のある場合記入）　⑯事業主の電話番号（変更のある場合記入）

⑰延納の申請　納付回数 3

※検査有無区分　※勘定科目区分　※データ指示コード　※再入力区分　※修正項目

⑧⑩⑫⑭⑳の（ロ）欄の金額の前に「¥」記号を付さないで下さい。

⑱申告済概算保険料額 3,110,984円

⑲申告済概算保険料額　⑲増加概算保険料額（⑭の（イ）－⑱）

⑳差引額　（イ）充当額（⑱－⑩の（イ））円　（ハ）不足額（⑩の（イ）－⑱）36,486円　（ロ）還付額（⑱－⑩の（イ））円

※充当意思　1：労働保険料のみに充当　2：一般拠出金のみに充当　3：労働保険料及び一般拠出金に充当

㉑法人番号 ×××××××××××××

㉒期別納付額						
第1期（初期）	（イ）概算保険料額（⑭の（イ）÷延納回数）1,007,450円	（ロ）労働保険料充当額 円	（ハ）不足額（⑳の（ハ））36,486円	（ニ）今期労働保険料（（イ）－（ロ）又は（イ）＋（ハ））1,043,936円	（ホ）一般拠出金充当額 円	（ヘ）一般拠出金額 2,502円	（ト）今期納付額（（ニ）＋（ヘ））1,046,438円
第2期	（チ）概算保険料額 1,007,450円	（リ）労働保険料充当額 円	（ヌ）第2期納付額 1,007,450円				
第3期	（ル）概算保険料額 1,007,450円	（ヲ）労働保険料充当額 円	（ワ）第3期納付額 1,007,450円				

㉓事業又は作業の種類　構築用金属製品製造業（サッシ等建築用金属製品の製造）

㉔保険関係成立年月日　㉕事業廃止等理由　(1)廃止 (2)委託 (3)個別 (4)労働者なし (5)その他

㉖加入している労働保険　（イ）労災保険　（ロ）雇用保険　㉗特掲事業　（イ）該当する　（ロ）該当しない

㉘事業　（イ）所在地 柏市柏×-×-××　（ロ）名称 株式会社大谷サッシ

㉙事業主　郵便番号 277-0005　電話番号（0471）62－××××
（イ）住所（法人のときは主たる事務所の所在地）柏市柏×-×-××
（ロ）名称 株式会社大谷サッシ
（ハ）氏名（法人のときは代表者の氏名）代表取締役　大谷一郎

社会保険労務士記載欄　作成年月日・提出代行者・事務代理者の表示　氏名　電話番号

きりとり線（１枚目はきりはなさないで下さい。）

領収済通知書（労働保険）（国庫金）

（記入例）¥0123456789
○数字は記入例にならって黒のボールペンで枠からはみださないように記入して下さい。

30840　取扱庁名 千葉労働局　※取扱庁番号 00075331　徴収勘定 保険料収入及び一般拠出金収入　労働保険特別会計 0847　厚生労働省所管 6118　令和 06 年度

労働保険番号 1 2 1 0 3 3 7 1 2 4 0 － 0 0 0　※CD　※証券受領

翌年度５月１日以降　現年度歳入組入

※会計年度（元号：令和は9）9－06　※徴定年度 9－06　※収納年月日

内訳	
労働保険料	¥1043936
一般拠出金	¥2502
納付額（合計額）	¥1046438

納付の目的
1. 令和 06 年度概算 1 期
2. 増加概算…1　確定不足…2
3. 令和 05 年度確定

※収納区分 62

（住所）〒 277-0005
柏市柏×-×-××

（氏名）株式会社大谷サッシ　殿

あて先 260-8612
千葉市中央区4丁目11-1
千葉第２合同庁舎
千葉労働局
千葉労働局労働保険特別会計歳入徴収官

上記の合計額を領収しました。
領収日付等
（官庁送付分）

納付の場所　日本銀行（本店・支店・代理店又は歳入代理店）、所轄都道府県労働局、所轄労働基準監督署

○第３片裏面の注意事項をよく読んで、太線の枠内を記入して下さい。
○この書面は、機械処理されますので、汚したり折り曲げたりしないで下さい。

記入例３　①一元適用事業で労災保険と雇用保険の両保険が成立している、②使用労働者のすべてが雇用保険の被保険者である、③令和６年度の賃金総額の見込額が令和５年度の賃金総額の100分の200を超える、の場合

※当該様式は変更されることもあります。手続き時は最新情報をご確認ください。

様式第6号（第24条、第25条、第33条関係）（甲）（1）

労働保険 概算・増加概算・確定保険料 申告書
石綿健康被害救済法 一般拠出金

継続事業（一括有期事業を含む。）

標準字体 0123456789

提出用

種別 32701

令和6年6月20日

あて先 514-8524
津市島崎町327-2
津第２地方合同庁舎
三重労働局
労働保険特別会計歳入徴収官殿

①労働保険番号 24101112936０-000

※各種区分 00 1 1 1 9801 51

④常時使用労働者数 36　⑤雇用保険被保険者数 36

確定保険料算定内訳 ⑦区分	⑧保険料・一般拠出金算定基礎額	⑨保険料・一般拠出金率	⑩確定保険料・一般拠出金額（⑧×⑨）
算定期間 令和5年4月1日から令和6年3月31日まで			
労働保険料	(イ) 131230千円	(イ) 1000分の18.50	(イ) 2427755円
労災保険分	(ロ)	(ロ) 1000分の3.00	(ロ)
雇用保険分	(ホ)	(ホ) 1000分の15.50	(ホ)
一般拠出金	(ヘ) 131230千円	(ヘ) 1000分の0.02	(ヘ) 2624円

概算・増加概算保険料算定内訳 ⑪区分	⑫保険料算定基礎額の見込額	⑬保険料率	⑭概算・増加概算保険料額（⑫×⑬）
算定期間 令和6年4月1日から令和7年3月31日まで			
労働保険料	(イ) 274380千円	(イ) 1000分の18.50	(イ) 5076030円
労災保険分	(ロ)	(ロ) 1000分の3.00	(ロ)
雇用保険分	(ホ)	(ホ) 1000分の15.50	(ホ)

⑰延納の申請 納付回数 3

⑧⑩⑫⑭⑳の（ロ）欄の金額の前に「¥」記号を付さないで下さい。

⑱申告済概算保険料額 2,426,985円

⑳差引額 (ハ)不足額 770円

法人番号 XXXXXXXXXXXXX

㉒期別納付額			
第1期（初期）	(イ)概算保険料額 1,692,010円	(ハ)不足額 770円	(ニ)今期労働保険料 1,692,780円
	(ヘ)一般拠出金額 2,624円	(ト)今期納付額 1,695,404円	
第2期	(チ)概算保険料額 1,692,010円	(ヌ)第2期納付額 1,692,010円	
第3期	(ル)概算保険料額 1,692,010円	(ワ)第3期納付額 1,692,010円	

㉓事業又は作業の種類 卸売小売業（各種食料品、日用品の卸売）

㉖加入している労働保険 (イ)労災保険 (ロ)雇用保険　㉗特掲事業 (ロ)該当しない

㉘事業	
(イ)所在地	四日市市西浦×-×-×
(ロ)名称	有限会社スーパーマルヤス

㉙事業主	510-0071 (0593) 51 - ××××
(イ)住所	四日市市西浦×-×-×
(ロ)名称	有限会社スーパーマルヤス
(ハ)氏名	代表取締役　安田三男

社会保険労務士記載欄	作成年月日・提出代行者・事務代理者の表示	氏名	電話番号

きりとり線（1枚目はきりはなさないで下さい。）

領収済通知書　労働保険　国庫金

30840　取扱庁名 三重労働局　※取扱庁番号 00075331　0847　6118　令和06年度

労働保険番号 24101112936０-000

9-06-20　9-06-3

納付の目的 1. 令和06年度概算 1期　3. 令和05年度確定

※収納区分 62

内訳	
労働保険料	¥1692780
一般拠出金	¥2624
納付額（合計額）	¥1695404

（住所）〒510-0071
四日市市西浦×-×-×
（氏名）有限会社スーパーマルヤス 殿

あて先
514-8524
津市島崎町327-2
津第２地方合同庁舎
三重労働局

納付の場所 日本銀行（本店・支店・代理店又は歳入代理店）、所轄都道府県労働局、所轄労働基準監督署
三重労働局労働保険特別会計歳入徴収官

記入例４　①一元適用事業で労災保険と雇用保険の両保険が成立している、②使用労働者のすべてが雇用保険の被保険者である、③令和６年度の賃金総額の見込額が令和５年度の確定賃金総額の 100 分の 50 未満となる、の場合

※当該様式は変更されることもあります。手続き時は最新情報をご確認ください。

様式第6号（第24条、第25条、第33条関係）（甲）（1）

労働保険　概算・増加概算・確定保険料　申告書
石綿健康被害救済法　一般拠出金

継続事業（一括有期事業を含む。）

提出用

種別 32701

令和6年 6月20日

あて先 060-8566
札幌市北区北8条西2丁目1
札幌第1合同庁舎
北海道労働局
労働保険特別会計歳入徴収官殿

①労働保険番号 01 1 01 227606-000

※各種区分 管轄(2) 01　保険関係等 1 1 1　業種 9422　産業分類 88

④常時使用労働者数 16　⑤雇用保険被保険者数 16

確定保険料算定内訳　算定期間 令和5年4月1日 から 令和6年3月31日 まで

⑦区分	⑧保険料・一般拠出金算定基礎額	⑨保険料・一般拠出金率	⑩確定保険料・一般拠出金額（⑧×⑨）
労働保険料	(イ) 54254 千円	(イ) 1000分の 18.50	(イ) 1003699 円
労災保険分	(ロ) 千円	(ロ) 1000分の 3.00	(ロ) 円
雇用保険分	(ホ) 千円	(ホ) 1000分の 15.50	(ホ) 円
一般拠出金	(ヘ) 54254 千円	(ヘ) 1000分の 0.02	(ヘ) 1085 円

概算・増加概算保険料算定内訳　算定期間 令和6年4月1日 から 令和7年3月31日 まで

⑪区分	⑫保険料算定基礎額の見込額	⑬保険料率	⑭概算・増加概算保険料額（⑫×⑬）
労働保険料	(イ) 20000 千円	(イ) 1000分の 18.50	(イ) 370000 円
労災保険分	(ロ) 千円	(ロ) 1000分の 3.00	(ロ) 円
雇用保険分	(ホ) 千円	(ホ) 1000分の 15.50	(ホ) 円

⑰延納の申請 納付回数 1

⑱申告済概算保険料額 909,223 円

⑳差引額 (ハ)不足額 94,476 円

⑳期別納付額 第1期：(イ)概算保険料額 370,000 円　(ハ)不足額 94,476 円　(ニ)今期労働保険料 464,476 円　(ヘ)一般拠出金額 1,085 円　(ト)今期納付額 465,561 円

㉓事業又は作業の種類　物品、賃借業（事務用機器のリース）

㉔加入している労働保険 (イ)労災保険 (ロ)雇用保険　㉕特掲事業 (ロ)該当しない

㉖事業 (イ)所在地 札幌市中央区南一条西×-×　(ロ)名称 金子リース株式会社

㉗事業主 郵便番号 064-0801　電話番号 (011) 621-××××
(イ)住所 札幌市中央区南一条西×-×
(ロ)名称 金子リース株式会社
(ハ)氏名 代表取締役　金子武

社会保険労務士記載欄　作成年月日・提出代行者・事務代理者の表示　氏名　電話番号

きりとり線（1枚目はきりはなさないで下さい。）

領収済通知書（労働保険）（国庫金）

30840　取扱庁名 北海道労働局　00075331　0847　6118　令和06年度

労働保険番号 01101227606-000

9-06　9-06

内訳 労働保険料 ¥464476　一般拠出金 ¥1085　納付額（合計額） ¥465561

62

納付の目的 1. 令和 06 年度概算 1 期　3. 令和 05 年度確定

（住所）〒 064-0801 札幌市中央区南一条西×-×
（氏名）金子リース株式会社 殿

あて先 060-8566 札幌市北区北8条西2丁目1 札幌第1合同庁舎 北海道労働局

納付の場所 日本銀行（本店・支店・代理店又は歳入代理店）、所轄都道府県労働局、所轄労働基準監督署

記入例５　①二元適用事業で労災保険が成立している、の場合

※当該様式は変更されることもあります。手続き時は最新情報をご確認ください。

様式第6号（第24条、第25条、第33条関係）（甲）（1）

労働保険　概算・増加概算・確定保険料　申告書
石綿健康被害救済法　一般拠出金

継続事業（一括有期事業を含む。）

標準字体 0123456789

提出用

種別 32701

令和6年6月20日

あて先 231-0015
横浜市中区尾上町5-77-2
馬車道通ウエストビル9階
神奈川労働局
労働保険特別会計歳入徴収官殿

①労働保険番号 14101336450-000

※各種区分 711 7301

④常時使用労働者数 49

確定保険料算定内訳　算定期間 令和5年4月1日 から 令和6年3月31日 まで

⑦区分	⑧保険料・一般拠出金算定基礎額	⑨保険料・一般拠出金率	⑩確定保険料・一般拠出金額（⑧×⑨）
労働保険料	(イ)	(イ) 1000分の	(イ) 2281374円
労災保険分	(ロ) 253486千円	(ロ) 1000分の 9.00	(ロ) 2281374円
雇用保険分	(ホ)	(ホ) 1000分の	(ホ)
一般拠出金	(ヘ) 253486千円	(ヘ) 1000分の 0.02	(ヘ) 5069円

概算・増加概算保険料算定内訳　算定期間 令和6年4月1日 から 令和7年3月31日 まで

⑪区分	⑫保険料算定基礎額の見込額	⑬保険料率	⑭概算・増加概算保険料額（⑫×⑬）
労働保険料	(イ)	(イ) 1000分の	(イ) 2281374円
労災保険分	(ロ) 253486千円	(ロ) 1000分の 9.00	(ロ) 2281374円
雇用保険分	(ホ)	(ホ) 1000分の	(ホ)

⑰延納の申請 納付回数 3

⑧⑩⑫⑭⑳の（ロ）欄の金額の前に「¥」記号を付さないで下さい。

⑱申告済概算保険料額 2,802,290円

⑳差引額 (イ)充当額 520,916円　(ハ)不足額　充当意思 1

㉑出入番号 XXXXXXXXXXXXXX

㉒期別納付額						
第1期（初期）	(イ)概算保険料額 760,458円	(ロ)労働保険料充当額 520,916円	(ハ)不足額	(ニ)今期労働保険料 239,542円	(ホ)一般拠出金充当額 0円	(ヘ)一般拠出金額 5,069円　(ト)今期納付額 244,611円
第2期	(チ)概算保険料額 760,458円	(リ)労働保険料充当額	(ヌ)第2期納付額 760,458円			
第3期	(ル)概算保険料額 760,458円	(ヲ)労働保険料充当額	(ワ)第3期納付額 760,458円			

㉓事業又は作業の種類 港湾貨物取扱事業

㉖加入している労働保険 (イ)労災保険　(ロ)雇用保険
㉗特掲事業 (イ)該当する　(ロ)該当しない

㉘事業 (イ)所在地 横浜市中区海岸通×-×　(ロ)名称 横浜海運株式会社

㉙事業主 郵便番号 231-0002　電話番号（045）241-××××
(イ)住所 横浜市中区海岸通×-×
(ロ)名称 横浜海運株式会社
(ハ)氏名 代表取締役　三木信也

社会保険労務士記載欄	作成年月日・提出代行者・事務代理者の表示	氏名	電話番号

きりとり線（1枚目はきりはなさないで下さい。）

領収済通知書　労働保険　国庫金

（記入例）¥0123456789

30840　取扱庁名 神奈川労働局　※取扱庁番号 00075331　労働保険特別会計 0847　厚生労働省所管 6118　令和06年度

労働保険番号 14101336450-000

翌年度5月1日以降　現年度歳入組入

9-06　9-06

内訳	
労働保険料	¥239542
一般拠出金	¥5069
納付額（合計額）	¥244611

納付の目的
1. 令和 06 年度 概算 1 期
2. 増加概算…1　料率引上…2
3. 令和 05 年度 確定

※収納区分 62

（住所）〒 231-0002
横浜市中区海岸通×-×
（氏名）横浜海運株式会社　殿

あて先
231-0015
横浜市中区尾上町5-77-2
馬車道通ウエストビル9階
神奈川労働局
神奈川労働局労働保険特別会計歳入徴収官

上記の合計額を領収しました。　領収日付等

納付の場所　日本銀行（本店・支店・代理店又は歳入代理店）、所轄都道府県労働局、所轄労働基準監督署

（官庁送付分）

記入例6　①二元適用事業で雇用保険が成立している（特掲事業の建設の事業）、の場合

※当該様式は変更されることもあります。手続き時は最新情報をご確認ください。

様式第6号（第24条、第25条、第33条関係）（甲）（1）

労働保険　概算・増加概算・確定保険料　申告書
石綿健康被害救済法　一般拠出金

継続事業（一括有期事業を含む。）

標準字体 0123456789

提出用

種別 32701

令和6年6月20日

あて先 102-8307
千代田区九段南1-2-1
九段第3合同庁舎
東京労働局

労働保険特別会計歳入徴収官殿

①労働保険番号 13303057292-000

※各種区分：保険関係等 711　業種 06

⑤雇用保険被保険者数 17

確定保険料算定内訳　算定期間 令和5年4月1日 から 令和6年3月31日 まで

区分	⑧保険料・一般拠出金算定基礎額	⑨保険料・一般拠出金率	⑩確定保険料・一般拠出金額（⑧×⑨）
労働保険料			1298774
労災保険分			
雇用保険分	70204千円	1000分の18.50	1298774
一般拠出金			

概算・増加概算保険料算定内訳　算定期間 令和6年4月1日 から 令和7年3月31日 まで

区分	⑫保険料算定基礎額の見込額	⑬保険料率	⑭概算・増加概算保険料額（⑫×⑬）
労働保険料			1298774
労災保険分			
雇用保険分	70204千円	1000分の18.50	1298774

⑰延納の申請 納付回数 3

⑱申告済概算保険料額 1,382,042円

⑳差引額 （イ）充当額 83,268円　充当意思 1

㉑出入番号 ×××××××××××××

㉒期別納付額						
第1期	（イ）概算保険料額 432,926円	（ロ）労働保険料充当額 83,268円		（ニ）今期労働保険料 349,658円		（ト）今期納付額 349,658円
第2期	（チ）概算保険料額 432,924円		（ヌ）第2期納付額 432,924円			
第3期	（ル）概算保険料額 432,924円		（ワ）第3期納付額 432,924円			

㉓事業又は作業の種類：建築事業

㉔加入している労働保険：（ロ）雇用保険
㉕特掲事業：（イ）該当する

㉖ 郵便番号 110－0005　電話番号 （03）3847－××××

㉗事業 （イ）所在地 台東区東上野×－×－×　（ロ）名称 株式会社石田工務店

㉘事業主 （イ）住所 台東区東上野×－×－×　（ロ）名称 株式会社石田工務店　（ハ）氏名 代表取締役　石田剛

社会保険労務士記載欄：作成年月日・提出代行者・事務代理者の表示　氏名　電話番号

きりとり線（1枚目はきりはなさないで下さい。）

領収済通知書（労働保険）（国庫金）

（記入例）¥0123456789

30840　取扱庁名 東京労働局　取扱庁番号 00075331　労働保険特別会計 0847　所管 6118　令和06年度

労働保険番号 13303057292-000

会計年度 9－06　調定年度 9－06

収納区分 62

納付の目的：1. 令和06年度概算 1期

内訳	
労働保険料	¥349658
一般拠出金	
納付額（合計額）	¥349658

（住所）〒110-0005
台東区東上野×-×-×
（氏名）株式会社石田工務店 殿

あて先 102-8307
千代田区九段南1-2-1
九段第3合同庁舎
東京労働局

納付の場所 日本銀行（本店・支店・代理店又は歳入代理店）、所轄都道府県労働局、所轄労働基準監督署

東京労働局労働保険特別会計歳入徴収官

記入例７　　⑳（イ）欄の充当額が、延納する場合の労働保険料の第１期分の額より多く、一般拠出金も充当する、の場合。

※当該様式は変更されることもあります。手続き時は最新情報をご確認ください。

様式第６号（第２４条、第２５条、第３３条関係）（甲）（１）

労働保険　概算・増加概算・確定保険料　申告書
石綿健康被害救済法　一般拠出金

継続事業（一括有期事業を含む。）

標準字体 0123456789

提出用

種別 32701

令和 6年 6月 20日

あて先 514-8524
津市島崎町327-1
津第２合同庁舎
三重労働局
労働保険特別会計歳入徴収官殿

①労働保険番号 24101129360-000

各種区分：管轄(2) 01　保険関係等 1　業種 11 9801　産業分類 51

④常時使用労働者数 8　⑤雇用保険被保険者数 8

確定保険料算定内訳　⑦算定期間 令和5年4月1日 から 令和6年3月31日 まで

区分	⑧保険料・一般拠出金算定基礎額	⑨保険料・一般拠出金率	⑩確定保険料・一般拠出金額（⑧×⑨）
労働保険料 (イ)	35520 千円	1000分の 18.50	657120 円
労災保険分 (ロ)		1000分の 3.00	
雇用保険分 (ホ)			
一般拠出金 (ヘ)	35520 千円	1000分の 0.02	710 円

概算・増加概算保険料算定内訳　⑪算定期間 令和6年4月1日 から 令和7年3月31日 まで

区分	⑫保険料算定基礎額の見込額	⑬保険料率	⑭概算・増加概算保険料額（⑫×⑬）
労働保険料 (イ)		1000分の 18.50	657120 円
労災保険分 (ロ)		1000分の 3.00	
雇用保険分 (ホ)		1000分の 15.50	

⑰延納の申請 納付回数 3

⑧⑩⑫⑭⑳の（ロ）欄の金額の前に「￥」記号を付さないで下さい。

⑱申告済概算保険料額 943,725 円

⑳差引額 (イ)充当額 286,605 円　充当意思 3

法人番号 XXXXXXXXXXXXX

㉒期別納付額

	(イ)概算保険料額	(ロ)労働保険料充当額	(ハ)不足額	(ニ)今期労働保険料	(ホ)一般拠出金充当額	(ヘ)一般拠出金額	(ト)今期納付額
全期又は第1期	219,040 円	219,040 円		0 円	710 円	0 円	0 円

	(チ)概算保険料額	(リ)労働保険料充当額	(ヌ)第2期納付額
第2期	219,040 円	66,855 円	152,185 円

	(ル)概算保険料額	(ヲ)労働保険料充当額	(ワ)第3期納付額
第3期	219,040 円		219,040 円

㉓事業又は作業の種類　卸売業、小売業（各種食料品、日用品の卸売）

㉔加入している労働保険 (イ)労災保険 (ロ)雇用保険　㉕特掲事業 (ロ)該当しない

㉖事業 (イ)所在地 四日市市西浦×-×-×　(ロ)名称 有限会社スーパーマルヤス

㉗事業主 郵便番号 510-0071　電話番号 (0593) 51-XXXX
(イ)住所 代表取締役　安田三男
(ロ)名称 四日市市西浦×-×-×
(ハ)氏名 有限会社スーパーマルヤス

社会保険労務士記載欄　作成年月日・提出代行者・事務代理者の表示　氏名　電話番号

きりとり線（１枚目はきりはなさないで下さい。）

領収済通知書（労働保険）（国庫金）　（記入例）￥0123456789

30840　取扱庁名 三重労働局　00075331　労働保険特別会計 0847　厚生労働省所管 6118　令和 06 年度

労働保険番号 24101129360-000

翌年度5月1日以降　現年度歳入組入

会計年度 9-06　徴定年度 9-06

収納区分 62

納付の目的 1. 令和 06 年度概算 1 期

(住所) 〒 510-0071
四日市市市西浦×-×-×

(氏名) 有限会社スーパーマルヤス　殿

あて先 514-8524
津市島崎町327-1
津第２合同庁舎
三重労働局

納付の場所　日本銀行（本店・支店・代理店又は歳入代理店）、所轄都道府県労働局、所轄労働基準監督署

三重労働局労働保険特別会計歳入徴収官

（2）一括有期事業の場合

有期事業の一括とは

建設事業や立木の伐採の事業は、原則として、個々の工事又は作業現場ごとに有期事業として、労働保険に加入することとなっていますが、事務簡素化の見地からそれぞれの工事又は作業の規模が、概算保険料の額が 160 万円未満で、かつ、建設事業の場合は、消費税額を除いた請負金額が 1 億 8,000 万円未満（平成 27 年 3 月 31 日以前に開始された事業について消費税額を含む請負金額が 1 億 9,000 万円未満）、立木の伐採の事業の場合は、素材の見込生産量が 1,000 立方メートル未満の場合に限り、一定の条件のもとに、これを取りまとめて、１つの保険関係で処理することとされています（法第 7 条）。これが、いわゆる「有期事業の一括」です（114 ページ参照）。

継続事業と同様年度更新手続を要す

有期事業の一括をうけている事業（以下「一括有期事業」という）は、継続事業と同様に取り扱われますから、毎年７月 10 日までに新年度の概算保険料の申告・納付と、前年度の保険料を精算するための確定保険料の申告・納付の手続をしなければなりません。

令和５年度終了事業を一括有期事業報告書で報告

一括有期事業の確定保険料は、一括されたそれぞれの事業（工事等）のうち、その年度内に終了した事業（工事等）を対象として算定しますから、その年度内に終了した事業（工事等）を明らかにした「一括有期事業報告書」を提出することになっています。

また、建設事業については「一括有期事業総括表」も併せ提出することになっています。

（注）一括有期事業に係る一般拠出金の徴収について

一括有期事業に係る一般拠出金については、平成 19 年 4 月 1 日以降に開始した事業（工事等）を対象として、労働保険の確定保険料申告に併せて申告・納付することとなっています。

イ　一括有期事業報告書等の作り方（記入例１（62 ページ）参照）

この報告書には、令和５年４月１日から令和６年３月 31 日までに終了したすべての事業（工事等）について、建設の事業については、事業の種類（同一の労務費率）ごとに作成し、建設の事業（元請工事のみ）又は立木の伐採の事業の名称、所在地、期間、請負金額（平成 27 年３月 31 日以前に開始された工事については消費税額を含めた額を、平成 27 年４月１日以降に開始された工事については消費税額を除いた額）、素材の材積、賃金総額等を記入します。

建設事業の請負金額（「①請負金額の内訳」欄の「請負金額」欄の額）については、事業主が、注文者などからその事業に使用する工事用の資材などを支給されたり又は機械器具等を貸与された場合は、支給された物の価格相当額又は機械器具などの損料相当額を請負代金の額に加算したものとなります。ただし、厚生労働大臣がその事業の種類ごとに定めた「工事用物」（99 ページの「工事用物表」参照）の価格は請負代金の額に加算しません。請負代金の額に「工事用物」の価格が含まれている場合には請負代金の額からそれらの「工事用物」の価格を差し引いて算出します。

建設の事業で請負金額により確定保険料額を算定する場合は、この報告書に基づき事業の種類及び事業の開始時期により区分し、請負金額及び賃金総額を把握し「一括有期事業総括表」（記入例２（64 ページ）参照）に転記の上計算することになります。

○　工事ごとの支払賃金が正確に把握できる場合

工事ごとの支払賃金が正確に把握できる場合は、実際に支払った賃金総額（下請の分を含みます）をカッコ書きにし、「②労務費率」欄に「賃金」と記入します。工事開始時期による小計欄には、更に一行下の欄に、労務費率を乗じて得た賃金額の合計と賃金総額による額を合計した金額を記入します（記入例１－１　62ページＡ参照）。

ロ　「一括有期事業総括表」への転記方法（記入例２（64ページ）①～⑥参照）

「一括有期事業総括表」への転記については、令和５年度中に終了したすべての事業（工事等）について、事業の種類（同一の労務費）ごとに記入します。

各労務費率ごとに作成した「一括有期事業報告書」の「①請負金額の内訳」欄の「請負金額」の「計」欄及び「③賃金総額」の「計」欄に記入されている金額を、「一括有期事業総括表」の「請負金額」欄及び「賃金総額」欄に転記します（「一括有期事業総括表」の「賃金総額」欄への転記の際、賃金総額の千円未満の端数は切り捨てて転記します）。

ハ　年度更新申告書の作り方（記入例２（64ページ）及び記入例３（65ページ）の⑦～⑨参照）

年度更新申告書の記入方法はこれまで説明してきた一般の「継続事業」の場合とほとんど同じですが、若干異なっている点がありますので、その点について説明します。

「⑧　保険料・一般拠出金算定基礎額」欄

令和５年４月１日から令和６年３月31日までの間に終了した有期事業の一括をしたもののすべてを対象とし、その賃金総額、すなわち、一括有期事業報告書（建設事業については一括有期事業総括表を含みます）により計算した賃金総額を⑧欄の（ロ）及び（ヘ）に記入します（1,000円未満の端数は切り捨ててください）。

なお、支払賃金総額が正確に把握できる場合は、実際に支払った賃金総額（下請を使用した場合は下請の分を含みます）を記入します。

「⑩　確定保険料・一般拠出金額」欄

一括有期事業報告書（建設事業については一括有期事業総括表）に記入された保険料額を⑩欄の（ロ）に記入します（⑩欄（イ）の額はこの額と同額になり、⑩欄（ヘ）の額は、一般拠出金額と同額となります）。

「⑫　保険料算定基礎額の見込額」欄

令和６年４月１日から令和７年３月31日までの間に有期事業の一括となる事業をどのくらい行うかの見込みに基づいて算定した額を記入しますが、この見込額には、**令和５年度又はそれ以前に開始した事業で、令和５年度に終了しなかった事業の全期間分の賃金総額についても含めることになりますので注意を要します。**

令和６年度の賃金総額の見込額が、令和５年度の確定賃金総額に比較して、100分の50以上100分の200以下であれば（特別な事情で、令和６年度に着手する予定の事業の規模又は件数などが令和５年度に比較して大幅に減少若しくは増加することが見込まれる場合を除いてほとんどこの範囲内であろうと思われます）、令和５年度の確定保険料の算定基礎となった賃金総額をそのまま令和６年度の賃金総額の見込額として使用することになります。

なお、労務費率により保険料の算定基礎となる賃金総額を算出する場合は、令和５年度の請負金額に労務費率（労務費率の改定があった事業については新労務費率）を乗じて算出します。

「⑰　延納の申請」欄

一般の「継続事業」の場合と同様に記入します。つまり、概算保険料が20万円以上であって延納の申請をする場合には、３回に分割して納付することができます（この欄が空白のままとなっている場合は、OCR読み取り時に、自動的に「１」と判断されます）。

（３）労働保険事務組合の委託事業の場合

事務組合も年度更新手続を要す

労働保険事務組合に労働保険事務等の処理を委託している事業については、労働保険事務組合が各委託事業場に係る保険料等の申告と納付をまとめて処理しますが、労働保険事務組合も一般の「継続事業」と同じように令和５年度の確定保険料、令和６年度の概算保険料、及び一般拠出金の申告・納付の手続を７月10日までに行うことになります。

委託事業主は「賃金等の報告」を早めに事務組合へ

そこで、労働保険事務組合は、各委託事業主からあらかじめ「労働保険料算定基礎賃金等の報告」（以下「賃金等の報告」といいます）の提出を受け、この「賃金等の報告」に基づき「保険料・拠出金申告書内訳」を作成して委託事業場ごとの保険料等を算定し、委託事業主から保険料等の交付を受け、最後に「保険料・拠出金申告書」を作成して、これに保険料等を添えて申告・納付することになります。

したがって、委託事業主は、年度当初に労働保険事務組合から配布される「賃金等の報告」に毎月賃金を支払った都度、所要事項を記入して年間の支払賃金が確定する年度末に労働保険事務組合へ提出し、労働保険事務組合から通知される保険料等を納付すれば、その他の申告・納付手続はすべて労働保険事務組合が処理してくれます。

6　年度更新申告書の提出と保険料等の納付

これで年度更新手続に必要な書類の作成は終わったわけです。

申告書に保険料等を添えて７月10日までに申告・納付

事業主は、２枚目の事業主控用の申告書と３枚目の注意事項を切り離して、１枚目の提出用の申告書と納付書（３枚とも）に保険料等を添えて、７月10日までに日本銀行（本店、支店、代理店又は歳入代理店（全国の銀行・信用金庫の本店又は支店、郵便局））、都道府県労働局又は所轄の労働基準監督署に申告・納付しますと、年度更新の手続は完了することになります。

申告書以外は労働基準監督署へ提出

なお、所轄の労働基準監督署、都道府県労働局では申告書以外の書類及び保険料等も受理しますが、日本銀行（本店、支店、代理店又は歳入代理店（全国の銀行・信用金庫の本店又は支店、郵便局））では申告書とこれに接続している納付書及び保険料等以外のものについては取り扱いませんので「一括有期事業報告書」及び「一括有期事業総括表」は、所轄の労働基準監督署へ提出することになります。

記入例1－1

様式第７号（第34条関係）（甲）

枠組み部分が一括有期事業総括表へ転記する金額となります。
（一括有期事業総括表の事業開始時期に対応している。）

労働保険
一括有期事業報告書（建設の事業）

労働保険番号	府県	所掌	管轄	基幹番号	枝番号
	13	1	06	607425	000

2枚のうち　1枚目

事業の名称	事業場の所在地	事業の期間	①請負金額の内訳 ㋑請負代金の額	㋺請負代金に加算する額	㋩請負代金から控除する額	㋥請負金額（㋑＋㋺－㋩）	②労務費率	③賃金総額
			円	円	円	円		円
工藤邸改築工事	目黒区自由ヶ丘2-×-××	5年5月10日から 6年2月15日まで	9,320,000			9,320,000	23%	2,143,600
黒田邸改築工事	世田谷区等々力1-×-×	5年6月15日から 5年9月30日まで	3,020,000			3,020,000	23%	694,600
毛利邸改築工事	小金井市緑町3-×-××	5年7月1日から 5年12月20日まで	(1,320,000)			(1,320,000)	賃金	(264,000)
平成30年4月1日以降工事開始分		年月日から 年月日まで			①	(1,320,000) 12,340,000	A	(264,000) 2,838,200
		年月日から 年月日まで					②	計3,102,200
事業の種類	38既設建築物設備工事等	計	(1,320,000) 12,340,000			(1,320,000) 12,340,000		3,102,200

前年度中（保険関係が消滅した日まで）に廃止又は終了があったそれぞれの事業の明細を上記のとおり報告します。

6年　6月　20日

郵便番号（143 － ××××）
電話番号（03 － 3734 －××××）

事業主
住所　大田区大森西×－×－×
氏名　株式会社山崎工務店　代表取締役　山崎博士
（法人のときはその名称及び代表者の氏名）

東京　労働局労働保険特別会計歳入徴収官　殿

社会保険労務士記載欄	作成年月日・提出代行者・事務代理者の表示	氏名	電話番号

〔注意〕
社会保険労務士記載欄は、この報告書を社会保険労務士が作成した場合のみ記載すること。
（用紙の大きさは、A４とすること。）

記入例１－２

様式第7号(第34条関係)（甲）〔別紙〕

事業主控

労働保険番号	府県	所掌	管轄	基幹番号	枝番号
	13	1	06	607425	000

2 枚のうち　2 枚目

事業の名称	事業場の所在地	事業の期間	① 請負金額の内訳：請負代金の額	請負代金に加算する額	請負代金から控除する額	請負金額	② 労務費率	③ 賃金総額
北野ハイツ新築工事	大田区中央 2-×-××	30年 2月 1日から 5年 4月 30日まで	48,500,000 円	円	円	48,500,000 円	23%	11,155,000 円
(平成27年4月1日～平成30年3月31日工事開始分)	(小計)	年 月 日から 年 月 日まで			③	48,500,000		④ 11,155,000
吉沢邸新築工事	大田区南千束 5-××-1	3年 1月 10日から 5年 5月 31日まで	42,680,000			42,680,000	23%	9,816,400
三船邸新築工事	大田区南雪谷 4-×-××	5年 9月 1日から 6年 3月 20日まで	11,130,000			11,130,000	23%	2,559,900
(平成30年4月1日以降工事開始分)	(小計)	年 月 日から 年 月 日まで			⑤	53,810,000		⑥ 12,376,300
		年 月 日から 年 月 日まで						
		年 月 日から 年 月 日まで						
		年 月 日から 年 月 日まで						
		年 月 日から 年 月 日まで						
事業の種類	35建築事業	計	102,310,000			102,310,000		23,531,300

一括有期事業総括表(転記先)の事業開始時期に対応しています。

太枠内は一括有期総括表へ転記する金額となります。

記入例2

別添様式

令和5年度労働保険等一括有期事業総括表（建設の事業）

事業主控

労働保険番号	府県	所掌	管轄	基幹番号	枝番号
	13	1	06	607425	000

一括有期事業報告書 2 枚添付

業種番号	事業の種類	事業開始時期	請負金額	労務費率	賃金総額	保険料率 基準料率	保険料率 メリット料率	保険料額
			円		千円	1000分の	1000分の	円
31	水力発電施設、ずい道等新設事業	平成27年3月31日以前のもの		18		89		
		平成30年3月31日以前のもの		19		79		
		平成30年4月1日以降のもの				62		
32	道路新設事業	平成27年3月31日以前のもの		20		16		
		平成30年3月31日以前のもの				11		
		平成30年4月1日以降のもの		19				
33	舗装工事業	平成27年3月31日以前のもの		18		10		
		平成30年3月31日以前のもの				9		
		平成30年4月1日以降のもの		17				
34	鉄道又は軌道新設事業	平成27年3月31日以前のもの				17		
		平成30年3月31日以前のもの		25		9.5		
		平成30年4月1日以降のもの		24		9		
35	建築事業	平成27年3月31日以前のもの		21		13		
		平成30年3月31日以前のもの	③ 48,500,000	23	④ 11,155	11		122,705
		平成30年4月1日以降のもの	⑤ 53,810,000		⑥ 12,376	9.5		117,572
38	既設建築物設備工事業	平成27年3月31日以前のもの		22		15		
		平成30年3月31日以前のもの		23				
		平成30年4月1日以降のもの	① (1,320,000) 12,340,000		② 3,102	12		37,224
36	機械装置の組立て又は据付けの事業 組立て又は取付けに関するもの	平成27年3月31日以前のもの		38		7.5		
		平成30年3月31日以前のもの		40		6.5		
		平成30年4月1日以降のもの		38				
	機械装置の組立て又は据付けの事業 その他のもの	平成27年3月31日以前のもの		21		7.5		
		平成30年3月31日以前のもの		22		6.5		
		平成30年4月1日以降のもの		21				
37	その他の建設事業	平成27年3月31日以前のもの		23		17		
		平成30年3月31日以前のもの		24		15		
		平成30年4月1日以降のもの						
		平成19年3月31日以前のもの			①			
	合計				26,633			277,501
					② (①を除いた合計) 26,633 千円	③ 一般拠出金率 1000分の 0.02		一般拠出金額 (②×③) 532 円

一括有期事業報告書より転記された金額

申告書に転記する金額

注
1 一括有期事業報告書（様式第7号（甲））に記入した事業（工事）を、事業の種類ごとに合算し、本表により確定保険料を計算すること。
2 前年度にメリット制が適用された事業については、メリット料率を記入のうえ確定保険料を計算すること。
3 一般拠出金とは、石綿による健康被害の救済に関する法律第35条第1項に基づき労災保険適用事業主から徴収する拠出金を指す。
4 一般拠出金は事業（工事）開始時期が平成19年4月1日以降のすべての事業（工事）を徴収対象とする。

別添一括有期事業報告書の明細を上記のとおり総括して報告します。

郵便番号（143 － ××××）
電話番号（03 － 3734 － ××××）

令和6年 6月 20日

住所 大田区大森西×－×－×

東京労働局労働保険特別会計歳入徴収官 殿

事業主 氏名 株式会社山崎工務店 代表取締役 山崎博士

（法人のときはその名称及び代表者の氏名）

社会保険労務士記載欄	作成年月日・提出代行者・事務代理者の表示	氏名	電話番号

記入例３

様式第６号（第２４条、第２５条、第３３条関係）（甲）（1）

労働保険 石綿健康被害救済法　概算・増加概算・確定保険料 一般拠出金　申告書

継続事業（一括有期事業を含む。）

標準字体 0123456789

※3片「記入に当たっての注意事項」をよく読んでから記入して下さい。OCR枠への記入は上記の「標準字体」でお願いします。

下記のとおり申告します。

提出用

種別 32701　※修正項目番号　※入力徴定コード

令和６年　６月２０日

あて先　102-8307
千代田区九段南1-2-1
九段第３合同庁舎12階
東京労働局
労働保険特別会計歳入徴収官殿

①労働保険番号　都道府県 所掌 管轄 基幹番号 枝番号　13106607425－000

※各種区分　管轄(2)　保険関係等　業種　産業分類　751 3502

②増加年月日（元号：令和は9）　③事業廃止等年月日（元号：令和は9）　※事業廃止等理由

④常時使用労働者数　10　⑤雇用保険被保険者数

※保険関係等　※片保険理由コード

（なるべく折り曲げないようにし、やむをえない場合には折り曲げマーク（▶）の所で折り曲げて下さい。）

確定保険料算定内訳 ⑦区分	算定期間　令和５年４月１日　から　令和６年３月３１日　まで		
	⑧保険料・一般拠出金算定基礎額	⑨保険料・一般拠出金率	⑩確定保険料・一般拠出金額（⑧×⑨）
労働保険料	（イ）　千円	（イ）1000分の	（イ）277501 円
労災保険分	（ロ）26633 千円	（ロ）1000分の	（ロ）277501 円
雇用保険分	（ホ）	（ホ）	（ホ）
一般拠出金（注1）	（ヘ）26633	（ヘ）	（ヘ）532 円

令和６年度保険料算定基礎となる賃金総額の見込み額が令和５年度の賃金総額の100分の50以上、100分の200以下である事業の場合、令和５年度の確定保険料額と同額とします。

（注1）石綿による健康被害の救済に関する法律第35条第1項に基づき、労災保険適用事業主から徴収する一般拠出金
（注2）一般拠出金は延納できません

概算・増加概算保険料算定内訳 ⑪区分	算定期間　令和６年４月１日　から　令和７年３月３１日　まで		
	⑫保険料算定基礎額の見込額	⑬保険料率	⑭概算・増加概算保険料額（⑫×⑬）
労働保険料	（イ）　千円	（イ）1000分の	（イ）277501 円
労災保険分	（ロ）26633 千円	（ロ）1000分の	（ロ）277501 円
雇用保険分	（ホ）　千円	（ホ）1000分の	（ホ）　円

⑮事業主の郵便番号（変更のある場合記入）　⑯事業主の電話番号（変更のある場合記入）

⑰延納の申請　納付回数 1

※検算有無区分　※算期対象区分　※データ指示コード　※再入力区分　※修正項目

⑧⑩⑫⑭⑳の（ロ）欄の金額の前に「￥」記号を付さないで下さい。

⑱申告済概算保険料額	278,340 円	⑲申告済概算保険料額	円

⑳差引額	（イ）充当額　（⑱－⑩の（イ））839 円	（ハ）不足額（⑩の（イ）－⑱）円	⑳充当意思 1
	（ロ）還付額（⑱－⑩の（イ））円		

㉑増加概算保険料額（⑭の（イ）－⑱）　円

㉒法人番号 XXXXXXXXXXXXX

㉓期別納付額	（イ）概算保険料額	（ロ）労働保険料充当額	（ハ）不足額	（ニ）今期労働保険料	（ホ）一般拠出金充当額	（ヘ）一般拠出金額	（ト）今期納付額
全期又は第1期（初期）	277,501 円	839 円	円	276,662 円	円	532 円	277,194 円
第2期	（チ）概算保険料額	（リ）労働保険料充当額	（ヌ）第２期納付額				
第3期	（ル）概算保険料額	（ヲ）労働保険料充当額	（ワ）第３期納付額				

㉔事業又は作業の種類　木造住宅等の建築事業

㉕保険関係成立年月日　㉖事業廃止等理由 (1)廃止 (2)委託 (3)個別 (4)労働者なし (5)その他

㉗加入している労働保険　（イ）労災保険　（ロ）雇用保険　㉘特掲事業　（イ）該当する　（ロ）該当しない

㉙事業主　郵便番号 143－0015　電話番号（03）3734－XXXX

㉚事業	
（イ）所在地	大田区大森西X－X－X
（ロ）名称	株式会社山崎工務店

㉙事業主	
（イ）住所（法人のときは主たる事務所の所在地）	大田区大森西X－X－X
（ロ）名称	株式会社山崎工務店
（ハ）氏名（法人のときは代表者の氏名）	代表取締役　山崎博士

社会保険労務士記載欄	作成年月日・提出代行者・事務代理者の表示	氏名	電話番号

きりとり線（1枚目はきりはなさないで下さい。）

領収済通知書　労働保険　国庫金

（記入例）￥0123456789
◎数字は記入例にならって黒のボールペンで力を入れて右から詰めて書いて下さい。

30840　取扱庁名 東京労働局　※取扱庁番号 00075331　徴収勘定 保険料収入及び一般拠出金収入　労働保険特別会計 0847　厚生労働省所管 6118　令和06年度

労働保険番号　都道府県 所掌 管轄 基幹番号 枝番号　13106607425－000　※CD　※証券受領 全部 一部

翌年度５月１日以降　現年度歳入組入

※会計年度（元号：令和は9）9－06　※徴定年月日（元号：令和は9）9－06　※収納年月日（元号：令和は9）

内訳	
労働保険料	￥276662
一般拠出金	￥532
納付額（合計額）	￥277194

納付の目的
1. 令和 06 年度 概算 1 期
2. 増加概算…1　延納の表示 全期…1（初期）
3. 令和 05 年度 確定

※収納区分 62　※収納機関　※証券区分　※徴定　※データ指示コード　※内証券受領　円

（住所）〒143-0015
大田区大森西X-X-X
（氏名）株式会社山崎工務店　殿

あて先　102-8307
千代田区九段南1-2-1
九段第３合同庁舎12階
東京労働局

上記の合計額を領収しました。
領収日付等

納付の場所　日本銀行（本店・支店・代理店又は歳入代理店）、所轄都道府県労働局、所轄労働基準監督署　東京労働局労働保険特別会計歳入徴収官　（官庁送付分）

◎第3片裏面の注意事項をよく読んで、太線の枠内を記入して下さい。
◎この書面は、機械処理されますので、汚したり折り曲げたりしないで下さい。

7　電子申請を利用した年度更新手続について

労働保険の適用徴収関係手続については、電子申請及び電子納付の受付が平成15年度から開始されており、年度更新手続についても従来の紙による手続と同様に、電子申請によっても行うことができます（平成22年1月からは電子政府e-Govに統合）。

電子申請を利用することにより、都道府県労働局、労働基準監督署又は金融機関の窓口へ出向くことなく、夜間、休日についても年度更新手続を行うことができます。

また、年度更新申告書を電子申請した場合は、電子納付を行うことができます（延納（分割納付）の申請をしたことによる第2期分以降の納付については、年度更新申告書を電子申請していない場合も電子納付を行うことができます）。

年度更新申告書の電子申請には「アクセスコード」をご使用ください

「アクセスコード」とは…

郵送されてきた年度更新申告書の、あて先労働局名の右欄に印字されている8桁の英数字です。

大文字、小文字に注意してください。

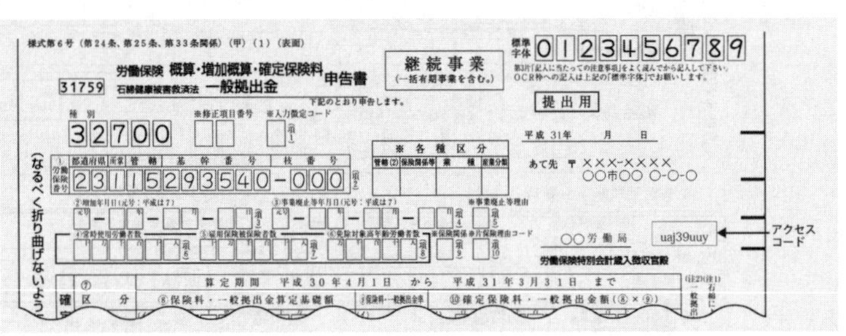

「アクセスコード」を使用するのは…

様式をダウンロードした後に労働保険番号と「アクセスコード」を入力して頂きます。

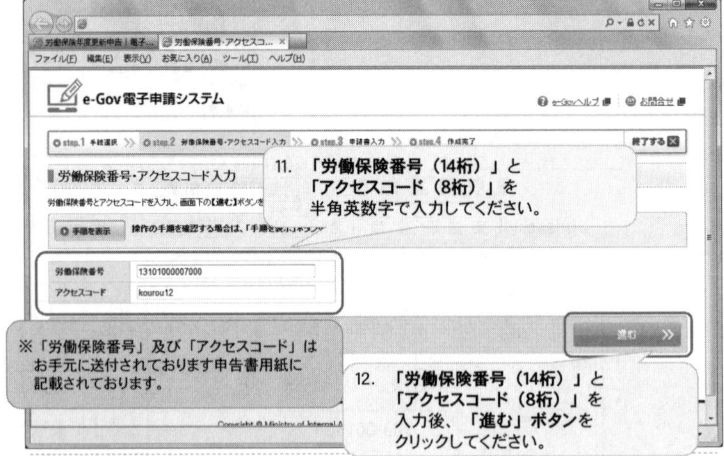

「アクセスコード」を使用すると…

年度更新申告書にあらかじめ印字されている内容（労働保険番号、保険料率等）と同じ項目を電子申請様式に取り込むことができます。これにより、前年度申告内容等を改めて入力し直す手間が省けます。

〈「年度更新申告」手続の申請書様式作成画面〉

（紙の申請書のイメージで作成ができます）

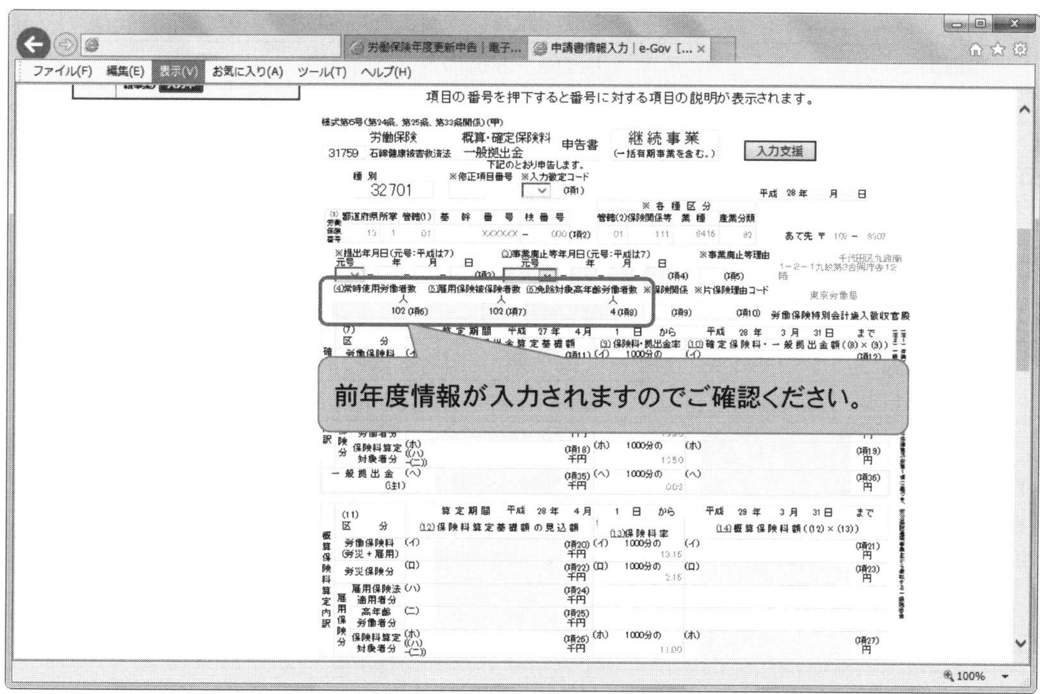

e-Gov 電子申請については、下記URLでご確認ください。

https://shinsei.e-gov.go.jp

年度更新の詳細マニュアルはこちらからご確認ください。

https://www.mhlw.go.jp/sinsei/tetuzuki/e-gov/

8　労働保険料等の口座振替納付について

労働保険料等の口座振替納付とは、事業主が労働保険料や石綿健康被害救済法に基づく一般拠出金の納付について、口座を開設している金融機関に口座振替納付の申込みをすることで、届出のあった口座から金融機関が労働保険料及び一般拠出金を引き落とし、国庫へ振り替えることにより納付するものです。

口座振替納付の対象となる労働保険料等

継続事業（一括有期事業を含む）	前年度の確定保険料の不足額＋当年度の概算保険料
単独有期事業	当年度の概算保険料、確定保険料の不足額
一般拠出金	当年度の一般拠出金

注）振替納付日、取扱金融機関等、詳細についてはお近くの都道府県労働局にお問い合わせください

口座振替の申込

申込用紙「労働保険　保険料等口座振替納付書送付（変更）依頼書兼口座振替依頼書」に記入例をご参照のうえご記入いただき、口座を開設している金融機関の窓口にご提出ください。令和６年度第１期分より、対象金融機関にゆうちょ銀行が追加される予定です。

申し込み締切り日	第１期	第２期	第３期	第４期
	2月25日	8月14日	10月11日	1月7日

注）１　申込用紙内の数字は、半角で入力をお願いいたします。
注）２　入力する項目は、TABキーやクリックで選択し、入力してください。
注）３　手数料はかかりません。
注）４　口座振替の申込み手続きが完了した方は、金融機関の窓口で申告書の提出はできませんので、ご留意ください。

口座振替納付日

納期	第１期	第２期	第３期	第４期 ※
口座振替納付日	9月6日	11月14日	2月14日	3月31日
【参考】口座振替を利用しない場合の納期限	7月10日	10月31日	1月31日	3月31日

口座振替納付日が土・日・祝日の場合には、その後の最初の金融機関の営業日となります。
※　単独有期事業のみの納期となります。

申込用紙

口座振替の申込みを希望される方は、申込用紙にご記入いただき、口座を開設している金融機関の窓口にご提出ください。

注）１　申込用紙内の数字は、半角で入力をお願いいたします。
注）２　入力する項目は、TABキーやクリックで選択し、入力してください。
注）３　金融機関に提出された際、届出印を確認する必要がございます。郵送ではお申込みいただけませんので、ご注意ください。

注）4　申込用紙は、都道府県労働局にも備えております。

注）5　端末から直接申込用紙にご入力いただく場合は、申込用紙の１枚目「都道府県労働局保存用」にご入力いただければ、２枚目「金融機関提出用」及び「事業主控」に複写されます。<u>３枚とも金融機関の窓口にご提出ください。</u>

注）6　申込手続様式等は厚生労働省のホームページをご確認ください。

https://www.mhlw.go.jp/bunya/roudoukijun/hokenryou/kouza_moushikomi.html

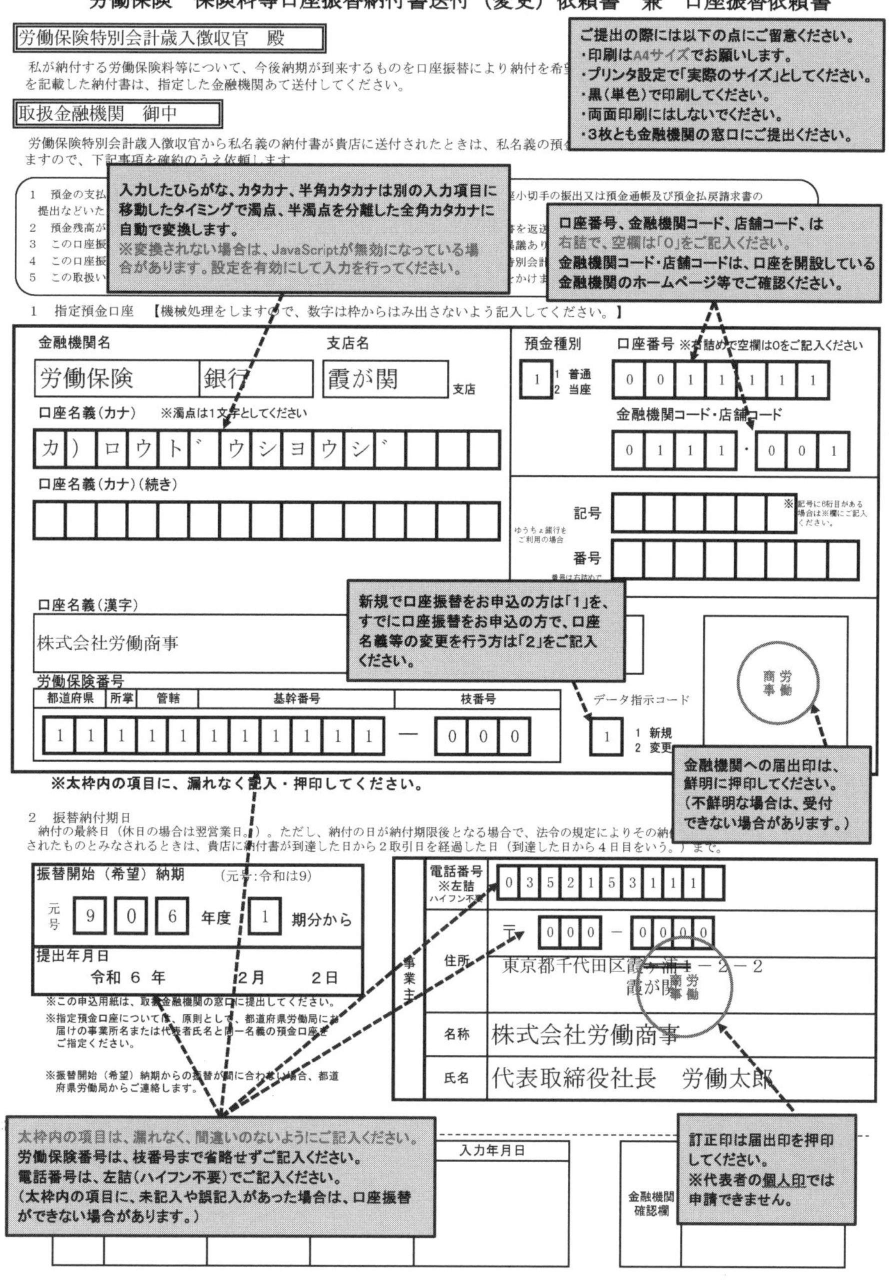

口座振替申込記入例

31645

労働保険　保険料等口座振替納付書送付（変更）依頼書　兼　口座振替依頼書

労働保険特別会計歳入徴収官　殿

私が納付する労働保険料等について、今後納期が到来するものを口座振替により納付を希望…を記載した納付書は、指定した金融機関あて送付してください。

取扱金融機関　御中

労働保険特別会計歳入徴収官から私名義の納付書が貴店に送付されたときは、私名義の預…ますので、下記事項を確約のうえ依頼します。

1　預金の支払…小切手の振出又は預金通帳及び預金払戻請求書の提出などいた…
2　預金残高が…を返…
3　この口座振…議あり…
4　この口座振…別会計…
5　この取扱い…かけま…

1　指定預金口座　【機械処理をしますので、数字は枠からはみ出さないよう記入してください。】

金融機関名	労働保険　銀行
支店名	霞が関　支店
口座名義（カナ） ※濁点は1文字としてください	カ）ロウト゛ウシヨウシ゛
口座名義（カナ）（続き）	
預金種別（1 普通　2 当座）	1
口座番号 ※右詰めで空欄は0をご記入ください	0011111
金融機関コード・店舗コード	0111・001
ゆうちょ銀行をご利用の場合　記号	
番号	
口座名義（漢字）	株式会社労働商事
労働保険番号（都道府県／所掌／管轄／基幹番号／枝番号）	1 1 1 1 1 1 1 1 1 1 1 － 0 0 0
データ指示コード（1 新規　2 変更）	1

※太枠内の項目に、漏れなく記入・押印してください。

2　振替納付期日
納付の最終日（休日の場合は翌営業日。）。ただし、納付の日が納付期限後となる場合で、法令の規定によりその納…されたものとみなされるときは、貴店に納付書が到達した日から２取引日を経過した日（到達した日から４日目をいう。）まで。

振替開始（希望）納期（元号：令和は9）	元号 9　06 年度　1 期分から
提出年月日	令和 6 年　2月　2日

※この申込用紙は、取扱金融機関の窓口に提出してください。
※指定預金口座については、原則として、都道府県労働局に届けの事業所名または代表者氏名と同一名義の預金口座をご指定ください。
※振替開始（希望）納期からの振替が間に合わない場合、都道府県労働局からご連絡します。

事業主	
電話番号 ※左詰 ハイフン不要	0352153111
〒	000－0000
住所	東京都千代田区霞が関１－２－２ 霞が関
名称	株式会社労働商事
氏名	代表取締役社長　労働太郎

入力年月日

金融機関確認欄

Ⅳ　労働保険の諸手続

1　継続事業の事業主が行う手続

工場、事務所など一般の継続事業と建設工事など事業の期間が予定される事業（有期事業といいます）とでは、労働保険の手続が異なる点があります。そこでまず、一般的な継続事業の場合から説明することとします。

（1）新規加入の手続

新規加入の手続（図解）
（保険関係成立届又は任意加入申請書及び概算保険料申告書の提出）

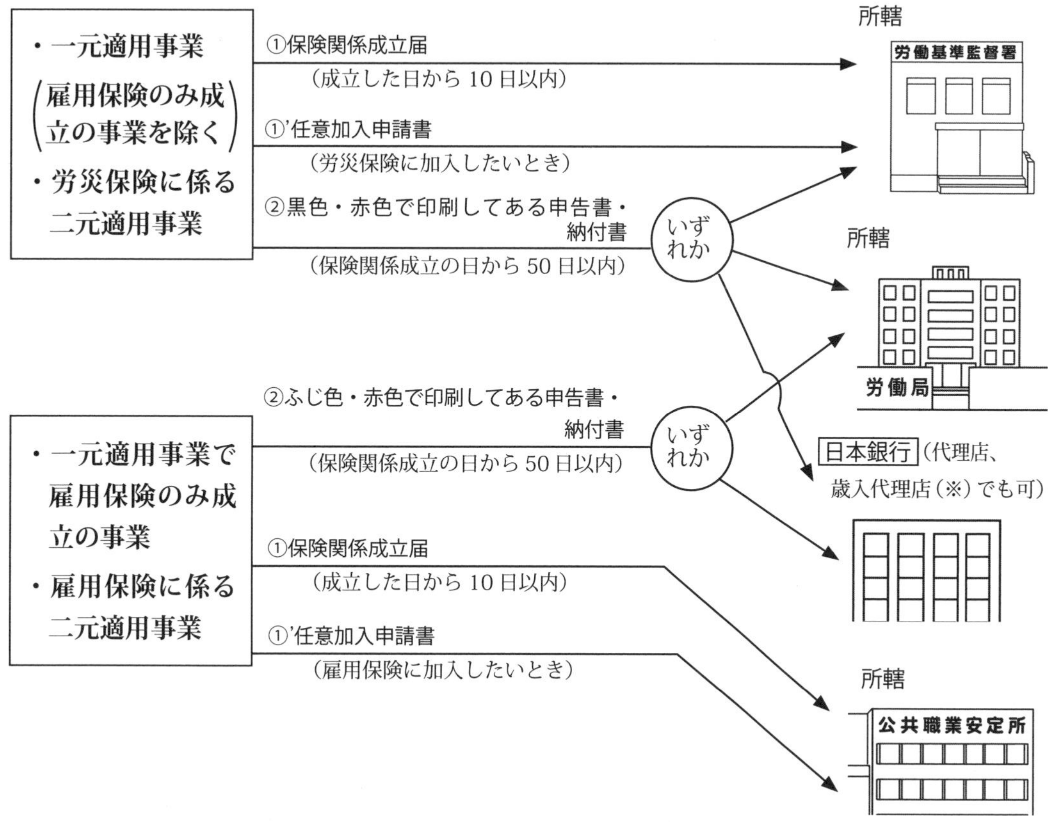

※（全国の銀行・信用金庫の本店又は支店、郵便局）

注1．①又は①'の手続を行った後、②の手続を行います。

2．雇用保険に加入する場合は、この他に「雇用保険適用事業所設置届」（153ページ参照）及び「雇用保険被保険者資格取得届」を管轄の公共職業安定所長に提出しなければなりません。

3．海外派遣者の特別加入をする場合は、「特別加入申請書（海外派遣者）」を所轄の労働基準監督署長へ提出し、都道府県労働局長の承認を得た上で、申告書を提出することになります（131ページ参照）。

保険関係成立届

なにを　◇保険関係成立届（様式第１号）
だれが　◇事業主
いつ　◇保険関係が成立した日（当然適用事業となった日）から10日以内
どこに　◇一元適用事業の個別加入事業（雇用保険のみ成立している個別加入事業を除く）及び労災保険に係る二元適用事業は所轄の労働基準監督署長
◇雇用保険に係る二元適用事業及び一元適用事業で雇用保険のみ成立している個別加入事業は所轄の公共職業安定所長
◇年金事務所を通じた手続きも一部可能な規定となっているが、本書では省略（以下同様）

任意加入申請書

なにを　◇任意加入申請書（様式第１号）及び同意書（雇用保険の場合）
だれが　◇事業主
いつ　◇任意適用の事業主が、労災保険に加入しようとするとき、又は雇用保険への加入について労働者の２分の１以上の同意があったとき
◇任意適用の事業主の意思にかかわらず、労災保険への加入について労働者の過半数、また、雇用保険への加入について労働者の２分の１以上が希望したとき
どこに　◇労災保険への加入申請は、所轄の労働基準監督署長を経由して都道府県労働局長
◇雇用保険への加入申請は、労働者の２分の１以上の同意を得たことを証明する同意書を添付し、所轄の公共職業安定所長を経由して都道府県労働局長

概算保険料申告書

なにを　◇概算保険料申告書（様式第６号（甲））
だれが　◇事業主
いつ　◇保険関係が成立した日（適用事業となった日（任意適用事業は保険加入認可の日））から50日以内
どこに　◇一元適用事業の個別事業（雇用保険のみ成立している個別加入事業を除く）及び労災保険に係る二元適用事業は所轄の労働基準監督署、都道府県労働局又は日本銀行（本店、支店、代理店又は歳入代理店（全国の銀行・信用金庫の本店又は支店、郵便局））
◇雇用保険に係る二元適用事業及び一元適用事業で雇用保険のみ成立している個別加入事業は所轄の都道府県労働局、日本銀行（本店、支店、代理店又は歳入代理店（全国の銀行・信用金庫の本店又は支店、郵便局））

その他知って おくべきこと	◇保険料は、賃金総額に保険料率を乗じて算出される。 ◇９月30日までに保険関係が成立した事業場で保険料が40万円（労災保険又は雇用保険の保険関係のみ成立の事業は20万円）以上の場合は、延納（分割納付）することができる。

新しく労働保険に加入する手続は、その事業が、労災保険あるいは雇用保険の適用事業か、任意適用事業かによって異なっています。

適用事業とは、事業主が望むと否とにかかわらず、法律上当然に労働保険が適用される（保険関係が成立する）こととなる事業のことです。

任意適用事業とは、労災保険については事業主の意思又は労働者の過半数の希望により、雇用保険については、労働者の２分の１以上の同意又は希望により、事業主が政府に保険加入の申請をし、認可を受けることにより保険関係が成立する事業のことです。

イ　適用事業の場合

保険関係は自動的に成立

適用事業については、その事業開始の日又は適用事業に該当することとなった日に、自動的に保険関係が成立しますが、行政上、いつから適用事業になったかを政府が知る必要がありますから、まず保険関係成立の届出をしなければなりません。また、保険料の申告・納付も必要です。

（イ）保険関係成立届の提出

保険関係成立の日から10日以内に提出

適用事業の事業主は、事業開始の日、又は適用事業に該当することとなった日から10日以内に、「保険関係成立届」を、所轄の労働基準監督署長又は所轄の公共職業安定所長へ提出しなければなりません。提出された「保険関係成立届」のうち事業主控は、受付印が押され、労働保険番号が付与されて事業主に返還されます。この労働保険番号は、手続のたびに必要となりますから誤りのないよう注意を要します。

なお、労災保険及び雇用保険の適用事業で一方の保険のみ加入していたものが他の一方の保険について加入の手続を行う場合についても「保険関係成立届」を提出しなければなりません。

（ロ）保険関係成立届の作り方（記入例は75ページ参照）（「⑯種別」欄に「０」を記入します）

「②　事業」欄

保険関係が成立した事業の所在地及び名称を記入します。

「③　事業の概要」欄

その事業が適用事業に該当するか否か、さらには適用される保険料率に関係しますので、事業の内容（作業内容、製品、完成物、提供されるサービスの内容等）を具体的に記入します。

「④　事業の種類」欄

事業に適用される「労災保険率適用事業細目表」（279～288ページ参照）に掲げられた該当する事業の種類を記入します。

「⑤　加入済の労働保険」欄

すでに労災保険又は雇用保険に加入済の場合、加入しているものに○印を付します。

「⑥　保険関係成立年月日」欄
労災保険又は雇用保険の適用事業となった年月日を記入します。
「⑦　雇用保険被保険者数」欄
「一般・短期」には、その年度における１カ月平均雇用保険被保険者数（一般被保険者、高年齢被保険者及び短期雇用特例被保険者）を、「日雇」には日雇労働被保険者数を記入します。
「⑧　賃金総額の見込額」欄
保険関係が成立した日から保険年度末までの期間に使用する労働者に係る賃金総額の見込額を記入します。
なお、賃金総額に 1,000 円未満の端数があるときは、その端数を切り捨てて記入します。
「⑨　委託事務組合」欄
労働保険事務組合に労働保険事務の処理を委託している場合に記入します。
「⑰～⑳　事業所」欄
⑰、⑲の記入枠には、カナで記入します。
⑱、⑳の記入枠には漢字で記入します。法人のときは、⑲⑳に名称を記入します。
「㉑　保険関係成立年月日」欄記入枠には⑥欄の年月日を記入します。
「㉓　常時使用労働者数」欄
その保険年度における１日平均使用労働者の見込数（小数点以下の端数があるときは、これを切り捨てた数）を記入します。
「㉔　雇用保険被保険者数」の記入枠には⑦欄の一般・短期と日雇との合計人数を記入します。
「㉖　加入済労働保険番号」の記入枠には、個別加入から委託へ移行、委託替え、委託から個別加入へ移行の場合に、もとの労働保険番号を記入します。
「㉗　適用済労働保険番号１」欄には、一元適用事業では、既に労働保険番号を付与されている事業のうち、同じ所掌の事業について、その労働保険番号を記入します（当該事業が２事業以上ある場合は、そのうちの主たる２事業について、「㉘適用済労働保険番号２」欄も用いてそれらの労働保険番号を記入します）。
二元適用事業では、他の所掌の事業について、その労働保険番号を記入します（当該事業が２事業以上ある場合は、そのうちの主たる２事業について、㉘欄も用いてそれらの労働保険番号を記入します）。
「㉙　法人番号」欄には、法人番号を記入します（個人事業主が行う事業については、13 桁すべてに「０」を記入します）。
「※　労働保険番号」欄　この届を提供する監督署、又は安定所で記入しますので、記入しません。

ロ　任意適用事業の場合

雇用保険の加入は労働者の½以上の同意が必要

任意適用事業にあっては労災保険又は雇用保険に加入するかどうかは、原則として事業主の自由意思によりますが、雇用保険の加入については労働者の２分の１以上の同意が必要です。また、労

記入例

様式第１号（第４条、第64条、附則第２条関係）(1)（表面）　　(別紙)

提出用

労働保険
0：保険関係成立届（継続）（事務処理委託届）
1：保険関係成立届（有期）
2：任意加入申請書（事務処理委託届）

⑯種別　31600

柏　労働局長／労働基準監督署長（○）／公共職業安定所長　殿

下記のとおり｛(イ)届けます。（○）(31600又は31601のとき)／(ロ)労災保険／(ハ)雇用保険｝の加入を申請します。(31602のとき)

令和6年5月9日

①事業主 住所又は所在地	柏市柏×××-××
①事業主 氏名又は名称	有限会社徳山家電
②事業 所在地	郵便番号 277-××××　柏市柏×××-××　電話番号 04－7163－××××番
②事業 名称	有限会社徳山家電
③事業の概要	各種家電製品の販売
④事業の種類	卸売・小売業
⑤加入済の労働保険	(イ) 労災保険　(ロ) 雇用保険
⑥保険関係成立年月日	(労災) 6年5月1日　(雇用) 6年5月1日
⑦雇用保険被保険者数	一般・短期 9人　日雇 人
⑧賃金総額の見込額	36,127千円
⑨委託事務組合 所在地	郵便番号　電話番号 ―　―　番
⑨委託事務組合 名称	
⑨委託事務組合 代表者氏名	
⑩委託事務内容	
⑪事業開始年月日	年　月　日
⑫事業廃止等年月日	年　月　日
⑬建設の事業の請負金額	円
⑭立木の伐採の事業の素材見込生産量	立方メートル
⑮発注者 住所又は所在地	郵便番号
⑮発注者 氏名又は名称	電話番号 ―　―　番

※修正項目番号　※漢字修正項目番号

※労働保険番号（都道府県／所掌／管轄(1)／基幹番号／枝番号）（項1）

事業所

⑰住所（カナ） 郵便番号	277－×××× (項2)
住所 市・区・郡名	カシワシ (項3)
住所（つづき）町村名	カシワ (項4)
住所（つづき）丁目・番地	×××－×× (項5)
住所（つづき）ビル・マンション名等	(項6)
⑱住所（漢字） 市・区・郡名	柏市 (項7)
住所（つづき）町村名	柏 (項8)
住所（つづき）丁目・番地	×××－×× (項9)
住所（つづき）ビル・マンション名等	(項10)
⑲名称・氏名（カナ） 名称・氏名	ユウケ゛ンカ゛イシャ (項11)
名称・氏名（つづき）	トクヤマカテ゛ン (項12)
名称・氏名（つづき）	(項13)
電話番号（市外局番）（市内局番）（番号）	04－7163－×××× (項14)
⑳名称・氏名（漢字） 名称・氏名	有限会社 (項15)
名称・氏名（つづき）	徳山家電 (項16)
名称・氏名（つづき）	(項17)

㉑保険関係成立年月日（31600又は31601のとき）
※任意加入認可年月日（31602のとき）（元号：令和は9）
9－06－05－01 (項18)

㉒事務処理委託年月日（31600又は31602のとき）
事業終了予定年月日（31601のとき）（元号：令和は9）
元号　－　年　－　月　－　日 (項19)

㉓常時使用労働者数　9人 (項20)

※保険関係等区分（31600又は31602のとき）(項21)

㉔雇用保険被保険者数（31600又は31602のとき）　9人 (項22)

※片保険理由コード（31600のとき）(項24)

㉕加入済労働保険番号（31600又は31602のとき）（都道府県／所掌／管轄(1)／基幹番号／枝番号）(項25)

㉗適用済労働保険番号1（都道府県／所掌／管轄(1)／基幹番号／枝番号）(項26)

㉘適用済労働保険番号2（都道府県／所掌／管轄(1)／基幹番号／枝番号）(項27)

※雇用保険の事業所番号（31600又は31602のとき）(項28)
※府県区分（31600又は31602のとき）(項29)
※特掲コード（31600又は31602のとき）(項30)
※管轄(2)（31600のとき）(項31)
※業種 (項32)
※産業分類（31600又は31602のとき）(項33)
※データ指示コード (項34)
※再入力区分 (項35)

※修正項目（英数・カナ）

※修正項目（漢字）

事業主氏名（法人のときはその名称及び代表者の氏名）
有限会社徳山家電
代表取締役　徳山昌平

※受付年月日（元号：令和は9）元号　－　年　－　月　－　日 (項36)

㉙法人番号　○×○×××××××××× (項37)

災保険については労働者の過半数、雇用保険については、労働者の２分の１以上が加入を希望している場合には、事業主は加入の申請をしなければなりません。

（イ）任意加入申請書の提出

まず「任意加入申請書」を次の行政庁へ提出します。

労災保険の任意加入申請書：所轄の労働基準監督署長を経由→都道府県労働局長

雇用保険の任意加入申請書及び同意書：所轄の公共職業安定所長を経由→都道府県労働局長

この申請書を提出しますと、都道府県労働局長から、加入を認可するか否かの通知があります。

加入が認可されたときの通知には、「任意加入認可年月日」と「労働保険番号」が記入されており、「労働保険番号」はその後の労働保険料の申告・納付、労災保険の給付請求などに使用しますから、それらの記入に当たっては誤りのないよう注意してください。

（ロ）任意加入申請書の作り方

任意加入申請書の記入方法は、保険関係成立届の場合と同様です。

ただし、雇用保険の場合は、被保険者となるべき者の２分の１以上の同意を得たことを証明することができる書類を添付することが必要です。

ハ　概算保険料の申告と納付

概算保険料は見込の賃金総額で計算

概算保険料というのは、その保険年度（毎年４月１日から翌年３月 31 日まで）の初日（保険関係の成立が年度途中の場合は、保険関係成立の日）から当該年度の末日（３月 31 日）までに使用するすべての労働者に支払う賃金総額（39 ページ参照）の見込額に保険料率（41 ページ参照）を乗じたものです。「概算保険料申告書」はこの概算保険料がいくらになるかという申告で、これを基礎にして保険料を納付することとなります（法第 15 条第１項）。労働保険は、このようにまず概算で保険料を支払い、その保険年度末に賃金総額が確定したところで精算する方法をとっています。

（イ）申告書の提出と保険料の納付

保険関係成立の日から 50 日以内に申告・納付

適用事業、任意適用事業の別なく労働保険の保険関係が成立したときは、その成立した日から 50 日以内に「概算保険料申告書」を提出し、概算保険料を納付しなければなりません。

労災保険又は雇用保険加入事業が雇用保険又は労災保険に加入する場合

なお、この場合、既に労災保険又は雇用保険に係る保険関係が成立している事業が、新たに雇用保険又は労災保険に加入した場合は、加入後の労働保険料が、すでに申告・納付してある概算保険料の額の２倍を超え、かつその差額が 13 万円以上である場合には「増加概算保険料申告書」を提出し、増加した増加概算保険料を納付（雇用保険又は労災保険に係る保険関係成立の日から 30 日以内）しなければなりません（法第 16 条）（増加概算保険料申告書については 81 ページ参照）。

概算保険料申告書の提出と保険料納付のあて先は所轄の都道府県労働局労働保険特別会計歳入徴収官（都道府県労働局）ですが、概算保険料申告書には「納付書」も付いていますので、この申告書と納付書に納付する金額を添えて、所轄の労働基準監督署、都道府県労働局又は日本銀行（本店、支店、代理店又は歳入代理店（全国の銀行・信用金庫の本店又は支店、郵便局））に提出します。

概算保険料の納付については「延納」（分割納付）の制度もあります（法第 18 条）。その詳細は次の「概算保険料申告書の作り方」で述べます。

（ロ）概算保険料申告書の作り方（記入例は 79 ページ参照）

概算保険料申告書は、増加概算保険料申告書及び確定保険料／一般拠出金申告書と共通に使用できる用紙になっておりますから、必要な項目を○で囲み使用します。また、保険料を納付する際に必要な納付書も付いています。

まず、申告書の名称のところの「概算」の文字を○で囲み、提出する年月日を記入します。

「①　労働保険番号」の記入枠

保険関係成立届又は任意加入認可通知書で示された労働保険番号を記入します。この労働保険番号は手続の基本となるものですので、誤りのないよう正確に記入してください。

「⑪　区分」「算定期間」年月日欄

保険関係成立の年月日を左側に記入し、右側には令和７年３月 31 日と記入します。

「⑫　保険料算定基礎額の見込額」欄

保険関係成立の日から保険年度末（令和７年３月 31 日）までの期間内に支払う賃金総額の見込額を、1,000 円未満の端数を切り捨てて記入します（**金額の前に「¥」記号は付さないでください**）。賃金総額の見込額の計算は、

１カ月当たり賃金総額×月数＋賞与等臨時給与の額

の方法で行い、臨時、日雇労働者に支払う見込賃金も加えます。

なお、一元適用事業で労災保険及び雇用保険に係る保険関係が成立している場合で、同一の賃金総額により一般保険料を計算する場合、労働者の中に雇用保険法の適用を受けない者（学生アルバイト等）を使用するため、同一の賃金総額により一般保険料を計算しがたい場合及び労災保険又は雇用保険に係る保険関係のみが成立している場合には、（イ）欄には記入しないで労災保険の保険関係に係る賃金総額を（ロ）欄に、雇用保険の保険関係に係る賃金総額を（ホ）欄にそれぞれ記入します。

「⑬　保険料率」欄(注)

保険料率を記入します。両保険に加入していて「⑫の（イ）」欄に賃金総額を記入した場合には、その事業に適用される労災保険率（279 ～ 288 ページ参照）に雇用保険率（293 ページ参照）を加えた率を（イ）欄に記入します。

労災保険又は雇用保険に係る保険関係のみ成立している事業や、賃金総額の見込額を労災保険分と雇用保険分に分け「⑫の（ロ）又は（ホ）」欄に記入した場合には、（ロ）に労災保険率を、（ホ）に雇用保険率を記入します。

「⑭　概算・増加概算保険料額」欄

⑫の該当する額に⑬の該当する率を乗じた額をそれぞれの欄に記入します（**金額の前に「¥」記号は付さないでください**）。

なお、（ロ）及び（ホ）に記入した場合はその合計額を（イ）に記入します。

「⑰　納付回数」の記入枠

保険料の納付回数を記入します。

納付すべき概算保険料が 40 万円（労災保険又は雇用保険に係る保険関係のみ成立している事業にあっては 20 万円）以上で延納ができます。

延納の方法は、保険関係成立の日が４月１日から５月 31 日までのときは３回、６月１日から９月 30 日までのときは２回となり、10 月１日以降のときは延納は認められません。なお、延納する場合、２期、３期の額に１円又は２円の端数があるときはその額を最初の期に合算します。

「㉒　期別納付額」欄

各期の納付額を記入します。なお各期納付額は次のようにして算出します。

概算保険料額（「⑭欄の（イ）の額」）を⑰の納付回数で除し、その額に１円又は２円の端数があるときは、その端数を１期に加算して「㉒欄の（イ）」の概算保険料額の１期分欄に記入し、端数のなくなった額（２期分、３期分（納付回数が２回の場合は２期のみ））を「㉒欄の（チ）、（ル）」のそれぞれの該当欄に記入します。

「㉒欄の（ニ）　今期労働保険料」欄及び「㉒欄の（ト）　今期納付額」欄

概算保険料申告の際に納付すべき保険料で、「㉒欄の（イ）」の額を転記します。

「納付書」について

納付書の「労働保険番号」及び「納付額」の記入枠、「（住所）、（氏名）」欄の記入は明りょうに記入してください。

「納付の目的」欄

「令和□□年度概算」欄には概算保険料の算定期間の年度である「６」を、「□期」欄には「１」を記入します。

「納付額」の記入枠

「㉒欄の（ト）」の額を転記し、金額の前に必ず「¥」記号を付してください。

なお、納付額を訂正すると日本銀行（本店、支店、代理店又は歳入代理店（全国の銀行・信用金庫の本店又は支店、郵便局））では受け付けませんので、特に注意が必要です。

「㉓　保険関係成立年月日」欄

適用事業にあっては、事業開始又は適用事業に該当した年月日を、任意加入の認可を受けた場合には、認可通知書で示された認可年月日を記入します。

「㉕　事業又は作業の種類」欄

「労災保険率表」（279 ～ 288 ページ参照）の事業の種類又は「第２種特別加入保険料率表」（291 ページ参照）の事業若しくは作業の種類を記入することになっていますが、できる限り事業の内容（製品名、製造工程等）を具体的に記入してください。

この事業又は作業の種類は保険料率を決定するための重要なものなので誤りのないよう記入してください。

「㉖　加入している労働保険」欄

労災保険と雇用保険の両保険に加入しているときは（イ）と（ロ）を、労災保険のみに加入しているときは（イ）を、雇用保険のみに加入しているときは（ロ）を○で囲みます。

※当該様式は変更されることもあります。手続き時は最新情報をご確認ください。

様式第6号（第24条、第25条、第33条関係）（甲）（1）

労働保険　概算・増加概算・確定保険料　申告書
石綿健康被害救済法　一般拠出金

継続事業
（一括有期事業を含む。）

標準字体 0 1 2 3 4 5 6 7 8 9

第3片「記入に当たっての注意事項」をよく読んでから記入して下さい。OCR枠への記入は上記の「標準字体」でお願いします。

提出用

下記のとおり申告します。

種別 32700　※修正項目番号　※入力徴定コード

令和 6年 5月 30日

あて先 260-8612
千葉市中央区中央4丁目11-1
千葉第2地方合同庁舎
千葉労働局
労働保険特別会計歳入徴収官殿

（なるべく折り曲げないようにし、やむをえない場合には折り曲げマーク（▶）の所で折り曲げて下さい。）

① 労働保険番号：都道府県 12／所掌 1／管轄 03／基幹番号 372343／枝番号 000

※各種区分：管轄(2)・保険関係等・業種・産業分類

②増加年月日（元号：令和は9）
③事業廃止等年月日（元号：令和は9）
※事業廃止等理由

④常時使用労働者数　9
⑤雇用保険被保険者数　9

※保険関係　※片保険理由コード

確定保険料算定内訳 ⑦区分	算定期間　年　月　日から　年　月　日まで ⑧保険料・一般拠出金算定基礎額	⑨保険料・一般拠出金率	⑩確定保険料・一般拠出金額（⑧×⑨）
労働保険料	(イ)　千円	(イ) 1000分の	(イ)　円
労災保険分	(ロ)　千円	(ロ) 1000分の	(ロ)　円
雇用保険分	(ホ)　千円	(ホ) 1000分の	(ホ)　円
一般拠出金（注1）	(ヘ)　千円	(ヘ) 1000分の	(ヘ)　円

（注1）（注2）石綿による健康被害の救済に関する法律第35条第1項に基づき、労災保険適用事業主から徴収する一般拠出金
一般拠出金は延納できません

概算・増加概算保険料算定内訳 ⑪区分	算定期間　令和6年5月1日から　令和7年3月31日まで ⑫保険料算定基礎額の見込額	⑬保険料率	⑭概算・増加概算保険料額（⑫×⑬）
労働保険料	(イ) 42148 千円	(イ) 1000分の 18.50	(イ) 779738 円
労災保険分	(ロ)　千円	(ロ) 1000分の 3.00	(ロ)　円
雇用保険分	(ホ)　千円	(ホ) 1000分の 15.50	(ホ)　円

⑮事業主の郵便番号（変更のある場合記入）
⑯事業主の電話番号（変更のある場合記入）
⑰延納の申請　納付回数 3

※検算有無区分　※算調対象区分　※データ指示コード　※再入力区分　※修正項目

⑧⑩⑫⑭⑳の（ロ）欄の金額の前に「¥」記号を付さないで下さい。

⑱申告済概算保険料額	円	⑲申告済概算保険料額	円

⑳差引額：(イ)充当額（⑱−⑭の(イ)）円／(ハ)不足額（⑭の(イ)−⑱）円／※充当意思 1：労働保険料のみに充当 2：一般拠出金のみに充当 3：労働保険料及び一般拠出金に充当／(ロ)還付額（⑱−⑭の(イ)）円

㉑増加概算保険料額（⑭の(イ)−⑱）円

㉒法人番号 O×O××××××××××

㉒期別納付額							
第1期（初期）	(イ)概算保険料額 259,914 円	(ロ)労働保険料充当額 円	(ハ)不足額 円	(ニ)今期労働保険料 259,914 円	(ホ)一般拠出金充当額 円	(ヘ)一般拠出金額 円	(ト)今期納付額 259,914 円
第2期	(チ)概算保険料額 259,912 円	(リ)労働保険料充当額 円	(ヌ)第2期納付額 259,912 円				
第3期	(ル)概算保険料額 259,912 円	(ヲ)労働保険料充当額 円	(ワ)第3期納付額 259,912 円				

㉕事業又は作業の種類：卸売業・小売業

㉔保険関係成立年月日：令和6年5月1日

㉖事業廃止等理由：(1)廃止 (2)委託 (3)個別 (4)労働者なし (5)その他

㉘加入している労働保険：(イ)労災保険　(ロ)雇用保険

㉙特掲事業：(イ)該当する　(ロ)該当しない

㉚事業	
(イ)所在地	柏市柏×××-××
(ロ)名称	有限会社徳山家電

㉛事業主	
郵便番号・電話番号	277-××××　（04）7163－××××
(イ)住所（法人のときは主たる事務所の所在地）	柏市柏×××-××
(ロ)名称	有限会社徳山家電
(ハ)氏名（法人のときは代表者の氏名）	代表取締役　徳山昌平

社会保険労務士記載欄	作成年月日・提出代行者・事務代理者の表示	氏名	電話番号

きりとり線（1枚目はきりはなさないで下さい。）

領収済通知書　労働保険　国庫金

（記入例）¥0123456789

30840　取扱庁名 千葉労働局　※取扱庁番号 00075331　徴収勘定 保険料収入及び一般拠出金収入　労働保険特別会計 0847　厚生労働省所管 6118　令和 06 年度

労働保険番号：12 1 03 372343 000　※CD　※証券受領（全部・一部）

翌年度5月1日以降　現年度歳入組入

※会計年度　※徴定年度　※収納年月日

内訳	
労働保険料	¥259914
一般拠出金	
納付額（合計額）	¥259914

納付の目的
1. 令和 06 年度概算 1 期
2. 増加概算…1　料率引上…2
3. 令和　年度確定

（住所）〒 277-××××
柏市柏×××-××
（氏名）有限会社徳山家電　殿

あて先
260-8612
千葉市中央区中央4丁目11-1
千葉第2地方合同庁舎
千葉労働局

上記の合計額を領収しました。
領収日付等

納付の場所　日本銀行（本店・支店・代理店又は歳入代理店）、所轄都道府県労働局、所轄労働基準監督署
千葉労働局労働保険特別会計歳入徴収官
（官庁送付分）

◎第3片裏面の注意事項をよく読んで、太線の枠内を記入して下さい。
◎この書面は、機械処理されますので、汚したり折り曲げたりしないで下さい。

「㉗　特掲事業」欄

特掲事業（雇用保険率が 1,000 分の 17.5 又は 1,000 分の 18.5 である事業）に該当する場合には（イ）を、特掲事業に該当しない事業（雇用保険率が 1,000 分の 15.5 である事業）の場合には（ロ）を○で囲みます。

「㉘　事業」欄

保険関係の成立した事業の所在地及び名称を記入します。

「㉙　事業主」欄

事業主の住所（法人のときは主たる事務所の所在地）、名称、氏名（法人のときは代表者の氏名）、郵便番号、電話番号を記入します。

「㉛　法人番号」欄

法人番号を記入します（個人事業主が行う事業については、13 桁すべてに「0」を記入します）。

「㉔事業廃止等の理由」、「②増加年月日」、「③事業廃止等年月日」、「⑧保険料算定基礎額」、「⑨保険料率」、「⑩確定保険料額（⑧×⑨）」、「⑱申告済概算保険料額」、「⑲申告済概算保険料額」、「⑳差引額」及び「㉑増加概算保険料額」の欄（又は記入枠）は、概算保険料申告の場合は記入する必要はありませんので空欄とし、斜線を引かないようにしてください。

以上で概算保険料申告書及び納付書ができましたので、納付書の「納付額（合計額）」に記入した金額を添えて所轄の労働基準監督署、都道府県労働局、日本銀行（本店、支店、代理店又は歳入代理店（全国の銀行・信用金庫の本店又は支店、郵便局））に申告・納付を行います。

（2）賃金総額の見込額が増加した場合の手続（記入例は次ページ参照）

な　に　を	◇増加概算保険料申告書（様式第６号（甲））
だ　れ　が	◇事業主
い　　　つ	◇すでに報告した賃金総額の見込額が２倍を超えて増加し、かつ、その賃金総額によった場合の概算保険料の額と申告済の概算保険料との差額が 13 万円以上となったとき、その日から 30 日以内
ど　こ　に	◇すでに概算保険料申告書を提出した所轄の労働基準監督署、都道府県労働局、日本銀行（本店、支店、代理店又は歳入代理店（全国の銀行・信用金庫の本店又は支店、郵便局））
その他知っておくべきこと	◇すでに申告した概算保険料について延納が認められている場合は、増加概算保険料の延納ができる。

増加申告を要する場合

概算保険料申告書を提出したのちに、年度の中途で事業規模の拡大などによって、申告当時より**賃金総額の見込額が 100 分の 200（２倍）を超えて増加し、かつ、その賃金総額によった場合の概算保険料の額と申告済の保険料との差額が 13 万円以上となったときは、増加概算保険料を申告・納付しなければなりません**（法第 16 条）。

申告・納付は増加の日から 30 日以内

この場合の申告・納付の方法は、増加した日から 30 日以内に「増加概算保険料申告書」（様式第６号（甲））に増加概算保険料を添えて、所轄の労働基準監督署、都道府県労働局又は日本銀行（本店、支店、代理店又は歳入代理店（全国の銀行・信用金庫の本店又は支店、郵便局））に申告・納付します。

増加概算保険料の延納ができる場合

なお、すでに概算保険料の**延納が認められている事業については、増加概算保険料の延納ができます**。この場合の延納の方法は、増加した日の属する期（期の分け方は、４月１日～７月 31 日、８月１日～ 11 月 30 日、12 月１日～３月 31 日）を最初の期とし、その期分の増加概算保険料を増加した日から 30 日以内に、その後の各期分の保険料は、その期分の納期限までに納付することとなっています。

なお、すでに労災保険又は雇用保険に係る保険関係のみ成立している事業が、年度の中途で新たに雇用保険又は労災保険に係る保険関係が成立した場合で変更後の一般保険料率に基づき算定した概算保険料が申告済の概算保険料の２倍を超え、かつ、その差額が 13 万円以上となったときは、賃金総額の見込額が増加した場合と同様、増加概算保険料を申告・納付しなければなりません。

※当該様式は変更されることもあります。手続き時は最新情報をご確認ください。

様式第6号（第24条、第25条、第33条関係）（甲）（1）

労働保険 概算・増加概算・確定保険料 申告書
石綿健康被害救済法 一般拠出金

継続事業（一括有期事業を含む。）

標準字体 0123456789

提出用

種別 32700

令和6年9月26日

あて先 460-0008
名古屋市中区栄2丁目3-1
名古屋広小路ビルヂング
愛知労働局
労働保険特別会計歳入徴収官殿

①労働保険番号：23115293540-000

②増加年月日（元号：令和は9）：9-06-09-20

④常時使用労働者数：30　⑤雇用保険被保険者数：30

⑪ 算定期間 令和6年4月1日 から 令和7年3月31日 まで

区分	⑫保険料算定基礎額の見込額	⑬保険料率	⑭概算・増加概算保険料額（⑫×⑬）
労働保険料	165394 千円	1000分の 24.50	4052153 円
労災保険分	千円	1000分の	円
雇用保険分	千円	1000分の	円

⑰延納の申請 納付回数 2

⑲申告済概算保険料額 1,877,425 円

⑳増加概算保険料額（⑭の(イ)－⑲） 2,174,728 円

㉑法人番号 000XXXXXXXXXX

㉒期別納付額

第1期（初期）	(イ)概算保険料額 1,087,364円	(ニ)今期労働保険料 1,087,364円	(ト)今期納付額 1,087,364円	
第2期	(チ)概算保険料額 1,087,364円		(ヌ)第2期納付額 1,087,364円	
第3期				

㉓事業又は作業の種類：金属製品製造業（ボルト、ナットねじ等の製造）

㉔加入している労働保険：(イ)労災保険 (ロ)雇用保険

㉕特掲事業：(イ)該当する (ロ)該当しない

㉖事業 (イ)所在地：豊田市神田町X-XX-X　(ロ)名称：株式会社上村製作所

㉗事業主 郵便番号 471-XXXX 電話番号 (0565) 31-XXXX
(イ)住所：豊岡市神田町X-XX-X
(ロ)名称：株式会社上村製作所
(ハ)氏名：代表取締役 上村啓一

きりとり線（1枚目はきりはなさないで下さい。）

領収済通知書（労働保険）（国庫金）

(記入例) ¥0123456789

30840　取扱庁名 愛知労働局　00075331　労働保険特別会計 0847 厚生労働省所管 6118　令和06年度

労働保険番号 23115293540-000

翌年度5月1日以降 現年度歳入組入

内訳 労働保険料 ¥1087364
一般拠出金
納付額（合計額） ¥1087364

納付の目的
1. 令和06年度概算 1期
2. 増加概算 1

(住所)〒 471-XXXX
豊岡市神田町X-XX-X
(氏名) 株式会社上村製作所 殿

あて先
460-0008
名古屋市中区栄2丁目3-1
名古屋広小路ビルヂング
愛知労働局

納付の場所 日本銀行（本店・支店・代理店又は歳入代理店）、所轄都道府県労働局、所轄労働基準監督署
愛知労働局労働保険特別会計歳入徴収官

（3）事業を廃止した場合等の手続

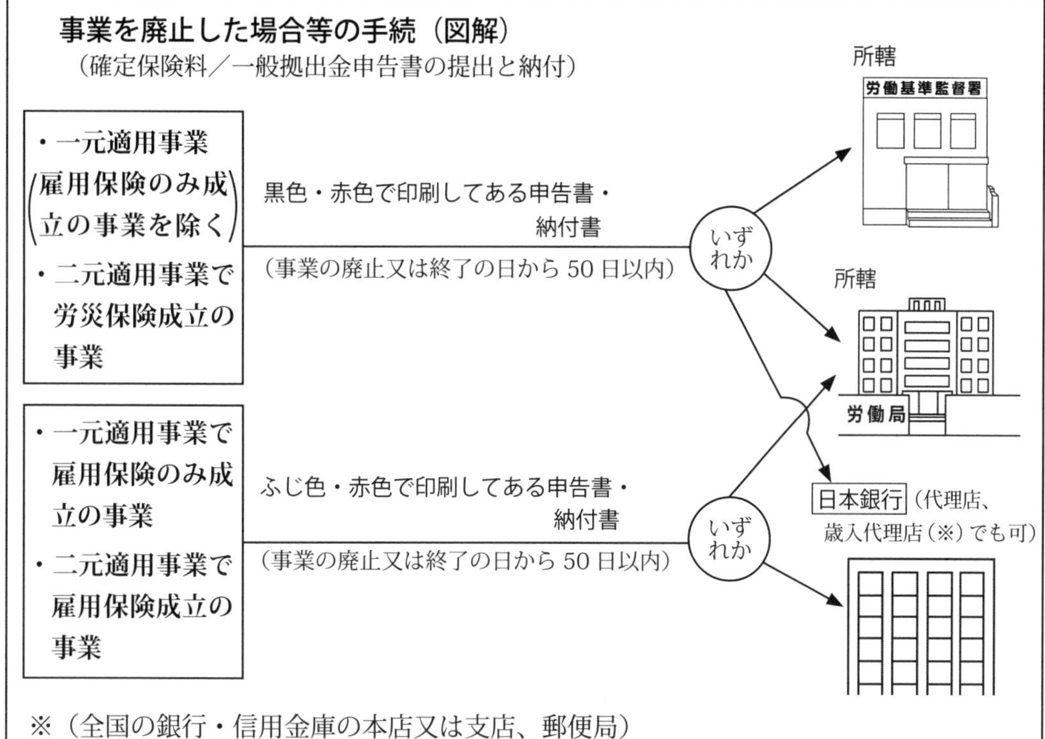

※（全国の銀行・信用金庫の本店又は支店、郵便局）

注　確定申告の結果、概算保険料の額が確定保険料の額より多い場合は、「労働保険料／一般拠出金還付請求書」を所轄の都道府県労働局又は所轄の労働基準監督署に提出します。

事業を廃止した場合の手続

なにを　◇確定保険料／一般拠出金申告書（様式第6号（甲））
だれが　◇事業主
いつ　◇事業廃止又は終了の日から50日以内
どこに　◇すでに概算保険料申告書を提出した所轄の労働基準監督署、都道府県労働局、日本銀行（本店、支店、代理店又は歳入代理店（全国の銀行、信用金庫の本店又は支店、郵便局））

保険料等の還付を受ける場合の手続

なにを　◇労働保険料／一般拠出金還付請求書（様式第8号）
だれが　◇事業主
いつ　◇確定保険料／一般拠出金申告書の提出と同時又は確定保険料等の認定決定の通知を受けた日の翌日から起算して10日以内
どこに　◇所轄の都道府県労働局又は労働基準監督署

イ　事業を廃止した場合の手続（記入例は85ページ参照）

事業廃止の場合は確定保険料の申告を

労働保険に加入手続をしている事業場が事業を廃止した場合には、保険関係が消滅することとなります（法第5条）ので、確定保険料／一般拠出金申告書を提出して、見込みで申告・納付してあった概算保険料を精算する必要があります。

申告は保険関係消滅の日から50日以内

確定保険料／一般拠出金申告書の提出期日は、保険関係が消滅した日から50日以内ですが、もし確定保険料の額が概算保険料（中途で増加報告をした場合は増加分を含む）の額よりも多い場合には、その差額を同時に追加納付しなければなりません（法第19条）。

手続を怠ると認定決定・追徴金も課せられる

なお、確定保険料／一般拠出金申告書を所定の期日までに提出しない場合、又は、提出はしたが、その記載内容に誤りがある場合には、政府は職権により事業主が納付すべき保険料を決定します（法第19条第4項）。また、その際、追徴金（法第21条）を徴収することとなりますので、忘れずに手続する必要があります。

ロ　保険料の還付を受ける場合の手続（記入例は86ページ参照）

労働保険料は、概算保険料で申告・納付し、年度が終了したり、事業を廃止したなどの場合には、確定保険料を計算して精算することとなっています。

その精算の結果、すでに納めた概算保険料の額が、確定保険料の額より多い場合には、原則として次の保険年度の概算保険料又は未納の保険料のほか延滞金（法第28条）、追徴金に充当されますが、特に還付を希望する場合には事業主の請求により還付されます（法第19条第6項）。

還付請求は確定保険料の申告の際などに

具体的には、確定保険料の申告をする際に、その申告する確定保険料の額が、すでに納付した概算保険料の額より少額であって、その差額について還付の請求があったとき又は確定保険料の認定決定の通知を受け、その日の翌日から起算して10日以内に納付した保険料との差額について還付の請求をしたときは、その額が還付されます。保険料の還付を受けようとする場合は、「労働保険料／一般拠出金還付請求書」を所轄の労働基準監督署長を経由し都道府県労働局労働保険特別会計資金前渡官吏に提出することとなります。

なお、労働保険料の確定精算時に還付金が発生している場合、「労働保険料／一般拠出金還付請求書」の提出時に一般拠出金への充当を希望することによって一般拠出金の納付を行うこともできます。

記入例

※当該様式は変更されることもあります。手続き時は最新情報をご確認ください。

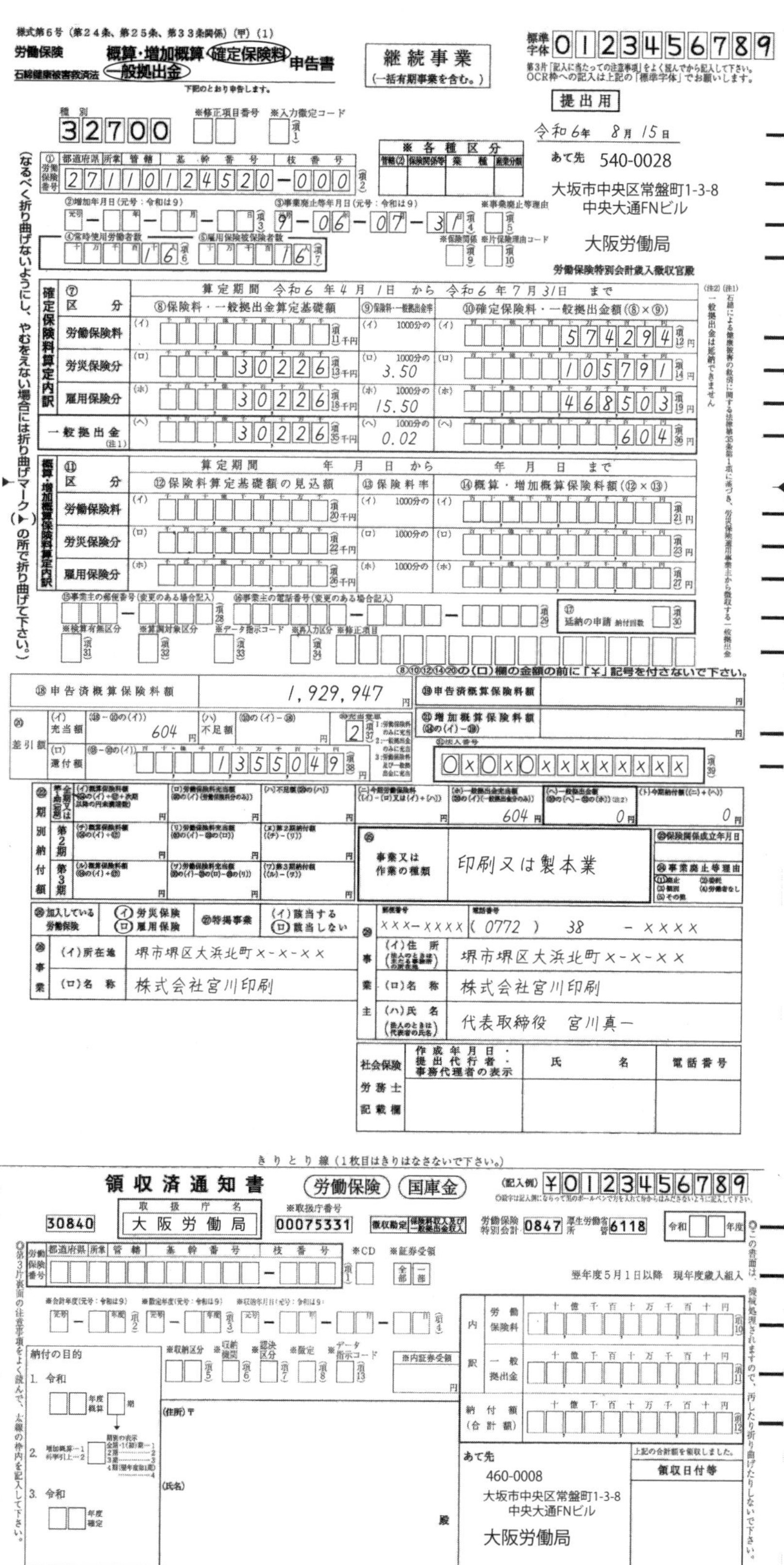

様式第6号（第24条、第25条、第33条関係）（甲）（1）

労働保険　概算・増加概算・確定保険料・一般拠出金　申告書
石綿健康被害救済法

継続事業（一括有期事業を含む。）

標準字体 0123456789

提出用

下記のとおり申告します。

令和6年　8月15日

種別 32700

あて先 540-0028
大阪市中央区常盤町1-3-8
中央大通FNビル
大阪労働局
労働保険特別会計歳入徴収官殿

①労働保険番号　27101245 20-000

③事業廃止等年月日　9-06-07-31

④常時使用労働者数　16
⑤雇用保険被保険者数　16

確定保険料算定内訳　算定期間　令和6年4月1日から令和6年7月31日まで

⑦区分	⑧保険料・一般拠出金算定基礎額	⑨保険料・一般拠出金率	⑩確定保険料・一般拠出金額（⑧×⑨）
労働保険料	（イ） 千円	（イ）1000分の	（イ）574294 円
労災保険分	（ロ）30226 千円	（ロ）1000分の 3.50	（ロ）105791 円
雇用保険分	（ホ）30226 千円	（ホ）1000分の 15.50	（ホ）468503 円
一般拠出金（注1）	（ヘ）30226 千円	（ヘ）1000分の 0.02	（ヘ）604 円

概算・増加概算保険料算定内訳　算定期間　年　月　日から　年　月　日まで

⑪区分	⑫保険料算定基礎額の見込額	⑬保険料率	⑭概算・増加概算保険料額（⑫×⑬）
労働保険料	（イ） 千円	（イ）1000分の	（イ） 円
労災保険分	（ロ） 千円	（ロ）1000分の	（ロ） 円
雇用保険分	（ホ） 千円	（ホ）1000分の	（ホ） 円

⑧⑩⑫⑭⑳の（ロ）欄の金額の前に「¥」記号を付さないで下さい。

⑱申告済概算保険料額　1,929,947 円

⑳差引額　（イ）充当額　604 円　　（ロ）還付額　1355049 円

充当意思　2

法人番号　0×0×0×××××××××

㉒期別納付額　第1期　（ホ）604 円　（ヘ）0 円　（ト）0 円

㉕事業又は作業の種類　印刷又は製本業

㉖加入している労働保険　（イ）労災保険　（ロ）雇用保険
㉗特掲事業　（イ）該当する　（ロ）該当しない

㉘事業　（イ）所在地　堺市堺区大浜北町×-×-××
（ロ）名称　株式会社宮川印刷

㉙事業主　郵便番号 ×××-××××　電話番号（0772）38-××××
（イ）住所　堺市堺区大浜北町×-×-××
（ロ）名称　株式会社宮川印刷
（ハ）氏名　代表取締役　宮川真一

社会保険労務士記載欄　作成年月日・提出代行者・事務代理者の表示　氏名　電話番号

（なるべく折り曲げないようにし、やむをえない場合には折り曲げマーク（▶）の所で折り曲げて下さい。）

きりとり線（1枚目はきりはなさないで下さい。）

領収済通知書　労働保険　国庫金

（記入例）¥0123456789

30840　取扱庁名　大阪労働局　※取扱庁番号 00075331

徴収勘定　労働保険特別会計 0847　厚生労働省所管 6118

翌年度5月1日以降　現年度歳入組入

納付の目的　1. 令和　年度概算　期　2. 令和　3. 令和　年度確定

内訳　労働保険料　一般拠出金　納付額（合計額）

あて先　460-0008
大阪市中央区常盤町1-3-8
中央大通FNビル
大阪労働局

納付の場所　日本銀行（本店・支店・代理店又は歳入代理店）、所轄都道府県労働局、所轄労働基準監督署

大阪労働局労働保険特別会計歳入徴収官　（官庁送付分）

記入例

様式第８号（第36条関係）

労働保険 労働保険料 / 石綿健康被害救済法 一般拠出金 **還付請求書**

還付金の種別：（労働保険料）・一般拠出金

種別 31751

労働保険番号	都道府県	所掌	管轄(1)	基幹番号	枝番号
	27	1	10	124520	000

※修正項目番号　※漢字修正項目番号

① 還付金の払渡しを受けることを希望する金融機関（金融機関のない場合は郵便局）

金融機関

金融機関名称〈漢字〉（略称を使用せず正式な金融機関名を記入して下さい）	近畿銀行
種別（1. 普通 2. 当座 3. 通知 4. 別段）	1
口座番号（※右詰で空白は０を記入して下さい）	2484752
支店名称〈漢字〉（略称を使用せず正式な支店名を記入して下さい）	堺支店
ゆうちょ銀行記号番号 記号・番号（※右詰で空白は０を記入して下さい）	
※金融機関コード	
※支店コード	
フリガナ	カブシキガイシャミヤガワインサツ　ミヤガワシンイチ
口座名義人	株式会社宮川印刷　宮川真一

郵便局

郵便局名称〈漢字〉（略称を使用せず正式名称で〇〇郵便局まで記入して下さい）	
区・市・郡〈漢字〉	

② 還付請求額（注意）各欄の金額の前に「￥」記号を付さないで下さい

労働保険料

	円
（ア）納付した概算保険料の額又は納付した確定保険料の額	1929947
（イ）確定保険料の額又は改定確定保険料の額	574294
（ウ）差額	1355653
（エ）労働保険料等・一般拠出金への充当額（詳細は以下③）	
内訳（オ）労働保険料等に充当	0
内訳（カ）一般拠出金に充当	604
（キ）労働保険料還付請求額　（ウ）－（オ）－（カ）	1355049

一般拠出金

	円
（ク）納付した一般拠出金	0
（ケ）改定した一般拠出金	0
（コ）差額	0
（サ）一般拠出金・労働保険料等への充当額（詳細は以下③）	
内訳（シ）一般拠出金に充当	0
内訳（ス）労働保険料等に充当	0
（セ）一般拠出金還付請求額　（コ）－（シ）－（ス）	0

③ 労働保険料等への充当額内訳

充当先事業の労働保険番号	労働保険料等の種別	充当額
27110124520－000	年度、概算、確定、追徴金、延滞金、（一般拠出金）	604円
－	年度、概算、確定、追徴金、延滞金、一般拠出金	
－	年度、概算、確定、追徴金、延滞金、一般拠出金	
－	年度、概算、確定、追徴金、延滞金、一般拠出金	
－	年度、概算、確定、追徴金、延滞金、一般拠出金	

上記のとおり還付を請求します。

6 年 8 月 15 日

（郵便番号 590 －××××）電話（0722 － 38 －××××番）

事業主
住所 堺市堺区大浜北町×-×-××
名称 株式会社宮川印刷
氏名 代表取締役　宮川真一
（法人のときは、その名称及び代表者の氏名）

官署支出官厚生労働省労働基準局長 殿
労働局労働保険特別会計資金前渡官吏 殿

※修正項目（英数・カナ）

還付理由（1. 年度更新 2. 事業終了 3. その他（算調等））：2

還付金発生年度（元号：令和は9）：9－06

※徴定区分

※修正項目（漢字）

（この欄には記入しないで下さい）

歳入徴収官	部長	課室長	補佐	係長	係

社会保険労務士記載欄	作成年月日・提出代行者・事務代理者の表示	氏名	電話番号

［注意］
1. ①欄について、ゆうちょ銀行を指定した場合、「ゆうちょ銀行記号番号」を記入すること。
   また、ゆうちょ銀行以外を指定した場合、「種別」、「口座番号」を記入すること。
2. 還付金の種別欄及び③欄については、事項を選択する場合には該当事項を〇で囲むこと。
3. 社会保険労務士記載欄は、この届書を社会保険労務士が作成した場合のみ記載すること。

（4）事業の名称等を変更した場合等の手続

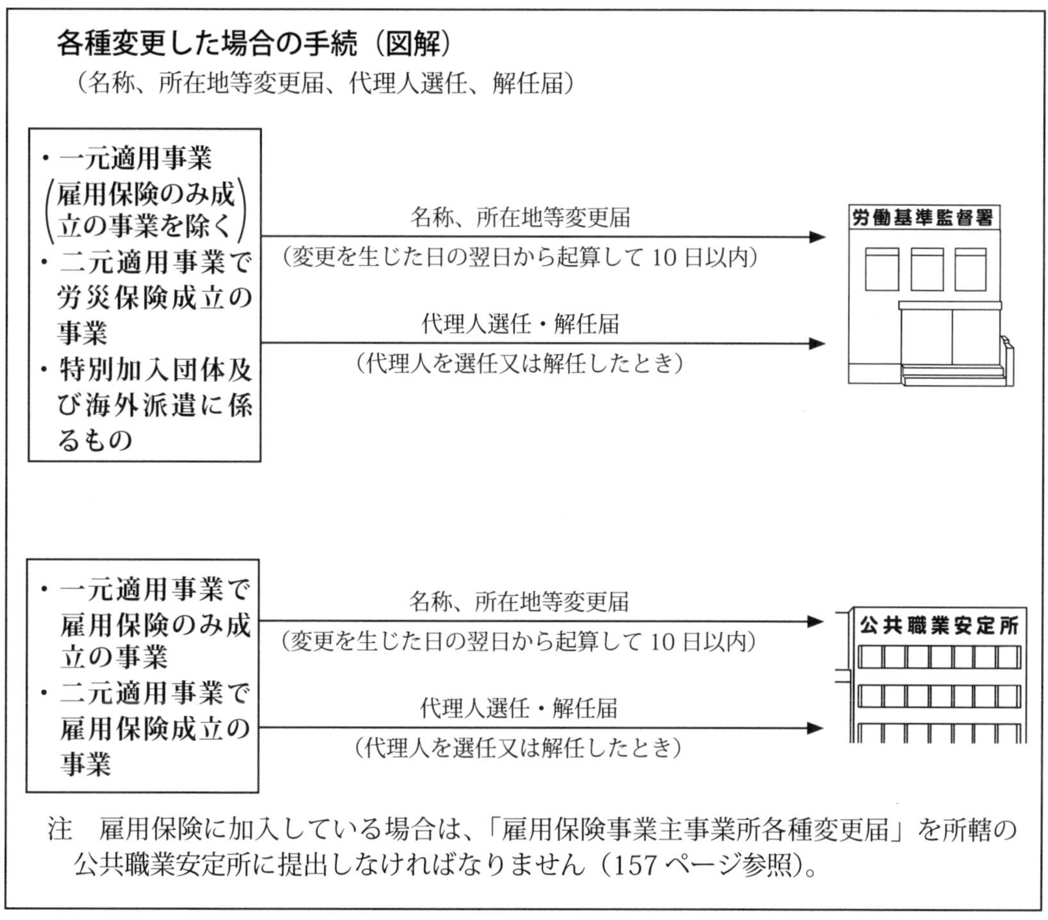

注　雇用保険に加入している場合は、「雇用保険事業主事業所各種変更届」を所轄の公共職業安定所に提出しなければなりません（157ページ参照）。

事業場の名称等を変更した場合の手続

なにを　◇名称、所在地等変更届（様式第２号）
だれが　◇事業主
いつ　◇すでに申告した事業主の氏名、名称、住所、事業の名称、事業の所在地、事業の種類などに変更を生じた日の翌日から起算して10日以内
どこに　◇所轄の労働基準監督署長又は所轄の公共職業安定所長

事業主の代理人を選任（解任）した場合の手続

なにを　◇代理人選任・解任届（様式第19号）
だれが　◇事業主
いつ　◇代理人を選任又は解任したとき
どこに　◇所轄の労働基準監督署長又は所轄の公共職業安定所長

イ　事業場の名称等を変更した場合の手続（記入例は89ページ参照）

労働保険の事務を行ううえで重要な事項とされている次の事項についての変更があった場合には、速やかに変更事項、変更事由、変更年月日などを記載した「名称、所在地等変更届」を所轄の労働基準監督署長又は所轄の公共職業安定所長に提出しなければなりません。

名称、所在地等変更届の作り方

変更した事項のみ記入します。

⑤　事業主の住所（法人の場合は主たる事務所の所在地）又は名称・氏名（法人の場合は名称のみ）

⑥　事業の名称、又は所在地

⑦　事業の種類（労災保険率適用事業細目表による）

この変更の届出を怠ると、労働基準監督署、公共職業安定所、都道府県労働局からの労働保険に関する通知、書類などが届かなかったり、また、事業の種類に変更があると、保険料率が変わりますので、事業主の負担する保険料に影響を及ぼしますから、忘れずに届け出る必要があります。

「⑧　変更理由」欄

変更事由を具体的（例えば、事業場の移転、定款の変更等）に記入します。

「⑮　変更年月日」欄

変更の生じた日を正確に記入してください。正確に記入しないと「⑦事業の種類」欄に変更があった場合には、保険料額が正確に算定できないこととなります。

「⑩及び⑪住所」欄

⑥欄の変更後の郵便番号及び住所を記入します。

「⑫及び⑬名称、氏名」の記入枠

⑥欄の変更後の名称、氏名及び電話番号を記入します。

ロ　事業主の代理人を選任（解任）した場合の手続（記入例は90ページ参照）

事業主は、代理人を選任して、事業主が行うべき労働保険に関する事務の全部又は一部を処理させることができます。

この代理人を選任し、又は解任したときは、その都度「代理人選任・解任届」をその事業場の所轄の労働基準監督署長又は所轄の公共職業安定所長に提出しなければなりません。

記入例

様式第２号（第５条関係）（1）（表面）

提出用

労働保険　名称、所在地等変更届

下記のとおり届事項に変更があったので届けます。

令和6年　8月　6日

種別 31604

上野 労働基準監督署長／公共職業安定所長 殿

⑨労働保険番号（府県・所掌・管轄(1)・基幹番号・枝番号）：13103296872-000（項1）

※修正項目番号　※漢字修正項目番号

変更後の事業主又は事業

⑩住所（カナ）
- 郵便番号：110-xxxx（項2）
- 住所 市・区・郡名：タイトウク（項3）
- 住所（つづき）町村名：イケノハタ（項4）
- 住所（つづき）丁目・番地：2-x-x（項5）
- 住所（つづき）ビル・マンション名等：（項6）

⑪住所（漢字）
- 住所 市・区・郡名：台東区（項7）
- 住所（つづき）町村名：池之端（項8）
- 住所（つづき）丁目・番地：2-x-x（項9）
- 住所（つづき）ビル・マンション名等：（項10）

⑫名称・氏名（カナ）
- 名称・氏名：（項11）
- 名称・氏名（つづき）：（項12）
- 名称・氏名（つづき）：（項13）
- 電話番号：　-　-　（項14）

⑬名称・氏名（漢字）
- 名称・氏名：（項15）
- 名称・氏名（つづき）：（項16）
- 名称・氏名（つづき）：（項17）

変更前

①事業主	住所又は所在地	〒110-xxxx 台東区上野3-x-x
	氏名又は名称	
②事業	所在地	郵便番号 110-xxxx 台東区上野3-x-x 電話番号 03-3828-xxxx番
	名称	
③事業の種類		金属製品製造業
④事業予定期間		年　月　日から／年　月　日まで

変更後

⑤事業主	住所又は所在地	〒110-xxxx 台東区池之端2-x-x
	氏名又は名称	
⑥事業	所在地	郵便番号 110-xxxx 台東区池之端2-x-x 電話番号 03-5248-xxxx番
	名称	
⑦事業の種類		一般金物製造業

⑧変更理由：事業場の移転及び主製品の変更

⑭事業終了予定年月日（元号：令和は9）：元号　-　年　-　月　-　日（項18）

⑮変更年月日（元号：令和は9）：9-06-08-01（項19）

※変更後の労働保険番号（府県・所掌・管轄(1)・基幹番号・枝番号）：（項20）

⑯変更後の元請労働保険番号（府県・所掌・管轄(1)・基幹番号・枝番号）：（項21）

⑰変更後の事業所番号：（項22）

※保険関係等区分（項23）　※府県区分（項24）　※管轄(2)（項25）

※業種（項26）　※産業分類（項27）　※特掲コード（項28）　※片保険理由コード（項29）　※データ指示コード（項30）　※再入力区分（項31）

※修正項目（英数・カナ）

※修正項目（漢字）

事業主

住所　台東区池之端2-x-x

氏名　株式会社石田製作所
代表取締役　石田浩

（法人のときはその名称及び代表者の氏名）

記入例

様式第19号（第73条関係）

労働保険 一般拠出金 代理人選任・解任届

①労働保険番号	府県	所掌	管轄	基幹番号	枝番号	②雇用保険事業所番号
	27	1	10	358975	000	2710-103040-1

事項＼区分	選任代理人	解任代理人
③ 職名	総務部長	広報部長（前総務部長）
④ 氏名	高野孝文	長谷川光男
⑤ 生年月日	昭和41年7月23日	昭和39年10月15日
⑥ 代理事項	労災保険事務に関する一切	労災保険事務に関する一切
⑦ 選任又は解任の年月日	令和6年7月1日	令和6年7月1日

⑨ 選任又は解任に係る事業場	
所在地	堺市堺区宿院町東2-×-×-1
名称	堺商事株式会社

上記のとおり代理人を選任・解任したので届けます。

令和6年7月4日

堺 労働基準監督署長 殿
公共職業安定所長 殿

住所 堺市堺区宿院町東2-×-×-1

事業主

氏名 堺商事株式会社
代表取締役 岸田照美
（法人のときはその名称及び代表者の氏名）

社会保険労務士記載欄	作成年月日・提出代行者・事務代理者の表示	氏名	電話番号

〔注意〕

1 記載すべき事項のない欄には斜線を引き、事項を選択する場合には該当事項を○で囲むこと。

2 ⑥欄には、事業主の行うべき労働保険に関する事務の全部について処理される場合には、その旨を、事業主の行うべき事務の一部について処理される場合には、その範囲を具体的に記載すること。

3 選任代理人の職名、氏名又は代理事項に変更があったときは、その旨を届け出ること。

4 社会保険労務士記載欄は、この届書を社会保険労務士が作成した場合のみ記載すること。

（用紙の大きさは、Ａ４とすること。）

（5）　継続事業の一括

な　に　を	◇継続事業一括認可・追加・取消申請書（様式第５号） ◇継続事業一括変更申請書／継続被一括事業名称・所在地変更届（様式第５号の２）
だ　れ　が	◇事業主
い　　　つ	◇それぞれの事業単位の保険関係を一括して処理することを希望するとき
ど　こ　に	◇政府の指定を受けることを希望する事業の所轄の労働基準監督署長又は所轄の公共職業安定所長を経由して都道府県労働局長
その他知っておくべきこと	◇承認の基準に適合するものであること ◇労災保険の給付や雇用保険の被保険者資格得喪の事務は被一括事業を管轄するそれぞれの所轄の労働基準監督署長又は所轄の公共職業安定所長が行う。 ◇一括の承認後、取消し、変更があったときも「継続事業一括認可・追加・取消申請書、継続事業一括変更申請書／継続被一括事業名称・所在地変更届」を提出する。

イ　継続事業の一括とは

労働保険の保険関係は、個々の適用事業単位に成立するのが原則ですから、一つの会社でも支店や営業所ごとに数個の保険関係が成立することがあります。しかし、一定の要件を満たす継続事業については、これら複数の保険関係を厚生労働大臣が指定した一つの事業で、まとめて処理することができます。これを「継続事業の一括」と呼んでいます（法第９条)。

これは、事業経営の合理化、とりわけ電子計算機による事務処理の普及等により、賃金計算等の事務を集中管理する事業が増加していることからも、事業主及び政府の事務処理の便宜と簡素化を図るために必要な制度です。

この継続事業の一括は、事業主の申請に基づく厚生労働大臣の認可が必要です。

（イ）　継続事業の一括の要件

継続事業の事業主が、保険関係が成立している２以上の事業について継続事業の一括をしようとするときはそれぞれの事業が次のすべての要件に該当しなければなりません。

①　継続事業であること。

②　指定事業と被一括事業の事業主が同一であること。

③　それぞれの事業が、次のいずれか一つのみに該当するものであること。

1　労災保険に係る保険関係が成立している事業のうち二元適用事業

2　雇用保険に係る保険関係が成立している事業のうち二元適用事業

3　一元適用事業であって労災保険及び雇用保険の両保険に係る保険関係が成立

していること

④ それぞれの事業が、「労災保険率表」による「事業の種類」が同じであること。

また、継続事業の一括の認可を受けるための具体的要件として、次の各要件が具備されている必要があります。

1 指定事業において、被一括事業の使用労働者数及び労働者に支払われる賃金の明細の把握ができていること。

2 労働保険事務を円滑に処理する事務能力を有していること。

（ロ）継続事業の一括の効果

指定事業以外の保険関係は消滅

一括申請が認可されますと、厚生労働大臣が指定した一の事業（指定事業といいます）に、保険関係がまとめられ、その他の事業についての保険関係は消滅します。消滅した事業については確定精算の手続が必要です。

なお、一括されたそれぞれの事業の労働者に係る労災保険給付の事務や雇用保険の被保険者資格得喪の事務等は、その労働者の属する被一括事業の所在地を管轄する労働基準監督署長又は管轄の公共職業安定所長が行うこととなります。

ロ 申請手続（継続事業一括認可・追加・取消申請書）（記入例1（95ページ）参照）

申請は指定希望事業の管轄署・所へ

継続事業の一括を受けようとする事業主は、「継続事業一括認可・追加・取消申請書」を、厚生労働大臣の指定を受けることを希望する事業の所在地を管轄する労働基準監督署長又は公共職業安定所長を経由して都道府県労働局長へ提出することとなっています。なお、どちらの行政庁に提出するかは、保険関係成立届の提出先区分（71ページ参照）と同じです。

継続事業の一括の申請を受けた都道府県労働局長は、その申請に対する認可又は不認可の通知を行います。

また、初めて継続事業の一括を申請する場合で、一括しようとする事業が新たに開始されたものである場合は、「保険関係成立届」（暫定任意適用事業である場合は「任意加入申請書」）を、その一括しようとする事業の所在地を管轄する労働基準監督署長又は公共職業安定所長を経由して都道府県労働局長に提出する必要があります。

なお、継続事業の一括を申請する時点で、すでに保険関係が成立している事業については、「保険関係成立届」（「任意加入申請書」）は必要としません。

ハ その他継続事業の一括の後に注意すべきこと

（イ）一括される事業を追加する場合

新規成立事業の追加の場合

一括の承認を受けた事業主が、一括された事業と同種類の事業を新たに開始し、その事業をも一括に含めることを希望する場合は、「継続事業一括認可・追加・取消申請書」を、指定事業の所在地を管轄する労働基準監督署長又は公共職業安定所長を経由して都道府県労働局長に提出することとなります。

また、この申請書とは別にその追加すべき事業の「保険関係成立届」（暫定任意適用事業である場合は「任意加入申請書」）を、その追加すべき事業の所在地を管轄する労働基準監督署長又は公共職業安定所長を経由して都道府県労働局長に提出する必要があります。

既成立事業の追加の場合

今現在すでに保険関係の成立している事業を追加する場合も上記の場合と同様ですが、この場合には、「保険関係成立届」（「任意加入申請書」）は必要としません。なお、承認後は追加事業の保険関係が消滅しますので確定精算手続を行い、指定事業においては、労働者数及び賃金総額の増加として処理することとなります。

（ロ）指定事業を変更する場合

指定事業を同一局内の被一括事業に変更する場合

指定事業を被一括事業に、同一局内の被一括事業を指定事業に変更を希望する場合には、「継続事業一括変更申請書」（様式第５号の２）を、指定事業に変更を希望する被一括事業の所在地を管轄する労働基準監督署長又は公共職業安定所長を経由して都道府県労働局長に提出することとなります。

なお、認可後、指定事業が被一括事業に変更されますと、イの（ロ）のとおり保険関係が消滅しますので、保険料の確定精算の手続が必要となり、新たに指定事業となる事業は概算保険料の申告・納付の手続が必要となります。

指定事業を同一局内の他の指定事業の被一括事業に変更する場合

指定事業を同一局内の他の指定事業の被一括事業に変更（継続一括事業の合併）する場合には、「継続事業一括変更申請書」（様式第５号の２）を、指定事業として存続する事業の所在地を管轄する労働基準監督署長又は公共職業安定所長を経由して都道府県労働局長に提出することとなります。

なお、認可後、指定事業が被一括事業に変更されますと、イの（ロ）のとおり保険関係が消滅しますので、当該継続一括事業の保険料の確定精算の手続が必要となります。また、存続する継続一括事業に被一括事業が追加されたことによって保険料算定基礎となる賃金総額の見込額が概算保険料申告時より100分の200を超える場合は、増加概算保険料の申告・納付の手続が必要となります。

（ハ）一括されている事業を取り消す（停止又は終了を除く）場合

承認後一括の要件を欠いた場合

継続事業の一括承認後当該事業が一括の要件に該当しなくなった場合も、「継続事業一括認可・追加・取消申請書」を、指定事業の所在地を管轄する労働基準監督署長又は公共職業安定所長を経由して都道府県労働局長に提出することとなります。

なお、この場合には、指定事業における労働者数又は賃金総額の減少とみなして確定保険料等の申告の際に精算します。

（ニ）一括されている事業の一部が廃止又は終了した場合

指定事業以外の事業の廃止等の場合

指定事業以外の事業が廃止又は終了したときは、指定事業における労働者数又は賃金総額の減少とみなして確定保険料等の申告の際に精算します。

なお、この廃止又は終了についてその旨を指定事業の所轄の労働基準監督署長又は所轄の公共職業安定所長に届け出なければなりません。

この場合、「継続事業一括認可・追加・取消申請書」の一括を取り消される事業の⑧等の「労働保険番号」欄に用いる労働保険番号は、一括される以前（成立時等）に使われていた労働保険番号を記入します（又は⑨等の整理番号欄に被一括整理番号を記入します）。

指定事業の廃止等の場合

指定事業が廃止又は終了したときは、指定事業の変更申請を（ロ）の指定事業を変更する場合に準じて行うこととなります。この場合、指定すべき事業がないときは、（ハ）の一括されている事業を取り消す場合の手続を行うとともに、指定事業の廃止又は終了の処理を行い、その存続している各事業については、個別的に保険関係成立の手続をとることとなります。

（ホ）一括されている事業のうち一部の事業の種類を変えた場合

事業の種類の変更（指定事業以外）の場合

事業の種類を変えた事業が指定事業でないときは、(ハ)の一括されている事業を取り消す場合の手続を行うと同時に、その事業について別に保険関係成立の手続を行うこととなります。したがって指定事業の労働者数又は賃金総額の減少とみなして確定保険料等の申告の際に精算することとなります。

指定事業の変更等の場合

指定事業又はこれを含む一部の事業の種類が変わったときは、(ハ）の一括されている事業を取り消す場合の手続を行うと同時に、指定事業の変更申請を（イ）の一括される事業を追加する場合に準じて行うこととなります。なお、取消し承認のあった後は、事業の種類の変更のあった各事業については別個に保険関係成立の手続を行うこととなります。

また、指定すべき事業がないときは、(ハ) の一括されている事業を取り消す場合の手続を行うと同時に、一括されているすべての事業については個別的に保険関係成立の手続をとることとなります。

（ヘ）一括されている事業の名称所在地を変えた場合

被一括事業の名称及び所在地の変更

指定を受けた事業以外の名称又は当該事業の行われる場所に変更があったときは、遅滞なく、「継続被一括事業名称・所在地変更届」（様式第５号の２）（記入例２（96ページ）参照）を指定事業の所轄の都道府県労働局長に提出することになります。

以上のほかに、一括されている事業の指定事業を他に変更する必要が生じたときには厚生労働大臣が事業主の申請に基づき、又は職権で指定の変更を行うこととなっています。

記入例１　新規申請の場合

様式第５号（第10条関係）(1)（表面）

提出用

労働保険
継続事業一括認可・追加・取消申請書

種別 31640　※修正項目番号

①下記のとおり継続事業の一括に係る（・新規（○）・認可の追加・認可の取消）の申請をします。

指定を受けることを希望する事業又は既に指定を受けている事業

③労働保険番号（府県・所掌・管轄(1)・基幹番号・枝番号）（項1）	27102116021-000
②申請年月日（元号：令和は9）（項2）	9-06-04-04
④所在地	大阪市阿倍野区文の里×-××-××
郵便番号	545-××××
⑥保険関係成立区分	(イ)労災・雇用（○）　(ロ)労災　(ハ)雇用
⑦事業の種類（労災保険率表による）	その他の各種事業
⑤名称	四星商事株式会社
電話番号	06-6628-××××

申請書の指定事業に一括され又は一括を取消される事業

	労働保険番号（府県・所掌・管轄(1)・基幹番号・枝番号）	※認可コード	※管轄(2)	整理番号	所在地	名称	郵便番号	保険関係成立区分	事業の種類（労災保険率表による）	電話番号
1	⑧ 26103362120-000（項3）	（項4）	（項5）	⑨（項6）	⑩ 京都市伏見区風呂屋町×××	四星商事株式会社　京都支店	612-××××	⑪(イ)労災・雇用（○）　(ロ)労災　(ハ)雇用	⑫ その他の各種事業	075-601-××××
2	⑬ 23114119021-000（項7）	（項8）	（項9）	⑭（項10）	⑮ 名古屋市中村区那古野×-××-×	四星商事株式会社　名古屋支店	450-××××	⑯(イ)労災・雇用（○）　(ロ)労災　(ハ)雇用	⑰ その他の各種事業	052-582-××××
3	⑱ 13109192296-000（項11）	（項12）	（項13）	⑲（項14）	⑳ 練馬区上石神井×-××-×	四星商事株式会社　東京支店	177-××××	㉑(イ)労災・雇用（○）　(ロ)労災　(ハ)雇用	㉒ その他の各種事業	03-3920-××××
4	㉓ -（項15）	（項16）	（項17）	㉔（項18）	㉕			㉖(イ)労災・雇用　(ロ)労災　(ハ)雇用	㉗	

※認可・取消年月日（元号：令和は9）　元号 -　年 -　月 -　日（項23）

※データ指示コード（項24）
1. 新規申請（○）
3. 追加の申請
4. 認可の取消し

※修正項目

大阪 労働局長　殿

事業主　住所　大阪市阿倍野区文の里×-××-××

氏名　四星商事株式会社　代表取締役　大田四郎

（法人のときはその名称及び代表者の氏名）

記入例２　被一括事業の名称及び所在地の変更の場合

様式第５号の２（第10条関係）(1)（表面）

提出用

労働保険
継続事業一括変更申請書／継続被一括事業名称・所在地変更届

① 下記のとおり継続事業の一括に係る {・指定事業の変更 / ・被一括事業の名称等の変更（○）} の申請・届をします。

種別：31642　※修正項目番号　※漢字修正項目番号

②申請年月日（元号：令和は9）：9－06－06（項2）

※認可年月日（元号：令和は9）：元号　－　年　－　月　－　日（項3）

指定を受けている事業

③労働保険番号	府県・所掌・管轄(1)・基幹番号・枝番号：27102116021－000（項1）		
④所在地	大阪市阿倍野区文の里×－××－××	郵便番号 545-××××	⑥保険関係成立区分：(イ)労災・雇用（○）(ロ)労災 (ハ)雇用 / ⑦事業の種類（労災保険率表による）：その他の各種事業
⑤名称	四星商事株式会社	電話番号 06-6628-××××	

指定事業に一括されている事業

⑧整理番号：0003（項4）　⑨労働者数：55（項5）　※管轄(2)（項6）　※府県・所掌・管轄(1)（項7）

⑩所在地（カナ）
- 郵便番号：160－××××（項8）
- 所在地 市・区・郡名：シンジュク（項9）
- 所在地（つづき）町村名：ニシシンジュク（項10）
- 所在地（つづき）丁目・番地：1－×（項11）
- 所在地（つづき）ビル・マンション名等：（項12）

⑪所在地（漢字）
- 所在地 市・区・郡名：新宿区（項13）
- 所在地（つづき）町村名：西新宿（項14）
- 所在地（つづき）丁目・番地：1－×（項15）
- 所在地（つづき）ビル・マンション名等：（項16）

⑫名称・氏名（カナ）
- 名称・氏名：ヨツボシシヨウジカブシキガイシヤ（項17）
- 名称・氏名（つづき）：シンジュクシテン（項18）
- 名称・氏名（つづき）：（項19）
- 電話番号（市外局番）－（市内局番）－（番号）（項20）

⑬保険関係成立区分：(イ)労災・雇用（○）(ロ)労災 (ハ)雇用
⑭事業の種類（労災保険率表による）

⑮名称・氏名（漢字）
- 名称・氏名：四星商事株式会社（項21）
- 名称・氏名（つづき）：新宿支店（項22）
- 名称・氏名（つづき）：（項23）

⑯事業			
所在地	練馬区上石神井×－××－×	郵便番号	177-××××
名称	四星商事株式会社　東京支店	電話番号	03-3920-××××

※データ指示コード（項36）：2.被一括事業の名称等の変更（○）／3.地方からの一括登記／5.項目の訂正／6.指定事業を同一局の被一括事業に変更／7.指定事業を同一局の別事業に変更／9.指定事業の移転

⑰変更後の労働保険番号：府県・所掌・管轄(1)・基幹番号・枝番号　－（項24）

※新たに指定事業となる事業の整理番号（項25）　※他所掌コード（項26）　※指定事業独立コード（項27）

※新規申請年月日（訂正後）（元号：令和は9）：元号　－　年　－　月　－　日（項28）
※新規認可年月日（訂正後）（元号：令和は9）：元号　－　年　－　月　－　日（項29）
※追加申請年月日（訂正後）（元号：令和は9）：元号　－　年　－　月　－　日（項30）
※追加認可年月日（訂正後）（元号：令和は9）：元号　－　年　－　月　－　日（項31）
※変更申請年月日（訂正後）（元号：令和は9）：元号　－　年　－　月　－　日（項32）
※変更認可年月日（訂正後）（元号：令和は9）：元号　－　年　－　月　－　日（項33）
※取消申請年月日（訂正後）（元号：令和は9）：元号　－　年　－　月　－　日（項34）
※取消認可年月日（訂正後）（元号：令和は9）：元号　－　年　－　月　－　日（項35）

※修正項目（カナ・英数）

※修正項目（漢字）

事業主

住所　大阪市阿倍野区文の里×－××－××
四星商事株式会社
氏名　代表取締役　大田四郎
（法人のときはその名称及び代表者の氏名）

大阪　労働局長　殿

2　有期事業（建設事業及び林業の場合）の事業主が行う手続

建設の事業や立木の伐採の事業のように、当初から事業の期間が予定され、工事の完成など所定の目的を達して終了する事業を有期事業といいます。有期事業は保険料等の納付手続やメリット制の適用方法などが継続事業とは違っています。また、雇用保険の保険関係については有期事業の取扱いはしないこととなっています。

（1）建設事業

有期事業の取扱いは労災保険のみ

建設事業は一般に二元適用事業として労災保険に係る保険関係と雇用保険に係る保険関係とが別個の事業として取り扱われていますが、雇用保険については有期事業の取扱いをしないので、有期事業の取扱いをするのは労災保険分についてのみということとなります。また、建設事業はその事業が行われるかぎり、事業主の意思にかかわりなく法律上当然に保険関係が成立する適用事業です。

イ　事業単位

事業単位は工事現場ごと

建設事業の事業単位は、工作物等が完成されるまでに行われる作業の全体をとらえて、一つの事業単位としています。

例えば、ビル建築工事、ダム建設工事などは、**工事現場を一つの事業単位**として、その事業が開始されるごとに保険加入の手続が必要となります。

しかし、一定規模以下の建設事業（消費税額を除いた請負金額が1億8,000万円未満（平成27年3月31日以前に開始された事業については消費税額を含む請負金額が1億9,000万円未満）で、かつ、概算保険料額が160万円未満のもの）であれば、これらをすべて一括し、一つの事業として一つの保険関係を成立させ、継続事業に準じて扱うこととなります。

これを「**有期事業の一括**」と呼んでいます（法第7条）（有期事業の一括については114ページ参照）。

したがって、有期事業として工事開始ごとに保険加入の手続をしなければならないものは、有期事業の一括に含まれない建設事業となります。

ロ　元請負人と下請負人の関係

（イ）数次の請負事業の一括

数次の請負による事業は元請負人が保険加入者

数次の請負によって行われる建設事業については、元請負人が全体の事業についての事業主として労働保険の適用を受けることとなります。

すなわち、建設事業が数次の請負によって行われるときは、個々の下請負事業を独立した事業として把握しないで、次の（ロ）の場合を除き、すべて元請負事業に吸収され一つの事業として取り扱うこととなります。したがって、元請負事業主は、その下請負事業に使用するすべての労働者について、保険料の納付等の義務を負うこととなります（法第8条第1項）。

なお、数次の請負による事業の一括は、法律上当然に行われるので、事業主の特別の申請は必要ありません。

（ロ）下請負事業の分離

数次の請負事業の一括は、法律上当然行われるものですが、下請負事業の概算保険料の額が160万円以上又は消費税額を除いた請負金額が1億8,000万円以上（平成27年3月31日以前に開始された事業については消費税額を含む請負金額が1億9,000万円以上）になる場合であって、元請負人と下請負人が共同で、保険関係が成立した日の翌日から起算して10日以内に「下請負人を事業主とする認可申請書」を所轄の労働基準監督署長を経由して都道府県労働局長に提出し、その認可を受けた場合には、その下請負人がその下請負事業の事業主となることを認めています（法第8条第2項）。

なお、この場合でも下請負事業の労災保険料率は原則として、元請負事業の労災保険料率と同じになります。

ハ　保険料等の算出方法

建設事業についての保険料及び一般拠出金は、その事業の全期間に使用するすべての労働者に支払う賃金の総額（賃金総額の詳細については39ページ参照）に、労災保険率又は一般拠出金率を乗じて計算するのが原則です。

しかしながら、建設事業は、事業の特殊性から数次の請負により施工されるのが常態ですから、通常元請負人が下請負人の使用する労働者を含めて保険に加入しなければなりませんが、元請負人はその工事全体の支払賃金総額を正確に把握することが困難な場合もあります。

支払賃金の把握が困難な場合は特例により計算する

そこで、このような場合には、賃金総額を請負金額から計算する特例が認められています（法第11条第3項）。

請負代金に支給材等は加算し、工事用物は控除する

この特例による賃金総額は、その工事の請負金額に事業の種類ごとに定められた「労務費率」（次ページの表参照）を乗じた額が、その工事の賃金総額とされます。ここでいう「請負金額」とは、いわゆる請負代金の額そのものではなく、事業主が注文者などからその事業に使用する工事用の資材などを支給されたり、又は機械器具等を貸与された場合は、支給された物の価額相当額又は機械器具などの損料相当額が請負代金に加算されます。ただし、厚生労働大臣がその事業の種類ごとに定めた「工事用物」（次ページの表参照）の価額は請負代金の額に加算しません。また、請負代金の額に「工事用物」の価額が含まれている場合には、請負代金の額からそれらの「工事用物」の価額を差し引いた額です。

（注）1　平成25年10月1日以降平成27年3月31日以前に開始した事業については、請負金額に108分の105を乗じる暫定措置が適用されます。

（注）2　有期事業（建設事業）に係る一般拠出金の徴収について

有期事業（建設事業）に係る一般拠出金については、平成19年4月1日以降に開始した事業（工事）を対象として、労働保険の確定保険料申告に併せて申告・納付することとなっています。

建設事業における労災保険率及び労務費率表

番号	事業の種類	事業開始日が平成21年4月1日～平成24年3月31日のもの		事業開始日が平成24年4月1日～平成27年3月31日のもの		事業開始日が平成27年4月1日～平成30年3月31日のもの		事業開始日が平成30年4月1日～令和6年3月31日のもの		事業開始日が令和6年4月1日以降のもの	
		労災保険率	労務費率	労災保険率	労務費率	労災保険率	労務費率	労災保険率	労務費率	労災保険率	労務費率
31	水力発電施設、ずい道等新設事業	1,000分の103	19%	1,000分の89	18%	1,000分の79	19%	1,000分の62	19%	1,000分の34	19%
32	道路新設事業	1,000分の15	21%	1,000分の16	20%	1,000分の11	20%	1,000分の11	19%	1,000分の11	19%
33	舗装工事業	1,000分の11	19%	1,000分の10	18%	1,000分の9	18%	1,000分の9	17%	1,000分の9	17%
34	鉄道又は軌道新設事業	1,000分の18	24%	1,000分の17	23%	1,000分の9.5	25%	1,000分の9	24%	1,000分の9	19%
35	建築事業（既設建築物設備工事業を除く）	1,000分の13	21%	1,000分の13	21%	1,000分の11	23%	1,000分の9.5	23%	1,000分の9.5	23%
38	既設建築物設備工事業	1,000分の14	22%	1,000分の15	22%	1,000分の15	23%	1,000分の12	23%	1,000分の12	23%
36	機械装置の組立て又は据付けの事業 組立て又は取付けに関するもの その他のもの	1,000分の9	40% 22%	1,000分の7.5	38% 21%	1,000分の6.5	40% 22%	1,000分の6.5	38% 21%	1,000分の6	38% 21%
37	その他の建設事業	1,000分の19	24%	1,000分の19	23%	1,000分の17	24%	1,000分の15	24%	1,000分の15	23%

建設事業における工事用物表

事　業　の　種　類	請負代金の額に加算されないもの
機械装置の組立て又は据付けの事業	機械装置

建設事業における賃金総額を正確に把握することが困難な場合の保険料等の算式は次のとおりです。

請負金額×労務費率×労災保険率＝労働保険料（一般保険料） 請負金額×労務費率×一般拠出金率＝一般拠出金

二　建設事業の保険料率等

保険料を算定する際の保険料率は「労災保険率表」によって「事業の種類」ごとに定められています。また、労災保険率適用事業細目表（279～288ページ参照）によって、「事業の種類」の内容及び範囲が定められています。

一般拠出金率は、業種を問わず一律1,000分の0.02となっています。

（2）建設事業の新規加入等の手続

保険関係成立届

なにを　◇保険関係成立届（有期）（様式第１号）
だれが　◇事業主
いつ　◇保険関係が成立した日から10日以内
どこに　◇所轄の労働基準監督署長

概算保険料申告書

なにを　◇概算保険料申告書（様式第６号（乙））
だれが　◇事業主
いつ　◇保険関係が成立した日から20日以内
どこに　◇所轄の労働基準監督署、都道府県労働局、日本銀行（本店、支店、代理店又は歳入代理店（全国の銀行・信用金庫の本店又は支店、郵便局））
その他知っておくべきこと　◇保険料は、賃金総額に労災保険率を乗じて算出される。ただし、賃金総額を正確に把握することが困難な場合は、請負金額から賃金総額を計算する特例が認められている。
◇事業の期間が６カ月を超える事業で概算保険料が75万円以上の場合は、延納（分割納付）することができる。

増加概算保険料申告書

なにを　◇増加概算保険料申告書（様式第６号（乙））
◇請負金額内訳書（乙）（有期事業）
だれが　◇事業主
いつ　◇すでに報告した賃金総額の見込額が２倍を超えて増加し、かつ、その賃金総額によった場合の概算保険料の額と申告済の概算保険料との差額が13万円以上となったとき、その日から30日以内
どこに　◇所轄の労働基準監督署、都道府県労働局、日本銀行（本店、支店、代理店又は歳入代理店（全国の銀行・信用金庫の本店又は支店、郵便局））

工期等を変更した場合の手続

なにを　◇名称、所在地等変更届（様式第２号）
だれが　◇事業主

いつ　◇すでに申告した事業主の氏名、名称、住所、事業の名称、事業場の所在地、事業の種類などに変更を生じたとき、その日から10日以内
どこに　◇所轄の労働基準監督署長

工事が終了した場合の手続

なにを　◇確定保険料／一般拠出金申告書（様式第6号（乙）
だれが　◇事業主
いつ　◇事業廃止又は終了の翌日から50日以内
どこに　◇所轄の労働基準監督署、都道府県労働局、日本銀行（本店、支店、代理店又は歳入代理店（全国の銀行・信用金庫の本店又は支店、郵便局））

イ　保険関係成立届と概算保険料の申告・納付

労働保険の保険関係は適用単位である事業ごとに成立しますから、建設事業の場合は、1工事現場ごとに1事業として、その事業が開始されるごとに保険加入の手続をすることとなります。

ここで注意しなければならないことは、数次の請負によって行われる建設事業については、前にも述べましたように、下請負事業の分離が認められた場合を除き、元請負人は下請負人に請け負わせた部分も含めて保険に加入しなければなりません（法第8条)。

（イ）保険関係成立届の提出

保険関係が成立した日から10日以内に提出

建設の事業を始めた場合は、その事業開始の日に保険関係が成立しますから、事業主としては、その成立した日から10日以内に、事業の所在地、名称、事業主の住所、名称、氏名、事業の概要、事業の種類、成立年月日、賃金総額の見込額及び請負金額等を記載した「保険関係成立届（有期)」(様式第1号)を工事現場を管轄する所轄労働基準監督署長に提出にしなければなりません。

この成立届が提出されますと、労働基準監督署長はその内容を確認して、労働保険番号を付与した後、事業主控を事業主に返します。

保険関係成立届の作り方　（記入例1（106ページ）参照)

「②　事業」欄

新たに保険関係が成立した事業の所在地及び名称を記入します。

「③　事業の概要」欄

工事、作業内容など事業内容を具体的に記入します。

「④　事業の種類」欄

事業に適用される「労災保険率適用事業細目表」（279～288ページ参照）に掲げられた該当する事業の種類を記入します。

「⑥及び㉑　保険関係成立年月日」欄

新たに労災保険の適用事業となった年月日を記入します。

「⑧　賃金総額の見込額」欄

保険関係が成立した日から事業終了予定日までの期間に使用する労働者に係る賃金総額の見込額を記入します。

「⑬　建設の事業の請負金額」欄

建設の事業の請負金額を記入します。

この場合、事業主が注文者などからその事業に使用する工事用資材などを支給されたり、又は機械器具等を貸与された場合は、支給された物の価額相当額又は機械器具などの損料相当額が請負代金に加算されます。ただし、厚生労働大臣が、その事業の種類ごとに定めた「工事用物」（99 ページ参照）の価額は請負代金の額に加算されません。また、請負代金の額に、「工事用物」の価額が含まれている場合には、請負代金の額からそれらの「工事用物」の価額を差し引いた額が請負代金となります。

なお、ここでいう請負金額等の額は、平成 27 年 3 月 31 日以前に開始された工事については消費税額を含めた額を、平成 27 年 4 月 1 日以降に開始された工事については消費税額を除いた額をいいます。

「⑮　発注者」欄

工事発注者の住所又は所在地及び名称又は氏名を記入します。

「⑰から⑳　事業主」欄

事業主の住所（法人のときは主たる事務所の所在地）、名称、氏名（法人のときは代表者の氏名）、郵便番号、電話番号を記入します。

「㉒　事業終了予定年月日」欄

事業の終了予定年月日を記入します。

「㉓　常時使用労働者数」欄

事業の期間中における 1 日平均使用労働者（延使用労働者数（臨時及び日雇を含む）を所定労働日数で除したものをいう）（小数点以下の端数があるときは、これを切り捨てた数）を記入します。

「㉙　法人番号」欄

法人番号を記入します（個人事業主が行う事業については、13 桁すべてに「0」を記入します）。

「※　労働保険番号」欄　この届を提出する監督署、又は安定所で記入しますので、記入しません。

（ロ）概算保険料の申告と納付

保険関係成立の日から 20 日以内に申告・納付

保険関係が成立すると、その成立した日から 20 日以内に概算保険料を申告・納付しなければなりません（法第 15 条第 2 項）。

概算保険料申告書は、事業主の納める保険料が決まる重要な書類ですから、正確に作成しなければなりません。

なお、概算保険料申告書の提出及び保険料の納付は、所轄の労働基準監督署、都道府県労働局、日本銀行（本店、支店、代理店又は歳入代理店（全国の銀行・信用金庫の本店又は支店、郵便局））で行います。

概算保険料申告書の作り方（記入例２及び３（107 ～ 108 ページ）参照）

「①　労働保険番号」欄

保険関係成立届に記入された労働保険番号を記入します。

「②　保険関係成立年月日」欄

工事開始の年月日を記入します。

「③　常時使用労働者数」欄

保険関係が成立した日から事業の終了予定年月日までの期間における延労働者数（臨時、日雇などのすべての労働者を含みます）の見込労働者数をその期間の所定労働日数で除した１日平均使用労働者数を記入します。この時、小数点以下の端数が生じた場合は、これを切り捨てた数を記入します。

「④　事業又は作業の種類」欄

「労災保険率表」の事業の種類を記入してください。

「⑦　賃金総額の算出方法」欄

保険料の算出方法に応じていずれかを○で囲みます。

「⑧　請負金額の内訳」欄から「⑩　労務費率又は労務費の額」欄

賃金総額の算出方法が⑦(ロ)（記入例２（107 ページ）参照）の場合について記入します。

なお、支払賃金総額（記入例３（108 ページ）参照）又は平均賃金による場合であっても、必ず請負金額を記入してください。

「⑰　算定期間」欄

保険関係が成立した日から事業終了予定年月日までの期間を記入します。

「⑲　保険料算定基礎額又は増加後の保険料算定基礎額の見込額」欄

さきに述べたように支払賃金総額による場合と、請負金額による場合との方法があります。

支払賃金総額による場合には、「⑰」欄の期間に使用するすべての労働者に支払われる賃金総額の見込額、また、請負金額による場合は、請負金額にそれぞれの事業に該当する「労務費率」（99 ページ以降参照）を乗じて得た額を賃金総額の見込額として記入します。この場合、事業主が注文者などからその事業に使用する工事用資材などを支給されたり、又は機械器具等を貸与された場合は、支給された物の価額相当額又は機械器具などの損料相当額が請負代金に加算されます。ただし、厚生労働大臣が、その事業の種類ごとに定めた「工事用物」（99 ページ参照）の価額は請負代金の額に加算されません。また、請負代金の額に「工事用物」の価額が含まれている場合には、請負代金の額からそれらの「工事用物」の価額を差し引いた額が請負金額となります。

「⑳　概算保険料額又は増加後の概算保険料額（⑲×⑱）」欄

⑲欄の賃金総額の見込額に⑱欄の労災保険率を乗じて得た額となります。なお、金額の前には「¥」記号は付さないでください。

保険料75万円以上工期6カ月を超える場合延納できる

概算保険料は、原則として一時にその金額を納付することとなっていますが、概算保険料の額が75万円以上で、かつ、工事の全期間が6カ月を超えるものについては、事業主の申請（㉓欄）によって延納が認められています。その方法は、事業の全期間を通じて、毎年4月1日～7月31日、8月1日～11月30日、12月1日～翌年3月31日の各期に分けて納付することができます。

また保険料の納付期限は、第1期は工事を開始した日から20日以内（例えば工事開始が5月1日の場合の第1期の納期は5月21日）、第2期は10月31日、第3期は翌年1月31日となっています。また、翌年度の第1期は3月31日（第2期以降は当年度と同じ）となります。

なお、各期の中途で保険関係が成立した事業については、保険関係が成立した日から、その日の属する期の末日までの期間が2カ月を超えるときは、保険関係が成立した日からその日の属する期の末日までを最初の期とし、最初の期の期間が2カ月以内のときは次の4カ月と合わせた期間を最初の期とします。

また、納付額は、概算保険料の額を期の数で除した額が、各期の納付額となりますが、端数があるときは、その端数を第1期分に加えます。

「㉕　今期納付額」欄

今回納付する金額（㉔欄の第1期の額」）を（イ）に記入し、納付書の「内訳」及び「納付額（合計額）」欄にもこの額を記入します。

「⑤増加年月日」、「⑪算定期間」から「⑯差引額」まで、「㉕今期納付額の（ロ）」の欄（又は記入枠）は概算保険料申告の場合は記入する必要はありませんので空欄としてください。

「納付書」について

納付書の「労働保険番号」及び「内訳」、「納付額（合計額）」の記入枠、「（住所）、（氏名）」欄の記入は明りょうに記入してください。

「内訳」及び「納付額（合計額）」の記入枠

「㉕欄の（イ）」の額を転記し、金額の前に必ず「¥」記号を付してください。

ロ　概算保険料が増加したとき（記入例4（109ページ）参照）

概算保険料申告書を提出したのちに、設計変更などによって、概算保険料の申告当時より賃金総額の見込額が100分の200（2倍）を超えて増加し、かつ増加後の保険料の額と申告済の保険料の差が13万円以上となったときは、増加概算保険料を申告・納付しなければなりません。

この申告・納付方法は継続事業の場合と同じです。

ハ　工期などを変更したとき（記入例5（110ページ）参照）

次の事項に変更があった場合には、速やかに「名称、所在地等変更届」を所轄の労働基準監督署長に提出しなければなりません。

① 事業の名称又は事業場の所在地

② 事業主の住所（法人の場合は主たる事務所の所在地）又は名称・氏名（法人の場合は名称のみ）

③　事業の種類（労災保険率適用事業細目表による）

④　事業の予定期間

ニ　工事が終わったとき（記入例6（111ページ）参照）

工事が終わったときは、保険関係が消滅しますので、確定保険料／一般拠出金申告書を提出して、すでに申告・納付してあった概算保険料を精算する必要があります（法第19条第2項）。

平成19年4月1日以降に開始した工事が終わったときは、確定保険料申告に併せて、一般拠出金を申告・納付する必要があります。

なお、工事開始時期が平成25年10月1日以降平成27年3月31日以前である事業が、労務費率から賃金総額を算出する場合は、暫定措置が適用されますので、この場合「⑧欄の（ニ）」欄を2段に分割し、上段には消費税を含む請負金額を、下段には請負金額に108分の105を乗じて得た額を記入してください。

保険関係消滅の日から50日以内に申告書・納付

確定保険料／一般拠出金申告書の提出期限は、保険関係が消滅した日から50日以内ですが、確定保険料の額が概算保険料（中途で増加概算保険料の申告をした場合は増加分を含みます）の額よりも多い場合には、その差額を同時に追加納付し、少ない場合は還付されます。

一定規模以上の事業にはメリット制が適用

また、確定保険料の額が、40万円以上又は消費税額を除いた請負金額が1億1,000万円以上（平成27年3月31日以前に開始された事業については消費税額を含む請負金額が1億2,000万円以上）の事業については、有期メリット制が適用され、その事業のメリット収支率に応じて確定保険料の額を40%（立木の伐採の事業については35%）の範囲内で増減し、その額と確定保険料の額との差額を徴収し、又は未納の保険料に充当、あるいは還付することとなります（法第20条）（289～290ページ別表参照）。

なお、一般拠出金率については、メリット制の適用はありません。

保険料の還付を受ける場合の手続は、継続事業の保険年度終了又は事業を廃止した際の還付を受ける手続と同様です（84ページ参照）。

記入例１

様式第１号（第４条、第64条、附則第２条関係）(1)（表面）　　（別紙）

提出用

労働保険
0：保険関係成立届（継続）（事務処理委託届）
1：保険関係成立届（有期）
2：任意加入申請書（事務処理委託届）

令和６年５月８日

⑯種別 31601

品川 労働局長 / 労働基準監督署長 / 公共職業安定所長 殿

下記のとおり（イ）届けます。（31600又は31601のとき）（ロ）労災保険（ハ）雇用保険 の加入を申請します。（31602のとき）

※修正項目番号　※漢字修正項目番号　※労働保険番号（都道府県・所掌・管轄(1)・基幹番号・枝番号）項1

事業主	
①住所又は所在地	港区三田×-×-×
氏名又は名称	東和建設株式会社
②事業 所在地	郵便番号 141-×××× 品川区東五反田×-×-× 電話番号 03-3443-××××番
名称	東和建設株式会社 コーポ北川建設工事
③事業の概要	鉄筋コンクリート造 6階建マンション新築工事
④事業の種類	建築事業
⑤加入済の労働保険	（イ）労災保険　（ロ）雇用保険
⑥保険関係成立年月日	（労災）令和6年5月1日　（雇用）　年　月　日
⑦雇用保険被保険者数	一般・短期　人　日雇　人
⑧賃金総額の見込額	69,467千円
⑨委託事務組合 所在地	郵便番号　電話番号　－　－　番
名称	
代表者氏名	
⑩委託事務内容	
⑪事業開始年月日	6年5月1日
⑫事業廃止等年月日	6年12月29日
⑬建設の事業の請負金額	355,000,000円
⑭立木の伐採の事業の素材見込生産量	××××立方メートル
⑮発注者 住所又は所在地	郵便番号 141-×××× 品川区大崎×-××-××
氏名又は名称	株式会社北川不動産 電話番号 03-3415-××××番

事業所

⑰住所〈カナ〉
- 郵便番号 108-0073（項2）　住所 市・区・郡名 ミナトク（項3）
- 住所（つづき）町村名 ミタ（項4）
- 住所（つづき）丁目・番地 ×-×-×（項5）
- 住所（つづき）ビル・マンション名等（項6）

⑱住所〈漢字〉
- 住所 市・区・郡名 港区（項7）
- 住所（つづき）町村名 三田（項8）
- 住所（つづき）丁目・番地 ×-×-×（項9）
- 住所（つづき）ビル・マンション名等（項10）

⑲名称・氏名〈カナ〉
- 名称・氏名 トウワケンセツ（項11）
- 名称・氏名（つづき）カブシキガイシャ（項12）
- 名称・氏名（つづき）（項13）
- 電話番号（市外局番）03-（市内局番）3452-（番号）××××（項14）

⑳名称・氏名〈漢字〉
- 名称・氏名 東和建設（項15）
- 名称・氏名（つづき）株式会社（項16）
- 名称・氏名（つづき）（項17）

㉑保険関係成立年月日（31600又は31601のとき）※任意加入認可年月日（31602のとき）（元号：令和は9）　9-06-05-01（項18）

㉒事務処理委託年月日（31600又は31602のとき）事業終了予定年月日（31601のとき）（元号：令和は9）　9-06-12-29（項19）

㉓常時使用労働者数　20（項20）

※保険関係等区分（31600又は31602のとき）（項21）

㉔雇用保険被保険者数（31600又は31602のとき）（項22）

※片保険理由コード（31600のとき）（項24）

㉖加入済労働保険番号（31600又は31602のとき）（都道府県・所掌・管轄(1)・基幹番号・枝番号）（項25）

㉗適用済労働保険番号1（都道府県・所掌・管轄(1)・基幹番号・枝番号）（項26）

㉘適用済労働保険番号2（都道府県・所掌・管轄(1)・基幹番号・枝番号）（項27）

※雇用保険の事業所番号（31600又は31602のとき）（項28）　※府県区分（31600又は31602のとき）（項29）　※特掲コード（31600又は31602のとき）（項30）　※管轄(2)（31600のとき）（項31）　※業種（項32）　※産業分類（31600又は31602のとき）（項33）　※データ指示コード（項34）　※再入力区分（項35）

※修正項目（英数・カナ）

※修正項目（漢字）

事業主氏名（法人のときはその名称及び代表者の氏名）
東和建設株式会社
代表取締役　小野寺昌弘

※受付年月日（元号：令和は9）　－　年－　月－　日（項36）

㉙法人番号　9876543210000（項37）

記入例２　請負金額から算出の場合

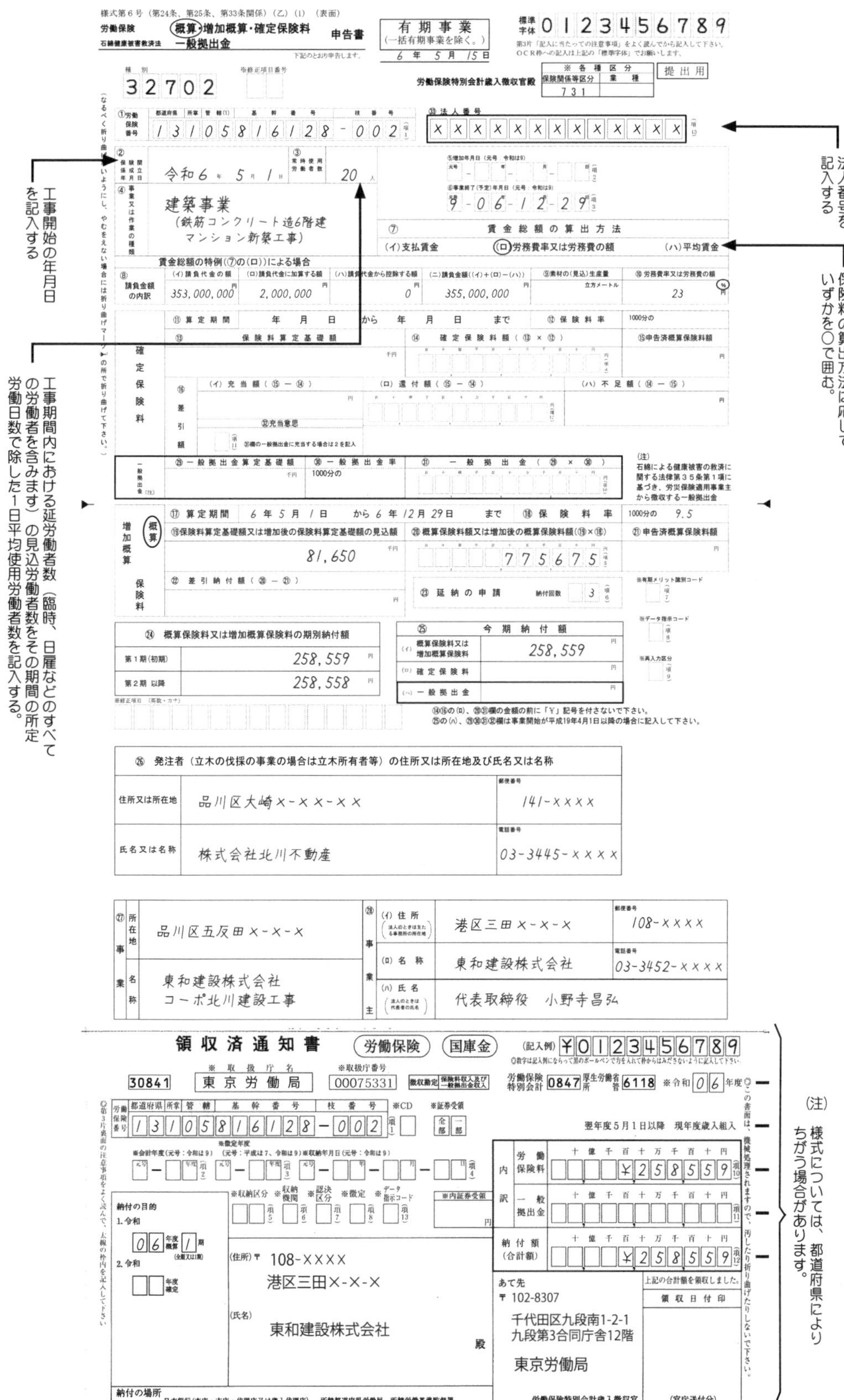

様式第６号（第24条、第25条、第33条関係）（乙）（1）（表面）
労働保険　石綿健康被害救済法　（概算）・増加概算・確定保険料　一般拠出金　申告書
下記のとおり申告します。
有期事業（一括有期事業を除く。）　６年　５月　15日
標準字体　0 1 2 3 4 5 6 7 8 9
提出用

種別　32702
労働保険特別会計歳入徴収官殿
各種区分　保険関係等区分　731

①労働保険番号　13105816128－002
㉝法人番号　ＸＸＸＸＸＸＸＸＸＸＸＸＸ
②保険関係成立年月日　令和６年５月１日
③常時使用労働者数　20人
④事業又は作業の種類　建築事業（鉄筋コンクリート造6階建マンション新築工事）
⑥事業終了（予定）年月日　9-06-12-29
⑦賃金総額の算出方法　（イ）支払賃金　（ロ）労務費率又は労務費の額　（ハ）平均賃金

賃金総額の特例（⑦の（ロ））による場合

⑧請負金額の内訳	（イ）請負代金の額	（ロ）請負代金に加算する額	（ハ）請負代金から控除する額	（ニ）請負金額（（イ）＋（ロ）－（ハ））	⑨素材の（見込）生産量	⑩労務費率又は労務費の額
	353,000,000円	2,000,000円	0円	355,000,000円	立方メートル	23％

確定保険料：⑪算定期間　年　月　日から　年　月　日まで　⑫保険料率　1000分の　⑬保険料算定基礎額　⑭確定保険料額（⑬×⑫）　⑮申告済概算保険料額　⑯差引額（イ）充当額（⑮－⑭）（ロ）還付額（⑮－⑭）（ハ）不足額（⑭－⑮）

一般拠出金：㉙一般拠出金算定基礎額　㉚一般拠出金率　1000分の　㉛一般拠出金（㉙×㉚）

（注）石綿による健康被害の救済に関する法律第３５条第１項に基づき、労災保険適用事業主から徴収する一般拠出金

増加概算・（概算）保険料
⑰算定期間　６年５月１日から６年12月29日まで
⑱保険料率　1000分の　9.5
⑲保険料算定基礎額又は増加後の保険料算定基礎額の見込額　81,650千円
⑳概算保険料額又は増加後の概算保険料額（⑲×⑱）　775675
㉑申告済概算保険料額
㉒差引納付額（⑳－㉑）
㉓延納の申請　納付回数　3

㉔概算保険料又は増加概算保険料の期別納付額	
第１期（初期）	258,559円
第２期 以降	258,558円

㉕今期納付額	
（イ）概算保険料又は増加概算保険料	258,559円
（ロ）確定保険料	
（ハ）一般拠出金	

⑭⑯の（ロ）、⑳㉑㉒欄の金額の前に「￥」記号を付さないで下さい。
㉕の（ハ）、㉙㉚㉛欄は事業開始が平成19年4月1日以降の場合に記入して下さい。

㉖発注者（立木の伐採の事業の場合は立木所有者等）の住所又は所在地及び氏名又は名称		
住所又は所在地	品川区大崎×－××－××	郵便番号 141－××××
氏名又は名称	株式会社北川不動産	電話番号 03－3445－××××

㉗事業		㉘事業主		
所在地	品川区五反田×－×－×	（イ）住所	港区三田×－×－×	郵便番号 108－××××
名称	東和建設株式会社　コーポ北川建設工事	（ロ）名称	東和建設株式会社	電話番号 03－3452－××××
		（ハ）氏名	代表取締役　小野寺昌弘	

領収済通知書　労働保険　国庫金　（記入例）￥0123456789
取扱庁名　30841　東京労働局　取扱庁番号 00075331
労働保険特別会計 0847　厚生労働省所管 6118　令和06年度
労働保険番号　13105816128－002
翌年度5月1日以降　現年度歳入組入
納付の目的　1.令和 06年度概算 1期
内訳　労働保険料　￥258559　一般拠出金
納付額（合計額）　￥258559
（住所）〒108-××××　港区三田×-×-×
（氏名）東和建設株式会社　殿
あて先　〒102-8307　千代田区九段南1-2-1　九段第3合同庁舎12階　東京労働局
上記の合計額を領収しました。　領収日付印
納付の場所　日本銀行（本店・支店・代理店又は歳入代理店）、所轄都道府県労働局、所轄労働基準監督署
労働保険特別会計歳入徴収官　（官庁送付分）

工事開始の年月日を記入する

工事期間内における延労働者数（臨時、日雇などのすべての労働者を含みます）の見込労働者数をその期間の所定労働日数で除した1日平均使用労働者数を記入する。

法人番号を記入する

保険料の算出方法に応じていずれかを○で囲む。

（注）様式については、都道府県によりちがう場合があります。

記入例３　支払賃金総額から算出の場合

様式第６号（第24条、第25条、第33条関係）（乙）(1)（表面）

労働保険 概算・増加概算・確定保険料 石綿健康被害救済法 一般拠出金 申告書

有期事業（一括有期事業を除く。）

6年5月15日

下記のとおり申告します。

標準字体 0123456789

種別 32702

労働保険特別会計歳入徴収官殿

※各種区分　保険関係等区分 731　提出用

①労働保険番号	13105816128-002
③法人番号	×××××××××××××
②保険関係成立年月日	令和6年5月1日
③常時使用労働者数	20人
⑥事業終了(予定)年月日	9-06-12-29
④事業又は作業の種類	建築事業（鉄筋コンクリート造6階建マンション新築工事）
⑦賃金総額の算出方法	(イ)支払賃金
⑧請負金額の内訳 (ハ)請負代金から控除する額	0
⑰算定期間	6年5月1日から6年12月29日まで
⑱保険料率	1000分の9.5
⑲保険料算定基礎額又は増加後の保険料算定基礎額の見込額	80,000千円
⑳概算保険料額又は増加後の概算保険料額（⑲×⑱）	760000円
㉓延納の申請 納付回数	3

㉔概算保険料又は増加概算保険料の期別納付額	
第1期(初期)	253,334円
第2期以降	253,333円

㉕今期納付額	
(イ)概算保険料又は増加概算保険料	253,334円
(ロ)確定保険料	
(ハ)一般拠出金	

⑭⑯の(ロ)、⑳㉛欄の金額の前に「￥」記号を付さないで下さい。
㉕の(ハ)、㉙㉚㉛㉜欄は事業開始が平成19年4月1日以降の場合に記入して下さい。

㉖発注者（立木の伐採の事業の場合は立木所有者等）の住所又は所在地及び氏名又は名称		
住所又は所在地	品川区大崎×-××-××	郵便番号 141-××××
氏名又は名称	株式会社北川不動産	電話番号 03-3445-××××

㉗事業	
所在地	品川区五反田×-×-×
名称	東和建設株式会社 コーポ北川建設工事

㉘事業主		
(イ)住所	港区三田×-×-×	郵便番号 108-××××
(ロ)名称	東和建設株式会社	電話番号 03-3452-××××
(ハ)氏名	代表取締役　小野寺昌弘	

領収済通知書　（労働保険）（国庫金）

（記入例）￥0123456789

※取扱庁名	※取扱庁番号	労働保険特別会計	厚生労働省所管	年度
30841 東京労働局	00075331	0847	6118	※令和06年度

労働保険番号 13105816128-002

翌年度5月1日以降　現年度歳入組入

内訳	
労働保険料	￥253334
一般拠出金	
納付額（合計額）	￥253334

納付の目的　1.令和 06年度 1期　2.令和 年度確定

（住所）〒108-××××　港区三田×-×-×

（氏名）東和建設株式会社　殿

あて先　〒102-8307　千代田区九段南1-2-1　九段第3合同庁舎12階　東京労働局

上記の合計額を領収しました。　領収日付印

納付の場所　日本銀行（本店・支店・代理店又は歳入代理店）、所轄都道府県労働局、所轄労働基準監督署

労働保険特別会計歳入徴収官　（官庁送付分）

記入例 4

様式第6号（第24条、第25条、第33条関係）（乙）（1）（表面）

労働保険 概算・増加概算・確定保険料 一般拠出金 申告書 （有期事業（一括有期事業を除く。））

6年10月9日

種別 32702

①労働保険番号 13105816128-002

㉛法人番号 XXXXXXXXXXXXX

②保険関係成立年月日 令和6年5月1日

③常時使用労働者数 20人

⑤増加年月日 9-06-10-01

⑥事業終了(予定)年月日 9-07-02-28

④事業又は作業の種類 建築事業（鉄筋コンクリート造6階建マンション新築工事）

⑦賃金総額の算出方法 （イ）支払賃金　（ロ）労務費率又は労務費の額　（ハ）平均賃金

賃金総額の特例（⑦の（ロ））による場合

⑧請負金額の内訳	（イ）請負代金の額	（ロ）請負代金に加算する額	（ハ）請負代金から控除する額	（ニ）請負金額（（イ）+（ロ）-（ハ））	⑨素材の（見込）生産量	⑩労務費率又は労務費の額
	717,000,000円	2,000,000円	0円	719,000,000円	立方メートル	23%

増加概算保険料

⑰算定期間	6年5月1日から7年2月28日まで	⑱保険料率	1000分の9.5
⑲保険料算定基礎額又は増加後の保険料算定基礎額の見込額	165,370千円		
⑳概算保険料額又は増加後の概算保険料額（⑲×⑱）	1571015円		
㉑申告済概算保険料額	650,095円		
㉒差引納付額（⑳－㉑）	920,920円		
㉓延納の申請 納付回数	2		

㉔概算保険料又は増加概算保険料の期別納付額	
第1期（初期）	460,460円
第2期以降	460,460円

㉕今期納付額	
（イ）概算保険料又は増加概算保険料	460,460円
（ロ）確定保険料	円
（ハ）一般拠出金	円

⑭⑮の(ロ)、⑳㉑欄の金額の前に「￥」記号を付さないで下さい。
㉕の(ハ)、㉙㉚㉛欄は事業開始が平成19年4月1日以降の場合に記入して下さい。

（注）石綿による健康被害の救済に関する法律第35条第1項に基づき、労災保険適用事業主から徴収する一般拠出金

㉖発注者（立木の伐採の事業の場合は立木所有者等）の住所又は所在地及び氏名又は名称

住所又は所在地	品川区大崎×-××-××	郵便番号 141-××××
氏名又は名称	株式会社北川不動産	電話番号 03-3445-××××

㉗事業	
所在地	品川区五反田×-×-×
名称	東和建設株式会社 コーポ北川建設工事

㉘事業主		
（イ）住所	港区三田×-×-×	郵便番号 108-××××
（ロ）名称	東和建設株式会社	電話番号 03-3452-××××
（ハ）氏名	代表取締役　小野寺昌弘	

領収済通知書（労働保険・国庫金）

（記入例）￥0123456789

30841　東京労働局　00075331　徴収勘定　労働保険特別会計 0847　厚生労働省所管 6118　令和06年度

労働保険番号 13105816128-002

翌年度5月1日以降　現年度歳入組入

内訳	
労働保険料	￥460460
一般拠出金	
納付額（合計額）	￥460460

納付の目的　1.令和 06年度概算 1期

（住所）〒108-××××　港区三田×-×-×

（氏名）東和建設株式会社　殿

あて先 〒102-8307 千代田区九段南1-2-1 九段第3合同庁舎12階 東京労働局

上記の合計額を領収しました。領収日付印

納付の場所 日本銀行（本店・支店・代理店又は歳入代理店）、所轄都道府県労働局、所轄労働基準監督署

労働保険特別会計歳入徴収官　（官庁送付分）

記入例５

様式第２号（第５条関係）(1)（表面）

提出用

労働保険　名称、所在地等変更届

下記のとおり届事項に変更があったので届けます。

令和6 年 10 月 9 日

種別 31604

上野 労働基準監督署長／公共職業安定所長 殿

⑨労働保険番号

府県	所掌	管轄(1)	基幹番号	枝番号
13	1	05	816128	002

※修正項目番号　※漢字修正項目番号

変更後の事業主又は事業

⑩住所（カナ）：郵便番号／住所 市・区・郡名／住所（つづき）町村名／住所（つづき）丁目・番地／住所（つづき）ビル・マンション名等

⑪住所（漢字）：住所 市・区・郡名／住所（つづき）町村名／住所（つづき）丁目・番地／住所（つづき）ビル・マンション名等

⑫名称・氏名（カナ）：名称・氏名／名称・氏名（つづき）／名称・氏名（つづき）／電話番号

⑬名称・氏名（漢字）：名称・氏名／名称・氏名（つづき）／名称・氏名（つづき）

変更前

①事業主	住所又は所在地	
	氏名又は名称	
②事業	所在地	郵便番号　電話番号 － － 番
	名称	
③事業の種類		
④事業予定期間		6 年 5 月 1 日 から 6 年 12 月 29 日 まで

変更後

⑤事業主	住所又は所在地	
	氏名又は名称	
⑥事業	所在地	郵便番号　電話番号 － － 番
	名称	
⑦事業の種類		
⑧変更理由		設計変更による工期の延長

⑭事業終了予定年月日（元号：令和は9）　元号 9 － 年 07 － 月 02 － 日 28

⑮変更年月日（元号：令和は9）　元号 9 － 年 06 － 月 10 － 日 01

※変更後の労働保険番号（府県・所掌・管轄(1)・基幹番号・枝番号）

⑯変更後の元請労働保険番号（府県・所掌・管轄(1)・基幹番号・枝番号）

⑰変更後の事業所番号

※保険関係等区分　※府県区分　※管轄(2)

※業種　※産業分類　※特掲コード　※片保険理由コード　※データ指示コード　※再入力区分

※修正項目（英数・カナ）

※修正項目（漢字）

事業主

住所 東京都港区三田×－×－×

氏名 東和建設株式会社　代表取締役　小野寺昌弘

（法人のときはその名称及び代表者の氏名）

記入例6

様式第6号（第24条、第25条、第33条関係）（乙）（1）（表面）

労働保険 概算・増加概算・確定保険料 申告書
石綿健康被害救済法 一般拠出金

有期事業（一括有期事業を除く。）

7年3月6日

標準字体 0123456789

種別 32702

労働保険特別会計歳入徴収官殿

各種区分：保険関係等区分 731

提出用

①労働保険番号：13105816128-002

③法人番号：XXXXXXXXXXXXX

②保険関係成立年月日：令和6年5月1日

③常時使用労働者数：20人

⑥事業終了（予定）年月日：9-07-02-28

④事業又は作業の種類：建築事業（鉄筋コンクリート造6階建マンション新築工事）

⑦賃金総額の算出方法：（イ）支払賃金　**（ロ）労務費率又は労務費の額**　（ハ）平均賃金

賃金総額の特例（⑦の（ロ））による場合

⑧請負金額の内訳	（イ）請負代金の額	（ロ）請負代金に加算する額	（ハ）請負代金から控除する額	（ニ）請負金額（（イ）＋（ロ）－（ハ））	⑨素材の（見込）生産量	⑩労務費率又は労務費の額
	717,000,000円	2,000,000円	0円	719,000,000円	立方メートル	23%

確定保険料

⑪算定期間：6年5月1日から7年2月28日まで　⑫保険料率：1000分の9.5

⑬保険料算定基礎額	⑭確定保険料額（⑬×⑫）	⑮申告済概算保険料額
165,370千円	1571015円	1,550,000円

⑯差引額：（イ）充当額（⑮－⑭）　（ロ）還付額（⑮－⑭）　（ハ）不足額（⑭－⑮） 21,015円

一般拠出金	㉙一般拠出金算定基礎額	㉚一般拠出金率	㉛一般拠出金（㉙×㉚）
	165,370千円	1000分の0.02	3307円

（注）石綿による健康被害の救済に関する法律第35条第1項に基づき、労災保険適用事業主から徴収する一般拠出金

㉓延納の申請 納付回数 3

㉕今期納付額	
（イ）概算保険料又は増加概算保険料	円
（ロ）確定保険料	21,015円
（ハ）一般拠出金	3,307円

⑭⑯の（ロ）、㉙㉛欄の金額の前に「¥」記号を付さないで下さい。
㉕の（ハ）、㉙㉚㉛欄は事業開始が平成19年4月1日以降の場合に記入して下さい。

㉖発注者（立木の伐採の事業の場合は立木所有者等）の住所又は所在地及び氏名又は名称

住所又は所在地	品川区大崎×-××-××	郵便番号 141-××××
氏名又は名称	株式会社北川不動産	電話番号 03-3445-××××

㉗事業		㉘事業主		
所在地	品川区五反田×-×-×	（イ）住所	港区三田×-×-×	郵便番号 108-××××
名称	東和建設株式会社 コーポ北川建設工事	（ロ）名称	東和建設株式会社	電話番号 03-3452-××××
		（ハ）氏名	代表取締役　小野寺昌弘	

領収済通知書　労働保険　国庫金　（記入例）¥0123456789

30841　東京労働局　00075331

労働保険特別会計 0847 厚生労働省所管 6118 ※令和06年度

労働保険番号：13105816128-002

翌年度5月1日以降 現年度歳入組入

内訳	
労働保険料	¥21015
一般拠出金	¥3307
納付額（合計額）	¥24322

納付の目的：2. 令和06年度確定

（住所）〒108-××××　港区三田×-×-×

（氏名）東和建設株式会社 殿

あて先 〒102-8307 千代田区九段南1-2-1 九段第3合同庁舎12階 東京労働局

上記の合計額を領収しました。領収日付印

納付の場所：日本銀行（本店・支店・代理店又は歳入代理店）、所轄都道府県労働局、所轄労働基準監督署

労働保険特別会計歳入徴収官　（官庁送付分）

（3）林　　業

労災保険の林業は、平成15年度から「木材伐出業」と「その他の林業」を統合し、事業の種類は、「林業」となりました。

なお、事業の種類の細目は、「木材伐出業」と「その他の林業」に区分され、適用については、従前どおりとなっています（付録Ⅰ「労災保険率適用事業細目・労務費率及び労災保険率表」（279ページ以降参照）。

イ　事業単位

林業についても建設事業の場合と同様に、期間の定めがある場合には、1作業現場ごとに1事業として、その事業が開始されるごとにそれぞれ「有期事業」として保険加入の手続をします。

立木の伐採の事業については、特に一定の基準が設けられており、この基準に該当する事業は、一括して一つの事業として継続事業に準じて扱うことになります（これを「有期事業の一括」といいます）（法第7条）。

ロ　保険料等の算出方法

保険料及び一般拠出金は、原則的には、他の業種の事業と同様、その事業に使用するすべての労働者に対して支払われる賃金総額の見込額に、労災保険率又は一般拠出金率を乗じて算出します。

この場合の賃金総額には、その作業にかかる準備としての小屋掛、物資の搬入等又は作業が完了してからの小屋はずし、資材等の運搬等に要した支払賃金も算入しなければなりません。

また、立木の伐採の事業で支払賃金総額が的確に把握できない場合には、都道府県労働局長が告示している素材1立方メートルを生産するために必要な労務費の額に、生産する（であろう）素材の材積を乗じて得た額を支払賃金総額（の見込額）として次の算式によって計算します。

1立方メートル当たりの労務費の額 × 素材の（見込）生産量（立方メートル） × 労災保険率＝労働保険料（一般保険料）

1立方メートル当たりの労務費の額 × 素材の生産量（立方メートル） × 一般拠出金率＝一般拠出金

（注）有期事業（林業）に係る一般拠出金の徴収について

有期事業（林業）に係る一般拠出金については、平成19年4月1日以降に開始した事業を対象として、労働保険の確定保険料申告に併せて申告・納付することとなっています。

ハ　保険料等の申告・納付及び届出書類

建設事業のところで述べた要領で各種申告書等を記入することとなります。

なお、保険料等申告書の作成に当たっては、賃金総額の算出方法が、支払賃金又は平均賃金による場合であっても、必ず「⑨」欄の素材の（見込）生産量を記入してください。

（4）有期事業のメリット制

有期事業についても継続事業と同様に、メリット制があります。有期事業におけるメリット制は、確定保険料が 40 万円以上又は建設事業では消費税額を除いた請負金額が 1 億 1,000 万円以上（平成 27 年 3 月 31 日以前に開始された事業については消費税額を含む請負金額が 1 億 2,000 万円以上）、立木の伐採の事業では素材の生産量が 1,000 立方メートル以上の事業であれば適用されます。

有期事業の調整率表

事　業　の　種　類	第一種調整率	第二種調整率
立木の伐採の事業	0.51	0.43
建　設　の　事　業	0.63	0.50

事業期間中の実績によるメリット収支率の計算は、継続事業の場合（42 ページ参照）に準じて行われますが、その際、分母の保険料は事業の種類によって定められた労災保険料率による確定保険料から非業務災害率（複数業務要因災害、通勤災害及び二次健康診断等給付に係る率）に応ずる部分の額を減じた額に第 1 種調整率又は、第 2 種調整率を乗じて得た額が用いられます。すなわち、事業終了後 3 カ月を経過した日前における保険給付等に係るメリット収支率（第 1 種調整率を用いる）を計算し、メリット収支率が 3 カ月を経過した日以降厚生労働省令で定める範囲を超えて変動しない場合には、3 カ月を経過した日前における保険給付等に係るメリット収支率を用いることとし、それ以外の場合には、事業終了後 9 カ月経過した日前における保険給付等に係るメリット収支率（第 2 種調整率を用いる）を用いることとなります。この収支率が 100 分の 85 を超え、又は 100 分の 75 以下の場合には、確定保険料の額から非業務災害率に応ずる部分の額を減じた額のメリット収支率に応じ 40％（立木の伐採の事業については 35％）の範囲内で増減させた額だけ、確定保険料の額が引き上げ、又は引き下げられます（法第 20 条）。

（巻末付録「労災保険率から非業務災害率を減じた率の増減表」参照）

<table>
<tr><th rowspan="2"></th><th rowspan="2" colspan="2">メリット制の対象となる要件</th><th colspan="2">増　減　幅</th></tr>
<tr><th>建設事業</th><th>立木伐採事業</th></tr>
<tr><td>単独有期事業</td><td>確定保険料が
又は
建設事業で　請負金額が
立木の伐採事業で　素材生産量が</td><td>40 万円以上

1.1 億円以上
1,000 m^3 以上</td><td rowspan="2">± 40％</td><td rowspan="2">± 35％</td></tr>
<tr><td rowspan="2">一括有期事業</td><td>年間の確定保険料が合計</td><td>100 万円以上</td></tr>
<tr><td>年間の確定保険料が合計</td><td>40 万円以上
100 万円未満</td><td colspan="2">± 30％</td></tr>
</table>

3 有期事業の一括

小規模な建設事業や立木の伐採事業を年間を通じて数多く行う場合に、事業の開始、終了の都度、保険手続を行うことは、事業主にとってわずらわしいことです。

そこで、同一事業主が年間を通じて一定規模以下の建設事業や立木の伐採事業を一定地域内で行う場合には、それぞれの事業をまとめて一つの保険関係で処理することとしています。これを「**有期事業の一括**」といいます（法第７条）。

（１）有期事業の一括の要件

有期事業の一括は、それぞれの有期事業が次のすべての要件に該当したとき、それらの事業は法律上一つの事業とみなされ、継続事業と同様に取り扱われます。

① 事業主が同一人であること。

② それぞれの事業が建設の事業又は立木の伐採の事業であること。

③ それぞれの事業の規模が、概算保険料を計算してみた場合、その額が160万円未満であって、かつ、建設の事業においては、消費税額を除いた請負金額が１億8,000万円未満（平成27年3月31日以前に開始された事業については消費税額を含む請負金額が１億9,000万円未満）、立木の伐採の事業においては素材の見込生産量が、1,000立方メートル未満であること。

なお、はじめこの規模に該当していたものが、その後の設計変更などのために保険料額、請負金額、素材の見込生産量が一括の基準以上に増加しても、あらためてその事業の分を一括から除外する必要はありません。

④ それぞれの事業の種類が、建設の事業においては、労災保険率表（279～288ページ参照）にいう事業の種類と同一であること。

したがって、同一事業主が当該年度に実施予定の２以上の事業の種類が異なる場合は、事業の種類ごとに保険関係成立の手続を必要とします。

ただし、事業主が希望した場合には、主たる事業の種類（当該年度に施工予定の事業のうち事業の種類ごとの概算保険料の算定基礎となる賃金総額の最も多い事業）に係る保険関係成立の手続を行い、主たる事業の種類以外の事業については、主たる事業に含めて一括して一つの保険関係として取り扱うことができます。

⑤ これまで有期事業の一括は、地域要件（一括事務所の所在地を管轄する都道府県労働局の管轄区域内とそれと隣接する都道府県労働局の管轄区域内で告示で定める範囲）がありましたが、平成31年４月１日に廃止となりました。

（２）有期事業の一括の手続

な　に　を	◇保険関係成立届（継続）（様式第１号） ◇概算・増加概算・確定保険料／一般拠出金申告書（様式第６号（甲）） ◇一括有期事業報告書（様式第７号（甲）、（乙））

だ　れ　が	◇事業主
い　　　つ	有期事業の一括を始めるとき提出するもの ◇保険関係成立届：事業を開始した日から10日以内 ◇概算保険料申告書：保険関係の成立した日から50日以内 年度更新のとき、又は有期事業の一括を終了し保険関係を消滅させるとき提出するもの ◇概算・確定保険料／一般拠出金申告書 ◇確定保険料／一般拠出金申告書 ◇一括有期事業報告書 ◇一括有期事業総括表 （以上）保険年度の初日又は保険関係が消滅した日から50日以内
ど　こ　に	◇有期事業の一括の事務所の所在地を管轄する労働基準監督署長 ◇申告書・納付書は所轄の労働基準監督署長、都道府県労働局長、日本銀行（本店、支店、代理店又は歳入代理店（全国の銀行・信用金庫の本店又は支店、郵便局））
その他知っておくべきこと	◇有期事業の一括の基準に該当するものの範囲 ◇継続事業と同様にメリット制が適用される。 ◇それぞれの労働者に係る保険給付は、有期事業の一括に係る保険料を納付している事務所の所轄の労働基準監督署長が行う。 ◇これまで提出が必要とされていた「一括有期事業開始届」は平成31年4月1日に廃止されました。

イ　一括される有期事業を初めて行う場合の手続

（イ）保険関係成立届の提出（記入例1（次ページ）参照）

保険関係が成立した日から10日以内に提出

有期事業の一括は、特別な申請手続をまたずに自動的に一括されるものですから、一括される有期事業をはじめたときは、まず「**保険関係成立届**」を、事務所の所在地を管轄する労働基準監督署長に提出します。この届書提出の時期は、有期事業の一括に含まれる事業（工事等）を、いちばん最初に着手した日から10日以内です。

この届書を提出しますと、労働保険番号等が付与され、事業主控が事業主に返されます。

保険関係成立届の記載については、⑤欄の「事業の概要」欄には、当該保険年度における（3月まで）事業の概要、事業の見込施工件数、一括される有期事業の規模及び総請負金額（見込）を記入します。

（ロ）概算保険料の申告と納付（記入例2（117ページ）参照）

保険関係成立届の届出によって付与された労働保険番号に基づいて概算保険料の申告・納付を行います。

記入例1

様式第1号（第4条、第64条、附則第2条関係）(1)（表面）

(別紙)

提出用

令和6年 6月 6日

⑯種別 31600

労働保険
0：保険関係成立届（継続）（事務処理委託届）
1：保険関係成立届（有期）
2：任意加入申請書（事務処理委託届）

加古川 労働局長 / 労働基準監督署長 / 公共職業安定所長 殿

下記のとおり (イ)届けます。(31600又は31601のとき) / (ロ)労災保険 (ハ)雇用保険 の加入を申請します。(31602のとき)

※修正項目番号　※漢字修正項目番号　※労働保険番号（都道府県・所掌・管轄(1)・基幹番号・枝番号）

事業所

⑰住所〈カナ〉
- 郵便番号：673－XXXX
- 住所 市・区・郡名：アカシシ
- 住所（つづき）町村名：オオアカシチョウ
- 住所（つづき）丁目・番地：X－XX－X
- 住所（つづき）ビル・マンション名等：

⑱住所〈漢字〉
- 住所 市・区・郡名：明石市
- 住所（つづき）町村名：大明石町
- 住所（つづき）丁目・番地：X－X X－X
- 住所（つづき）ビル・マンション名等：

⑲名称・氏名〈カナ〉
- 名称・氏名：カブ゛シキカ゛イシャ
- 名称・氏名（つづき）：キクチコウムテン
- 名称・氏名（つづき）：
- 電話番号（市外局番）078－（市内局番）913－（番号）XXXX

⑳名称・氏名〈漢字〉
- 名称・氏名：株式会社
- 名称・氏名（つづき）：菊池工務店
- 名称・氏名（つづき）：

①事業主 住所又は所在地	
①事業主 氏名又は名称	
②事業 所在地	郵便番号 673-XXXX 明石市大明石町X-XX-X 電話番号 078 － 913 － XXXX番
②事業 名称	株式会社菊池工務店
③事業の概要	鉄筋コンクリート造・木造等の家屋の新築工事
④事業の種類	建築事業
⑤加入済の労働保険	(イ) 労災保険 (ロ) 雇用保険
⑥保険関係成立年月日	(労災) 6年6月1日 (雇用) 年 月 日
⑦雇用保険被保険者数	一般・短期 人 / 日雇 人
⑧賃金総額の見込額	46,000 千円
⑨委託事務組合 所在地	郵便番号 / 電話番号 － － 番
⑨委託事務組合 名称	
⑨委託事務組合 代表者氏名	
⑩委託事務内容	
⑪事業開始年月日	年 月 日
⑫事業廃止等年月日	年 月 日
⑬建設の事業の請負金額	円
⑭立木の伐採の事業の素材見込生産量	立方メートル
⑮発注者 住所又は所在地	郵便番号
⑮発注者 氏名又は名称	電話番号 － － 番

㉑保険関係成立年月日（31600又は31601のとき）※任意加入認可年月日（31602のとき）（元号：令和は9）：9－06－06－01

㉒事務処理委託年月日（31600又は31602のとき）事業終了予定年月日（31601のとき）（元号：令和は9）：元号 － 年 － 月 － 日

㉓常時使用労働者数：10

※保険関係等区分（31600又は31602のとき）

㉔雇用保険被保険者数（31600又は31602のとき）：十万 千 百 十 人

※片保険理由コード（31600のとき）

㉕加入済労働保険番号（31600又は31602のとき）（都道府県・所掌・管轄(1)・基幹番号・枝番号）

㉗適用済労働保険番号1（都道府県・所掌・管轄(1)・基幹番号・枝番号）

㉘適用済労働保険番号2（都道府県・所掌・管轄(1)・基幹番号・枝番号）

※雇用保険の事業所番号（31600又は31602のとき）

※府県区分（31600又は31602のとき）　※特掲コード（31600又は31602のとき）　※管轄(2)（31600のとき）　※業種　※産業分類（31600又は31602のとき）　※データ指示コード　※再入力区分

※修正項目（英数・カナ）

※修正項目（漢字）

事業主氏名（法人のときはその名称及び代表者の氏名）
株式会社菊池工務店
代表取締役　菊池英雄

※受付年月日（元号：令和は9）：元号 － 年 － 月 － 日

㉙法人番号：XXXXXXXXXXXXX

記入例２

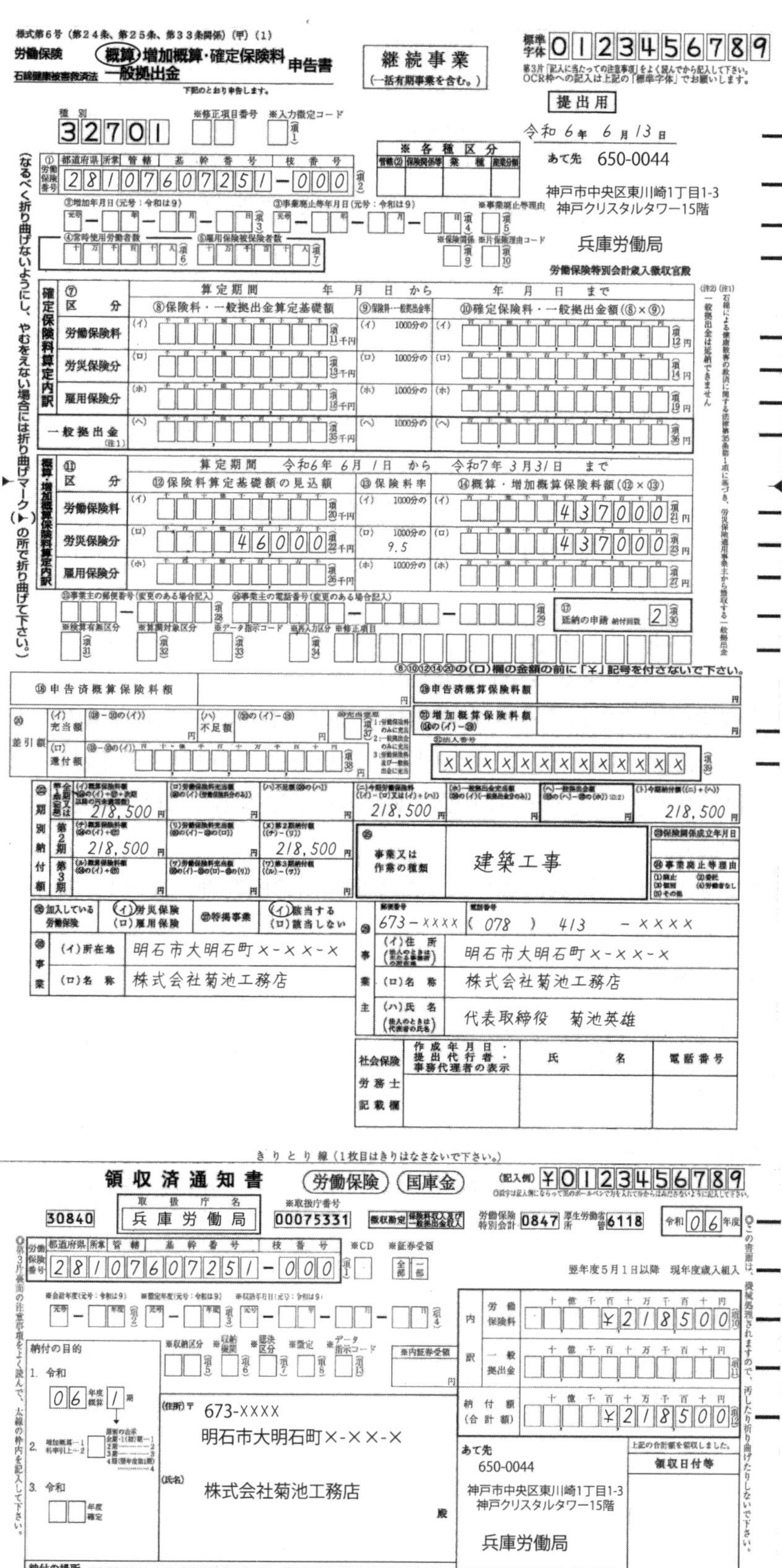

様式第6号（第24条、第25条、第33条関係）（甲）（1）

労働保険 概算・増加概算・確定保険料 申告書
石綿健康被害救済法 一般拠出金

継続事業（一括有期事業を含む。）

標準字体 0123456789

提出用

種別 32701

令和 6年 6月 13日

あて先 650-0044
神戸市中央区東川崎1丁目1-3
神戸クリスタルタワー15階
兵庫労働局
労働保険特別会計歳入徴収官殿

①労働保険番号　都道府県 所掌 管轄 基幹番号 枝番号　28107607251－000

概算・増加概算保険料算定内訳
算定期間　令和6年 6月 1日 から 令和7年 3月31日 まで

⑪区分	⑫保険料算定基礎額の見込額	⑬保険料率	⑭概算・増加概算保険料額（⑫×⑬）
労働保険料	（イ） 千円	（イ）1000分の	（イ） 437000 円
労災保険分	（ロ） 46000 千円	（ロ）1000分の 9.5	（ロ） 437000 円
雇用保険分	（ホ） 千円	（ホ）1000分の	（ホ） 円

⑰延納の申請　納付回数 2

㉒期別納付額

第1期（初期）	（イ）概算保険料額 218,500 円	（ニ）今期労働保険料 218,500 円	（ト）今期納付額 218,500 円
第2期	（チ）概算保険料額 218,500 円	（ヌ）第2期納付額 218,500 円	
第3期	（ル）概算保険料額 円	（ワ）第3期納付額 円	

㉕事業又は作業の種類　建築工事

㉓加入している労働保険　（イ）労災保険　（ロ）雇用保険
㉔特掲事業　（イ）該当する　（ロ）該当しない

㉖事業　（イ）所在地　明石市大明石町×－××－×
（ロ）名称　株式会社菊池工務店

㉗事業主　673－××××　（078）413－××××
（イ）住所　明石市大明石町×－××－×
（ロ）名称　株式会社菊池工務店
（ハ）氏名　代表取締役　菊池英雄

社会保険労務士記載欄　作成年月日・提出代行者・事務代理者の表示　氏名　電話番号

きりとり線（1枚目はきりはなさないで下さい。）

領収済通知書（労働保険）（国庫金）

（記入例）¥0123456789

30840　取扱庁名 兵庫労働局　※取扱庁番号 00075331　労働保険特別会計 0847　厚生労働省所管 6118　令和 06 年度

労働保険番号　28107607251－000

翌年度5月1日以降　現年度歳入組入

内訳	
労働保険料	¥218500
一般拠出金	
納付額（合計額）	¥218500

納付の目的
1. 令和 06 年度概算 1 期
2. 増加概算・料率引上
3. 令和　年度確定

（住所）〒 673-××××
明石市大明石町×－××－×
（氏名）株式会社菊池工務店 殿

あて先
650-0044
神戸市中央区東川崎1丁目1-3
神戸クリスタルタワー15階
兵庫労働局

上記の合計額を領収しました。
領収日付印

納付の場所　日本銀行（本店・支店・代理店又は歳入代理店）、所轄都道府県労働局、所轄労働基準監督署
兵庫労働局労働保険特別会計歳入徴収官
（官庁送付分）

この概算保険料は、一括される有期事業を開始した日から、その保険年度の末日までに使用する労働者に支払う賃金総額の見込額を基礎として計算しますが、下請負人を使用して事業を行うためなどにより支払賃金総額を正確に把握できない場合には、事業の見込施工件数、規模などから総請負金額を推定して概算保険料を計算することとなります（建設事業の一般保険料の算出方法については、98ページ参照）。

保険関係成立の日から50日以内に申告・納付

こうして計算した概算保険料は、保険関係の成立した日から50日以内に申告・納付しなければなりません。

ロ　その他の手続

（イ）一括有期事業報告書の提出

有期事業の一括について、事業廃止や年度更新時の確定保険料申告を行う場合に、その年度における一括された有期事業の具体的実施内容を記載した「一括有期事業報告書」を提出し、有期事業の一括の明細を報告することとなっています。建設の事業については「一括有期事業報告書」の他に「一括有期事業総括表」を提出しなければなりません。

なお、確定保険料の算定も、この報告書によって行うこととなります。

（ロ）保険加入者の氏名等を変更した場合の手続

労働保険の事務を行ううえで重要な事項とされている次の事項について変更があった場合には、すみやかに、変更事項、変更事由、変更年月日などを記載した「名称、所在地等変更届」を所轄の労働基準監督署長に提出しなければなりません（110ページ参照）。

①　事業主の住所（法人の場合は主たる事務所の所在地）又は名称・氏名（法人の場合は名称のみ）

②　事業の名称又は所在地

この変更の届出を怠りますと、労働基準監督署又は都道府県労働局からの労働保険に関する通知、書類などが届かなかったりすることになりますので、忘れずに届け出る必要があります。

（ハ）賃金総額が増加した場合の手続等

増加概算保険料の申告・納付、延納の方法などの手続は、継続事業の場合と同様です（81ページ参照）。

（注）一括有期事業にかかる一般拠出金の徴収について

一括有期事業については、令和６年度の年度更新（確定保険料）は令和６年３月31日までに終了した事業（工事等）が対象となります。

4　労災保険の特別加入に関する手続

（1）特別加入制度のあらまし

労災保険は、事業主に使用され賃金を受けている者、すなわち労働者の業務上の事由による災害又は通勤途上における災害に対する保護を主な目的とする制度でありますから、事業主、自営業者、家族従事者など労働者以外の災害は本来ならば保護の対象とはならないとされています。また、労災保険法の適用については、属地主義により日本国内の事業場に限られており、海外の事業場に派遣された者の災害は原則として労災保険の保護の対象とはならないとされています。

しかしながら、中小事業主、自営業者、家族従事者などのなかには、その業務や通勤の実態、災害発生状況等からみて労働者に準じて保護するにふさわしい者がいます。

また、海外の事業場に派遣された者についても、派遣先国における労災保険制度の適用範囲や給付内容が十分でないために、わが国の労災保険による保護が必要な者がいます。

そこでこれらの者に対しても、労災保険本来の建前をそこなわない範囲で労災保険の加入を認めようとするのが特別加入の制度であります。

（2）特別加入者の範囲

特別加入をすることができる範囲は、次のとおりです。

イ　中小事業主及びその者が行う事業に従事する者

（イ）中小事業主

特別加入をすることができる中小事業主は、常時300人（金融業、保険業、不動産業又は小売業の場合は50人、卸売業又はサービス業の場合は100人）以下の労働者を使用する事業主であって、労働保険事務組合に労働保険事務の処理を委託する者に限られています。

（ロ）中小事業主が行う事業に従事する者

ここにいう「事業に従事する者」とは、労働者以外の者で、その事業に常態として従事する者で、例えば、家族従事者や代表者以外の役員のうち労働者でない者がこれに該当します。

ロ　一人親方その他の自営業者とその者が行う事業に従事する者

（イ）一人親方その他の自営業者

特別加入することのできる一人親方その他の自営業者は、次に該当する者で常態として労働者を使用しないで事業を行う者に限られています。

①　自動車を使用して旅客又は貨物の運送の事業を行う者または原動機付自転車もしくは自転車を使用して貨物の運送の事業を行う者

これには、個人タクシー業者及び個人貨物運送業者、フードデリバリーサービスの自転車配達員等が該当します。令和３年９月１日から、原動機付自転車・自転車による運送事業が対象に加えられました。

②　土木、建設等の事業を行う者

これには、大工、左官、トビ、石工など、いわゆる一人親方が該当します。

③　漁船による水産動植物採捕の事業を行う者（⑦に掲げる事業を除きます）

これは、漁船に乗り組んでその事業を行う者に限られます。

④　林業の事業を行う者

これには、立木の伐採、造林、木炭又は薪を生産する事業、その他の林業の事業を行う者が該当します。

⑤　医薬品の配置販売の事業を行う者

これは、薬機法第30条の許可を受けて行う医薬品の配置販売業者に限られます。

⑥　再生利用の目的となる廃棄物等の収集、運搬、選別、解体等の事業を行う者

これには、再生利用を目的とした古紙、古繊維、金属くず、ガラスくず、空容器等の回収、運搬、選別、解体、集荷等の事業を行う者が該当します。

⑦　船員法第１条に規定する船員が行う事業に従事する者

漁業、貨物運送業、旅客船事業などさまざまな事業が含まれます。

⑧　柔道整復師法第２条に規定する柔道整復師の事業を行う者

厚生労働大臣の免許を受けて、柔道整復を業とする者をいいます。令和３年４月１日付で追加されました。

⑨　創業支援等措置に基づく事業を行う高年齢者

高年法の規定に基づき、委託契約その他の契約により事業を行う高年齢者をいいます。令和３年４月１日付で追加されました。

⑩　あん摩マッサージ指圧師、はり師、きゅう師等に関する法律に基づくあん摩マッサージ指圧師、はり師、きゅう師が行う事業

令和４年４月１日から加入の対象となりました。

⑪　歯科技工士法第２条に規定する歯科技工士が行う事業

令和４年７月１日から加入の対象となりました。

※令和６年に上記に加え、「フリーランス法に規定する、特定受託事業者が業務委託事業者から業務委託を受けて行う事業」が追加される予定です。

（ロ）一人親方その他の自営業者が行う事業に従事する者

ここにいう「事業に従事する者」とは、労働者以外の者で、その事業に常態として従事する家族従事者がこれに該当します。

ハ　特定作業従事者

特定作業従事者には、特定農作業従事者、指定農業機械作業従事者、職場適応訓練従事者並びに事業主団体等委託訓練従事者、家内労働者及びその補助者、労働組合等常勤役員、介護作業従事者、芸能従事者、アニメーション制作従事者、ＩＴフリーランスがこれに該当します。

（イ）特定農作業従事者

特定農作業従事者として特別加入することができるのは、土地の耕作若しくは開墾、植物の栽培若しくは採取又は家畜（家きん及びみつばちを含む）若しくは蚕の

飼育の作業であって、経営耕地面積が２ヘクタール以上又は１年間における農業生産物（畜産及び養蚕によるものを含む）の総販売額が300万円以上の規模を有し、次のいずれかの作業を行う自営農業者に限られます。

なお、労働者以外の家族従事者等も加入することができます。

①　動力により駆動される機械を使用する作業

②　高さが２メートル以上の箇所における作業

③　労働安全衛生法施行令別表第６第７号に掲げる酸素欠乏危険場所における作業

④　農薬散布の作業

⑤　牛、馬又は豚に接触し、又は接触するおそれのある作業

（ロ）指定農業機械作業従事者

指定農業機械作業従事者として特別加入することができるのは、厚生労働大臣の指定する農業機械を使用して土地の耕作若しくは開墾又は植物の栽培若しくは採取の作業を行う自営農業者に限られます。

厚生労働大臣の指定する農業機械は、次のとおりです。

農業機械の範囲

①　動力耕うん機その他の農業用トラクター（耕うん整地用機具、栽培管理用機具、防除用機具、収穫調整用機具又は運搬用機具が連結され、又は装着されたものを含みます）

②　動力溝掘機（自走式）

③　自走式田植機

④　自走式スピードスプレーヤーその他の自走式防除用機械

⑤　自走式動力刈取機、コンバインその他の自走式収穫用機械

⑥　トラックその他の自走式運搬用機械

⑦　動力揚水機
⑧　動力草刈機
⑨　動力カッター
⑩　動力摘採機
⑪　動力脱穀機
⑫　動力剪（せん）定機
⑬　動力剪枝機
⑭　チェーンソー
⑮　単軌条式運搬機
⑯　コンベヤー
（⑦～⑯：定置式機械又は携帯式機械）

⑰　航空法に規定する無人航空機（農薬、肥料、種子若しくは融雪剤の散布又は調査に用いるものに限る。）

前記以外の農業機械（携帯用噴霧機・携帯用散粉機・電動機・発動機・製縄機、精米機など）は除外されます。

（ハ）国又は地方公共団体が実施する訓練として行われる作業に従事する者

① 職場適応訓練従事者

求職者を作業環境に適応させるための訓練として行われる作業に従事する者をいいます。

② 事業主団体等委託訓練従事者

求職者の就職を容易にするために必要な技能を習得させるための職業訓練であって事業主又は事業主の団体に委託されるもの（厚生労働大臣が定めるものに限る）として行われる作業に従事する者をいいます。

（ニ）家内労働者等

特別加入することのできる家内労働者等は、家内労働法（昭和45年法律第60号）が適用される家内労働者及びその補助者で、次の作業（労災法施行規則第46条の18第3号）に常態として従事するものに限られます。

① プレス機械、型付け機、型打ち機、シャー、旋盤、ボール盤又はフライス盤を使用して行う金属、合成樹脂、皮、ゴム、布又は紙の加工の作業

② 研削盤若しくはバフ盤を使用して行う研削若しくは研ま又は溶融した鉛を用いて行う金属の焼入れ若しくは焼きもどしの作業であって、金属製洋食器、刃物、バルブ又はコックの製造又は加工に係るもの

③ 有機溶剤又は有機溶剤含有物（以下「有機溶剤等」といいます）を用いて行う作業であって、化学物質製、皮製若しくは布製の履物、鞄、袋物、服装用ベルト、グラブ若しくはミット又は木製若しくは合成樹脂製の漆器の製造又は加工に係るもの

④ 粉じん作業又は鉛化合物を含有する釉薬（ゆうやく）を用いて行う施釉若しくは鉛化合物を含有する絵具を用いて行う絵付けの作業若しくは当該施釉若しくは絵付けを行った物の焼成の作業であって陶磁器の製造に係るもの

⑤ 動力により駆動される合糸機、撚（ねん）糸機、又は織機を使用して行う作業

⑥ 木工機械を使用して行う作業であって、仏壇又は木製若しくは竹製の食器の製造又は加工に係るもの

（ホ）労働組合等常勤役員

労働組合等常勤役員として特別加入できるのは、厚生労働大臣が定める労働組合等（常時労働者を使用するものを除く）の常勤役員で、その労働組合等の事務所や公共の施設等において次に掲げる作業を行う者に限られます。

① 労働組合等が主催若しくは共催する集会の運営作業

② 労働組合法第6条、国家公務員法第108条の5又は地方公務員法第55条の交渉の作業

③ ①及び②の他、労働組合等の活動に係る作業

なお、厚生労働大臣が定める労働組合等とは、次のいずれかに該当する独立した組織としての実体のあるものでなければなりません。

イ．労働組合法第2条及び第5条第2項の規定に適合しているもの

ロ．国家公務員法第108条の3第5項若しくは地方公務員法第53条第5項の規定

により登録された職員団体

ハ．職員団体等に対する法人格の付与に関する法律第５条により認証された職員団体等

ニ．国会職員法第 18 条の２の組合であって労働組合法第５条２項各号（第８号を除く）に掲げる内容と同様の内容を規定する規約を有しているもの

（へ）介護作業従事者及び家事支援従事者

日常生活を円滑に営むことができるようにするための必要な援助として行われる作業で、次に該当するものに限ります。

①　介護労働者の雇用管理の改善等に関する法律第２条第１項に規定する介護関係業務に係る作業であって、入浴、排せつ、食事等の介護その他の日常生活上の世話、機能訓練又は看護に係るもの

②　炊事、洗濯、掃除、買物、児童の日常生活上の世話及び必要な保護その他家庭において日常生活を営むのに必要な行為

（ト）芸能従事者

芸能従事者の行う作業は、次のとおりです。

- 放送番組（広告放送を含む）、映画、寄席、劇場等における音楽、演芸その他の芸能の提供の作業又はその演出若しくは企画の作業であって、厚生労働省労働基準局長が定めるもの

俳優などの芸能実演家や監督などの芸能製作作業従事者が該当します。

（チ）アニメーション制作従事者（令和３年４月１日から追加）

アニメーション制作従事者の行う作業は、次のとおりです。

- アニメーションの制作の作業であって、厚生労働省労働基準局長が定めるもの

キャラクターデザイナーや作画監督などが該当します。

（リ）情報処理システム等の情報処理作業従事者（ＩＴフリーランス）

令和３年９月１日の改正により、追加されたものです。

情報処理システム等の情報処理作業従事者は、下記の作業その他の情報処理に係る作業で、厚生労働省労働基準局長が定めるものに従事する者をいいます。

①　情報処理システム（ネットワークシステム、データベースシステムおよびエンベデッドシテムを含む）の設計、開発（プロジェクト管理を含む）、管理、監査、セキュリティ管理もしくは情報処理システムに係る業務の一体的な企画

②　ソフトウェアもしくはウェブページの設計、開発（プロジェクト管理を含む）、管理、監査、セキュリティ管理、デザインもしくはソフトウェア若しくはウェブページに係る業務の一体的な企画

ニ　海外派遣者

海外で行われる事業に派遣される労働者で、次の者に限り、特別加入が認められています。

（イ）独立行政法人国際協力機構等開発途上地域に対する技術協力の実施の事業（有期事業を除く）を行う団体から派遣されて、開発途上地域で行われている事業に従事する者

（ロ）日本国内で行われる事業（有期事業を除く）から派遣されて、海外支店、工場、現場、現地法人、海外の提携先企業等海外で行われる事業に従事する労働者

（ハ）日本国内で行われる事業（有期事業を除く）から派遣されて、300人（金融業、保険業、不動産業又は小売業にあっては50人、卸売業又はサービス業にあっては100人）以下の労働者を常時使用する事業に従事する事業主及びその他労働者以外の者

なお、単に留学する者や現地採用者は、海外派遣の対象者とはなりません。

（3）特別加入の申請手続

特別加入する場合の手続

イ　中小事業主等の場合

（イ）中小事業主等が特別加入するためには、まず当該中小事業主が行う事業について、保険関係が成立していることが必要であり、かつ、その労働保険事務の処理を労働保険事務組合に委託しなければなりません。

（ロ）特別加入の申請をしようとする事業主は「特別加入申請書（中小事業主等）」（様式第34号の7、127ページ参照）を所轄の労働基準監督署長を経由して都道府県労働局長に提出し、その承認を受けなければなりません。この場合、当該事業主が承認の申請をするのですが、申請の前提としてすでに労働保険事務の処理を労働保険事務組合に委託してあるわけですから、この事務処理も労働保険事務組合を通じて行うこととなります。

（ハ）中小事業主等が特別加入する場合は、中小事業主はその者が行う事業に従事する労働者以外の者がいる場合は、それらの者全員を包括して加入しなければなりません。

ただし、病気療養中、高齢その他の事情により実態として事業に従事していない事業主は、包括加入の対象から除くことができます。

なお、加入後、特別加入者に異動があった場合や特別加入者が従事する業務の内容等に変更があった場合には、「特別加入に関する変更届（中小事業主等及び一人親方等）」（様式第34号の8、129ページ参照）によって、遅滞なく都道府県労働局長に届け出る必要があります。注）平成23年度から「特別加入変更届」に対する通知書がなくなりました。控えを大切に保管してください。

ロ　一人親方その他の自営業者等の場合

（イ）一人親方等が特別加入するためには、まず、それらの者が構成員となる団体が必要です。この団体について、特別加入が認められますと、その団体は事業主とみなされ、保険料の納付などを行うこととなりますので、次のすべての要件を満たす場合に承認されることになっています。

①　一人親方その他の自営業者の相当数を構成員とする単一団体であること。

②　団体が法人であるか否かは問いませんが、構成員の範囲や、構成員である地位の得喪の手続などが明確であること。その団体の組織、運営方法などが整備されていること。

③　その団体の定款などに規定された事業内容からみて労働保険事務の処理が可能なものであること。

④　その団体の事務体制、財務内容などからみて、労働保険事務を確実に処理する能力があると認められること。

⑤　その団体の地区が、その主たる事務所の所在する都道府県及びその隣接都道府県区域を越えないものであること。

(ロ) 特別加入の申請をしようとする団体は「特別加入申請書（一人親方等)」(様式第34号の10）を、その団体の主たる事務所の所在地を所轄する労働基準監督署長を経由して、都道府県労働局長に提出しなければなりません。

なお、この申請書の「業務又は作業の具体的内容」欄には特別加入予定者ごとに業務又は作業の内容について、具体的に記入する必要があります。

(ハ) この申請書には、定款、規約等その団体の目的、組織、運営などを明らかにする書類、並びに業務災害の防止に関する措置及び事項の内容を記載した書類を添付しなければなりません。ただし、船員法第1条に規定する船員が行う事業の団体は、前記の業務災害の防止に関する措置等の内容を記載した書類を添付する必要はありません。

この申請に対して、所轄の都道府県労働局長から承認が得られれば、労災保険の適用を受けることになります。

ハ　特定作業従事者の場合

特定作業従事者が特別加入する場合は、それらの者が構成する団体が必要です。この団体について、特別加入が認められますと、一人親方等の場合と同様にこれらの団体は事業主とみなされ、特定作業従事者はその団体に使用される労働者とみなされます。

特別加入の手続等は、一人親方等の場合とほぼ同様ですから、前記ロの(ロ)を参照してください。

ニ　海外派遣者の場合

(イ) 海外派遣者の特別加入は、派遣元の団体又は事業主が日本国内で実施している事業について成立している保険関係に基づいて認められますから、労災保険の保険関係が成立していることが前提となります。この場合、有期事業（一括扱いをしている有期事業も含みます）だけを行っている事業は除かれます。

(ロ) 特別加入をするには、派遣元の団体又は事業主が「特別加入申請書（海外派遣者)」(様式第34号の11、131ページ参照）を所轄の労働基準監督署長を経由して都道府県労働局長に提出し、その承認を受けなければなりません。この申請書には、海外で従事する業務の内容、派遣先の事業における地位等を記載する必要があります。

特別加入者の具体的な範囲は、派遣元の団体又は事業主が申請書に記載する名簿によって決定します。海外派遣者の特別加入制度では中小事業主等の特別加入制度の場合と異なり、名簿に登載する者の範囲は、派遣元の団体又は事業主が任意に選択することが可能ですが、できる限り包括加入することが望ましいことはいうまでもありません。

(ハ) 新たに特別加入者になった者が生じた場合や特別加入者でなくなった者が生じた場合及び特別加入者の氏名、従事する業務の内容等に変更があった場合には、「特別加入に関する変更届（海外派遣者)」(様式第34号の12）を、また、特別加入の承認を受けた団体又は事業主が特別加入させた海外派遣者を事業単位で包括して脱退するときは、「特別加入脱退申請書（海外派遣者）」（様式第34号の12）を所轄の労働基準監督署長を経由して、都道府県労働局長に提出し、その承認を受ける必要があります。

様式第34号の７（表面）

労働者災害補償保険　特別加入申請書（中小事業主等）

帳票種別 36211

◎裏面の注意事項を読んでから記載してください。
※印の欄は記載しないでください。（職員が記載します。）

① 申請に係る事業の労働保険番号

府県	所掌	管轄	基幹番号	枝番号
13	3	07	900259	001

※受付年月日　9 令和　元号　年　月　日（1～9年は右へ　1～9月は右へ　1～9日は右へ）

② 事業主の氏名（法人その他の団体であるときはその名称）
株式会社渡辺塗装工業 代表取締役　渡辺 照夫

③ 申請に係る事業
名称（フリガナ）カブシキガイシャワタナベトソウコウギョウ
名称（漢字）株式会社渡辺塗装工業
事業場の所在地　東京都世田谷区等々力1−×−×

④ 特別加入予定者　加入予定者数　計 3 名
＊この用紙に記載しきれない場合には、別紙に記載すること。

特別加入予定者	事業主との関係（地位又は続柄）	業務の内容	除染作業	従事する特定業務	業務歴・給付基礎日額
フリガナ ワタナベ テルオ 氏名 渡辺 照夫 生年月日 年 月 日	①本人 3 役員 （　） 5 家族従事者 （　）	業務の具体的内容：有機溶剤（トルエン）を使用して行う木工品の塗装 労働者の始業及び終業の時刻：8 時 30 分～ 17 時 00 分	1 有 ③無	1 粉じん 3 振動工具 5 鉛 ⑦有機溶剤 9 該当なし	最初に従事した年月：平成 元 年 4 月 従事した期間の合計：35 年間 0 ヶ月 希望する給付基礎日額：14,000 円
フリガナ ワタナベ ケンタ 氏名 渡辺 健太 生年月日 年 月 日	1 本人 ③役員 （　） 5 家族従事者 （　）	業務の具体的内容：〃 労働者の始業及び終業の時刻：8 時 30 分～ 17 時 00 分	1 有 ③無	1 粉じん 3 振動工具 5 鉛 ⑦有機溶剤 9 該当なし	最初に従事した年月：平成 14 年 4 月 従事した期間の合計：22 年間 0 ヶ月 希望する給付基礎日額：12,000 円
フリガナ ワタナベ エミコ 氏名 渡辺 恵美子 生年月日 年 月 日	1 本人 ③役員 （　） 5 家族従事者 （　）	業務の具体的内容：伝票整理等の一般経理事務及び集金 労働者の始業及び終業の時刻：8 時 30 分～ 17 時 00 分	1 有 ③無	1 粉じん 3 振動工具 5 鉛 7 有機溶剤 ⑨該当なし	最初に従事した年月：年 月 従事した期間の合計：年間 ヶ月 希望する給付基礎日額：7,000 円
フリガナ 氏名 生年月日 年 月 日	1 本人 3 役員 （　） 5 家族従事者 （　）	業務の具体的内容： 労働者の始業及び終業の時刻：時 分～ 時 分	1 有 3 無	1 粉じん 3 振動工具 5 鉛 7 有機溶剤 9 該当なし	最初に従事した年月：年 月 従事した期間の合計：年間 ヶ月 希望する給付基礎日額：円

⑤ 労働保険事務の処理を委託した年月日　6 年 4 月 1 日

⑥ 労働保険事務組合の証明
上記⑤の日より労働保険事務の処理の委託を受けていることを証明します。
6 年 4 月 3 日

労働保険事務組合の
名称　労働保険事務組合世田谷中央会
〒154−××××　電話（03）3412−××××
主たる事務所の所在地　世田谷区世田谷×−×
代表者の氏名　会長　中村 修

⑦ 特別加入を希望する日（申請日の翌日から起算して30日以内）　6 年 4 月 25 日

上記のとおり特別加入の申請をします。

令和6 年 4 月 24 日

東京 労働局長 殿

事業主の
〒158−××××　電話（03）3703−××××
住所　世田谷区等々力1−×−×
氏名　株式会社渡辺塗装工業　代表取締役　渡辺 照夫
（法人その他の団体であるときはその名称及び代表者の氏名）

折り曲げる場合には（▶）の所で折り曲げてください。

様式第34号の７（裏面）

〔標準字体記載に当たっての注意事項〕

1　□□□で表示された枠（以下、記載枠という。）に記載する数字は、光学式文字読取装置（ＯＣＲ）で直接読取りを行うので、汚したり、穴を開けたり、必要以上に強く折り曲げたり、のり付けしたりしないでください。

2　記載枠の部分は、必ず黒のボールペンを使用し、以下に記載された「標準字体」に倣って、枠からはみ出さないように大きめのアラビア数字で明瞭に記載してください。

標準字体

0	1	2	3	4	5	6	7	8	9

〔項目記載に当たっての注意事項〕

1　「事業主との関係」の欄には、事業主本人（代表者）は「１」を○で囲むこと。
　また、事業主が行う事業に従事する者（代表者以外の者）については、事業主が法人その他の団体であるときは「３」、事業主が個人であるときは「５」を○で囲むこと。
　さらに、「３」を○で囲んだときはその事業における従業上の地位を、「５」を○で囲んだときは事業主との続柄を、それぞれ（　）に記載すること。

2　「業務の具体的内容」の欄には、特別加入者として行う業務の具体的内容を記載すること。

3　「労働者の始業及び終業の時刻」の欄には、特別加入予定者の従事する事業の労働者に係る所定の始業及び終業の時刻を記載すること。

4　「除染作業」の欄には、特別加入者として行う業務に除染作業が含まれる場合は「１」を○で囲み、除染作業が含まれない場合は「３」を○で囲むこと。

5　特別加入者として行う業務が「従事する特定業務」の欄に掲げる特定業務（労働者災害補償保険法施行規則（昭和30年労働省令第22号）第46条の19第３項各号に掲げる業務をいう。）のいずれかに該当する場合には、その該当する特定業務の番号を○で囲むこと。（該当する特定業務が複数の場合には、該当する番号全てを○で囲むこと。）
　なお、いずれにも該当しない場合には、「９」を○で囲むこと。

6　「業務歴」の欄には、特別加入者として行う業務が「従事する特定業務」の欄に掲げる特定業務のいずれかに該当する場合であって、当該特別加入予定者が過去において当該該当する特定業務に従事したことがあるときに、当該該当する特定業務に最初に従事した年月及び従事した期間の合計を記載すること。（該当する特定業務が複数の場合には、主たるものを当該欄に記載すること。その他該当する特定業務については、余白に最初に従事した年月及び従事した期間の合計を記載すること。）

7　記載事項のない欄には斜線を引くこと。

社会保険労務士記載欄	作成年月日・提出代行者・事務代理者の表示	氏　名	電話番号
			（　）　―

様式第34号の８（表面）

労働者災害補償保険 特別加入に関する変更届／特別加入脱退申請書（中小事業主等及び一人親方等）

帳票種別 36241

◎裏面の注意事項を読んでから記載してください。
※印の欄は記載しないでください。（職員が記載します。）

特別加入の承認に係る事業

労働保険番号	府県	所掌	管轄	基幹番号	枝番号
	13	3	07	900259	001

※受付年月日 9 令和 元号 年 月 日（1～9年は右へ 1～9月は右へ 1～9日は右へ）

事業の名称：株式会社渡辺塗装工業

事業場の所在地：東京都世田谷区等々力1－×－×

変更届の場合（特別加入者のうち一部に変更がある場合）

今回の変更届に係る者 合計：1 人
内訳（変更：0 人、 脱退：0 人、 加入：1 人）
＊この用紙に記載しきれない場合には、別紙に記載すること。

特別加入者に関する事項の変更

変更年月日	変更を生じた者の フリガナ 氏名	中小事業主又は一人親方との関係（地位又は続柄）	業務又は作業の内容
年 月 日		変更前	変更前
生年月日 年 月 日	変更後の フリガナ 氏名	変更後 1 本人 3 役員（ ） 5 家族従事者（ ）	変更後
※整理番号			
年 月 日		変更前	変更前
生年月日 年 月 日	変更後の フリガナ 氏名	変更後 1 本人 3 役員（ ） 5 家族従事者（ ）	変更後
※整理番号			

特別加入者の異動（特別加入者でなくなった者）

異動年月日	フリガナ 氏名	生年月日	※整理番号
年 月 日		年 月 日	
年 月 日		年 月 日	

特別加入者の異動（新たに特別加入者になった者）

特別加入予定者	中小事業主又は一人親方との関係（地位又は続柄）	業務又は作業の内容	除染作業	従事する特定業務	特定業務・給付基礎日額
異動年月日 令和6年 6月 1日 フリガナ ワタナベ コウジ 氏名 渡辺 康二 生年月日 昭和59年 8月 12日	1 本人 ③ 役員（ ） 5 家族従事者（ ）	業務又は作業の具体的内容：有機溶剤（トルエン）を使用して行う木工品の塗装 労働者の始業及び終業の時刻（中小事業主等のみ）：8時 30分～ 17時 00分	1 有 ③ 無	1 粉じん 3 振動工具 5 鉛 ⑦ 有機溶剤 9 該当なし	業務歴 最初に従事した年月：平成30年 6月 従事した期間の合計：6年間 ヶ月 希望する給付基礎日額：10,000円
異動年月日 年 月 日 フリガナ 氏名 生年月日 年 月 日	1 本人 3 役員（ ） 5 家族従事者（ ）	業務又は作業の具体的内容： 労働者の始業及び終業の時刻（中小事業主等のみ）：時 分～ 時 分	1 有 3 無	1 粉じん 3 振動工具 5 鉛 7 有機溶剤 9 該当なし	業務歴 最初に従事した年月：年 月 従事した期間の合計：年間 ヶ月 希望する給付基礎日額：円

変更決定を希望する日（変更届提出の翌日から起算して30日以内） 令和6年 6月 1日

脱退申請の場合

以下の＊欄は、承認を受けた事業に係る特別加入者の全員を特別加入者でないこととする場合に限って記載すること。

＊申請の理由（脱退の理由）	＊脱退を希望する日（申請日から起算して30日以内）
	年 月 日

上記のとおり（変更を生じたので届けます。）／特別加入脱退を申請します。

令和6年 5月 26日

東京 労働局長 殿

〒158－××××　電話（03）3703－××××

事業主の 住所 東京都世田谷区等々力1－×－×

氏名 株式会社渡辺塗装工業 代表取締役 渡辺 照夫

（法人その他の団体であるときはその名称及び代表者の氏名）

折り曲げる場合には（▶）の所で折り曲げてください。

様式第34号の８（裏面）

〔標準字体記載に当たっての注意事項〕

1　□□□で表示された枠（以下、記載枠という。）に記載する数字は、光学式文字読取装置（ＯＣＲ）で直接読取りを行うので、汚したり、穴を開けたり、必要以上に強く折り曲げたり、のり付けしたりしないでください。

2　記載枠の部分は、必ず黒のボールペンを使用し、以下に記載された「標準字体」に倣って、枠からはみ出さないように大きめのアラビア数字で明瞭に記載してください。

標準字体

0	1	2	3	4	5	6	7	8	9

〔項目記載に当たっての注意事項〕

1　「特別加入に関する変更届」と「特別加入脱退申請書」のいずれか該当するものを○で囲むこと。

2　氏名に変更を生じた場合には、「変更を生じた者の氏名」の欄に変更前の氏名を、「変更後の氏名」の欄に変更後の氏名を記載すること。

3　新たに特別加入者になった者がある場合には、

（1）　「中小事業主又は一人親方との関係」の欄は、

イ　中小事業主等（労働者災害補償保険法（昭和22年法律第50号。以下「法」という。）第33条第1号及び第２号に掲げる者をいう。）にあっては、次のとおりとする。
該当する者が事業主本人（代表者）に該当する場合は「１」を○で囲むこと。
また、事業主が行う事業に従事する者（代表者以外の者）については、事業主が法人その他の団体であるときは「３」、事業主が個人であるときは「５」を○で囲むこと。
さらに、「３」を○で囲んだときはその事業における従業上の地位を、「５」を○で囲んだときは事業主との続柄を、それぞれ（　）に記載すること。

ロ　一人親方等にあっては、次のとおりとする。
該当する者が一人親方（法第33条第３号に掲げる者をいう。）に該当する場合は「１」を○で囲み、「１」に該当する者が行う事業に従事する者の場合は「５」を○で囲み、（　）にその構成員との続柄を記載すること。
特定作業従事者（法第33条第５号に掲げる者をいう。）に該当する場合は当該欄への記載は不要である。

（2）　「業務又は作業の具体的内容」の欄には、特別加入者として行う業務又は作業の具体的内容を記載すること。

（3）　「労働者の始業及び終業の時刻（中小事業主等のみ）」の欄には、（１）のイの場合のみ特別加入予定者の従事する事業の労働者に係る所定の始業及び終業の時刻を記載すること。

（4）　「除染作業」の欄には、特別加入者として行う業務に除染作業が含まれる場合は「１」を○で囲み、除染作業が含まれない場合は「３」を○で囲むこと。

（5）　特別加入者として行う業務が「従事する特定業務」の欄に掲げる特定業務（労働者災害補償保険法施行規則（昭和30年労働省令第22号）第46条の19第３項各号に掲げる業務をいう。）のいずれかに該当する場合には、その該当する特定業務の番号を○で囲むこと。（該当する特定業務が複数の場合には、該当する番号全てを○で囲むこと。）
なお、いずれにも該当しない場合には、「９」を○で囲むこと。

（6）　「業務歴」の欄には、特別加入者として行う業務が「従事する特定業務」の欄に掲げる特定業務のいずれかに該当する場合であって、当該特別加入予定者が過去において当該該当する特定業務に従事したことがあるときに、当該該当する特定業務に最初に従事した年月及び従事した期間の合計を記載すること。（該当する特定業務が複数の場合には、主たるものを当該欄に記載すること。その他該当する特定業務については、余白に最初に従事した年月及び従事した期間の合計を記載すること。）

4　特別加入承認を受けた事業に係る特別加入者の全員を特別加入者でないこととする（事業主又は団体そのものが特別加入から脱退する）場合には、「脱退申請の場合」の欄（*欄）に記載すること。

5　「変更を生じたので届けます。」と「特別加入脱退を申請します。」のいずれか該当するものを○で囲むこと。

6　記載事項のない欄には斜線を引くこと。

7　労働保険事務組合に労働保険事務の処理を委託している場合には、当該事務組合の名称と電話番号を記載すること。

労働保険事務組合の名称	電話番号

社会保険労務士記載欄	作成年月日・提出代行者・事務代理者の表示	氏　名	電話番号
			（　）　―

記入例

様式第34号の11（表面）

労働者災害補償保険　特別加入申請書（海外派遣者）

帳票種別　36231

◎裏面の注意事項を読んでから記載してください。
※印の欄は記載しないでください。（職員が記載します。）

① ※第３種特別加入に係る労働保険番号　府県｜所掌｜管轄｜基幹番号｜枝番号

※受付年月日　9 令和　元号　年　月　日　1~9月は右へ　1~9月は右へ　1~9日は右へ

② 団体の名称又は事業主の氏名（事業主が法人その他の団体であるときはその名称）

③ 申請に係る事業		
	労働保険番号	府県 1 3　所掌 1　管轄 0 1　基幹番号 0 0 3 5 0 3　枝番号
	名称（フリガナ）	コクサイショウジカブシキガイシャ
	名称（漢字）	国際商事株式会社
	事業場の所在地	東京都千代田区霞が関1-×-×
	事業の種類	その他の各種事業

④ 特別加入予定者　加入予定者数　計 2 名

＊この用紙に記載しきれない場合には、別紙に記載すること。

特別加入予定者	派遣先		派遣先の事業において従事する業務の内容（業務内容、地位・役職名 労働者の人数及び就業時間など）	希望する給付基礎日額
フリガナ ヌマザワ ヨウイチ 氏名 沼沢 洋一	事業の名称 国際商事株式会社 ロンドン支店	派遣先国 イギリス	ロンドン支店長（代表者） 6.5.1~7.4.30 所定労働時間8：00~17：00 製品販売にかかる総括業務	18,000 円
生年月日 昭和52年 4月 16日	事業場の所在地 20-26 Grosvenor st. London			
フリガナ タドコロ オサム 氏名 田所 治	事業の名称 〃	派遣先国 〃	営業課員 6.5.1~7.4.30 所定労働時間8：00~17：00 製品販売及び事務	14,000 円
生年月日 平成元年 10月 14日	事業場の所在地 〃			
フリガナ 氏名	事業の名称	派遣先国		円
生年月日 年　月　日	事業場の所在地			
フリガナ 氏名	事業の名称	派遣先国		円
生年月日 年　月　日	事業場の所在地			

⑤ 特別加入を希望する日（申請日の翌日から起算して30日以内）　令和6 年 5 月 1 日

上記のとおり特別加入の申請をします。

令和6 年 4 月 24 日

東京　労働局長　殿

〒 100 － 0013　電話（ 03 ）3500－××××

団体又は事業主の住所　東京都千代田区霞が関1-×-×

団体の名称又は事業主の氏名　国際商事株式会社　代表取締役　江森 裕二

（法人その他の団体であるときはその名称及び代表者の氏名）

折り曲げる場合には（▶）の所で折り曲げてください。

様式第34号の11（裏面）

〔標準字体記載に当たっての注意事項〕

1　□□□で表示された枠（以下、記載枠という。）に記載する数字は、光学式文字読取装置（ＯＣＲ）で直接読取りを行うので、汚したり、穴を開けたり、必要以上に強く折り曲げたり、のり付けしたりしないでください。

2　記載枠の部分は、必ず黒のボールペンを使用し、以下に記載された「標準字体」に倣って、枠からはみ出さないように大きめのアラビア数字で明瞭に記載してください。

標準字体

0	1	2	3	4	5	6	7	8	9

〔項目記載に当たっての注意事項〕

1　労働者災害補償保険法（昭和22年法律第50号）第33条第６号の規定により特別加入を申請する団体は、団体の目的、組織、運営等を明らかにする書類を添付すること。

2　③の「労働保険番号」の欄には、既に保険関係が成立している派遣元の労働保険番号を記載すること。

3　「派遣先の事業において従事する業務の内容」の欄には、従事する業務の内容、地位・役職名について記載すること。
　特別加入予定者が、派遣先の事業場において使用される労働者以外の者（例えば派遣先事業の代表者、役員等）である場合には、「派遣先の事業において従事する業務の内容」の欄に当該派遣先の事業の種類、当該事業に係る労働者数並びに労働者の所定の始業及び終業の時刻を併せて記載すること。

4　記載事項のない欄には斜線を引くこと。

社会保険労務士記載欄	作成年月日・提出代行者・事務代理者の表示	氏　　名	電話番号
			（　　）　　—

特診様式第７号

労働者災害補償保険
特別加入時健康診断申出書

名古屋東　労働基準監督署長殿

下記の者について健康診断証明書の提出が必要ですので、「特別加入健康診断指示書」の交付をお願いします。

令和6年8月4日

労働保険番号

府県	所掌	管轄	基幹番号	枝番号
23	3	03	903710	002

事業主又は特別加入団体の　住所　名古屋市千種区川崎町2－××

(名称)　相沢塗装株式会社

代表取締役

氏名　相沢　清

（特別加入団体の場合には、その主たる事務所の所在地、名称、代表者の氏名）

特別加入予定者のうち健康診断が必要な者	特別加入予定年月日	特別加入予定者の作業の内容及び作業に用いる工具(又は材料、薬品等)の名称	左記の業務に特別加入前に従事した期間	実施すべき健康診断の種類(該当する項を選択すること)
相沢　清	6年9月1日	建築物の室内塗装 (トルエン　キシレン)	平成16年4月から 令和6年8月まで 20年5月間	イ　じん肺健康診断 ロ　振動障害健康診断 ハ　鉛中毒健康診断 (ニ)　有機溶剤中毒健康診断
相沢宏一	〃	同　上	平成17年4月から 令和6年8月まで 19年5月間	イ　じん肺健康診断 ロ　振動障害健康診断 ハ　鉛中毒健康診断 (ニ)　有機溶剤中毒健康診断
			年　月から 年　月まで 年　月間	イ　じん肺健康診断 ロ　振動障害健康診断 ハ　鉛中毒健康診断 ニ　有機溶剤中毒健康診断
			年　月から 年　月まで 年　月間	イ　じん肺健康診断 ロ　振動障害健康診断 ハ　鉛中毒健康診断 ニ　有機溶剤中毒健康診断

労働保険事務組合の証明

労働保険事務の処理の委託を［(受けている)　受ける予定である］ことを証明します。

令和6年8月4日　　認可記号番号　第　23-119　号

労働保険事務組合の

名称　川崎商工会労災保険事務組合

主たる事務所の所在地　名古屋市千種区川崎町1－×

電話　052　－　356　－××××

代表者氏名　組合長　寺沢信男

（4）加入時の健康診断

イ　特別加入を希望する者について、次表の特別加入予定の業務の種類に応じて、それぞれの従事期間を超えて当該業務を行ったことがある場合には、特別加入時に健康診断を受ける必要があります。注）平成23年度から「特別加入時健康診断」が必要な方は、労働局長があらかじめ委託している医療機関であれば、どこでも都合のよいときに受診できます。

	特別加入予定の業務の種類	特別加入前に左記の業務に従事した期間（通算期間）
イ	粉じん作業を行う業務	3　年
ロ	振動工具使用の業務	1　年
ハ	鉛　業　務	6カ月
ニ	有機溶剤業務	6カ月

ロ　健康診断の手続

（イ）特別加入を希望する者で特別加入時に健康診断が必要な場合には、初めに「特別加入時健康診断申出書」（特診様式第7号、前ページ参照）を、労働保険事務を委託している場合は労働保険事務組合の確認（事務委託等の証明）を受けてから、事務組合及び団体の主たる事務所の所在地を管轄する労働基準監督署長に提出しなければなりません。

なお、申出書と同時に「特別加入申請書（以下「申請書」といいます）」又は「特別加入に関する変更届（以下「変更届」といいます）」を所轄の労働基準監督署長に提出することもできます。

（ロ）「申出書」の業務歴等から判断して健康診断が必要であると認められる者に対しては所轄の労働基準監督署長から「特別加入健康診断指示書」及び「特別加入時健康診断実施依頼書」が交付されます。

（ハ）健康診断を受けた者は、健康診断証明書を、申請書又は変更届を所轄の労働基準監督署長に提出する際に添付することとなります。

ただし、すでに申請書又は変更届を所轄の労働基準監督署長に提出している場合には、健康診断証明書のみを提出することとなります。

また、じん肺の健康診断を受けた場合には、じん肺の所見がないと認められた場合を除き、エックス線写真の添付が必要となります。

ハ　特別加入の制限

健康診断の結果、次の場合には特別加入が制限されます。

（イ）特別加入予定者がすでに疾病にかかっており、その症状又は障害の程度が一般的に就労することが困難であって、療養に専念しなければならない程度であると認められる場合……従事する業務の内容にかかわらず特別加入は認められません。

（ロ）特別加入予定者がすでに疾病にかかっており、その症状又は障害の程度が当該業務から転換を必要とする程度であると認められる場合……当該業務に係る特別加入は認められません。

（5）給付基礎日額

特別加入者の場合は、労働者と異なり、賃金というものがありませんので、これに代わるものとして、省令で給付基礎日額の範囲（3,500円から25,000円まで（136ページ参照））が定められていますので、その範囲内で特別加入者の希望を徴して（特別加入申請書に記入欄があります）都道府県労働局長が決定することになっています。

（6）特別加入者の保険料

イ　保険料率

（イ）中小事業主等の特別加入者については、それらの者がその事業に使用される労働者とみなされますから、当然その事業についての労災保険率と同一である第1種特別加入保険料率が適用されます（法第13条）。

（ロ）一人親方等及び特定作業従事者については、一人親方その他の自営業者及び特定作業従事者の団体ごとに「第2種特別加入保険料率表」（291ページ参照）に定める第2種特別加入保険料率が適用されます（法第14条）。

（ハ）海外派遣者の第3種特別加入保険料率は、平成27年4月1日改定により一律に1,000分の3と定められている保険料率が適用されます（法第14条の2）。

なお、海外派遣者の労働保険料（第3種特別加入保険料）の申告は、派遣元の団体又は事業の本来の保険関係の申告書とは別個に保険料申告書を作成し、海外派遣者を確認するための「第3種特別加入保険料申告内訳」（海特様式第1号）及び「第3種特別加入保険料申告内訳名簿」（海特様式第2号）を年度更新時に併せて提出することになっています。

ロ　賃金総額

特別加入者の賃金総額の具体的な算定方法は、次のとおりです。

（イ）中小事業主等の場合

中小事業主及びその者が行う事業に従事する特別加入者各人の給付基礎日額に応じて定められている「保険料算定基礎額」を合計した額が特別加入者についての第1種特別加入保険料算定のための賃金総額となります。なお、この「保険料算定基礎額」は、「特別加入保険料算定基礎額表」（次表参照）に定められた額によることとなっていますが、保険年度の中途に、新たに特別加入が認められた場合及び中途で特別加入を脱退した場合については、その年度における特別加入期間に応じた月数分の「保険料算定基礎額」とし、その額は、「特別加入保険料算定基礎額」を12で除して得た額（1円未満の端数があるときは、これを1円に切り上げる）に加入期間の月数（1月未満の端数があるときは、これを1月とする）を乗じて得た額です。

（ロ）一人親方等及び特定作業従事者の場合

これらの団体は、いずれも継続事業として扱われますから、その年度における特別加入者各人の給付基礎日額に応じて定められている「保険料算定基礎額」を合計したものが第2種特別加入保険料のための賃金総額となります。

特別加入保険料算定基礎額表

給付基礎日額	保険料算定基礎額	給付基礎日額	保険料算定基礎額
25,000円	9,125,000円	6,000円	2,190,000円
24,000	8,760,000	5,000	1,825,000
22,000	8,030,000	4,000	1,460,000
20,000	7,300,000	3,500	1,277,500
18,000	6,570,000	(3,000)	(1,095,000)
16,000	5,840,000	(2,500)	(912,500)
14,000	5,110,000	(2,000)	(730,000)
12,000	4,380,000		
10,000	3,650,000		
9,000	3,285,000		
8,000	2,920,000		
7,000	2,555,000		

(注)(　)内は家内労働者のみ適用されます。

なお、この場合においても「保険料算定基礎額」は、保険年度の中途に新たに特別加入が認められた場合及び特別加入を脱退した場合については、(イ)と同様、特別加入期間に応じた月数分の「保険料算定基礎額」となっています(算定方法は(イ)と同じ)。

(ハ) 海外派遣者の場合

その年度における海外派遣特別加入者各人の給付基礎日額に応じて定められている「保険料算定基礎額」を合計した額が第３種特別加入保険料のための賃金総額となります。なお、この場合においても「保険料算定基礎額」は、(イ) と同様、保険年度の中途に新たに特別加入が認められた場合及び中途で特別加入を脱退した場合については、特別加入期間に応じた月数分の「保険料算定基礎額」となっています (算定方法は (イ) と同じ)。

ハ　保険料の納付

(イ) 特別加入の承認を受けた中小事業主等は、その事業に使用される労働者とみなされますが、一方、事業主として、自分自身を含めた特別加入者の保険料と、その事業に使用される労働者の保険料とを納付する義務があります(法第15条第1項第2号イ)。

(ロ) 一人親方及び特定作業従事者の保険料については、特別加入の承認を受けたこれらの者の団体がその事業主となり、特別加入者はその団体に使用される労働者とみなされますから、保険料の納付義務はその団体が負うことになります (法第15条第1項第3号)。

(ハ) 特別加入を認められた海外派遣者は派遣元の事業主又は団体の事業主に使用される労働者とみなされますから、その派遣元の団体又は事業主が保険料を納める義務を負うことになります (法第15条第1項第2号ロ)。

編注

平成24年度分から「給付基礎日額」の変更手続が変わりました。

平成24年度分以降は前年度の3月18日 (平成27年度から3月2日) ～3月31日の間又は年度更新期間中に変更可能。ただし、災害発生後は不可。

5　印紙保険料の手続

（1）雇用保険の日雇労働被保険者

日雇労働被保険者に係る労働保険料は、一般保険料と印紙保険料の２種類

雇用保険の日雇労働被保険者に係る労働保険料は、すでに説明した一般保険料（法第 11 条）と印紙保険料（法第 22 条）の２種類となります。すなわち、雇用保険の日雇労働被保険者（以下「日雇労働被保険者」といいます）を雇用する事業主は、その日雇労働被保険者に支払った賃金を一般保険料の算定基礎に含めると同時に、印紙保険料の納付の義務も負います。

また、日雇労働被保険者については、保険給付の面でも特例が設けられています（257 ページ参照）。

では、以下にどのような労働者が日雇労働被保険者となるのかという点について説明します。

イ　日雇労働者

雇用保険法では、日雇労働者とは、日々雇い入れられる者及び 30 日以内の期間を定めて雇い入れられる者をいいます。ただし、日雇労働者が同一事業主の適用事業に２月の各月において 18 日以上雇用された場合は、その翌月から一般被保険者、高年齢被保険者又は短期雇用特例被保険者として取り扱われます。同一事業主の適用事業に継続して 31 日以上雇用された場合には、その日から一般被保険者、高年齢被保険者又は短期間雇用特例被保険者として取り扱われます。

なお、一般被保険者、高年齢被保険者又は短期雇用特例被保険者として取り扱われることになった者を雇用する事業主は、その者について「雇用保険被保険者資格取得届」（163 ページ参照）を提出しなければならないこととなります。また、労働保険料については、その者に支払った賃金を一般保険料の算定基礎に含めることは変わりありませんが、印紙保険料を納付する必要はなくなります。

ロ　日雇労働被保険者

日雇労働被保険者となるのは、イの日雇労働者のうち、次のいずれかに該当する者です。

①　特別区若しくは公共職業安定所の所在する市町村の区域（厚生労働大臣が指定する区域は除かれます）又は厚生労働大臣が指定する隣接市町村の全部又は一部の区域（以下「適用区域」といいます）に居住し、雇用保険の適用事業に雇用される者

②　適用区域外に居住し、適用区域内にある適用事業に雇用される者

③　適用区域外に居住し、適用区域外の厚生労働大臣指定の適用事業に雇用される者

上記に該当しない日雇労働者であっても、適用事業に雇用される場合は、その者の居住地を管轄する公共職業安定所長の認可を受けて被保険者となることができます。

①、②又は③に該当する日雇労働者は、それぞれの要件に該当するに至った日から5日以内にその旨を居住地を管轄する公共職業安定所に届け出て、日雇労働被保険者手帳の交付を受けなければなりません。なお、公共職業安定所長の認可を受けて被保

険者となった日雇労働者については、認可のあった日に日雇労働被保険者手帳が交付されます。

（2）印紙保険料の額とその負担

イ　印紙保険料の額

印紙保険料の額は、雇用保険の日雇労働被保険者１人につき、１日あたり次に掲げる額です（法第22条第１項）。

① 賃金の日額が11,300円以上の者については、176円

② 賃金の日額が8,200円以上11,300円未満の者については、146円

③ 賃金の日額が8,200円未満の者については、96円

ロ　印紙保険料の負担

印紙保険料は、事業主と日雇労働被保険者が、それぞれ２分の１ずつ負担します（法第31条）。

事業主は、日雇労働被保険者に賃金を支払う都度、その日雇労働被保険者の負担すべき一般保険料の額及び印紙保険料の額を控除することができます（法第32条）。

（3）印紙保険料の納付方法

イ　雇用保険印紙による納付

日雇労働被保険者手帳に印紙を貼付し消印

印紙保険料は、一般保険料が申告制による現金納付であるのと異なり、事業主が雇用する日雇労働被保険者に賃金を支払った都度、日雇労働被保険者手帳に雇用保険印紙を貼付し消印することによって納付するか、又は厚生労働大臣の指定を受けた印紙保険料納付計器により日雇労働被保険者手帳に納付すべき印紙保険料額に相当する金額を表示して納付印を押すことによって納付しなければなりません（法第23条）。

印紙は賃金が支払われた日に貼付

雇用保険印紙の貼付は、現実に賃金が支払われた日に、その支払われた日数分についての雇用保険印紙の種別と枚数を決定し、これを貼付するものです。しかし、日雇労働被保険者に対する給付金の支給は後述するように直前の２月の印紙保険料の納付状況によって決定されますので、賃金の支払いが就労した月の末日を過ぎる場合には、その末日までに雇用保険印紙を貼付する必要があります。

ロ　雇用保険印紙の消印に使用する印影の届出

事業主は、日雇労働被保険者を雇用した場合は、賃金を支払う都度、日雇労働被保険者を雇用した日数に相当する枚数の雇用保険印紙を日雇労働被保険者手帳の該当日欄に貼付して消印することになりますが、その消印に使用する印影は、事業所の所在地を管轄する公共職業安定所長に届け出たものでなければなりません。この消印は一の事業場に対し、ひとつを原則としており、複数の届出は認められません。また、消

印に使用する印影を変更しようとするときも、あらかじめ届け出る必要があります。

ハ　雇用保険印紙の種類

雇用保険印紙は第１級、第２級、第３級の三種類

第１級は、額面 176 円のもの、第２級は、額面 146 円のもの、第３級は、額面 96 円のものです。

したがって、この雇用保険印紙は、賃金の支払いの対象となった日雇労働被保険者についての印紙保険料の額がいくらになるかを判断し、その印紙保険料の額に応ずる額面の雇用保険印紙を日雇労働被保険者手帳に貼付します。すなわち、事業主が日雇労働被保険者に支払う賃金の日額が 11,300 円以上の場合は第１級（額面 176 円）の雇用保険印紙を、賃金の日額が 8,200 円以上 11,300 円未満の場合は第２級（額面 146 円）の雇用保険印紙を、賃金の日額が 8,200 円未満の場合は第３級（額面 96 円）の雇用保険印紙をそれぞれ日雇労働被保険者手帳に貼付することになります。

ニ　雇用保険印紙の購入手続

雇用保険印紙を購入しようとする事業主は、事業所の所在地を管轄する公共職業安定所長に雇用保険印紙購入通帳交付申請書を提出して雇用保険印紙購入通帳の交付を受け、この通帳の印紙購入票（事業主控）及び印紙購入申込書に購入しようとする印紙の種類別枚数、その金額（事業主控のみ）、労働保険番号、購入年月日並びに事業主の氏名又は名称及び住所又は所在地を記入して、事業主印を押捺の上、雇用保険印紙を販売する郵便局に提出します。

なお、雇用保険印紙購入通帳の有効期間は、当該通帳の交付の日より毎年度３月末日までであるので、毎年３月１日から３月 31 日までの間に事業主は雇用保険印紙購入通帳更新申請書を現在使用している雇用保険印紙購入通帳とともに所轄安定所長に提出し、新たな有効期間の雇用保険印紙購入通帳の交付を受けることとなります。

ホ　雇用保険印紙の買戻し

雇用保険に係る保険関係が消滅し、又は日雇労働被保険者を雇用しなくなったためすでに購入済の雇用保険印紙が不用となったときは（保有する雇用保険印紙の等級に相当する賃金日額の日雇労働被保険者を使用しなくなったときを含みます）、あらかじめ事業所の所在地を管轄する公共職業安定所長の確認を受けたうえで、郵便局に、その保有する雇用保険印紙の買戻しを申し出ることができます。あるいは雇用保険印紙が変更され、購入済の雇用保険印紙を使用できなくなったときは、郵便局にその保有する雇用保険印紙の買戻しを申し出ることができます（ただし、雇用保険印紙が変更された場合の買戻しの期間は、雇用保険印紙が変更された日から６カ月間です）。

ヘ　印紙保険料納付計器による印紙保険料の納付

印紙保険料は、雇用保険印紙を日雇労働被保険者手帳に貼付し、消印することにより納付するのが原則ですが、日雇労働被保険者を多数雇用する事業主などの場合には、このための事務処理に多大の時間が必要となりますので、その事務負担を軽減するために、都道府県労働局労働保険特別会計歳入徴収官の承認を受けた場合には、印紙保険料納付計器を使用し、雇用保険印紙の貼付にかえて、日雇労働被保険者手帳に印紙保険料額に

相当する金額を表示した納付印を押して印紙保険料を納付することができます。

承認の申請手続その他詳細については、最寄りの公共職業安定所でおたずねください。

（4）雇用保険印紙受払簿と印紙保険料納付状況報告書の提出

イ　雇用保険印紙受払簿

日雇労働被保険者を雇用する事業主は、「雇用保険印紙受払簿」を備えて、雇用保険印紙の毎日の受払状況を記録しなければなりません（法第24条）。

雇用保険印紙受払簿の記入要領は次のとおりです。

（イ）受払簿は印紙の級ごとに作成します。

（ロ）「前月から繰越」欄の「残」欄には、前月末日現在の「残」欄の印紙の枚数を記入します。

（ハ）「受」欄には印紙を販売する郵便局から購入した印紙の枚数を記入します。

（ニ）「払」欄には被保険者手帳に貼付及び消印した印紙の枚数を記入します。なお、日雇労働被保険者の就労日と被保険者手帳に印紙を貼付及び消印する日とが一致しない場合は、印紙を貼付及び消印した日の日付によってこれを記入します。

（ホ）「日雇労働者数」欄には、雇用した日雇労働被保険者の人数を記入します。

（ヘ）「印紙貼付数」欄には、雇用した日雇労働被保険者に対して雇用保険被保険者手帳に貼付した印紙の枚数を記入します。

（ト）「支払賃金総額」欄には、当日、日雇労働被保険者に支払った賃金の総額を記入します。

ロ　印紙保険料納付状況報告書の提出

雇用保険印紙購入通帳の交付を受けている事業主は、「印紙保険料納付状況報告書」（142ページ参照）によって、毎月における雇用保険印紙の受払状況を翌月末日までに、事業所の所在地を管轄する公共職業安定所長を経由して、都道府県労働局労働保険特別会計歳入徴収官に報告しなければなりません（法第24条）。

印紙保険料納付状況報告書の記入要領は次のとおりですが、記入の際には雇用保険印紙受払簿等（以下「受払簿等」といいます）（143ページ参照）に基づき正しく記入してください。

（イ）「労働保険番号」欄には、雇用保険印紙購入通帳の表紙に記入されている労働保険番号を記入します。

（ロ）「報告年月分」欄にはこの報告書により受払簿等の納付状況を報告しようとする当該月分の年（和暦）及び月を記入します。

③「本月中に雇用した被保険者延人数」欄から⑧「本月末の雇用保険印紙の保有枚数」欄までは、報告しようとする当該月分の受払簿等の数値を転記します。

（ハ）「本月末被保険者総数」欄には、報告月中に雇用した日雇労働被保険者の実数を記入します。

（ニ）「本月中に雇用した被保険者延人数」欄には、当該月の間に雇用した日雇労働被保険者を合計した人数を記入します。

（ホ）「本月中に被保険者に支払った賃金総額」欄には当該月の間に被保険者に支払っ

た賃金の合計額を記入します。

(ヘ)「前月末の雇用保険印紙の保有枚数」欄には受払簿等の「前月からの繰越」欄における「残」欄の枚数を記入します。

(ト)「本月中に購入した雇用保険印紙の枚数」欄には、当該月中に購入した「受」欄の枚数の合計を記入します。

(チ)「本月中にはった雇用保険印紙の枚数」欄には、受払簿等の「印紙貼付数」欄の枚数の合計を記入します。

(リ)「本月末の雇用保険印紙の保有枚数」欄には、受払簿等の当該月末日の「残」欄の枚数を記入します。

(ヌ)「事業主」欄は事業主の住所（法人のときは主たる事務所の所在地）及び氏名（法人のときは名称及び代表者の氏名）を記入します。

様式第13号（第54条、第55条関係）(1)（表面）

提出用

労働保険
印紙保険料 納付・納付計器使用 状況報告書

種別 30912　※修正項目番号

①労働保険番号	府県	所掌	管轄(1)	基幹番号	枝番号	報告年月分
	13	3	08	035729	000（項1）	06年-08月 分の報告（項2）

	区分／賃金区分	②本月末被保険者総数	③本月中に雇用した被保険者延人数	④本月中に被保険者に支払った賃金総額
日雇労働被保険者	賃金日額11,300円以上の者（第1級）	23人（項3）	149人（項4）	1783700円（項5）
	賃金日額8,200円以上11,300円未満の者（第2級）	5人（項6）	83人（項7）	821700円（項8）
	賃金日額8,200円未満の者（第3級）	人（項9）	人（項10）	円（項11）

	区分／級別	⑤前月末の雇用保険印紙の保有枚数	⑥本月中に購入した雇用保険印紙の枚数	⑦本月中にはった雇用保険印紙の枚数	⑧本月末の雇用保険印紙の保有枚数
雇用保険印紙による納付状況	第1級雇用保険印紙（176円）	43枚（項12）	185枚（項13）	149枚（項14）	79枚（項15）
	第2級雇用保険印紙（146円）	18枚（項16）	100枚（項17）	83枚（項18）	35枚（項19）
	第3級雇用保険印紙（96円）	枚（項20）	枚（項21）	枚（項22）	枚（項23）

印紙保険料納付計器使用状況			
⑨前月末の保有残額		⑩本月中に交付を受けた始動票札の表示額の総額	
⑪前月末の印紙保険料納付計器表示累計額		⑫本月末の印紙保険料納付計器表示累計額	

報告年月日 06年-09月-12日（項24）

※

訂正後 労働保険番号	府県	所掌	管轄(1)	基幹番号	枝番号	報告年月分
					（項25）	年-月 分の報告（項26）

※データ指示コード（項27）
- 空欄　通常入力
- 1　労働保険番号　報告年月分の訂正
- 2　追加
- 3　訂正・取消
- 4　加算

※修正項目

上記のとおり報告します。

郵便番号（164 － 0012）
電話番号（03 － 5399 － ××××）

東京労働局 労働保険特別会計歳入徴収官　殿　　事業主　住所 中野区本町8-××-×
株式会社工藤工務店
氏名 代表取締役　工藤次雄
（法人のときはその名称及び代表者の氏名）

雇用保険印紙受払簿（１級）令和６年８月分

項目＼日	受	払	残	日雇労働者数	印紙貼付数	支払賃金総　額	備　考
前月から繰　越			43				
1	0	25	18	25	25	292,500	
2	0	15	3	15	15	179,500	
3	185	18	170	18	18	213,400	
省　略							
29	0	1	113	1	1	12,000	
30	0	11	102	11	11	134,300	
31	0	23	79	23	23	269,900	
合計	185	149	79	149	149	1,783,700	

（注）この書式はイメージです。１級～３級にわけて手書きで記入します。印紙の受・払がなくても毎日記入してください。

Ⅴ　雇用保険の被保険者に関する諸手続

1　あらまし

（1）手続のあらまし

雇用保険の適用事業、すなわち徴収法第４条又は徴収法附則第２条第１項及び第４項の規定により雇用保険に係る労働保険の保険関係が成立している事業の事業主は、既に説明した労働保険料の申告・納付等の事務のほか、その雇用する労働者について、被保険者となったこと、被保険者でなくなったことその他一定の事項について届出の義務が課せられています（雇用保険法第７条）。以下、これらの被保険者に関する届出の事務について、その手続を説明します。

なお、公共職業安定所における利用者サービスの向上、サービス機関としての機能の向上を図るため、雇用保険の適用・給付に関する事務処理については、オンライン・システム（「ハローワーク・システム」といいます）により即時に処理されています。

イ　このシステムは、厚生労働省の大型コンピュータを中心に、全国の公共職業安定所にある端末装置をオンラインで一つに結び、膨大な量の雇用保険適用、給付関係業務を即時に処理し、大幅に簡素化・時間短縮を図ることを目的としたシステムです。

ロ　ハローワーク・システムは、皆さんから提出された「雇用保険被保険者資格取得届」などの届書は、そのまま直接「ＯＣＲ」（光学文字読取装置）で読み取らせます。したがって、ＯＣＲで読み取らせる部分に記載する文字は、数字、カタカナ又は記号で一文字ずつ枠内にていねいに書いていただきます。

ハ　皆さんにお返しする「雇用保険被保険者資格取得等確認通知書」などの書類は、OCRに付属するプリンターで印字して作成します。

ニ　「資格喪失届」などの用紙は、「雇用保険被保険者資格取得等確認通知書」などをお返しする際に、被保険者の氏名・被保険者番号、事業所番号などを印字したうえ、一緒にお渡しします。

したがって、このあらかじめお渡しした用紙は、次の届書として使用しますので、それまで保管していただくことになります。

〈平成28年１月から、雇用保険の届出にマイナンバーの記載が必要です。詳細は141ページ３を参照してください〉

（2）被保険者

イ　被保険者とは

雇用保険の被保険者とは、雇用保険の適用事業に雇用される労働者をいいますが、次に掲げる労働者については、雇用保険法の適用がなく、被保険者となりません（雇用保険法第６条）。

第６条　次に掲げる者については、この法律は、適用しない。

1　１週間の所定労働時間が 20 時間未満である者（第 37 条の５第１項の規定による申出をして高年齢被保険者となる者及びこの法律を適用することとした場合において第 43 条第１項に規定する日雇労働被保険者に該当することとなる者を除く。）

2　同一の事業主の適用事業に継続して 31 日以上雇用されることが見込まれない者（前２月の各月において 18 日以上同一の事業主の適用事業に雇用された者及びこの法律を適用することとした場合において第 42 条に規定する日雇労働者であって第 43 条第１項各号のいずれかに該当するものに該当することとなる者を除く。）

3　季節的に雇用される者であって、第 38 条第１項各号のいずれかに該当するもの

4　学校教育法（昭和 22 年法律第 26 号）第１条、第 124 条又は第 134 条第１項の学校の学生又は生徒であって、前３号に掲げる者に準ずるものとして厚生労働省令で定める者

5　船員法（昭和 22 年法律第 100 号）第１条に規定する船員（船員職業安定法（昭和 23 年法律第 130 号）第 92 条第１項の規定により船員法第２条第２項に規定する予備船員とみなされる者及び船員の雇用の促進に関する特別措置法（昭和 52 年法律第 96 号）第 14 条第１項の規定により船員法第２条第２項に規定する予備船員とみなされる者を含む。以下「船員」という。）であって、漁船（政令で定めるものに限る。）に乗り組むため雇用される者（１年を通じて船員として適用事業に雇用される場合を除く。）

6　国、都道府県、市町村その他これらに準ずるものの事業に雇用される者のうち、離職した場合に、他の法令、条例、規則等に基づいて支給を受けるべき諸給与の内容が、求職者給付及び、就職促進給付の内容を超えると認められる者であって、厚生労働省令で定めるもの

また、雇用保険の被保険者となる者かどうか、まぎらわしい事例もあります。

例えば、アルバイトとして雇用される昼間学生、臨時内職的に雇用される者等は、原則として、雇用保険の被保険者となりません。雇用保険の被保険者の範囲の詳細については、最寄りの公共職業安定所でおたずねください。

ロ　被保険者の種類

被保険者は、一般被保険者、高年齢被保険者、短期雇用特例被保険者及び日雇労働被保険者にわかれます。

一般被保険者とは、高年齢被保険者、短期雇用特例被保険者及び日雇労働被保険者以外の被保険者をいいます。

高年齢被保険者とは、65 歳に達した日以後の日において雇用されている者（短期雇用特例被保険者及び日雇労働被保険者となる者を除きます）をいいます。

短期雇用特例被保険者とは、季節的に雇用される者をいいます。この場合、「季節的に雇用される者」とは、季節的業務に期間を定めて雇用される者又は季節的に入・離職する者をいいます。なお、短期雇用特例被保険者であっても、同一の事業主に引き続き１年以上雇用されるに至ったときは、その１年以上雇用されるに至った日から一般被保険者、高年齢被保険者となります。

日雇労働被保険者とは、257 ページの日雇労働被保険者の求職者給付の部分で説明する被保険者をいいます。

2　被保険者に関する諸手続についての事務処理単位

事業主は、次に説明する雇用保険の被保険者に関する届出その他の事務を、その事業所ごとに処理しなければなりません。

ここでいう事業所とは、ある企業の本店、支店、出張所等のうち、場所的にも、経営ないし業務の面でもある程度独立性を有する施設等をいいます。

この事業所の単位は、労働保険料の申告・納付その他徴収法上の適用徴収事務の処理単位である事業場の単位と一致するのが原則ですが、徴収法第９条の規定に基づき２以上の継続事業に関する保険関係を一括することについての認可を受けた事業主の事業所等については、事業場の単位と一致しない場合もありますので、注意が必要です。

3　マイナンバーの記載について

平成28年１月から、雇用保険の届出にマイナンバーの記載が必要になりました。

１．マイナンバーの記載が必要になる届出・申請書等

　イ　雇用保険被保険者資格取得届　　ロ　雇用保険被保険者資格喪失届

　ハ　高年齢雇用継続給付受給資格確認票・（初回）高年齢雇用継続給付支給申請書

　ニ　育児休業給付受給資格確認票・（初回）育児休業給付金支給申請書

　ホ　育児休業給付受給資格確認票・出生時育児休業給付金支給申請書

　ヘ　介護休業給付金支給申請書

詳細は厚生労働省ホームページ「マイナンバー制度（雇用保険関係）」を参照してください。

●旧様式を使用する場合や、新様式を使用する場合であっても、何らかの理由により個人番号を記載できない場合には、「個人番号登録・変更届出書」により個人番号を提出してください（見本様式148ページ）。

２．法人番号の記載が必要な届出は次のとおりです。

　イ　雇用保険適用事業所設置届　　ロ　雇用保険適用事業所廃止届

３．マイナンバー取得時には、厳格な本人確認を行ってください。

従業員からマイナンバーを取得する際は、なりすまし防止のため、①番号確認（正しい番号であることの確認）、②身元（実在）確認（番号の正しい持ち主であることの確認）が必要です。

本人確認の具体的な方法・内容その他については、厚生労働省ホームページに掲載されていますのでご参照ください。

■ 様式第10号の２（第14条、第65条の６、第65条の11、附則第１条の３関係）（第１面）

標準字体 0123456789

個人番号登録・変更届

（必ず第２面の注意事項を読んでから記載してください。）

帳票種別 11701

1.届出区分 （1 新規 2 変更）

2.個人番号

3.変更前個人番号

4.被保険者番号 － －

日雇労働被保険者番号

5.氏名（カタカナ）

6.性別 （1 男 2 女）

7欄は、被保険者が外国人の場合のみ記入してください。

7.被保険者氏名（ローマ字）（アルファベット大文字で記入してください。）

被保険者氏名〔続き（ローマ字）〕

8.生年月日 元号 － 年 月 日 （2 大正 3 昭和 4 平成 5 令和）

9.事業所名〔　〕

10.（フリガナ）		11.	令和
変更前氏名		氏名変更年月日	年　月　日

メモ欄

（この用紙は、このまま機械で処理しますので、汚さないようにしてください。）

雇用保険法施行規則第14条・第65条の６・第65条の11・附則第１条の３の規定により上記のとおり雇用保険被保険者の個人番号について届けます。

令和　年　月　日

事業主又は本人
住所
氏名
電話番号

公共職業安定所長　殿

社会保険労務士記載欄	作成年月日・提出代行者・事務代理者の表示	氏名	電話番号

※

所長		次長		課長		係長		係		操作者	

※備考

2022. 3

雇用保険の各種届出書の記載に当たっての注意事項

（1）□□□□で表示された枠（以下「記入枠」という）に記入する文字は、光学式文字読取装置（ＯＣＲ）で直接読取りますので、この用紙を汚したり、必要以上に折り曲げたりしないでください。

（2）記入すべき事項のない欄、又は記入枠は空欄のままとし、事項を選択する場合には該当番号を記入し、※印のついた欄又は記入枠には記載しません。

（3）記入枠の部分は、枠からはみ出さないように大きめのカタカナ又はアラビア数字の標準字体により明瞭に記載します。

この場合、カタカナの濁点及び半濁点は、1文字として取り扱い、また、「ヰ」及び「ヱ」は使用せず、それぞれ「イ」及び「エ」を使用します。

（4）事業主の住所及び氏名欄には、事業主が法人の場合は、主たる事業所の所在地及び法人の名称を記載するとともに、代表者の氏名を付記します。

（5）氏名のフリガナ欄には、その者の氏名をカタカナで記載し、姓と名の間は、1枠空けます。

例：山田太郎　→

ヤ	マ	タ	゛		タ	ロ	ウ		

（6）年月日を記載する欄には、元号は、該当するものの番号を記載し、年月日の年、月又は日が1桁の場合は、それぞれ10の位の部分に「0」を付加して2桁で記載します。

例：昭和51年5月6日　→

3	−	5	1	0	5	0	6

（7）被保険者番号欄については雇用保険被保険者証等に記載されている被保険者番号を記載します。

なお、被保険者番号が16桁（上下2段で表示されている）で構成されている場合は、下段の10桁のみを記載します。この場合、最初の4桁を最初の4つの枠内に、残りの6桁を「−」に続く6つの枠内に記載し、最後の枠は空枠とします。

例：４６０１１８＊＊＊＊
　　１３０１５４３２１０　→

1	3	0	1	−	5	4	3	2	1	0	−	

（8）事業所番号欄については、事業所番号が10桁の構成である場合は、最初の4桁を最初の4つの枠内に、残りの6桁を「−」に続く6つの枠内に記載し、最後の枠は空枠とします（上記、記入例参照）。

4　雇用保険の適用事業所に関する諸手続

雇用保険の新規加入の手続（図解）

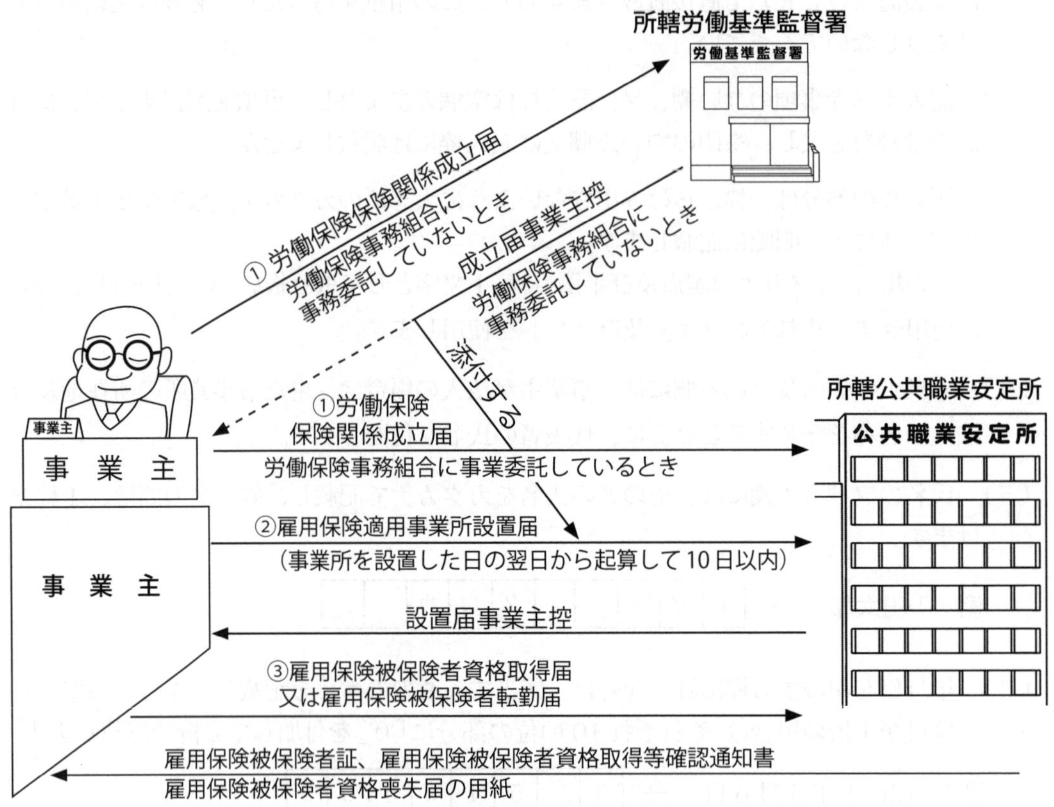

注１．労働保険の保険関係成立届を所轄の労働基準監督署又は所轄の公共職業安定所に提出し、労働保険番号を付与してもらった後に、雇用保険適用事業所設置届を所轄の公共職業安定所に提出します。

２．上記②及び③の手続は同時に行います。

事業主の氏名等を変更したときの手続（図解）

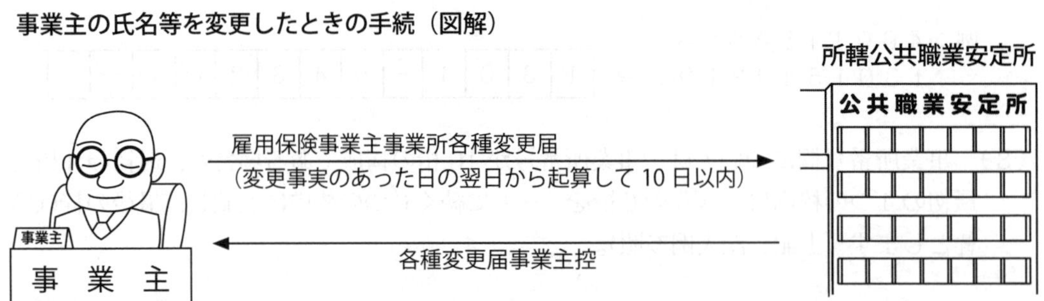

注１．労働保険事務組合に事務処理を委託している事業主については、所轄の公共職業安定所へ、委託していない事業主については所轄の労働基準監督署へ、労働保険名称・所在地等変更届も併せて提出します。

事業を廃止したときの手続（図解）

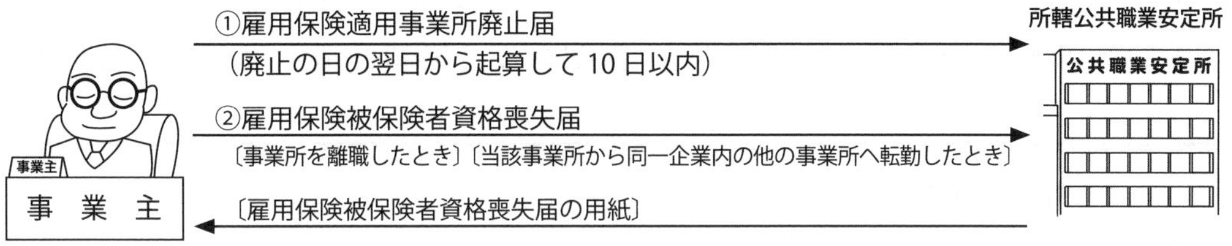

（1）事業所を設置した場合の手続

事業主が新たに適用事業を行う事業所を開始したとき、既に雇用保険に係る保険関係が成立している事業の事業主が別に事業所を設置したとき、又は事業所の組織変更等によって従来一つの事業所として取り扱われていなかったものが、以後、一つの事業所として取り扱われるに至ったときには、当該事業所について「雇用保険適用事業所設置届」（以下「事業所設置届」といいます）を提出しなければなりません。

事業所設置届の提出は、次により行います。

（イ）一元適用事業に係る事業主であって、労働保険事務組合に雇用保険事務の処理を委託しているもの、又は二元適用事業に係る事業主であって雇用保険の保険関係に係るもの（労働保険料のうち一般保険料の納付を都道府県労働局労働保険歳入徴収官に対して行う事業）

事業主は、事業所設置届をその設置の日の翌日から起算して 10 日以内に、徴収法施行規則第 4 条の規定に基づく保険関係成立届とともに、その事業所の所在地を管轄する公共職業安定所の長に提出しなければなりません。

この場合、事業所設置届は、その事業所の適用事業に雇用される者に係る雇用保険被保険者資格取得届（以下「資格取得届」といいます）又は雇用保険被保険者転勤届（以下「転勤届」といいます）を同時に提出しなければなりません。

なお、事務組合に事務処理を委託する事業であって、保険関係成立届を事務組合の主たる事務所の所在地を管轄する公共職業安定所の長に提出したときは、事業所設置届のみをその事業所の所在地を管轄する公共職業安定所の長に提出することになりますから、事務組合の主たる事務所の所在地を管轄する公共職業安定所の長の受理印が押された保険関係成立届の事業主控を添付することが必要です。

（ロ）上記（イ）以外の適用事業の事業主（労働保険料のうち一般保険料の納付を都道府県労働局歳入徴収官に対して行う事業）

事業主は、その事業所の設置に伴って提出する事業所設置届を、原則として保険関係成立届をその事業所の所在地を管轄する労働基準監督署長に提出した後、資格取得届又は転勤届を添えて、同じくその事業所の所在地を管轄する公共職業安定所の長に提出しなければなりません。

この場合、事業主は労働基準監督署長の受理印の押された保険関係成立届の事業主控を添付することが必要です。なお、行政手続きの簡素化のため、公共職業安定所・年金事務所経由の手続きも認められています。

事業所設置届の様式は、次ページのとおりですが、159ページの5に説明する被保険者に関する届出事務の基本となるものですから、各欄について正確に記載しなければなりません。

イ　雇用保険適用事業所設置届

なにを　◇雇用保険適用事業所設置届
だれが　◇事業主
いつ　◇新たに適用事業を行う事業所を設置した日の翌日から起算して10日以内
どこに　◇事業所の所在地を管轄する公共職業安定所の長
その他知っておくべきこと　◇保険関係成立届を労働基準監督署に提出した場合、労働基準監督署長の受理印の押された保険関係成立届の事業主控を添付する必要がありますから注意を要します。
◇雇用保険適用事業所設置届を提出する際には、雇用保険被保険者資格取得届又は雇用保険被保険者転勤届を併せて提出することになりますので注意を要します。

ロ　雇用保険適用事業所廃止届

なにを　◇雇用保険適用事業所廃止届
だれが　◇事業主
いつ　◇その有する事業所を廃止した日の翌日から起算して10日以内
どこに　◇事業所の所在地を管轄する公共職業安定所の長
その他知っておくべきこと　◇雇用保険適用事業所廃止届を提出する際には、雇用保険被保険者資格喪失届をあわせて提出することになりますので注意を要します。

ハ　雇用保険事業主事業所各種変更届

なにを　◇雇用保険事業主事業所各種変更届
だれが　◇事業主
いつ　◇変更の事実のあった日の翌日から起算して10日以内
どこに　◇事業所の所在地を管轄する公共職業安定所の長

ニ　代理人選任（解任）届

なにを　◇雇用保険被保険者関係届出事務等代理人選任（解任）届
だれが　◇事業主
いつ　◇代理人を選任又は解任する都度
どこに　◇代理人の選任又は解任に係る事業所の所在地を管轄する公共職業安定所の長

記入例

雇用保険適用事業所設置届

（必ず第2面の注意事項を読んでから記載してください。）

※　事業所番号

帳票種別　12001

1. 法人番号（個人事業の場合は記入不要です。）　XXXXXXXXXXXXX

下記のとおり届けます。

公共職業安定所長　殿

令和 6 年 4 月 7 日

2. 事業所の名称（カタカナ）　マチダ゛トラヘ゛ル

事業所の名称〔続き（カタカナ）〕　カフ゛シキカ゛イシャ

3. 事業所の名称（漢字）　町田トラヘ゛ル

事業所の名称〔続き（漢字）〕　株式会社

4. 郵便番号　100－XXXX

5. 事業所の所在地（漢字）※市・区・郡及び町村名　千代田区霞が関

事業所の所在地（漢字）※丁目・番地　1－X－X

事業所の所在地（漢字）※ビル、マンション名等

6. 事業所の電話番号（項目ごとにそれぞれ左詰めで記入してください。）　03－3593－XXXX（市外局番・市内局番・番号）

7. 設置年月日　5－060401（元号 年 月 日）（3 昭和　4 平成　5 令和）

8. 労働保険番号　13101096958000（府県 所掌 管轄 基幹番号 枝番号）

※公共職業安定所記載欄	9. 設置区分（1 当然　2 任意）	10. 事業所区分（1 個別　2 委託）	11. 産業分類	12. 台帳保存区分（1 日雇被保険者のみの事業所　2 船舶所有者）

13. 事業主			17. 常時使用労働者数		5 人
住所（法人のときは主たる事務所の所在地）	（フリガナ）チヨダクカスミガセキ	千代田区霞が関1－X－X	18. 雇用保険被保険者数	一般	5 人
名称	（フリガナ）マチダトラベルカブシキガイシャ	町田トラベル株式会社		日雇	0 人
氏名（法人のときは代表者の氏名）	（フリガナ）ダイヒョウトリシマリヤク　マチダナオト	代表取締役　町田直人	19. 賃金支払関係	賃金締切日	15 日
				賃金支払日	㊂ 翌月25日
14. 事業の概要（漁業の場合は漁船の総トン数を記入すること）		旅行代理店業	20. 雇用保険担当課名		総務課 総務係
15. 事業の開始年月日	令和 6 年 4 月 1 日	※16. 事業の廃止年月日　令和　年　月　日	21. 社会保険加入状況		㊀健康保険 ㊀厚生年金保険 ㊀労災保険

備考	※ 所長	次長	課長	係長	係	操作者

（この届出は、事業所を設置した日の翌日から起算して10日以内に提出してください。）

（この用紙は、このまま機械で処理しますので、汚さないようにしてください。）

事業所設置届（裏面） 記入例

注　意

1　□□□□で表示された枠（以下「記入枠」という。）に記入する文字は、光学式文字読取装置（OCR）で直接読取を行いますので、この用紙を汚したり、必要以上に折り曲げたりしないでください。
2　記載すべき事項のない欄又は記入枠は空欄のままとし、※印のついた欄又は記入枠には記載しないでください。
3　記入枠の部分は、枠からはみ出さないように大きめの文字によって明瞭に記載してください。
4　1欄には、平成27年10月以降、国税庁長官から本社等へ通知された法人番号を記載してください。
5　2欄には、数字は使用せず、カタカナ及び「-」のみで記載してください。
　カタカナの濁点及び半濁点は、1文字として取り扱い（例：ガ→カ゛、パ→ハ゜）、また、「ヰ」及び「ヱ」は使用せず、それぞれ「イ」及び「エ」を使用してください。
6　3欄及び5欄には、漢字、カタカナ、平仮名及び英数字（英字については大文字体とする。）により明瞭に記載してください。
7　5欄1行目には、都道府県名は記載せず、特別区名、市名又は郡名とそれに続く町村名を左詰めで記載してください。
　5欄2行目には、丁目及び番地のみを左詰めで記載してください。
　また、所在地にビル名又はマンション名等が入る場合は5欄3行目に左詰めで記載してください。
8　6欄には、事業所の電話番号を記載してください。この場合、項目ごとにそれぞれ左詰めで、市内局番及び番号は「-」に続く5つの枠内にそれぞれ左詰めで記載してください。（例：03-3456-XXXX→ 03□□□-3456□-XXXX□ ）
9　7欄には、雇用保険の適用事業所となるに至った年月日を記載してください。この場合、元号をコード番号で記載した上で、年、月又は日が1桁の場合は、それぞれ10の位の部分に「0」を付加して2桁で記載してください。
（例：平成14年4月1日→ 4-140401 ）
10　14欄には、製品名及び製造工程又は建設の事業及び林業等の事業内容を具体的に記載してください。
11　18欄の「一般」には、雇用保険被保険者のうち、一般被保険者数、高年齢被保険者数及び短期雇用特例被保険者数の合計数を記載し、「日雇」には、日雇労働被保険者数を記載してください。
12　21欄は、該当事項を○で囲んでください。
13　22欄は、最寄りの駅又はバス停から事業所への道順略図を記載してください。

お願い
1　事業所を設置した日の翌日から起算して10日以内に提出してください。
2　営業許可証、登記事項証明書その他記載内容を確認することができる書類を持参してください。

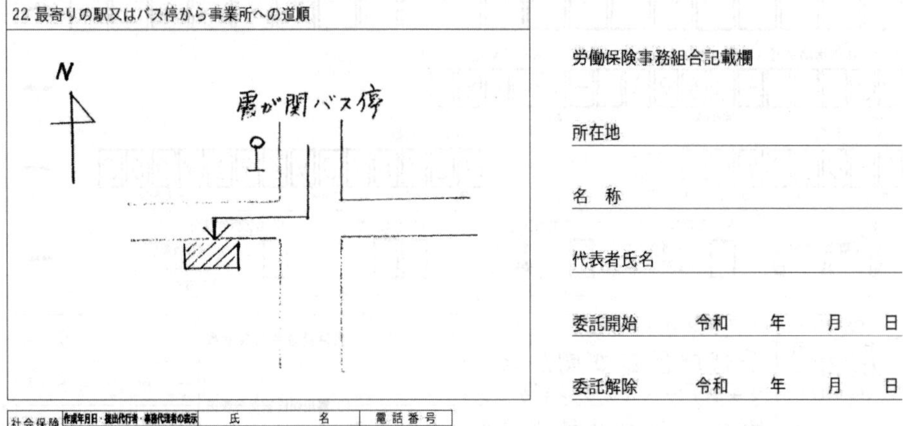
22.最寄りの駅又はバス停から事業所への道順

労働保険事務組合記載欄
所在地
名　称
代表者氏名
委託開始　令和　年　月　日
委託解除　令和　年　月　日

社会保険労務士記載欄	作成年月日・提出代行者・事務代理者の表示	氏　名	電話番号

※　本手続は電子申請による届出も可能です。詳しくは管轄の公共職業安定所までお問い合わせください。
　なお、本手続について、社会保険労務士が電子申請により本届書の提出に関する手続を事業主に代わって行う場合には、当該社会保険労務士が当該事業主の提出代行者であることを証明することができるものを本届書の提出と併せて送信することをもって、当該事業主の電子署名に代えることができます。

（2）事業所を廃止した場合の手続

事業主は、その有する事業所を廃止した場合は、廃止の日の翌日から起算して10日以内に、その事業所の所在地を管轄する公共職業安定所の長に「雇用保険適用事業所廃止届」（以下「事業所廃止届」といいます）を提出しなければなりません。

事業主が、事業所廃止届を提出するときは、通常その事業所の適用事業に雇用されていた全被保険者について、雇用保険被保険者資格喪失届（以下「資格喪失届」といいます）を同時に提出することになりますから注意が必要です。

なお、保険関係消滅の認可、任意加入の取消し又は撤回があった場合等には、事業所廃止届の提出は必要ありません。

また、事業所が他の公共職業安定所管内に移動した場合には、雇用保険事業主事業所各種変更届により、事業所の所在地が変更した旨を届け出ることとなり、事業所の廃止、設置の届出は不要です。

「雇用保険適用事業所廃止届」の「6　廃止区分」欄には、次の区分に従い該当するものの番号を記載します。

イ　事業所の廃止（下記ロに該当する場合を除く）……………………………………… 1

ロ　事業所の統合に伴う事業所の廃止…………………………………………………… 4

なお、「7　統合先事業所の事業所番号」欄、及び「8　統合先事業所の設置年月日」欄は、「6　廃止区分」欄に「4」を記載した場合に記載します。

（3）事業所に関するその他の諸手続

イ　事業主の氏名、住所、事業所の名称、所在地、事業の種類等の変更の場合の手続

事業主は、次の事項に変更のあった場合は、「雇用保険事業主事業所各種変更届」（以下「各種変更届」といいます）を、その変更のあった日の翌日から起算して10日以内に、その事業所の所在地を管轄する公共職業安定所の長に提出しなければなりません。

（イ）事業主の氏名又は住所

（ロ）事業所の名称又は所在地

（ハ）事業の種類及び概要

各種変更届の様式は157ページのとおりですから、各欄について正確に記載してください。

ロ　代理人の選任、解任の手続

事業主は、その行うべき雇用保険事務（徴収法に基づく事務を除きます）については、あらかじめ代理人を選任して、これを処理させることができます。この代理人を選任又は解任したときは、速やかに雇用保険被保険者関係届出事務等代理人選任（解任）届を、当該代理人の選任（解任）に係る事業所の所在地を管轄する公共職業安定所の長に提出しなければなりません。

また、代理人の職名、氏名、代理事項に変更のあったときも、同様に届け出なければなりません。

記入例

雇用保険適用事業所廃止届

標準字体 0123456789
（必ず第２面の注意事項を読んでから記載してください。）

帳票種別 14002
1.法人番号（個人事業の場合は記入不要です。） XXXXXXXXXXXXX
※2.本日の資格喪失・転出者数 　人

3.事業所番号 4201－151402－0
4.設置年月日 3－590901（3 昭和 4 平成 5 令和） 元号 年 月 日

5.廃止年月日 5－070131（4 平成 5 令和） 元号 年 月 日
6.廃止区分 1
7.統合先事業所の事業所番号 　－　－

8.統合先事業所の設置年月日 　－（3 昭和 4 平成 5 令和） 元号 年 月 日

（この用紙は、このまま機械で処理しますので、汚さないようにしてください。）

9.事業所	（フリガナ）	ナガサキシニシヤママチ
	所在地	長崎市西山町×－×
	（フリガナ）	カブシキガイシャコハルウンソウテン
	名称	株式会社小春運送店

10.労働保険番号	府県	所掌	管轄	基幹番号	枝番号	11.廃止理由
	42	1	01	152013	000	経営困難により事業廃止

上記のとおり届けます。

令和 7 年 2 月 10 日

公共職業安定所長 殿

事業主
住所 長崎市西山町×－×
名称 株式会社小春運送店
氏名 代表取締役 小春秀市
電話番号 0958-24-××××

※公共職業安定所記載欄	届書提出後、事業主が住所を変更する場合又は事業主に承継者等のある場合は、その者の住所・氏名	（フリガナ）	
		名称	
		（フリガナ）	
		住所	
		（フリガナ）	
		代表者氏名	
		電話番号	郵便番号 　－

備考	

※ 所長	次長	課長	係長	係	操作者

労働保険事務組合記載欄

所在地

名称

代表者氏名

社会保険労務士記載欄	作成年月日・提出代行者・事務代理者の表示	氏名	電話番号

（この届出は、事業所を廃止した日の翌日から起算して10日以内に提出してください。）

記入例

雇用保険事業主事業所各種変更届

（必ず第２面の注意事項を読んでから記載してください。）

※　事業所番号

帳票種別　13003

※1.変更区分

2.変更年月日　5－060401（4 平成　5 令和）元号　年　月　日

3.事業所番号　1401－052916－0

4.設置年月日　5－020401（3 昭和　4 平成　5 令和）元号　年　月　日

●下記の5～11欄については、変更がある事項のみ記載してください。

5.法人番号（個人事業の場合は記入不要です。）　XXXXXXXXXXXXX

6.事業所の名称（カタカナ）

事業所の名称〔続き（カタカナ）〕

7.事業所の名称（漢字）

事業所の名称〔続き（漢字）〕

8.郵便番号　150－XXXX

10.事業所の電話番号（項目ごとにそれぞれ左詰めで記入してください。）　03－3463－XXXX（市外局番・市内局番・番号）

9.事業所の所在地（漢字）　市・区・郡及び町村名　渋谷区神南

事業所の所在地（漢字）　丁目・番地　2－3－X

事業所の所在地（漢字）　ビル、マンション名等

11.労働保険番号　13101052996000（府県・所掌・管轄・基幹番号・枝番号）

※公共職業安定所記載欄　12.設置区分（1 当然　2 任意）　13.事業所区分（1 個別　2 委託）　14.産業分類

（この用紙は、このまま機械で処理しますので、汚さないようにしてください。）

変更事項		
15.事業主	（フリガナ）	トウキョウトシブヤクジンナン
	住所（法人のときは主たる事務所の所在地）	東京都渋谷区神南2-3-X
	（フリガナ）	
	名称	
	（フリガナ）	
	氏名（法人のときは代表者の氏名）	
16.変更後の事業の概要		つくだ煮小売業
17.変更の理由		会社移転
備考		

18.変更前の事業所の名称（フリガナ）	カブシキガイシャアキモトショウカイ
18.変更前の事業所の名称	株式会社秋本商会
19.変更前の事業所の所在地（フリガナ）	ヨコハマシナカクコトブキチョウ
19.変更前の事業所の所在地	横浜市中区寿町10-9-X
20.事業の開始年月日	令和2年4月1日
※21.事業の廃止年月日	令和　年　月　日
22.常時使用労働者数	10人
23.雇用保険担当課名	総務課　人事係
24.社会保険加入状況	健康保険・厚生年金保険・労災保険
25.雇用保険被保険者数	一般　10人／日雇　0人
26.賃金支払関係	賃金締切日　25日／賃金支払日　当・翌月　末日

※所長　次長　課長　係長　係　操作者

（この届出は、変更のあった日の翌日から起算して10日以内に提出してください。）

事業所各種変更届（裏面） 記入例

注　意

1　□□□□で表示された枠（以下「記入枠」という。）に記入する文字は、光学式文字読取装置（ＯＣＲ）で直接読取を行いますので、この用紙を汚したり、必要以上に折り曲げたりしないでください。
2　記載すべき事項のない欄又は記入枠は空欄のままとし、※印のついた欄又は記入枠には記載しないでください。
3　記入枠の部分は、枠からはみ出さないように大きめの文字によって明瞭に記載してください。
4　2欄の記載は、元号をコード番号で記載した上で、年、月又は日が１桁の場合は、それぞれ10の位の部分に「０」を付加して２桁で記載してください。（例：平成15年４月１日→ 4-150401 ）
5　3欄の記載は、公共職業安定所から通知された事業所番号が連続した10桁の構成である場合は、最初の４桁を最初の４つの枠内に、残りの６桁を「-」に続く６つの枠内にそれぞれ記載し、最後の枠は空枠としてください。
（例：1301000001の場合→ 1301-000001- ）
6　4欄には、雇用保険の適用事業となるに至った年月日を記載してください。記載方法は、2欄の場合と同様に行ってください。
7　5欄には、平成27年10月以降、国税庁長官から本社等へ通知された法人番号を記載してください。
8　6欄には、数字は使用せず、カタカナ及び「-」のみで記載してください。
カタカナの濁点及び半濁点は、１文字として取り扱い（例：ガ→カ゛、パ→ハ゜）、また、「ヰ」及び「ヱ」は使用せず、それぞれ「イ」及び「エ」を使用してください。
9　7欄及び9欄には、漢字、カタカナ、平仮名及び英数字（英字については大文字体とする。）により明瞭に記載してください。
小さい文字を記載する場合には、記入枠の下半分に記載してください。（例：ァ→ァ）
また、濁点及び半濁点は、前の文字に含めて記載してください。（例：が→が、ぱ→ぱ）
10　9欄１行目には、都道府県名は記載せず、特別区名、市名又は郡名とそれに続く町村名を左詰めで記載してください。
9欄２行目には、丁目及び番地のみを左詰めで記載してください。
また、所在地にビル名又はマンション名等が入る場合は9欄３行目に左詰めで記載してください。
11　10欄には、事業所の電話番号を記載してください。この場合、項目ごとにそれぞれ左詰めで、市内局番及び番号は「-」に続く５つの枠内にそれぞれ左詰めで記載してください。（例：03-3456-XXXX→ 03-3456-XXXX ）
12　27欄は、最寄りの駅又はバス停から事業所への道順略図を記載してください。

お願い
1　変更のあった日の翌日から起算して10日以内に提出してください。
2　営業許可証、登記事項証明書その他の記載内容を確認することができる書類を持参してください。

27.最寄りの駅又はバス停から事業所への道順

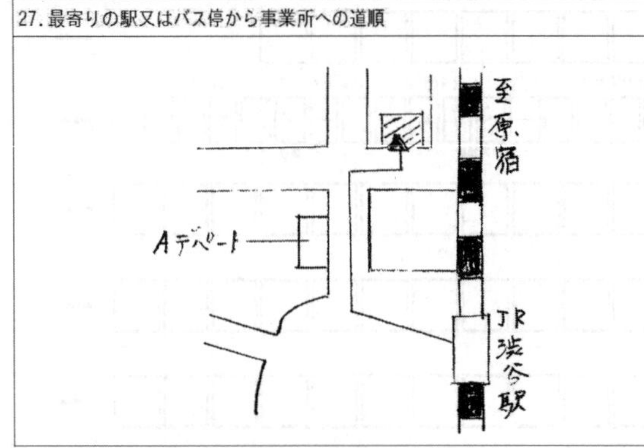

労働保険事務組合記載欄

所在地

名　称

代表者氏名

委託開始　　年　　月　　日

委託解除　令和　　年　　月　　日

上記のとおり届出事項に変更があったので届けます。

令和　6 年　4 月　9 日

渋谷　公共職業安定所長　殿

住　所　東京都渋谷区神南2-3-×
事業主　名　称　株式会社秋本商会
氏　名　代表取締役　秋本大二

社会保険労務士記載欄	作成年月日・提出代行者・事務代理者の表示	氏　名	電話番号

※　本手続は電子申請による届出も可能です。詳しくは管轄の公共職業安定所までお問い合わせください。
なお、本手続について、社会保険労務士が電子申請により本届書の提出に関する手続を事業主に代わって行う場合には、当該社会保険労務士が当該事業主の提出代行者であることを証明することができるものを本届書の提出と併せて送信することをもって、当該事業主の電子署名に代えることができます。

5　被保険者に関する諸手続

(1) 労働者が被保険者となったことについての届出

労働者を雇用したときの手続（図解）

新たに適用事業を開始したとき等を除き、原則として、確認書類（賃金台帳、労働者名簿、タイムカード等、他の社会保険の資格取得関係書類等、有期契約労働者については雇用契約書・雇入れ通知書等も）の携帯は不要です（161 ページ参照）

雇用保険適用事業所設置届

（新たに事業を開始したとき）添付する

ただし、兼務役員、在宅勤務者等の場合には、就業規則、雇用契約書、雇入れ通知書、賃金規定、出勤簿等の提出が求められます（雇用形態により、提出書類の種類は異なります）

携行する

所轄公共職業安定所

公共職業安定所

雇用保険被保険者資格取得届
（被保険者となった日の属する月の翌月 10 日まで）

事業主

事　業　主

雇用保険被保険者証、雇用保険被保険者資格取得等確認通知書、
雇用保険被保険者資格喪失届の用紙

な　に　を	◇雇用保険被保険者資格取得届（様式第２号）
だ　れ　が	◇事業主
い　　　つ	◇被保険者となった事実のあった日の属する月の翌月 10 日まで
ど　こ　に	◇事業所の所在地を管轄する公共職業安定所の長

イ　あらまし

適用事業を行う事業主は、その雇用する労働者が雇用保険の被保険者（以下この５においては、一般被保険者・高年齢被保険者及び短期雇用特例被保険者をいうものとします）となった場合には、その者について、資格取得届を、被保険者となった事実のあった日の属する月の翌月 10 日までに、その適用事業を行う事業所の所在地を管轄する公共職業安定所の長に提出しなければなりません。

被保険者となる日は、通常はその労働者が雇用された日ですが、適用事業でなかった事業が適用事業となった場合はその事業に雇用される労働者については当該事業が適用事業となった日が、４カ月以内の期間を予定して行われる季節的事業に雇用される者がその定められた期間を超えて引き続き同一の事業主の適用事業に雇用された場合はその定められた期間を超えて雇用された日が、また日雇労働者が２月の各月において 18 日以上同一の事業主の適用事業に雇用されるに至ったときはその翌月の最初の日、同一事業主の適用事業に継続して 31 日以上雇用されるに至ったときはその日がそれぞれ被保険者となる日となります。

ロ　資格取得届の提出に当たっての留意事項

その事業所がはじめて適用事業を行う事業所となったものである場合であって、はじめて資格取得届を提出するときは、事業所設置届を添えて提出しなければなりません。

なお、「雇用保険被保険者資格取得届」の「9　被保険者となったことの原因」欄には、次の区分に従い該当するものの番号を記載します。

（1）　新規学校卒業者のうち、資格取得年月日が卒業年の３月１日から６月 30 日までの間にある場合 ……………………………………………………………………… 1

（2）　中途採用者を雇入れた場合、取締役等委任関係であるとして被保険者から除外されていた者が、新たに明確な雇用関係に基づいて就労したような場合 …… 2

（3）　日雇労働被保険者が２月の各月において 18 日以上又は 31 日以上同一の事業主の適用事業に雇用された場合（資格継続の認可を受けた場合を除く）……… 3

（4）　次に該当する場合等 …………………………………………………………… 4

イ　その被保険者の雇用される事業が新たに適用事業となった場合

ロ　適用事業に雇用されていた被保険者が、在籍出向し、出向先で新たに被保険者資格を取得した場合であって、出向元に復帰し、出向元で再度被保険者資格を取得することとなったとき（在籍専従の場合も同様）

ハ　同一事業主の下で、船員と陸上勤務を本務とする労働者（船員でない労働者）との間の異動があった場合

（5）　被保険者資格を取得した原因が２以上に該当する場合…1、２又は３のいずれか

（6）　65 歳以上の者が出向元に復帰した場合等 ………………………………………… 8

また、「13　職種」欄については、次に掲げる具体例を参照し、「11　資格取得年月日」欄は、試用期間、研修期間を含む雇入れの初日を記載します。

区分	職　　種	説　明（具　体　例）
1	管理的職業	会社・団体等の役員及び管理職員（法人組織等の課以上の内部組織の業務を管理・監督する仕事に従事するもの）をいいます（例：会社部長、課長、支店長、工場長、営業所長）。
2	専門的・技術的職業	高度な科学的知識を応用した技術的な仕事、医療・法律・経営・教育・著述・芸術等の専門的な仕事に従事するものをいいます（例：研究者、開発・製造技術者、情報処理・通信技術者、建築・土木技術者、教員、記者、カメラマン、デザイナー、通訳）。
3	事務的職業	総務・人事・企画・会計などの事務、生産・営業・販売・運輸・郵便に関する事務及びパソコン等を操作する業務に従事するものをいいます。集金などの外勤事務の仕事も含みます（例：総務事務員、企画・調査事務員、受付・案内事務員、経理事務員、医療事務員、コールセンターオペレーター、テレフォンアポインター、出荷・受荷係事務員）。

4	販売の職業	商品・不動産・保険・有価証券などの売買、売買の仲介・取り次ぎ・代理、売買に関する取引上の勧誘・交渉・契約締結などの業務に従事するものをいいます（例：販売店員、レジ係、コンビニ店員、不動産仲介・売買人、営業員）。
5	サービスの職業	個人家庭における家事支援、介護、保健医療の補助、理容・美容、クリーニング、調理、接客・給仕、住居施設・ビルの管理などのサービスの業務に従事するものをいいます（例:介護員、看護助手、理容師、美容師、クリーニング工、調理人、飲食物給仕係、旅館・ホテル・娯楽場等接客員、マンション・ビル管理人）。
6	保安の職業	個人の生命・財産の保護、公共の安全・秩序の維持などに従事するものをいいます（例:警備員、道路パトロール員、道路交通誘導員）。
7	農林漁業の職業	農業、林業及び漁業に従事するものをいいます（例：稲作・畑作作業員、園芸・工芸作物栽培作業員、養畜作業員、植木職、造園師、伐木・造材・集材作業員、漁師、水産養殖作業員）。
8	生産工程の職業	生産設備のオペレーター、原材料の加工・製品の製造、機械の組立・修理、製品の検査及び生産工程で行われる作業に関連する技術的な作業などに従事するものをいいます（例:生産設備オペレーター、製造工、板金工、各種食品製造・加工工、印刷工、機械組立工、修理・整備工、検査工、塗装工、製図工）。
9	輸送・機械運転の職業	自動車・電車・船舶・飛行機の運転・操縦、車掌その他の運輸の作業、定置・建設機械運転に従事するものをいいます（例：バス運転手、タクシー運転手、トラック運転手、電車運転手、車掌、フォークリフト運転作業員、クレーン運転工、建設機械運転工、ビル設備管理員）。
10	建設・採掘の職業	建設・電気工事作業、土木工事作業などに従事するものをいいます（例：建築とび工、取りこわし作業員、大工、配管工、内装工、電気工事作業員、土木作業員、舗装作業員）。
11	運搬・清掃・包装等の職業	荷物等の運搬・集荷・配達、建物等の清掃、品物の包装などの業務に従事するものをいいます（例：荷役作業員、倉庫作業員、荷物配達係、ビル・建物清掃員、ピッキング作業員）。

注）省令改正により、平成22年4月1日以降に雇用保険が適用されることになった方の被保険者資格取得届については、以下のいずれかに該当する場合を除き、添付書類の提出は不要となりました。

1　事業主として初めての被保険者資格取得届を行う場合

2　被保険者資格取得届について届出期限（被保険者となった事実のあった日の属する月の翌月10日）を過ぎて提出される場合

3　過去３年間に事業主の届出に起因する不正受給があった場合

4　労働保険料の納付の状況が著しく不適切である場合

5　著しい不整合がある届出の場合

6　雇用保険法その他労働関係法令に係る著しい違反があった事業主による届出の場合

※　なお、公共職業安定所において、届出内容を確認する必要がある場合には、後日、添付書類の提出をお願いする場合があります。

○社会保険労務士、労働保険事務組合を通じて提出される場合には、原則として、添付書類は不要です。

○在宅勤務者、事業主と同居している親族、株式会社等の取締役等についての届出である場合には、添付書類とは別に、雇用関係を確認する書類の提出をお願いすることになります。

ハ　公共職業安定所からの通知

（イ）雇用保険被保険者資格取得等確認通知書

資格取得届の提出を受けた公共職業安定所長は、被保険者となったことの確認を行い、雇用保険被保険者資格取得等確認通知書（以下「資格取得等確認通知書」という）により通知しますので、事業主は、その者の在職中及び離職した日から４年間は大切に保管してください。

資格取得等確認通知書と併せて、雇用保険被保険者証（雇用保険被保険者資格取得確認等通知書（被保険者通知用）を兼ねています）が交付されますので、すみやかにこれを本人に交付してください。

また、資格取得等確認通知書とあわせて交付される雇用保険被保険者資格喪失届の用紙は、当該被保険者の資格喪失の際の届出用紙として使用しますので、それまで大切に保管してください。

（ロ）短期雇用特例被保険者であることの確認

公共職業安定所長は、被保険者となったことの確認を行った場合に、その被保険者が短期雇用特例被保険者であるときは、短期雇用特例被保険者であることの確認を行い、（イ）の雇用保険被保険者資格取得等確認等通知書（被保険者通知用）により通知しますので、事業主は、当該確認通知書を交付してください。

記入例

様式第2号（第6条関係）

雇用保険被保険者資格取得届

標準字体 0123456789

（必ず第２面の注意事項を読んでから記載してください。）

帳票種別 19101

1. 個人番号 XXXXXXXXXXXX

2. 被保険者番号 □□□□-□□□□□□-□

3. 取得区分 1（1 新規 2 再取得）

4. 被保険者氏名 内田絵里子　フリガナ（カタカナ）ウチダ　エリコ

5. 変更後の氏名　フリガナ（カタカナ）

6. 性別 2（1 男 2 女）

7. 生年月日 3-480828（元号 年 月 日）（2 大正 3 昭和 4 平成 5 令和）

8. 事業所番号 0101-000298-3

9. 被保険者となったことの原因 2

1 新規雇用（新規学卒）
2 新規雇用（その他）
3 日雇からの切替
4 その他
8 出向元への復帰等（65歳以上）

10. 賃金（支払の態様－賃金月額：単位千円） 1-200（百万 十万 万 千円）（1 月給 2 週給 3 日給 4 時間給 5 その他）

11. 資格取得年月日 5-060601（元号 年 月 日）（4 平成 5 令和）

12. 雇用形態 7（1 日雇 2 派遣 3 パートタイム 4 有期契約労働者 5 季節的雇用 6 船員 7 その他）

13. 職種 3（01～11）第２面参照

14. 就職経路 □（1 安定所紹介 2 自己就職 3 民間紹介 4 把握していない）

15. １週間の所定労働時間 3500（時間 分）

16. 契約期間の定め 2

1 有 ― 契約期間 □-□□□□□□ から □-□□□□□□ まで（元号 年 月 日）（4 平成 5 令和）
契約更新条項の有無 □（1 有 2 無）
2 無

事業所名〔北海道トラベル株式会社〕　備考〔　〕

17欄から23欄までは、被保険者が外国人の場合のみ記入してください。

17. 被保険者氏名（ローマ字）（アルファベット大文字で記入してください。）

被保険者氏名〔続き（ローマ字）〕

18. 在留カードの番号（在留カードの右上に記載されている12桁の英数字）

19. 在留期間 □□□□□□□□ まで（西暦 年 月 日）

20. 資格外活動の許可の有無 □（1 有 2 無）

21. 派遣・請負就労区分 □（1 派遣・請負労働者として主として当該事業所以外で就労する場合 2 1に該当しない場合）

22. 国籍・地域（　）

23. 在留資格（　）

※公共職業安定所記載欄

24. 取得時被保険者種類 □□（1 一般 2 短期常態 3 季節 11 高年齢被保険者（65歳以上））

25. 番号複数取得チェック不要 □（チェック・リストが出力されたが、調査の結果、同一人でなかった場合に「1」を記入。）

26. 国籍・地域コード □□□（22欄に対応するコードを記入）

27. 在留資格コード □□（23欄に対応するコードを記入）

雇用保険法施行規則第6条第1項の規定により上記のとおり届けます。

住　所　北海道札幌市中央区南十条25丁目4-×　　令和 6 年 6 月 3 日

事業主　氏　名　北海道トラベル株式会社
代表取締役栗田薫

電話番号　011-727-××××

公共職業安定所長　殿

社会保険労務士記載欄	作成年月日・提出代行者・事務代理者の表示	氏名	電話番号

※所長	次長	課長	係長	係	操作者

※備考

確認通知　令和　年　月　日

（この用紙は、このまま機械で処理しますので、汚さないようにしてください。）

（2）被保険者でなくなったことについての届出

労働者が離職したときの手続（図解）

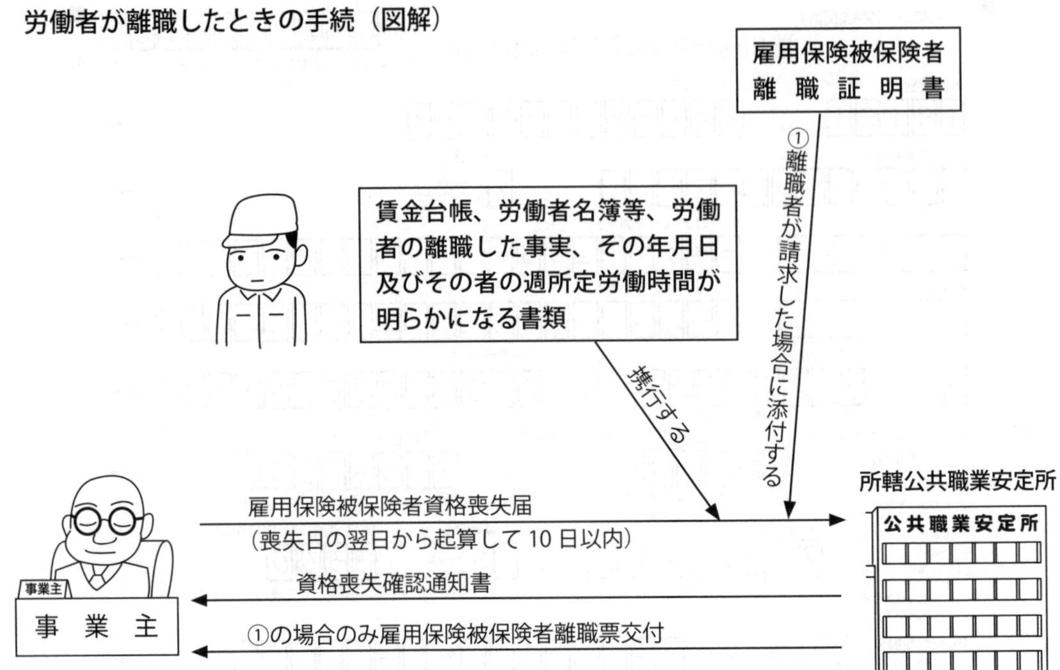

な　に　を	◇雇用保険被保険者資格喪失届（様式第４号）
だ　れ　が	◇事業主
い　　　つ	◇被保険者でなくなった事実のあった日の翌日から起算して10日以内
ど　こ　に	◇事業所の所在地を管轄する公共職業安定所の長
その他知っておくべきこと	◇被保険者でなくなったことの原因が離職である場合には、原則としてこの届に雇用保険被保険者離職証明書を添えること。

イ　あらまし

適用事業を行う事業主は、その雇用する被保険者が離職その他の理由で被保険者でなくなった場合は、その者について、資格喪失届を、被保険者でなくなった事実のあった日の翌日から起算して10日以内に、その適用事業を行う事業所の所在地を管轄する公共職業安定所の長に提出しなければなりません。

被保険者でなくなる日は、原則として、その者が死亡し、又は離職するなど被保険者でなくなることの原因となる事実のあった日の翌日です。

ロ　資格喪失届の作成及び提出

資格喪失届の「５　喪失原因」欄には、次の区分に従い該当するものの番号を記載します。

（イ）死亡、在籍出向、出向元への復帰、その他離職以外の理由 ……………………… 1

（ロ）天災その他やむを得ない理由によって事業の継続が不可能になったことによる解雇 ……………………………………………………………………………………… 2

（ハ）被保険者の責めに帰すべき重大な理由による解雇 ……………………………… 2
（ニ）契約期間の満了 …………………………………………………………………… 2
（ホ）任意退職（事業主の勧奨等によるものを除く）………………………………… 2
（ヘ）（ロ）から（ホ）まで以外の事業主の都合によらない離職（定年等）………… 2
（ト）移籍出向（ただし、退職金又はこれに準じた一時金の支給が行われたもの以外の出向は「１」）…………………………………………………………………… 2
（チ）事業主の都合による解雇、事業主の勧奨等による任意退職 …………………… 3

ハ　資格喪失届を提出するに当たっての留意事項

（イ）被保険者でなくなったことの原因が離職であるときは、その者が雇用保険被保険者離職票（以下「離職票」といいます）の交付を希望しない場合を除いては、この資格喪失届に雇用保険被保険者離職証明書（以下「離職証明書」といいます）を添えて提出しなければなりません（このことについては、(3) 離職証明書の項を参照してください）。

（ロ）資格喪失届を提出する際には、賃金台帳、労働者名簿、他の社会保険の被保険者資格喪失関係書類等、その労働者が被保険者でなくなったことの事実、その年月日及びその者の週所定労働時間が明らかになる書類を携行する必要があります。

（ハ）個人番号記入欄のない旧様式で提出する場合には、個人番号登録・変更届も併せて提出してください。

（３）離職証明書

な　に　を	◇雇用保険被保険者離職証明書（様式第５号）
だ　れ　が	◇事業主
い　　　つ	◇資格喪失届を提出するとき、それに添えて
ど　こ　に	◇事業所の所在地を管轄する公共職業安定所の長

イ　あらまし

（イ）事業主は、その雇用する被保険者が、離職によって被保険者でなくなった場合は、資格喪失届に離職証明書を添えて提出しなければなりません。ただし、その者が離職の際に離職票の交付を希望しない場合は、離職証明書の提出は必要なく、資格喪失届のみの提出で足ります。

（ロ）当該証明書の提出時に誤記入が発見されたときに備えて、2枚目(「安定所提出用」)の左欄外に事業主印を捨印しておいてください。

（ハ）被保険者でなくなった者が、離職の際に離職票の交付を希望せず、後になって離職票の交付を受けることが必要となったこと等のため、事業主に対して離職証明書の交付を請求する場合がありますが、この場合には、事業主は、資格喪失届を提出した際、既に離職証明書を添付してあった場合を除き、その者に離職証明書を交付しなければなりません。

記入例

様式第4号（第7条関係）（第1面）

雇用保険被保険者資格喪失届

標準字体 0123456789

（必ず第２面の注意事項を読んでから記載してください。）

（なるべく折り曲げないようにし、やむをえない場合には折り曲げマーク（▶）の所で折り曲げてください。）

帳票種別 15103

1.被保険者番号 1234-567890-3

2.事業所番号

3.資格取得年月日 H081001

4.離職年月日（元号 4 平成 5 令和） 5-060531（元号 年 月 日）

5.喪失原因 2（1 離職以外の理由 2 3以外の離職 3 事業主の都合による離職）

6.離職票交付希望 1（1 有 2 無）

7.1週間の所定労働時間 4000（時間 分）

8.補充採用予定の有無（空白 無 1 有）

9.新氏名

フリガナ（カタカナ）

10.個人番号

※公共職業安定所記載欄 11.喪失時被保険者種類（3 季節） 12.国籍・地域コード（18欄に対応するコードを記入） 13.在留資格コード（19欄に対応するコードを記入）

被保険者氏名	性別	生年月日	取得時被保険者種類	転勤年月日	管轄安定所番号	雇用形態

資格取得年月日現在の１週間の所定労働時間		事業所名略称	犬養商事株式会社
被保険者の住所又は居所	東京都北区王子6-×-××		
被保険者でなくなったことの原因及び被保険者に氏名変更があった場合は氏名変更年月日	残業が多いため他に転職希望		

雇用保険法施行規則第７条第１項の規定により、上記のとおり届けます。

令和 6 年 6 月 2 日

事業主
住所 東京都千代田区丸の内
氏名 犬養商事株式会社
代表取締役 犬飼 浩
電話番号 03-3426-××××

公共職業安定所長 殿

（この用紙は、このまま機械で処理しますので、汚さないようにしてください。）

※

所長	次長	課長	係長	係	操作者

社会保険労務士記載欄	作成年月日・提出代行者・事務代理者の表示	氏名	電話番号

様式第4号（第7条関係）（第2面）

雇用保険被保険者資格喪失届

14欄から19欄は、被保険者が外国人の場合のみ記入してください。

帳票種別 15105

14.被保険者氏名（ローマ字）又は新氏名（ローマ字）（アルファベット大文字で記入してください。）

被保険者氏名（ローマ字）又は新氏名（ローマ字）〔続き〕

15.在留カードの番号（在留カードの右上に記載されている12桁の英数字）

16.在留期間（西暦 年 月 日）

17.派遣・請負就労区分（1 派遣・請負労働者として主として当該事業所以外で就労していた場合 2 1に該当しない場合）

18.国籍・地域（ ）

19.在留資格（ ）

※備考 確認通知 令和 年 月 日

注 意

1 □□□□で表示された枠（以下「記入枠」という。）に記入する文字は、光学式文字読取装置（OCR）で直接読取を行うので、この用紙は汚したり、必要以上に折り曲げたりしないこと。
2 記載すべき事項のない欄又は記入枠は空欄のままとし、事項を選択する場合には該当番号を記入し、※印のついた欄又は記入枠には記載しないこと。
3 記入枠の部分は、枠からはみださないように大きめのカタカナ及びアラビア数字の標準字体により明瞭に記載すること。
この場合、カタカナの濁点及び半濁点は、１文字として取り扱い（例：ガ→カ゛、パ→ハ゜）、また、「ヰ」及び「ヱ」は使用せず、それぞれ「イ」及び「エ」を使用すること。
4 事業主の住所及び氏名欄には、事業主が法人の場合は、主たる事務所の所在地及び法人の名称を記載するとともに、代表者の氏名を付記すること。
5 4欄には、被保険者でなくなったことの原因となる事実のあった年月日を記載すること。なお、年、月又は日が１桁の場合は、それぞれ10の位の部分に「0」を付加して２桁で記載すること。
（例：平成19年３月１日→4-190301）
6 5欄には、次の区分に従い、該当するものの番号を記載すること。
（1）死亡、在籍出向、出向元への復帰、その他離職以外の理由……1
（2）天災その他やむを得ない理由によって事業の継続が不可能になったことによる解雇、（3）被保険者の責めに帰すべき重大な理由による解雇
（4）契約期間の満了、（5）任意退職（事業主の勧奨等によるものを除く。）、（6）（2）から（5）まで以外の事業主の都合によらない離職（定年等）
（7）移籍出向（ただし、退職金又はこれに準じた一時金の支給が行われたもの以外の出向は「1」）……2
（8）事業主の都合による解雇、事業主の勧奨等による任意退職等……3
7 6欄には、被保険者でなくなった者が離職票の交付を希望するときは「1」を、希望しない場合は「2」を記載すること。
なお、被保険者でなくなった者が離職時においては妊娠、出産、育児、疾病、負傷、親族の看護等の理由により一定期間職業に就くことができない場合及び60歳以上の定年等による離職後一定の期間求職の申込みをしないことを希望する場合であって、その後に失業等給付を受けようとするときは、「1」を記載すること。また、離職の日において59歳以上の者については、「1」を記載すること。
8 7欄には、「被保険者氏名」欄に印字されている者の4欄に記載した年月日現在の１週間の所定労働時間を記載すること。
9 8欄には、「被保険者氏名」欄に印字されている者の離職等に伴い、これを補充するため、この届書を提出する際に公共職業安定所又は地方運輸局の紹介、その他の方法による労働者の採用を予定している場合に「1」を記載し、予定していない場合は空欄とすること。
10 被保険者に氏名変更があった場合は、9欄に新氏名を記載するとともに、「被保険者でなくなったことの原因及び被保険者に氏名変更があった場合は氏名変更年月日」欄に氏名変更年月日を記載すること。
11 10欄には、必ず番号確認と身元確認の本人確認を行った上で、個人番号（マイナンバー）を記載すること。
12 「被保険者の住所又は居所」欄には、離職後の住所又は居所が明らかであるときは、その住所又は居所を記載し、その住所又は居所が明らかでないときは、離職時の住所又は居所を記載すること。
13 本手続は電子申請による届出も可能であること。
また、本手続について、社会保険労務士が電子申請により本届書の提出に関する手続を事業主に代わって行う場合には、当該社会保険労務士が当該事業主の提出代行者であることを証明することができるものを本届書の提出と併せて送信することをもって、当該事業主の電子署名に代えることができます。
14 **外国人労働者に係る留意事項**
外国人労働者（「外交」又は「公用」の在留資格の者及び特別永住者を除く。）の場合は、14欄から19欄に、ローマ字氏名、在留カードの番号（英字２桁-数字８桁-英字２桁）、在留期間、国籍・地域、在留資格等を記載し、労働施策の総合的な推進並びに労働者の雇用の安定及び職業生活の充実等に関する法律第28条の外国人雇用状況の届出とすることができる。なお、派遣・請負労働者として、主として2欄以外の事業所において就労していた者については17欄に１を記載し、該当しない場合は２を記載のこと。

ロ　離職証明書の作成及び提出

（イ）離職証明書の用紙は、雇用保険被保険者離職証明書（事業主控）・離職証明書（安定所提出用）・雇用保険被保険者離職票－２の３枚１組となっていますので、複写により３枚同時に記入し、３枚とも提出してください。

（ロ）離職証明書の記入に当たっては、「雇用保険被保険者離職証明書についての注意」をよく読んで、、正確に記入してください。

なお、⑧欄及び⑨欄は、失業給付の受給要件を満たすかどうかを判断するうえで、また⑩欄から⑫欄は、賃金日額を決定するうえで重要なところですので、その記入要領を次に説明します。

「⑧　被保険者期間算定対象期間」欄

Ⅰ　⑧欄は、離職した被保険者の種類に従い、一般被保険者、高年齢被保険者として離職した者の場合にはⒶ欄に、短期雇用特例被保険者として離職した者の場合にはⒷ欄に記入してください。

（注）雇用保険の被保険者には、一般被保険者、高年齢被保険者、短期雇用特例被保険者、日雇労働被保険者があります。

ｉ　短期雇用特例被保険者および高年齢被保険者以外の被保険者として離職した者の場合は、Ⓐ欄に、次により記入してください。

イ　「離職日の翌日」の欄には、④欄の離職年月日の翌日を記入します。

ロ　「離職日の翌日」の欄の下の各欄の左側の月日欄には、離職日の属する月からさかのぼった各月における「離職日の翌日」に応当する日（「離職日の翌日」に応当する日がない月においては、その月の末日。以下「喪失応当日」という）を記入します。したがって、最上段の左側の月日欄には、「離職日の翌日」の属する月の前月における喪失応当日を記入し、次の段の左側の月日欄には、すぐ上の段の左側の月日欄に記載した月の前月における喪失応当日を記入します。

ハ　以下の各段には、順次さかのぼって、離職の日以前２年間（したがって、24段に達するまで）についての期間のうち、被保険者期間が通算して12カ月になるまで記載してください。ただし、左側の月日欄に記入すべき月日が、資格喪失届の「資格取得年月日」より前の日となるときは、その資格取得日を記入します。

ニ　この場合、⑧のＡの記載欄が不足したときには、別葉の離職証明書の用紙を続紙として用いて、表題の右に「続紙」と記入し、①～④欄、事業主の住所・氏名欄及び⑧～⑭欄のみを記入してください（最初の（元の）用紙の表題の右には「続紙あり」と記入します）。

ホ　右側の月日欄には、その記入しようとする段のすぐ上の段の左側の月日の前日を記入します。

ヘ　離職者が、上記ハに掲げる期間内に、①疾病、②負傷、③事業所の休業、④出産、⑤事業主の命による外国における勤務等の理由により引き続き

30 日以上賃金の支払を受けることができなかったものであるときは、当該理由により賃金の支払を受けることができなかった日数を上記ハに掲げる期間を加算した期間（その期間が 4 年を超えるときは、4 年間）について、上記により記入してください（ただし、当該期間中における各段において、左側の月日から右側の月日までの期間中に全く賃金の支払を受けなかった場合は、その期間は記入することを要しません)。また、賃金の支払を受けなかった期間及び原因となった傷病名等を⑬欄に記入します。

なお、上記の理由により通常の勤務をすることができなかった日（例えば、通院のため午前中欠勤した場合等）が 30 日以上引き続いた場合であって、通常の賃金を下回る賃金が支払われた場合には、その期間及び原因となった傷病名等を⑬欄に記入します。

ⅱ　高年齢被保険者として離職した者の場合は、原則、離職日前 1 年間の期間について、ｉの例にならって、被保険者期間が 6 カ月になるまで遡って、⑧欄および⑨欄を記入してください。

ⅲ　短期雇用特例被保険者として離職した者の場合は、被保険者となった日から離職日までの期間について、Ⓑ欄に、次により記入してください。

イ　離職日の属する月から被保険者となった日の属する月までの各暦月について、最上段から順次さかのぼって記入します。

ロ　離職者が被保険者となった日から離職日までの間に、上記ｉのヘに掲げる理由により引き続き 30 日以上賃金の支払を受けなかったものであるときは、その理由により賃金の支払を全く受けることができなかった暦月については記入することを要せず、その賃金の支払を受けなかった期間及び原因となった傷病名等を⑬欄に記入します。

「⑨　⑧の期間における賃金支払基礎日数」欄

⑧の A 欄の期間又は B 欄の暦月における賃金の支払いの基礎となった日（休業手当の対象となった日又は有給休暇の対象となった日を含む）の日数を記入してください（月給者の場合は、31 日あるいは 30 日等の対象期間の暦日数となります)。

なお、半日勤務等所定労働時間を勤務しなかった日も 1 日として取り扱い、その内容を備考欄に記入してください。

また、Ⅰのⅲにより⑧のⒷ欄を使用して記載することとされた暦月についての⑨欄の記入に当たっては、次の点に留意してください。

離職日の属する月（⑧のⒷ欄が「離職月」とされている月）についてはその暦月の初日から離職日までの期間中の賃金の支払の基礎となった日数を記入します。

被保険者となった日の属する月については、その被保険者となった日からその暦月の末日までの期間中の賃金の支払の基礎となった日数を記入します。

離職の日以前の２年間（高年齢被保険者または短期雇用特例被保険者の場合は１年間）について、賃金支払の基礎となった日数が 11 日以上の月が 12 カ月（同６カ月）に満たない場合は、完全月で賃金の支払の基礎となった時間数が 80 時間以上の月を被保険者期間１カ月と算定するため、当該月の支払の基礎となった時間数を⑬欄に記載します。

「⑩　賃金支払対象期間」欄

最上段には、離職日の直前賃金締切日の翌日から離職日までの期間を記入し、以下順次さかのぼって賃金締切日の翌日から賃金締切日までの期間を記入してください。

「⑪　⑩の基礎日数」欄

⑨欄と同様に、⑩の期間における賃金の支払いの基礎となった日数を記入してください（休業手当の対象となった日又は有給休暇の対象となった日を含みます）（月給者の場合は、31 日あるいは 30 日等の対象期間の暦日数となります）。

「⑫　賃金額」欄

月給者はＡ欄に、日給者等はＢ欄に記入しますが、日給者等で月極めで支払われる賃金（家族手当、月極めの通勤手当等）Ａ欄に記入し、合計額を「計」欄に記入してください。Ａ欄又はＢ欄の記載のみで足りる場合は「計」欄への記入は省略して差し支えありません。

（4）被保険者の転勤の際における手続

被保険者が転勤したときの手続（図解）

〔転勤したとき〕

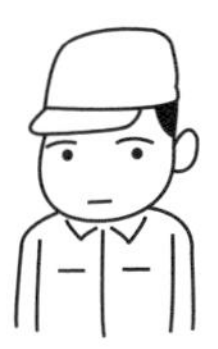

雇用保険被保険者資格喪失届（平成２年１月１日前に交付されているときは資格喪失届・氏名変更届）の用紙
※資格取得届又は氏名変更届を提出された際に安定所から交付する書類

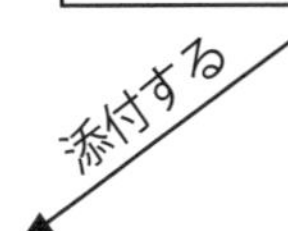

雇用保険被保険者転勤届
（事実があった日の翌日から起算して 10 日以内）

所轄公共職業安定所

雇用保険被保険者転勤届受理通知書、雇用保険被保険者証
雇用保険被保険者資格喪失届の用紙

様式第５号　記入例（１）

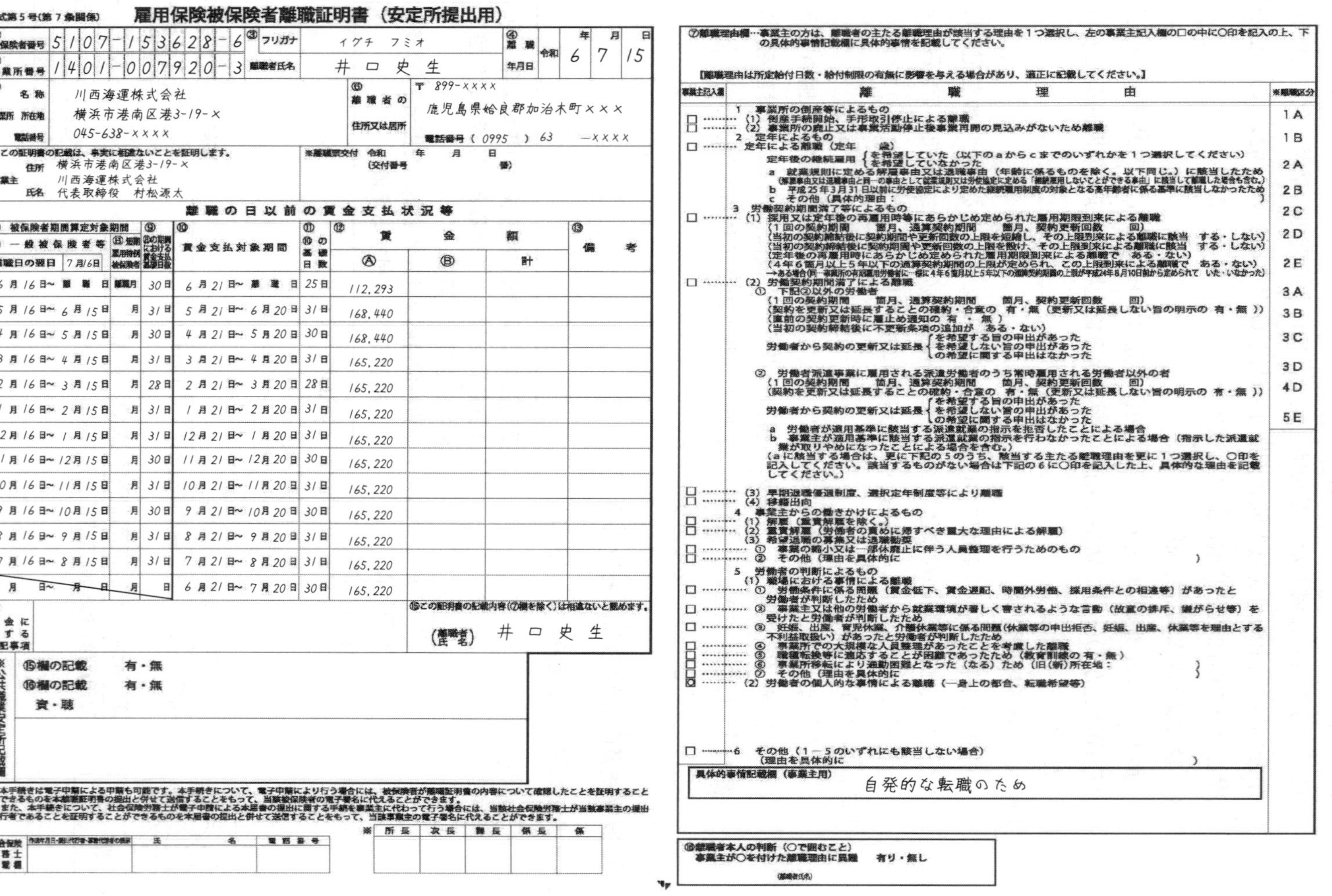

様式第５号(第７条関係)

雇用保険被保険者離職証明書（安定所提出用）

①被保険者番号	5107-153628-6	③フリガナ	イグチ　フミオ	④離職年月日	令和 6年 7月 15日
②事業所番号	1401-007920-3	離職者氏名	井口史生		

⑤事業所		⑥離職者の住所又は居所	
名称	川西海運株式会社	〒	899-××××　鹿児島県姶良郡加治木町×××
所在地	横浜市港南区港3-19-×	電話番号	(0995) 63 -××××
電話番号	045-638-××××		

この証明書の記載は、事実に相違ないことを証明します。
事業主　住所　横浜市港南区港3-19-×　川西海運株式会社　氏名　代表取締役　村松源太

※離職票交付　令和　年　月　日（交付番号　番）

離職の日以前の賃金支払状況等

⑧被保険者期間算定対象期間 Ⓐ一般被保険者等（離職日の翌日 7月16日）	Ⓑ短期雇用特例被保険者	⑨⑧の期間における賃金支払基礎日数	⑩賃金支払対象期間	⑪⑩の基礎日数	⑫賃金額 Ⓐ	Ⓑ	計	⑬備考
6月16日〜離職日	離職月	30日	6月21日〜離職日	25日	112,293			
5月16日〜6月15日	月	31日	5月21日〜6月20日	31日	168,440			
4月16日〜5月15日	月	30日	4月21日〜5月20日	30日	168,440			
3月16日〜4月15日	月	31日	3月21日〜4月20日	31日	165,220			
2月16日〜3月15日	月	28日	2月21日〜3月20日	28日	165,220			
1月16日〜2月15日	月	31日	1月21日〜2月20日	31日	165,220			
12月16日〜1月15日	月	31日	12月21日〜1月20日	31日	165,220			
11月16日〜12月15日	月	30日	11月21日〜12月20日	30日	165,220			
10月16日〜11月15日	月	31日	10月21日〜11月20日	31日	165,220			
9月16日〜10月15日	月	30日	9月21日〜10月20日	30日	165,220			
8月16日〜9月15日	月	31日	8月21日〜9月20日	31日	165,220			
7月16日〜8月15日	月	31日	7月21日〜8月20日	31日	165,220			
月　日〜　月　日	月	日	6月21日〜7月20日	30日	165,220			

⑭賃金に関する特記事項

⑮この証明書の記載内容（⑦欄を除く）は相違ないと認めます。（離職者氏名）井口史生

※公共職業安定所記載欄　⑮欄の記載　有・無　⑯欄の記載　有・無　資・聴

本手続きは電子申請による申請も可能です。本手続きについて、電子申請により行う場合には、被保険者が離職証明書の内容について確認したことを証明することができるものを本離職証明書の提出と併せて送信することをもって、当該被保険者の電子署名に代えることができます。
また、本手続きについて、社会保険労務士が電子申請による本届書の提出に関する手続を事業主に代わって行う場合には、当該社会保険労務士が当該事業主の提出代行者であることを証明することができるものを本届書の提出と併せて送信することをもって、当該事業主の電子署名に代えることができます。

社会保険労務士記載欄	作成年月日・提出代行者・事務代理者の表示	氏名	電話番号

※	所長	次長	課長	係長	係

⑦離職理由欄…事業主の方は、離職者の主たる離職理由が該当する理由を１つ選択し、左の事業主記入欄の□の中に○印を記入の上、下の具体的事情記載欄に具体的事情を記載してください。

【離職理由は所定給付日数・給付制限の有無に影響を与える場合があり、適正に記載してください。】

事業主記入欄	離職理由	※離職区分
	1 事業所の倒産等によるもの	
□	(1) 倒産手続開始、手形取引停止による離職	1A
□	(2) 事業所の廃止又は事業活動停止後事業再開の見込みがないため離職	1B
	2 定年によるもの	
□	定年による離職（定年　歳） 定年後の継続雇用 {を希望していた（以下のaからcまでのいずれかを１つ選択してください） / を希望していなかった} a 就業規則に定める解雇事由又は退職事由（年齢に係るものを除く。以下同じ。）に該当したため（解雇事由又は退職事由と同一の事由として就業規則又は労使協定に定める「継続雇用しないことができる事由」に該当して離職した場合も含む。） b 平成25年3月31日以前に労使協定により定めた継続雇用制度の対象となる高年齢者に係る基準に該当しなかったため c その他（具体的理由：　）	2A
	3 労働契約期間満了等によるもの	2B
□	(1) 採用又は定年後の再雇用時等にあらかじめ定められた雇用期限到来による離職 （1回の契約期間　箇月、通算契約期間　箇月、契約更新回数　回） （当初の契約締結後に契約期間や更新回数の上限を短縮し、その上限到来による離職に該当　する・しない） （当初の契約締結後に契約期間や更新回数の上限を設け、その上限到来による離職に該当　する・しない） （定年後の再雇用時にあらかじめ定められた雇用期限到来による離職で　ある・ない） （4年6箇月以上5年以下の通算契約期間の上限が定められ、この上限到来による離職で　ある・ない） →ある場合(同一事業所の有期雇用労働者に一様に4年6箇月以上5年以下の通算契約期間の上限が平成24年8月10日前から定められて　いた・いなかった)	2C
□	(2) 労働契約期間満了による離職 ① 下記②以外の労働者 （1回の契約期間　箇月、通算契約期間　箇月、契約更新回数　回） （契約を更新又は延長することの確約・合意の　有・無（更新又は延長しない旨の明示の　有・無）） （直前の契約更新時に雇止め通知の　有・無） （当初の契約締結後に不更新条項の追加が　ある・ない） 労働者から契約の更新又は延長 {を希望する旨の申出があった / を希望しない旨の申出があった / の希望に関する申出はなかった} ② 労働者派遣事業に雇用される派遣労働者のうち常時雇用される労働者以外の者 （1回の契約期間　箇月、通算契約期間　箇月、契約更新回数　回） （契約を更新又は延長することの確約・合意の　有・無（更新又は延長しない旨の明示の　有・無）） 労働者から契約の更新又は延長 {を希望する旨の申出があった / を希望しない旨の申出があった / の希望に関する申出はなかった} a 労働者が適用基準に該当する派遣就業の指示を拒否したことによる場合 b 事業主が適用基準に該当する派遣就業の指示を行わなかったことによる場合（指示した派遣就業が取りやめになったことによる場合を含む。） （aに該当する場合は、更に下記の５のうち、該当する主たる離職理由を更に１つ選択し、○印を記入してください。該当するものがない場合は下記の６に○印を記入した上、具体的な理由を記載してください。）	2D 2E 3A 3B 3C 3D 4D 5E
□	(3) 早期退職優遇制度、選択定年制度等により離職	
□	(4) 移籍出向	
	4 事業主からの働きかけによるもの	
□	(1) 解雇（重責解雇を除く。）	
□	(2) 重責解雇（労働者の責めに帰すべき重大な理由による解雇）	
	(3) 希望退職の募集又は退職勧奨	
□	① 事業の縮小又は一部休廃止に伴う人員整理を行うためのもの	
□	② その他（理由を具体的に　）	
	5 労働者の判断によるもの	
	(1) 職場における事情による離職	
□	① 労働条件に係る問題（賃金低下、賃金遅配、時間外労働、採用条件との相違等）があったと労働者が判断したため	
□	② 事業主又は他の労働者から就業環境が著しく害されるような言動（故意の排斥、嫌がらせ等）を受けたと労働者が判断したため	
□	③ 妊娠、出産、育児休業、介護休業等に係る問題（休業等の申出拒否、妊娠、出産、休業等を理由とする不利益取扱い）があったと労働者が判断したため	
□	④ 事業所での大規模な人員整理があったことを考慮した離職	
□	⑤ 職種転換等に適応することが困難であったため（教育訓練の有・無）	
□	⑥ 事業所移転により通勤困難となった（なる）ため（旧（新）所在地：　）	
□	⑦ その他（理由を具体的に　）	
☑	(2) 労働者の個人的な事情による離職（一身上の都合、転職希望等）	
□	6 その他（1－5のいずれにも該当しない場合）（理由を具体的に　）	

具体的事情記載欄（事業主用）　自発的な転職のため

⑯離職者本人の判断（○で囲むこと）
事業主が○を付けた離職理由に異議　有り・無し
（離職者氏名）

様式第５号　記入例（２）　日給制（時給制）の場合

様式第５号(第７条関係)　**雇用保険被保険者離職証明書（安定所提出用）**

①被保険者番号	5107－153628－6	③フリガナ	イグチ　フミオ
②事業所番号	1401－007920－3	離職者氏名	井　口　史　生
④離職年月日	令和　6年　7月　15日		

⑤		⑥離職者の住所又は居所	
名称	川西海運株式会社	〒	899－×××× 鹿児島県姶良郡加治木町×××
事業所 所在地	横浜市港南区港3－19－×		
電話番号	045－638－××××	電話番号	（0995）63　－××××

この証明書の記載は、事実に相違ないことを証明します。
事業主　住所　横浜市港南区港3－19－×
　　　　氏名　川西海運株式会社　代表取締役　村松源太

※離職票交付　令和　年　月　日（交付番号　番）

離職の日以前の賃金支払状況等

⑧被保険者期間算定対象期間 Ⓐ一般被保険者等（離職日の翌日 7月16日）	Ⓑ短期雇用特例被保険者	⑨⑧の期間における賃金支払基礎日数	⑩賃金支払対象期間	⑪⑩の基礎日数	⑫賃金額 Ⓐ	Ⓑ	計	⑬備考
6月16日～離職日	離職月	日	6月21日～離職日	17日	12,500	170,000	182,250	
5月16日～6月15日	月	22日	5月21日～6月20日	19日	15,000	190,000	205,000	
4月16日～5月15日	月	18日	4月21日～5月20日	22日	15,000	220,000	235,000	
3月16日～4月15日	月	21日	3月21日～4月20日	21日	15,000	210,000	225,000	
2月16日～3月15日	月	21日	2月21日～3月20日	21日	15,000	210,000	225,000	
1月16日～2月15日	月	21日	1月21日～2月20日	23日	15,000	230,000	245,000	
12月16日～1月15日	月	20日	12月21日～1月20日	17日	15,000	170,000	185,000	
11月16日～12月15日	月	21日	11月21日～12月20日	22日	15,000	220,000	235,000	
10月16日～11月15日	月	19日	10月21日～11月20日	20日	15,000	200,000	215,000	
9月16日～10月15日	月	19日	9月21日～10月20日	21日	15,000	210,000	225,000	
8月16日～9月15日	月	20日	8月21日～9月20日	17日	15,000	170,000	185,000	
7月16日～8月15日	月	20日	7月21日～8月20日	21日	15,000	210,000	225,000	
月　日～　月　日	月	日	6月21日～7月20日	20日	15,000	200,000	215,000	

⑭賃金に関する特記事項

⑮この証明書の記載内容（⑦欄を除く）は相違ないと認めます。（離職者氏名）井　口　史　生

※公共職業安定所記載欄
⑮欄の記載　有・無
⑯欄の記載　有・無
資・聴

賃金欄にはⒶ通勤手当等、月または週により定められている額を
Ⓑ日給（時給）による額を記入します。

本手続きは電子申請による申請も可能です。本手続きについて、電子申請により行う場合には、被保険者が離職証明書の内容について確認したことを証明することができるものを本離職証明書の提出と併せて送信することをもって、当該被保険者の電子署名に代えることができます。
また、本手続きについて、社会保険労務士が電子申請による本届書の提出に関する手続を事業主に代わって行う場合には、当該社会保険労務士が当該事業主の提出代行者であることを証明することができるものを本届書の提出と併せて送信することをもって、当該事業主の電子署名に代えることができます。

社会保険労務士記載欄	作成年月日・提出代行者・事務代理者の表示	氏名	電話番号

※	所長	次長	課長	係長	係

⑦離職理由欄…事業主の方は、離職者の主たる離職理由が該当する理由を１つ選択し、左の事業主記入欄の□の中に○印を記入の上、下の具体的事情記載欄に具体的事情を記載してください。

【離職理由は所定給付日数・給付制限の有無に影響を与える場合があり、適正に記載してください。】

事業主記入欄	離職理由	※離職区分
	1　事業所の倒産等によるもの	
□	(1) 倒産手続開始、手形取引停止による離職	1A
□	(2) 事業所の廃止又は事業活動停止後事業再開の見込みがないため離職	1B
	2　定年によるもの	
□	定年による離職（定年　歳） 定年後の継続雇用 {を希望していた（以下のａからｃまでのいずれかを１つ選択してください）／を希望していなかった} ａ　就業規則に定める解雇事由又は退職事由（年齢に係るものを除く。以下同じ。）に該当したため （解雇事由又は退職事由と同一の事由として就業規則又は労使協定に定める「継続雇用しないことができる事由」に該当して離職した場合も含む。） ｂ　平成25年３月31日以前に労使協定により定めた継続雇用制度の対象となる高年齢者に係る基準に該当しなかったため ｃ　その他（具体的理由：　）	2A 2B 2C
	3　労働契約期間満了等によるもの	
□	(1) 採用又は定年後の再雇用時等にあらかじめ定められた雇用期限到来による離職 （１回の契約期間　箇月、通算契約期間　箇月、契約更新回数　回） （当初の契約締結後に契約期間や更新回数の上限を短縮し、その上限到来による離職に該当　する・しない） （当初の契約締結後に契約期間や更新回数の上限を設け、その上限到来による離職に該当　する・しない） （定年後の再雇用時にあらかじめ定められた雇用期限到来による離職で　ある・ない） （４年６箇月以上５年以下の通算契約期間の上限が定められ、この上限到来による離職で　ある・ない） →ある場合(同一事業所の有期雇用労働者に一様に４年６箇月以上５年以下の通算契約期間の上限が平成24年８月10日前から定められて　いた・いなかった)	2D 2E
□	(2) 労働契約期間満了による離職 ①　下記②以外の労働者 （１回の契約期間　箇月、通算契約期間　箇月、契約更新回数　回） （契約を更新又は延長することの確約・合意の　有・無（更新又は延長しない旨の明示の　有・無）） （直前の契約更新時に雇止め通知の　有・無） （当初の契約締結後に不更新条項の追加が　ある・ない） 労働者から契約の更新又は延長 {を希望する旨の申出があった／を希望しない旨の申出があった／の希望に関する申出はなかった} ②　労働者派遣事業に雇用される派遣労働者のうち常時雇用される労働者以外の者 （１回の契約期間　箇月、通算契約期間　箇月、契約更新回数　回） （契約を更新又は延長することの確約・合意の　有・無（更新又は延長しない旨の明示の　有・無）） 労働者から契約の更新又は延長 {を希望する旨の申出があった／を希望しない旨の申出があった／の希望に関する申出はなかった} ａ　労働者が適用基準に該当する派遣就業の指示を拒否したことによる場合 ｂ　事業主が適用基準に該当する派遣就業の指示を行わなかったことによる場合（指示した派遣就業が取りやめになったことによる場合を含む。） （ａに該当する場合は、更に下記の５のうち、該当する主たる離職理由を更に１つ選択し、○印を記入してください。該当するものがない場合は下記の６に○印を記入した上、具体的な理由を記載してください。）	3A 3B 3C 3D 4D 5E
□	(3) 早期退職優遇制度、選択定年制度等により離職	
□	(4) 移籍出向	
	4　事業主からの働きかけによるもの	
□	(1) 解雇（重責解雇を除く。）	
□	(2) 重責解雇（労働者の責めに帰すべき重大な理由による解雇）	
	(3) 希望退職の募集又は退職勧奨	
□	①　事業の縮小又は一部休廃止に伴う人員整理を行うためのもの	
□	②　その他（理由を具体的に　）	
	5　労働者の判断によるもの	
	(1) 職場における事情による離職	
□	①　労働条件に係る問題（賃金低下、賃金遅配、時間外労働、採用条件との相違等）があったと労働者が判断したため	
□	②　事業主又は他の労働者から就業環境が著しく害されるような言動（故意の排斥、嫌がらせ等）を受けたと労働者が判断したため	
□	③　妊娠、出産、育児休業、介護休業等に係る問題（休業等の申出拒否、妊娠、出産、休業等を理由とする不利益取扱い）があったと労働者が判断したため	
□	④　事業所での大規模な人員整理があったことを考慮した離職	
□	⑤　職種転換等に適応することが困難であったため（教育訓練の　有・無）	
□	⑥　事業所移転により通勤困難となった（なる）ため（旧(新)所在地：　）	
□	⑦　その他（理由を具体的に　）	
□	(2) 労働者の個人的な事情による離職（一身上の都合、転職希望等）	
□	6　その他（１－５のいずれにも該当しない場合） （理由を具体的に　）	

具体的事情記載欄（事業主用）

⑯離職者本人の判断（○で囲むこと）
事業主が○を付けた離職理由に異議　有り・無し
（離職者氏名）

記入例（3） 日給・月給制で欠勤があり、賃金が減額された場合

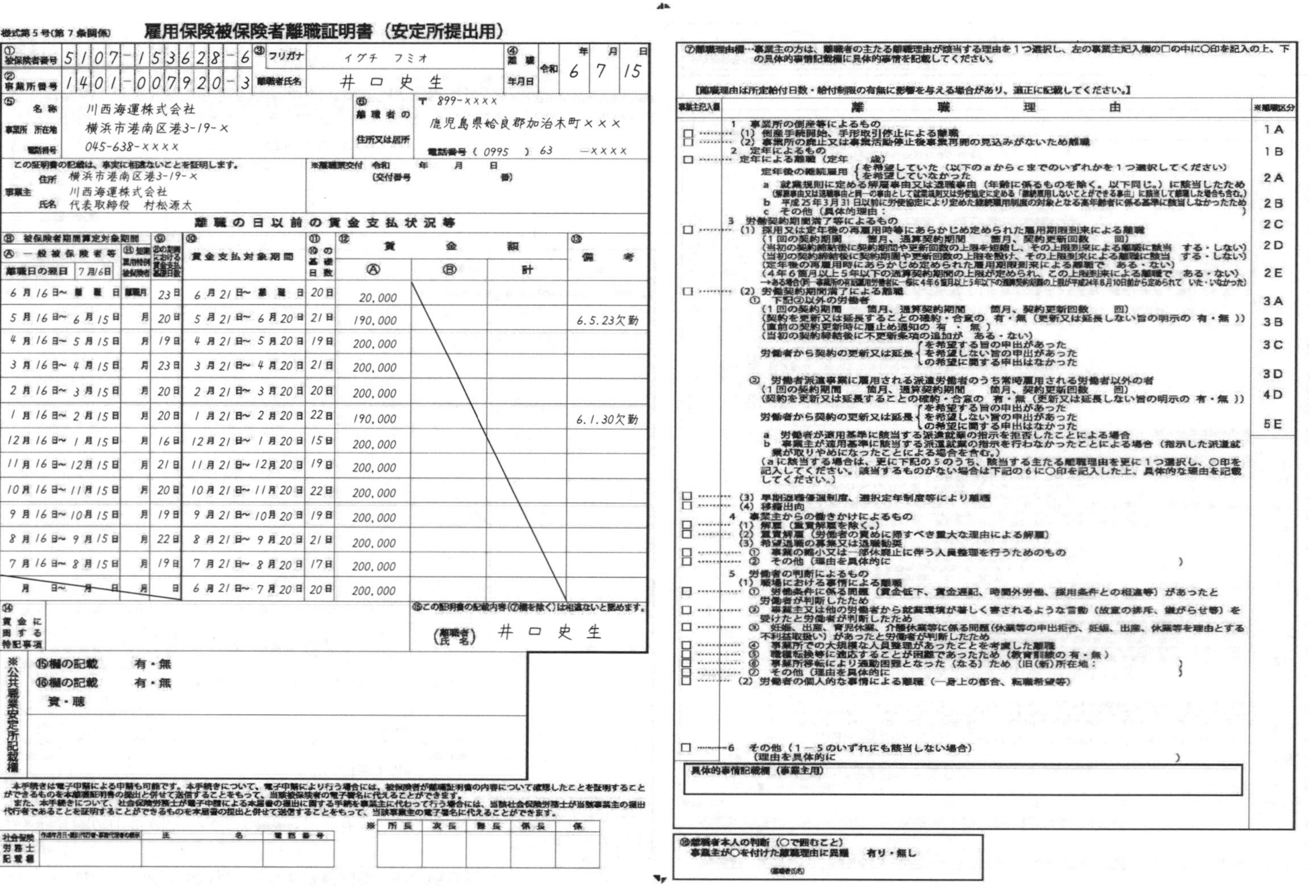

様式第5号(第7条関係)

雇用保険被保険者離職証明書（安定所提出用）

①被保険者番号	5107-153628-6	③フリガナ	イグチ　フミオ	④離職年月日	令和 6年 7月 15日
②事業所番号	1401-007920-3	離職者氏名	井口史生		

⑤事業所	
名称	川西海運株式会社
所在地	横浜市港南区港3-19-×
電話番号	045-638-××××

⑥離職者の住所又は居所	
〒	899-××××
	鹿児島県姶良郡加治木町×××
電話番号	（0995）63－××××

この証明書の記載は、事実に相違ないことを証明します。
事業主　住所　横浜市港南区港3-19-×
　　　　　　　川西海運株式会社
　　　　氏名　代表取締役　村松源太

※離職票交付　令和　年　月　日（交付番号　番）

離職の日以前の賃金支払状況等

⑧被保険者期間算定対象期間 Ⓐ一般被保険者等（離職日の翌日 7月16日）	Ⓑ短期雇用特例被保険者	⑨⑧の期間における賃金支払基礎日数	⑩賃金支払対象期間	⑪⑩の基礎日数	⑫賃金額 Ⓐ	Ⓑ	計	⑬備考
6月16日～離職日	離職月	23日	6月21日～離職日	20日	20,000			
5月16日～6月15日	月	20日	5月21日～6月20日	21日	190,000			6.5.23欠勤
4月16日～5月15日	月	19日	4月21日～5月20日	19日	200,000			
3月16日～4月15日	月	23日	3月21日～4月20日	21日	200,000			
2月16日～3月15日	月	20日	2月21日～3月20日	20日	200,000			
1月16日～2月15日	月	20日	1月21日～2月20日	22日	190,000			6.1.30欠勤
12月16日～1月15日	月	16日	12月21日～1月20日	15日	200,000			
11月16日～12月15日	月	21日	11月21日～12月20日	19日	200,000			
10月16日～11月15日	月	20日	10月21日～11月20日	22日	20,000			
9月16日～10月15日	月	19日	9月21日～10月20日	19日	200,000			
8月16日～9月15日	月	22日	8月21日～9月20日	21日	200,000			
7月16日～8月15日	月	19日	7月21日～8月20日	17日	200,000			
月 日～ 月 日	月	日	6月21日～7月20日	20日	200,000			

⑭賃金に関する特記事項

⑮この証明書の記載内容（⑦欄を除く）は相違ないと認めます。（離職者氏名）井口史生

※公共職業安定所記載欄　⑮欄の記載　有・無　⑯欄の記載　有・無　資・聴

本手続きは電子申請による申請も可能です。本手続きについて、電子申請により行う場合には、被保険者が離職証明書の内容について確認したことを証明することができるものを本離職証明書の提出と併せて送信することをもって、当該被保険者の電子署名に代えることができます。
また、本手続きについて、社会保険労務士が電子申請による本届書の提出に関する手続を事業主に代わって行う場合には、当該社会保険労務士が当該事業主の提出代行者であることを証明することができるものを本届書の提出と併せて送信することをもって、当該事業主の電子署名に代えることができます。

社会保険労務士記載欄	作成年月日・提出代行者・事務代理者の表示	氏名	電話番号

※	所長	次長	課長	係長	係

⑦離職理由欄…事業主の方は、離職者の主たる離職理由が該当する理由を1つ選択し、左の事業主記入欄の□の中に○印を記入の上、下の具体的事情記載欄に具体的事情を記載してください。

【離職理由は所定給付日数・給付制限の有無に影響を与える場合があり、適正に記載してください。】

事業主記入欄	離職理由	※離職区分
	1 事業所の倒産等によるもの	
□	(1) 倒産手続開始、手形取引停止による離職	1A
□	(2) 事業所の廃止又は事業活動停止後事業再開の見込みがないため離職	1B
	2 定年によるもの	
□	定年による離職（定年　歳） 定年後の継続雇用 {を希望していた（以下のaからcまでのいずれかを1つ選択してください） / を希望していなかった} a 就業規則に定める解雇事由又は退職事由（年齢に係るものを除く。以下同じ。）に該当したため（解雇事由又は退職事由と同一の事由として就業規則又は労使協定に定める「継続雇用しないことができる事由」に該当して離職した場合も含む。） b 平成25年3月31日以前に労使協定により定めた継続雇用制度の対象となる高年齢者に係る基準に該当しなかったため c その他（具体的理由：　）	2A 2B
	3 労働契約期間満了等によるもの	
□	(1) 採用又は定年後の再雇用時等にあらかじめ定められた雇用期限到来による離職 （1回の契約期間　箇月、通算契約期間　箇月、契約更新回数　回） （当初の契約締結後に契約期間や更新回数の上限を短縮し、その上限到来による離職に該当　する・しない） （当初の契約締結後に契約期間や更新回数の上限を設け、その上限到来による離職に該当　する・しない） （定年後の再雇用時にあらかじめ定められた雇用期限到来による離職で　ある・ない） （4年6箇月以上5年以下の通算契約期間の上限が定められ、この上限到来による離職で　ある・ない） →ある場合（同一事業所の有期雇用労働者に一様に4年6箇月以上5年以下の通算契約期間の上限が平成24年8月10日前から定められて　いた・いなかった）	2C 2D 2E
□	(2) 労働契約期間満了による離職 ① 下記②以外の労働者 （1回の契約期間　箇月、通算契約期間　箇月、契約更新回数　回） （契約を更新又は延長することの確約・合意の　有・無（更新又は延長しない旨の明示の　有・無）） （直前の契約更新時に雇止め通知の　有・無） （当初の契約締結後に不更新条項の追加が　ある・ない） 労働者から契約の更新又は延長 {を希望する旨の申出があった / を希望しない旨の申出があった / の希望に関する申出はなかった} ② 労働者派遣事業に雇用される派遣労働者のうち常時雇用される労働者以外の者 （1回の契約期間　箇月、通算契約期間　箇月、契約更新回数　回） （契約を更新又は延長することの確約・合意の　有・無（更新又は延長しない旨の明示の　有・無）） 労働者から契約の更新又は延長 {を希望する旨の申出があった / を希望しない旨の申出があった / の希望に関する申出はなかった} a 労働者が適用基準に該当する派遣就業の指示を拒否したことによる場合 b 事業主が適用基準に該当する派遣就業の指示を行わなかったことによる場合（指示した派遣就業が取りやめになったことによる場合を含む。） （aに該当する場合は、更に下記の5のうち、該当する主たる離職理由を更に1つ選択し、○印を記入してください。該当するものがない場合は下記の6に○印を記入した上、具体的な理由を記載してください。）	3A 3B 3C 3D 4D 5E
□	(3) 早期退職優遇制度、選択定年制度等により離職	
□	(4) 移籍出向	
	4 事業主からの働きかけによるもの	
□	(1) 解雇（重責解雇を除く。）	
□	(2) 重責解雇（労働者の責めに帰すべき重大な理由による解雇）	
	(3) 希望退職の募集又は退職勧奨	
□	① 事業の縮小又は一部休廃止に伴う人員整理を行うためのもの	
□	② その他（理由を具体的に　）	
	5 労働者の判断によるもの	
	(1) 職場における事情による離職	
□	① 労働条件に係る問題（賃金低下、賃金遅配、時間外労働、採用条件との相違等）があったと労働者が判断したため	
□	② 事業主又は他の労働者から就業環境が著しく害されるような言動（故意の排斥、嫌がらせ等）を受けたと労働者が判断したため	
□	③ 妊娠、出産、育児休業、介護休業等に係る問題（休業等の申出拒否、妊娠、出産、休業等を理由とする不利益取扱い）があったと労働者が判断したため	
□	④ 事業所での大規模な人員整理があったことを考慮した離職	
□	⑤ 職種転換等に適応することが困難であったため（教育訓練の有・無）	
□	⑥ 事業所移転により通勤困難となった（なる）ため（旧(新)所在地：　）	
□	⑦ その他（理由を具体的に　）	
□	(2) 労働者の個人的な事情による離職（一身上の都合、転職希望等）	
□	6 その他（1－5のいずれにも該当しない場合）（理由を具体的に　）	

具体的事情記載欄（事業主用）

⑯離職者本人の判断（○で囲むこと）
事業主が○を付けた離職理由に異議　有り・無し
（離職者氏名）

記入例（4）「離職日の翌日に応当する日」がない月がある場合（暦の大の月の30日に離職した場合）

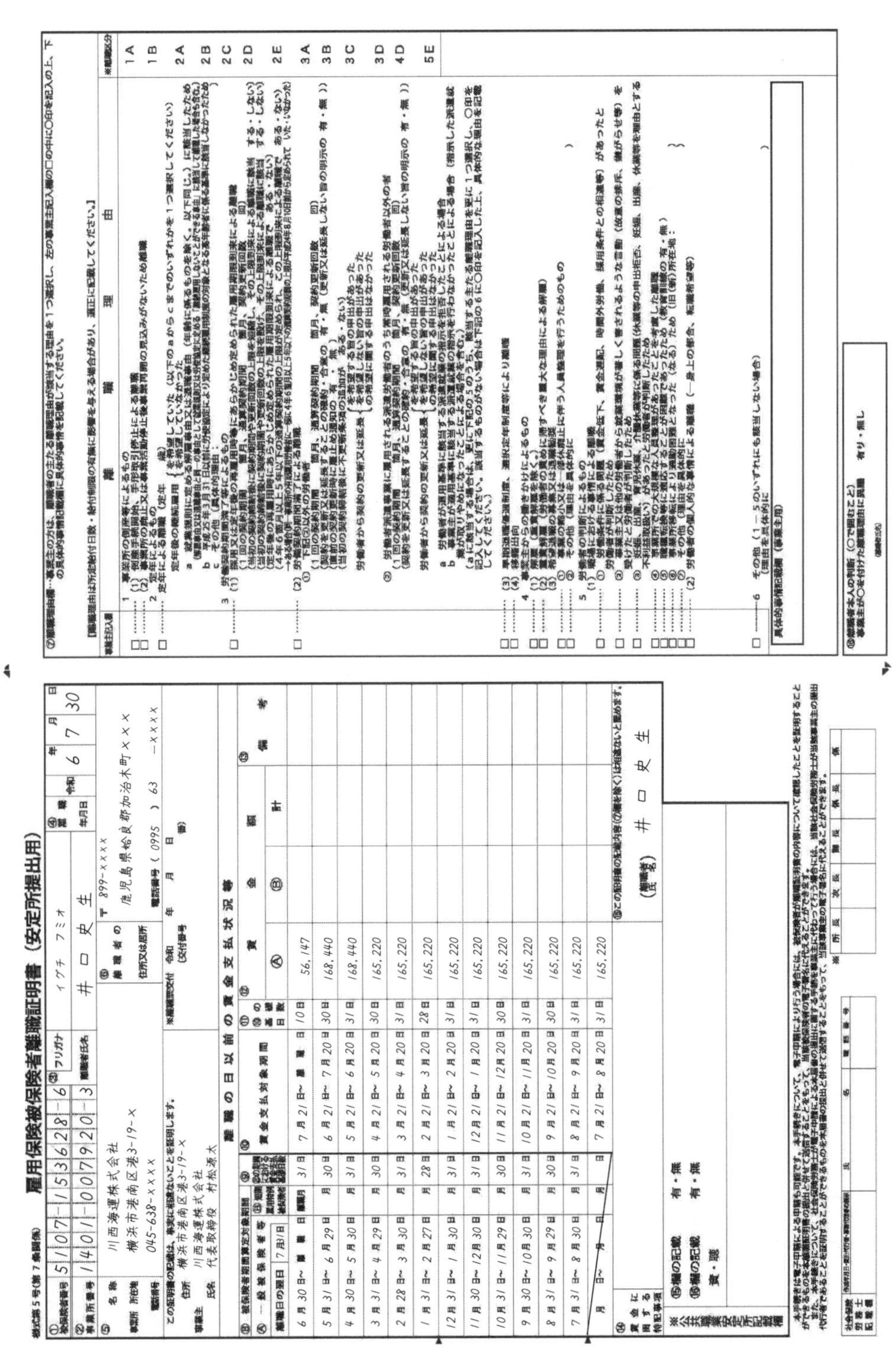

様式第５号(第７条関係)　**雇用保険被保険者離職証明書（安定所提出用）**

①被保険者番号	5107-153628-6
②事業所番号	1401-007920-3
③フリガナ	イグチ　フミオ
離職者氏名	井口史生
④離職年月日	令和 6年7月30日
⑤事業所 名称	川西海運株式会社
所在地	横浜市港南区港3-19-×
電話番号	045-638-××××
⑥離職者の住所又は居所	〒899-×××× 鹿児島県姶良郡加治木町×××
電話番号	（0995）63-××××

この証明書の記載は、事実に相違ないことを証明します。
事業主　住所　横浜市港南区港3-19-×　川西海運株式会社　氏名　代表取締役　村松源太

※離職票交付　令和　年　月　日（交付番号　番）

離職の日以前の賃金支払状況等

⑧被保険者期間算定対象期間 Ⓐ一般被保険者等（離職日の翌日 7月31日）	⑨⑧の期間における賃金支払基礎日数	⑩賃金支払対象期間	⑪⑩の基礎日数	⑫賃金額 Ⓐ	Ⓑ	計	⑬備考
6月30日～離職日	31日	7月21日～離職日	10日	56,147			
5月31日～6月29日	30日	6月21日～7月20日	30日	168,440			
4月30日～5月30日	31日	5月21日～6月20日	31日	168,440			
3月31日～4月29日	30日	4月21日～5月20日	30日	165,220			
2月28日～3月30日	31日	3月21日～4月20日	31日	165,220			
1月31日～2月27日	28日	2月21日～3月20日	28日	165,220			
12月31日～1月30日	31日	1月21日～2月20日	31日	165,220			
11月30日～12月30日	31日	12月21日～1月20日	31日	165,220			
10月31日～11月29日	30日	11月21日～12月20日	30日	165,220			
9月30日～10月30日	31日	10月21日～11月20日	31日	165,220			
8月31日～9月29日	30日	9月21日～10月20日	30日	165,220			
7月31日～8月30日	31日	8月21日～9月20日	31日	165,220			
月日～月日	日	7月21日～8月20日	31日	165,220			

⑭賃金に関する特記事項

⑮この証明書の記載内容（⑦欄を除く）は相違ないと認めます。（離職者氏名）井口史生

※公共職業安定所記載欄　⑮欄の記載　有・無　⑯欄の記載　有・無　資・聴

本手続きは電子申請による申請も可能です。本手続きについて、電子申請により行う場合には、被保険者が離職証明書の内容について確認したことを証明することができるものを本離職証明書の提出と併せて送信することをもって、当該被保険者の電子署名に代えることができます。
また、本手続きについて、社会保険労務士が電子申請による本届書の提出に関する手続を事業主に代わって行う場合には、当該社会保険労務士が当該事業主の提出代行者であることを証明することができるものを本届書の提出と併せて送信することをもって、当該事業主の電子署名に代えることができます。

社会保険労務士記載欄　作成年月日・提出代行者・事務代理者の表示　氏名　電話番号

※　所長　次長　課長　係長　係

⑦離職理由欄…事業主の方は、離職者の主たる離職理由が該当する理由を１つ選択し、左の事業主記入欄の□の中に○印を記入の上、下の具体的事情記載欄に具体的事情を記載してください。

【離職理由は所定給付日数・給付制限の有無に影響を与える場合があり、適正に記載してください。】

事業主記入欄	離職理由	※離職区分
	1 事業所の倒産等によるもの	
□	(1) 倒産手続開始、手形取引停止による離職	1A
□	(2) 事業所の廃止又は事業活動停止後事業再開の見込みがないため離職	1B
	2 定年によるもの	
□	定年による離職（定年　歳） 定年後の継続雇用 {を希望していた（以下のaからcまでのいずれかを１つ選択してください）／を希望していなかった} a 就業規則に定める解雇事由又は退職事由（年齢に係るものを除く。以下同じ。）に該当したため b 平成25年3月31日以前に労使協定により定めた継続雇用制度の対象となる高年齢者に係る基準に該当しなかったため c その他（具体的理由：　）	2A 2B 2C
	3 労働契約期間満了等によるもの	
□	(1) 採用又は定年後の再雇用時等にあらかじめ定められた雇用期限到来による離職 （1回の契約期間　箇月、通算契約期間　箇月、契約更新回数　回） （当初の契約締結後に契約期間や更新回数の上限を短縮し、その上限到来による離職に該当　する・しない） （当初の契約締結後に契約期間や更新回数の上限を設け、その上限到来による離職に該当　する・しない） （定年後の再雇用時にあらかじめ定められた雇用期限到来による離職で　ある・ない） （4年6箇月以上5年以下の通算契約期間の上限が定められ、この上限到来による離職で　ある・ない）	2D 2E
□	(2) 労働契約期間満了による離職 ① 下記②以外の労働者 （1回の契約期間　箇月、通算契約期間　箇月、契約更新回数　回） （契約を更新又は延長することの確約・合意の　有・無（更新又は延長しない旨の明示の　有・無）） （直前の契約更新時に雇止め通知の　有・無） （当初の契約締結後に不更新条項の追加が　ある・ない） 労働者から契約の更新又は延長 {を希望する旨の申出があった／を希望しない旨の申出があった／の希望に関する申出はなかった} ② 労働者派遣事業に雇用される派遣労働者のうち常時雇用される労働者以外の者 （1回の契約期間　箇月、通算契約期間　箇月、契約更新回数　回） （契約を更新又は延長することの確約・合意の　有・無（更新又は延長しない旨の明示の　有・無）） 労働者から契約の更新又は延長 {を希望する旨の申出があった／を希望しない旨の申出があった／の希望に関する申出はなかった} a 労働者が適用基準に該当する派遣就業の指示を拒否したことによる場合 b 事業主が適用基準に該当する派遣就業の指示を行わなかったことによる場合（指示した派遣就業が取りやめになったことによる場合を含む。） （aに該当する場合は、更に下記の５のうち、該当する主たる離職理由を更に１つ選択し、○印を記入してください。該当するものがない場合は下記の６に○印を記入した上、具体的な理由を記載してください。）	3A 3B 3C 3D 4D 5E
□	(3) 早期退職優遇制度、選択定年制度等により離職	
□	(4) 移籍出向	
	4 事業主からの働きかけによるもの	
□	(1) 解雇（重責解雇を除く。）	
□	(2) 重責解雇（労働者の責めに帰すべき重大な理由による解雇）	
	(3) 希望退職の募集又は退職勧奨	
□	① 事業の縮小又は一部休廃止に伴う人員整理を行うためのもの	
□	② その他（理由を具体的に　）	
	5 労働者の判断によるもの (1) 職場における事情による離職	
□	① 労働条件に係る問題（賃金低下、賃金遅配、時間外労働、採用条件との相違等）があったと労働者が判断したため	
□	② 事業主又は他の労働者から就業環境が著しく害されるような言動（故意の排斥、嫌がらせ等）を受けたと労働者が判断したため	
□	③ 妊娠、出産、育児休業、介護休業等に係る問題（休業等の申出拒否、妊娠、出産、休業等を理由とする不利益取扱い）があったと労働者が判断したため	
□	④ 事業所での大規模な人員整理があったことを考慮した離職	
□	⑤ 職種転換等に適応することが困難であったため（教育訓練の　有・無）	
□	⑥ 事業所移転により通勤困難となった（なる）ため（旧(新)所在地：　）	
□	⑦ その他（理由を具体的に　）	
□	(2) 労働者の個人的な事情による離職（一身上の都合、転職希望等）	
□	6 その他（1－5のいずれにも該当しない場合） （理由を具体的に　）	

具体的事情記載欄（事業主用）

⑯離職者本人の判断（○で囲むこと）
事業主が○を付けた離職理由に異議　有り・無し
（離職者氏名）

記入例（5） 傷病等により引き続き30日以上賃金支払いのない日がある場合

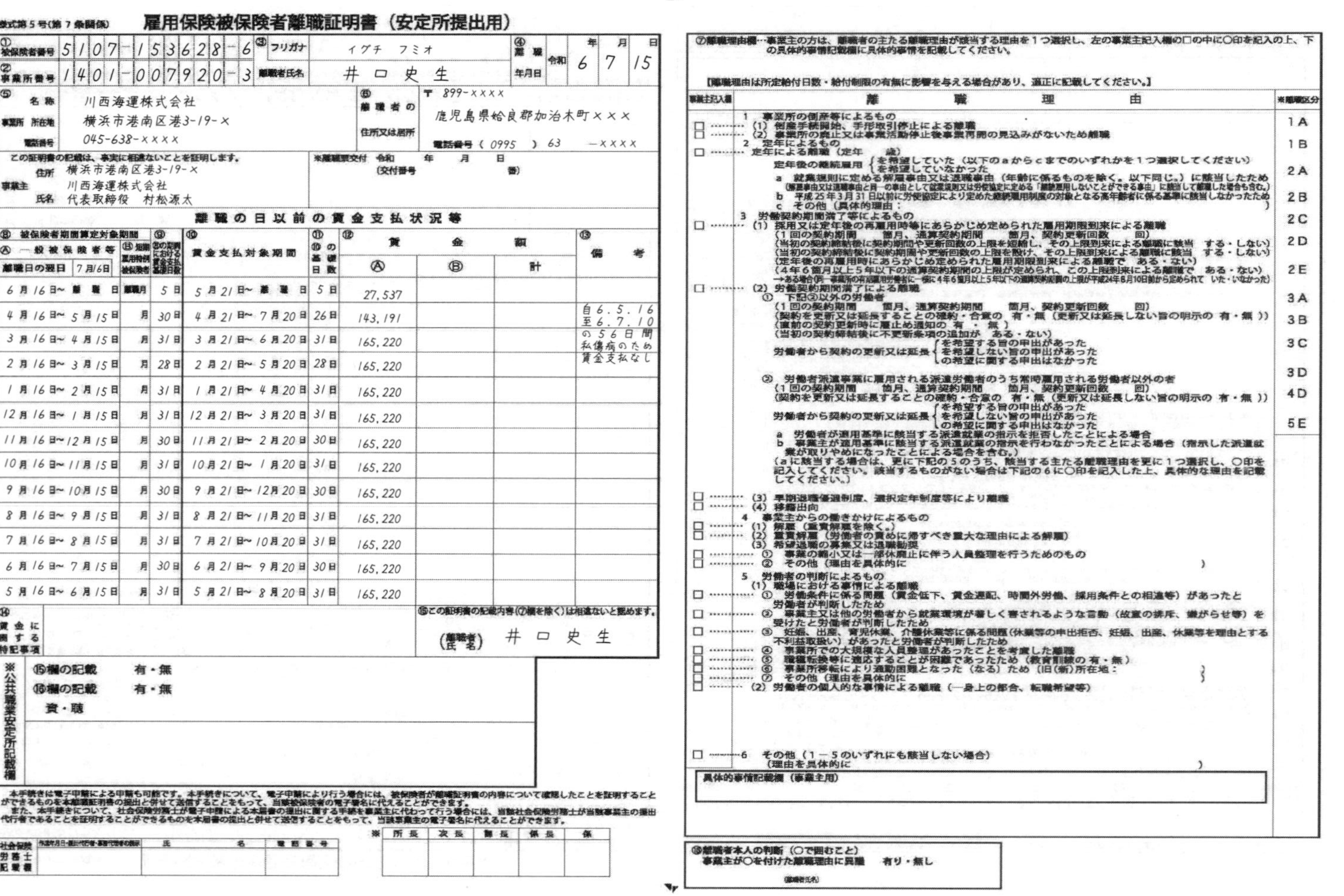

様式第５号(第７条関係)

雇用保険被保険者離職証明書（安定所提出用）

①被保険者番号 5107-153628-6 ③フリガナ イグチ フミオ ④離職年月日 令和 6年 7月 15日

②事業所番号 1401-007920-3 離職者氏名 井口史生

⑤事業所 名称 川西海運株式会社 所在地 横浜市港南区港3-19-× 電話番号 045-638-××××

⑥離職者の住所又は居所 〒899-×××× 鹿児島県姶良郡加治木町××× 電話番号（0995）63 −××××

この証明書の記載は、事実に相違ないことを証明します。 住所 横浜市港南区港3-19-× 事業主 川西海運株式会社 氏名 代表取締役 村松源太

※離職票交付 令和 年 月 日 （交付番号 番）

離職の日以前の賃金支払状況等

⑧被保険者期間算定対象期間 Ⓐ一般被保険者等 離職日の翌日 7月16日	⑨⑧の期間における賃金支払基礎日数	⑩賃金支払対象期間	⑪⑩の基礎日数	⑫賃金額 Ⓐ	Ⓑ	計	⑬備考
6月16日～離職日	5日	5月21日～離職日	5日	27,537			
4月16日～5月15日	30日	4月21日～7月20日	26日	143,191			自6.5.16 至6.7.10
3月16日～4月15日	31日	3月21日～6月20日	31日	165,220			の56日間 私傷病のため
2月16日～3月15日	28日	2月21日～5月20日	28日	165,220			賃金支払なし
1月16日～2月15日	31日	1月21日～4月20日	31日	165,220			
12月16日～1月15日	31日	12月21日～3月20日	31日	165,220			
11月16日～12月15日	30日	11月21日～2月20日	30日	165,220			
10月16日～11月15日	31日	10月21日～1月20日	31日	165,220			
9月16日～10月15日	30日	9月21日～12月20日	30日	165,220			
8月16日～9月15日	31日	8月21日～11月20日	31日	165,220			
7月16日～8月15日	31日	7月21日～10月20日	31日	165,220			
6月16日～7月15日	30日	6月21日～9月20日	30日	165,220			
5月16日～6月15日	31日	5月21日～8月20日	31日	165,220			

⑭賃金に関する特記事項

⑮この証明書の記載内容（⑦欄を除く）は相違ないと認めます。（離職者氏名） 井口史生

※公共職業安定所記載欄 ⑮欄の記載 有・無 ⑯欄の記載 有・無 資・聴

本手続きは電子申請による申請も可能です。本手続きについて、電子申請により行う場合には、被保険者が離職証明書の内容について確認したことを証明することができるものを本離職証明書の提出と併せて送信することをもって、当該被保険者の電子署名に代えることができます。
また、本手続きについて、社会保険労務士が電子申請による本届書の提出に関する手続を事業主に代わって行う場合には、当該社会保険労務士が当該事業主の提出代行者であることを証明することができるものを本届書の提出と併せて送信することをもって、当該事業主の電子署名に代えることができます。

社会保険労務士記載欄 作成年月日・提出代行者・事務代理者の表示 氏名 電話番号

※ 所長 次長 課長 係長 係

⑦離職理由欄…事業主の方は、離職者の主たる離職理由が該当する理由を１つ選択し、左の事業主記入欄の□の中に○印を記入の上、下の具体的事情記載欄に具体的事情を記載してください。

【離職理由は所定給付日数・給付制限の有無に影響を与える場合があり、適正に記載してください。】

事業主記入欄 ／ 離職理由 ／ ※離職区分

1 事業所の倒産等によるもの
□……（1）倒産手続開始、手形取引停止による離職 1A
□……（2）事業所の廃止又は事業活動停止後事業再開の見込みがないため離職 1B
2 定年によるもの
□……定年による離職（定年　歳）
定年後の継続雇用 {を希望していた（以下のaからcまでのいずれかを１つ選択してください） / を希望していなかった} 2A
a 就業規則に定める解雇事由又は退職事由（年齢に係るものを除く。以下同じ。）に該当したため（解雇事由又は退職事由と同一の事由として就業規則又は労使協定に定める「継続雇用しないことができる事由」に該当して離職した場合も含む。）
b 平成25年3月31日以前に労使協定により定めた継続雇用制度の対象となる高年齢者に係る基準に該当しなかったため 2B
c その他（具体的理由：　）
3 労働契約期間満了等によるもの 2C
□……（1）採用又は定年後の再雇用時等にあらかじめ定められた雇用期限到来による離職
（1回の契約期間　箇月、通算契約期間　箇月、契約更新回数　回）
（当初の契約締結後に契約期間や更新回数の上限を短縮し、その上限到来による離職に該当　する・しない） 2D
（当初の契約締結後に契約期間や更新回数の上限を設け、その上限到来による離職に該当　する・しない）
（定年後の再雇用時にあらかじめ定められた雇用期限到来による離職で　ある・ない）
（4年6箇月以上5年以下の通算契約期間の上限が定められ、この上限到来による離職で　ある・ない） 2E
→ある場合(同一事業所の有期雇用労働者に一様に4年6箇月以上5年以下の通算契約期間の上限が平成24年8月10日前から定められて　いた・いなかった)
□……（2）労働契約期間満了による離職
① 下記②以外の労働者 3A
（1回の契約期間　箇月、通算契約期間　箇月、契約更新回数　回）
（契約を更新又は延長することの確約・合意の　有・無（更新又は延長しない旨の明示の　有・無）） 3B
（直前の契約更新時に雇止め通知の　有・無）
（当初の契約締結後に不更新条項の追加が　ある・ない）
労働者から契約の更新又は延長 {を希望する旨の申出があった / を希望しない旨の申出があった / の希望に関する申出はなかった} 3C
② 労働者派遣事業に雇用される派遣労働者のうち常時雇用される労働者以外の者 3D
（1回の契約期間　箇月、通算契約期間　箇月、契約更新回数　回）
（契約を更新又は延長することの確約・合意の　有・無（更新又は延長しない旨の明示の　有・無）） 4D
労働者から契約の更新又は延長 {を希望する旨の申出があった / を希望しない旨の申出があった / の希望に関する申出はなかった} 5E
a 労働者が適用基準に該当する派遣就業の指示を拒否したことによる場合
b 事業主が適用基準に該当する派遣就業の指示を行わなかったことによる場合（指示した派遣就業が取りやめになったことによる場合を含む。）
（aに該当する場合は、更に下記の5のうち、該当する主たる離職理由を更に１つ選択し、○印を記入してください。該当するものがない場合は下記の6に○印を記入した上、具体的な理由を記載してください。）
□……（3）早期退職優遇制度、選択定年制度等により離職
□……（4）移籍出向
4 事業主からの働きかけによるもの
□……（1）解雇（重責解雇を除く。）
□……（2）重責解雇（労働者の責めに帰すべき重大な理由による解雇）
（3）希望退職の募集又は退職勧奨
□……① 事業の縮小又は一部休廃止に伴う人員整理を行うためのもの
□……② その他（理由を具体的に　）
5 労働者の判断によるもの
（1）職場における事情による離職
□……① 労働条件に係る問題（賃金低下、賃金遅配、時間外労働、採用条件との相違等）があったと労働者が判断したため
□……② 事業主又は他の労働者から就業環境が著しく害されるような言動（故意の排斥、嫌がらせ等）を受けたと労働者が判断したため
□……③ 妊娠、出産、育児休業、介護休業等に係る問題（休業等の申出拒否、妊娠、出産、休業等を理由とする不利益取扱い）があったと労働者が判断したため
□……④ 事業所での大規模な人員整理があったことを考慮した離職
□……⑤ 職種転換等に適応することが困難であったため（教育訓練の　有・無）
□……⑥ 事業所移転により通勤困難となった（なる）ため（旧（新）所在地：　）
□……⑦ その他（理由を具体的に　）
□……（2）労働者の個人的な事情による離職（一身上の都合、転職希望等）
□……6 その他（1－5のいずれにも該当しない場合）
（理由を具体的に　）

具体的事情記載欄（事業主用）

⑯離職者本人の判断（○で囲むこと）
事業主が○を付けた離職理由に異議　有り・無し
（離職者氏名）

記入例（6）　賃金形態及び賃金締切日の変更がある場合

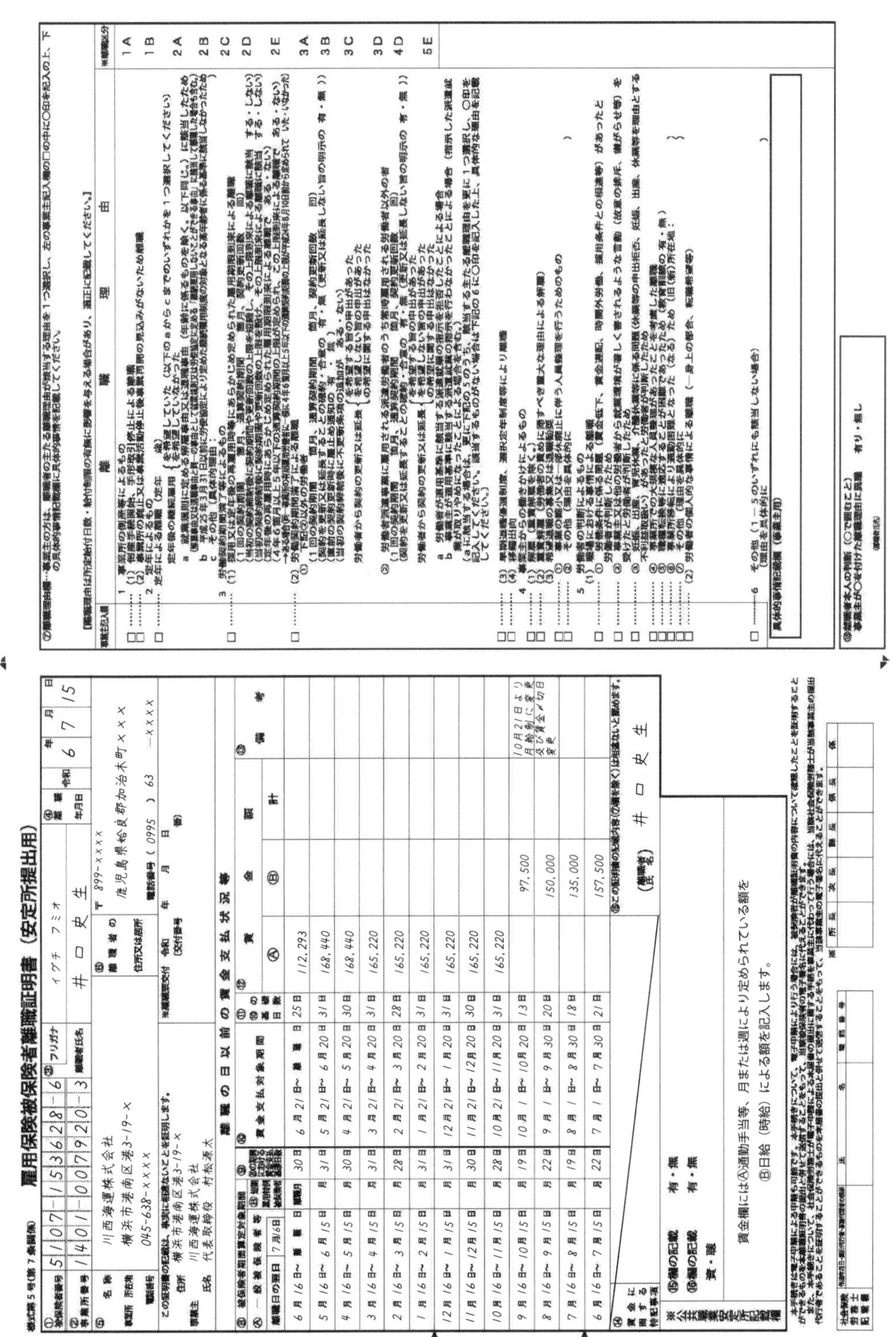

様式第5号（第7条関係）

雇用保険被保険者離職証明書（安定所提出用）

①被保険者番号　5107-153628-6　③フリガナ　イグチ　フミオ　④離職年月日　令和 6年 7月 15日

②事業所番号　1401-007920-3　離職者氏名　井口史生

⑤事業所　名称　川西海運株式会社　所在地　横浜市港南区港3-19-×　電話番号　045-638-××××

⑥離職者の住所又は居所　〒899-××××　鹿児島県姶良郡加治木町×××　電話番号（0995）63－××××

この証明書の記載は、事実に相違ないことを証明します。

事業主　住所　横浜市港南区港3-19-×　川西海運株式会社　氏名　代表取締役　村松源太

※離職票交付　令和　年　月　日（交付番号　番）

離職の日以前の賃金支払状況等

⑧被保険者期間算定対象期間 Ⓐ一般被保険者等（離職日の翌日 7月16日）	⑨Ⓐの期間における賃金支払基礎日数	⑩賃金支払対象期間	⑪⑩の基礎日数	⑫賃金額 Ⓐ	Ⓑ	計	⑬備考
6月16日～離職日	30日	6月21日～離職日	25日	112,293			
5月16日～6月15日	31日	5月21日～6月20日	31日	168,440			
4月16日～5月15日	30日	4月21日～5月20日	30日	168,440			
3月16日～4月15日	31日	3月21日～4月20日	31日	165,220			
2月16日～3月15日	28日	2月21日～3月20日	28日	165,220			
1月16日～2月15日	31日	1月21日～2月20日	31日	165,220			
12月16日～1月15日	31日	12月21日～1月20日	31日	165,220			
11月16日～12月15日	30日	11月21日～12月20日	30日	165,220			
10月16日～11月15日	28日	10月21日～11月20日	31日	165,220			
9月16日～10月15日	19日	10月1日～10月20日	13日		97,500		10月21日より月給制に変更及び賃金〆切日変更
8月16日～9月15日	22日	9月1日～9月30日	20日		150,000		
7月16日～8月15日	19日	8月1日～8月30日	18日		135,000		
6月16日～7月15日	22日	7月1日～7月30日	21日		157,500		

⑭賃金に関する特記事項

⑮この証明書の記載内容（⑦欄を除く）は相違ないと認めます。（離職者氏名）井口史生

※公共職業安定所記載欄　⑮欄の記載　有・無　⑯欄の記載　有・無　資・聴

賃金欄にはⒶ通勤手当等、月または週により定められている額を
Ⓑ日給（時給）による額を記入します。

本手続きは電子申請による申請も可能です。本手続きについて、電子申請により行う場合には、被保険者が離職証明書の内容について確認したことを証明することができるものを本離職証明書の提出と併せて送信することをもって、当該被保険者の電子署名に代えることができます。

また、本手続きについて、社会保険労務士が電子申請による本届書の提出に関する手続を事業主に代わって行う場合には、当該社会保険労務士が当該事業主の提出代行者であることを証明することができるものを本届書の提出と併せて送信することをもって、当該事業主の電子署名に代えることができます。

社会保険労務士記載欄（作成年月日・提出代行者・事務代理者の表示　氏名　電話番号）　※所長　次長　課長　係長　係

⑦離職理由欄…事業主の方は、離職者の主たる離職理由が該当する理由を1つ選択し、左の事業主記入欄の□の中に○印を記入の上、下の具体的事情記載欄に具体的事情を記載してください。

【離職理由は所定給付日数・給付制限の有無に影響を与える場合があり、適正に記載してください。】

事業主記入欄	離職理由	※離職区分
	1　事業所の倒産等によるもの	
□	(1) 倒産手続開始、手形取引停止による離職	1A
□	(2) 事業所の廃止又は事業活動停止後事業再開の見込みがないため離職	1B
	2　定年によるもの	
□	定年による離職（定年　歳） 定年後の継続雇用 {を希望していた（以下のaからcまでのいずれかを1つ選択してください）/を希望していなかった} a　就業規則に定める解雇事由又は退職事由（年齢に係るものを除く。以下同じ。）に該当したため b　平成25年3月31日以前に労使協定により定めた継続雇用制度の対象となる高年齢者に係る基準に該当しなかったため c　その他（具体的理由：　）	2A 2B 2C 2D 2E
	3　労働契約期間満了等によるもの	
□	(1) 採用又は定年後の再雇用時等にあらかじめ定められた雇用期限到来による離職	3A
□	(2) 労働契約期間満了による離職 ① 下記②以外の労働者 ② 労働者派遣事業に雇用される派遣労働者のうち常時雇用される労働者以外の者 a　労働者が適用基準に該当する派遣就業の指示を拒否したことによる場合 b　事業主が適用基準に該当する派遣就業の指示を行わなかったことによる場合	3B 3C 3D 4D 5E
□	(3) 早期退職優遇制度、選択定年制度等により離職	
□	(4) 移籍出向	
	4　事業主からの働きかけによるもの	
□	(1) 解雇（重責解雇を除く。）	
□	(2) 重責解雇（労働者の責めに帰すべき重大な理由による解雇）	
	(3) 希望退職の募集又は退職勧奨	
□	① 事業の縮小又は一部休廃止に伴う人員整理を行うためのもの	
□	② その他（理由を具体的に　）	
	5　労働者の判断によるもの	
	(1) 職場における事情による離職	
□	① 労働条件に係る問題（賃金低下、賃金遅配、時間外労働、採用条件との相違等）があったと労働者が判断したため	
□	② 事業主又は他の労働者から就業環境が著しく害されるような言動（故意の排斥、嫌がらせ等）を受けたと労働者が判断したため	
□	③ 妊娠、出産、育児休業、介護休業等に係る問題（休業等の申出拒否、妊娠、出産、休業等を理由とする不利益取扱い）があったと労働者が判断したため	
□	④ 事業所での大規模な人員整理があったことを考慮した離職	
□	⑤ 職種転換等に適応することが困難であったため（教育訓練の有・無）	
□	⑥ 事業所移転により通勤困難となった（なる）ため（旧（新）所在地：　）	
□	⑦ その他（理由を具体的に　）	
□	(2) 労働者の個人的な事情による離職（一身上の都合、転職希望等）	
□	6　その他（1－5のいずれにも該当しない場合）（理由を具体的に　）	

具体的事情記載欄（事業主用）

⑯離職者本人の判断（○で囲むこと）事業主が○を付けた離職理由に異議　有り・無し　（離職者氏名）

なにを	◇雇用保険被保険者転勤届（様式第10号）
だれが	◇事業主
いつ	◇事実のあった日の翌日から起算して10日以内
どこに	◇転勤後の事業所の所在地を管轄する公共職業安定所の長

（イ）あらまし

事業主は、その雇用する被保険者をその事業主の一つの事業所から他の事業所へ転勤させたときは、その事実があった日の翌日から起算して10日以内に、転勤後の事業所の所在地を管轄する公共職業安定所の長に転勤届を提出してください。

（ロ）転勤届の作成及び提出

転勤届を転勤後の事業所を管轄する公共職業安定所の長に提出することによって行うことになります。

（ハ）転勤届を提出するに当たっての留意事項

事業主は、転勤届を提出する際には、転勤した者の雇用保険被保険者資格喪失届の用紙（資格取得届又は氏名変更届を提出した際に安定所から交付された書類（平成2年1月1日前に交付されているときは資格喪失届・氏名変更届））を添えなければなりません。

（ニ）公共職業安定所からの通知

転勤届を受理した公共職業安定所長は、転勤届受理通知書により通知しますので、事業主は、労働者に提示したうえ、大切に保管してください。また、転勤届受理通知書と併せて交付される雇用保険被保険者資格喪失届用紙は、当該被保険者の資格喪失の際の届出用紙として使用しますので、それまで大切に保管してください。

（ホ）「雇用保険被保険者転勤届」の「6　事業所番号」には転勤後の（「8　転勤年月日」）欄の日に所属する当該届出を行う）事業所の事業所番号を記載します。また、「7　転勤前の事業所番号」欄に、転勤前の事業所の事業所番号を記載します。

様式第10号（第13条関係）（第1面）

雇用保険被保険者転勤届

（必ず第２面の注意事項を読んでから記載してください。）

帳票種別
14106

1. 被保険者番号
5001-100635-2

2. 生年月日
3-550615（2 大正　3 昭和　4 平成　5 令和）
元号　年　月　日

3. 被保険者氏名
青山　明宏

フリガナ（カタカナ）
アオヤマ　アキヒロ

4欄は、被保険者が外国人の場合のみ記入してください。

4. 被保険者氏名（ローマ字）（アルファベット大文字で記入してください。）

被保険者氏名〔続き（ローマ字）〕

5. 資格取得年月日
5-040613（3 昭和　4 平成　5 令和）
元号　年　月　日

6. 事業所番号
1401-009762-8

7. 転勤前の事業所番号
1301-110204-9

8. 転勤年月日
5-060720（4 平成　5 令和）
元号　年　月　日

9. 転勤前事業所名称・所在地
株式会社宝花本店
千代田区永田町7-××

10.（フリガナ） 変更前氏名		11. 氏名変更年月日	令和 年　月　日

12. 備考

（この用紙は、このまま機械で処理しますので、汚さないようにしてください。）

雇用保険法施行規則第13条第１項の規定により上記のとおり届けます。

令和 6年 7月 24日

住　所　千代田区永田町7-××

事業主　氏　名　株式会社宝花本店
支店長　高橋誠

電話番号　045-621-××××

横浜　公共職業安定所長　殿

社会保険労務士記載欄	作成年月日・提出代行者・事務代理者の表示	氏　名	電話番号

※所長	次長	課長	係長	係	操作者

※備考

確認通知　令和　年　月　日

（5）雇用している被保険者が高年齢雇用継続基本給付金を受給する際の届出

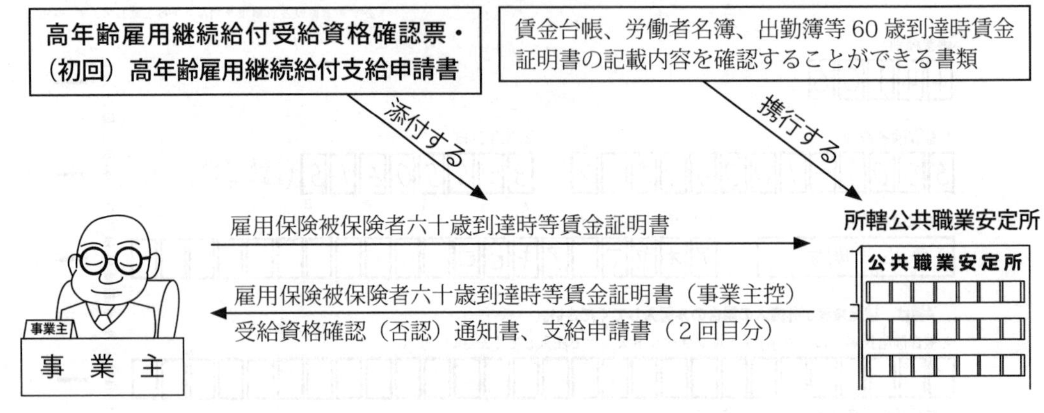

な　に　を	◇雇用保険被保険者六十歳到達時等賃金証明書（様式第33号の４）
だ　れ　が	◇事業主
い　　　つ	◇被保険者が60歳に到達後、高年齢雇用継続基本給付金の最初の申請を行う際
ど　こ　に	◇事業所の所在地を管轄する公共職業安定所の長

イ　あらまし

事業主は、その雇用する被保険者が60歳到達後高年齢雇用継続基本給付金の最初の支給申請を行う際に、その支給申請書に雇用保険被保険者六十歳到達時等賃金証明書（以下「賃金証明書」という）と高年齢雇用継続給付受給資格確認票・（初回）高年齢雇用継続給付支給申請書（以下「受給資格確認票」という）を添えて事業所の所在地を管轄する公共職業安定所（以下「安定所」という）に提出してください。

また、この最初の支給申請前に受給資格等の照会を安定所に行うこともできますが、その際にもこの賃金証明書と受給資格確認票を安定所に提出してください。これにより、受給資格の確認等を受けた場合には、最初の支給申請の際に、この賃金証明書を提出する必要はありません。

なお、被保険者が自ら申請手続を行う場合には、事業主は、その雇用する被保険者又は雇用していた被保険者から、その者が高年齢雇用継続給付の支給申請等の手続を行うため、賃金証明書の交付を求められた場合にはこれを交付しなければなりません。

記入例

雇用保険被保険者六十歳到達時等賃金証明書（事業主控）

①被保険者番号	2702-036721-5	③ フリガナ	タミヤ　イサオ
②事業所番号	2702-003399-4	60歳に達した者の氏名	田宮勇夫
④事業所 名称	近畿紙器工業株式会社	⑤60歳に達した者の住所又は居所	〒590-×××× 大阪府堺市堺区浜北町1-×-×× 電話番号（072）238－××××
所在地	大阪市北区同心町2-××		
電話番号	06-6358-××××		
⑥60歳に達した日等の年月日	平成・（令和）6年11月10日	⑦60歳に達した者の生年月日	（昭和）・平成39年11月11日

事業主　住所　大阪市北区同心町2-××
　　　　氏名　近畿紙器工業株式会社
　　　　　　　代表取締役　石竹正明

60歳に達した日等以前の賃金支払状況等

⑧60歳に達した日等に離職したとみなした場合の被保険者期間算定対象期間（60歳に達した日等の翌日 11月11日）	⑨⑧の期間における賃金支払基礎日数	⑩賃金支払対象期間	⑪⑩の基礎日数	⑫賃金額 Ⓐ	Ⓑ	計	⑬備考
10月11日～60歳に達した日等	31日	10月26日～60歳に達した日等	16日	125,700			
9月11日～10月10日	30日	9月26日～10月25日	30日	242,000			
8月11日～9月10日	31日	8月26日～9月25日	31日	242,000			
7月11日～8月10日	31日	7月26日～8月25日	31日	242,000			
6月11日～7月10日	30日	6月26日～7月25日	30日	242,000			
5月11日～6月10日	31日	5月26日～6月25日	31日	242,000			
4月11日～5月10日	30日	4月26日～5月25日	30日	242,000			
3月11日～4月10日	31日	3月26日～4月25日	31日	242,000			
2月11日～3月10日	28日	2月26日～3月25日	28日	235,000			
1月11日～2月10日	31日	1月26日～2月25日	31日	235,000			
12月11日～1月10日	31日	12月26日～1月25日	31日	235,000			
11月11日～12月10日	30日	11月26日～12月25日	30日	235,000			
月　日～　月　日	日	10月26日～11月25日	31日	235,000			

⑭賃金に関する特記事項

六十歳到達時等賃金証明書受理
令和　　年　　月　　日
（受理番号　　　　番）

※公共職業安定所記載欄

注意
1　事業主は、公共職業安定所からこの六十歳到達時等賃金証明書（事業主控）の返付を受けたときは、これを7年間保管し、関係職員の要求があったときは提示すること。
2　六十歳到達時等賃金証明書の記載方法については、別紙「雇用保険被保険者六十歳到達時等賃金証明書についての注意」を参照すること。
3　「60歳に達した日等」とは、当該被保険者の60歳の誕生日の前日又は60歳に達した後に「被保険者であった期間」が通算して5年を満たした日である。

社会保険労務士記載欄	作成年月日・提出代行者・事務代理者の表示	氏名	電話番号

ロ　賃金証明書の作成及び提出

（イ）賃金証明書の用紙は、雇用保険被保険者六十歳到達時等賃金証明書（事業主控）・雇用保険被保険者六十歳到達時等賃金証明書（安定所提出用）の２枚１組となっていますので、複写により２枚同時に記入し、２枚とも提出してください。

（ロ）賃金証明書の記入に当たっては、「雇用保険被保険者六十歳到達時等賃金証明書についての注意」をよく読んで、正確に記入してください。

ハ　賃金証明書の提出に当たっての留意事項

賃金証明書を提出する際には、賃金台帳、労働者名簿、出勤簿又はタイムカード等賃金証明書の記載内容を確認することができる書類を携行する必要があります。

ニ　公共職業安定所からの通知

賃金証明書等の提出を受けた公共職業安定所では、事業主から提出された賃金証明書により、本措置の要件に該当することを確認した場合は、事業主に対して受給資格確認（否認）通知書を交付します。この受給資格確認（否認）通知書は、直ちに被保険者本人に交付してください。

また、このとき事業所の所在地を管轄する安定所で速やかに必要な手続をとるよう説明してください。

ホ　高年齢雇用継続給付支給申請書（様式第33号の３の２）（本書では様式省略）

「支払われた賃金額」欄に支給対象月の期間内に実際に支払われた賃金額を記入します。

「賃金の減額のあった日数」欄に支給期間内に減額のあった日数（ない場合はゼロ）を記入します。「その他賃金に関する特記事項」欄に実際に減額された賃金額を記入します。

（6）雇用している被保険者が育児休業を開始した際の届出

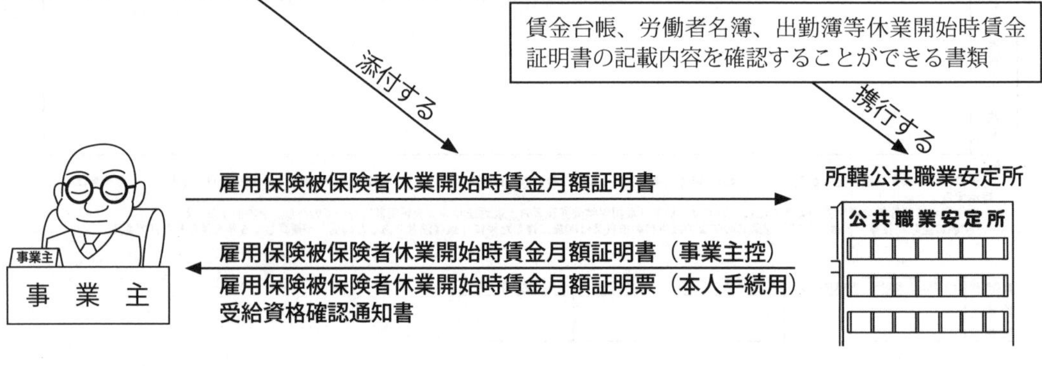

な　に　を	◇雇用保険被保険者休業開始時賃金月額証明書（様式第10号2の2、第10号の3）
だ　れ　が	◇事業主
い　　　つ	◇育児休業（又は出生時育児休業）給付金支給申請書を提出する日まで
ど　こ　に	◇事業所の所在地を管轄する公共職業安定所の長

イ　あらまし

事業主は、その雇用する被保険者が育児休業（又は出生時育児休業）を開始した場合、育児休業給付受給資格確認票・（初回）育児休業給付金支給申請書（又は育児休業給付受給資格確認票・出生時育児休業給付金支給申請書）を提出する日までに雇用保険被保険者休業開始時賃金月額証明書（以下「賃金月額証明書」という）に育児休業給付受給資格確認票・（初回）育児休業給付金支給申請書（又は育児休業給付受給資格確認票・出生時育児休業給付金支給申請書）を添えて提出してください。

ロ　賃金月額証明書の作成及び提出

（イ）賃金月額証明書の用紙は、休業開始時賃金月額証明書（事業主控)、休業開始時賃金月額証明書（安定所提出用)、休業開始時賃金月額証明票（本人手続用）の３枚1組となっていますので、複写により３枚同時に記入し、３枚とも提出してください（介護休業給付の場合と同じ用紙)。

（ロ）賃金月額証明書の記入に当たっては、「雇用保険被保険者休業開始時賃金月額証明書についての注意」をよく読んで正確に記入してください。

ハ　賃金月額証明書の提出に当たっての留意事項

賃金月額証明書を提出する際には、賃金台帳、労働者名簿、出勤簿等賃金月額証明書の記載内容を確認することができる書類を携行する必要があります。

ニ　公共職業安定所からの通知

（イ）賃金月額証明書の提出を受けた公共職業安定所では、事業主から提出された賃金月額証明書により、本措置の要件に該当することを確認した場合は、事業主に対して賃金月額証明書（事業主控）を交付します。

ホ　被保険者本人が育児休業給付の受給資格確認手続を行う場合は、事業主が賃金月額証明書を公共職業安定所に提出すると、賃金月額証明票が交付されますが、この賃金月額証明票は、直ちに被保険者本人に交付してください。

また、このとき、事業所の所在地を管轄する公共職業安定所で速やかに必要な手続をとるよう説明してください。

ヘ　育児休業給付金支給申請書（本書では様式省略）

「支払われた賃金額」欄に支給対象月の期間内に実際に支払われた賃金額を記入します。

記入例

雇用保険被保険者 休業開始時賃金月額証明書 ~~所定労働時間短縮開始時賃金証明書~~ (事業主控)　(介護・育児)

①被保険者番号	5000-004321-8	③ フリガナ	キクチ サトコ	④休業等を開始した日の年月日	令和 6年 10月 21日
②事業所番号	1401-001579-3	休業等を開始した者の氏名	菊池 聡子		

⑤名称	大野物産株式会社	⑥休業等を開始した者の住所又は居所	〒222-××××
事業所所在地	横浜市中区本町3-×-×		横浜市神奈川区鶴屋町2-×-××
電話番号	045-666-××××		電話番号(045)312-××××

事業主 住所 横浜市中区本町3-×-×
氏名 代表取締役 大野 豊

休業等を開始した日前の賃金支払状況等

⑦休業等を開始した日の前日に離職したとみなした場合の被保険者期間算定対象期間（休業等を開始した日 10月21日）	⑧⑦の期間における賃金支払基礎日数	⑨賃金支払対象期間	⑩⑨の基礎日数	⑪賃金額 Ⓐ	Ⓑ	計	⑫備考
9月21日～休業等を開始した日の前日	0日	9月26日～休業等を開始した日の前日	0日	0			自6.7.15 至6.10.20
6月21日～7月20日	24日	6月26日～7月25日	19日	97,000			98日間の出産のため賃金の支払いなし
5月21日～6月20日	31日	5月26日～6月25日	31日	176,000			
4月21日～5月20日	30日	4月26日～5月25日	30日	176,000			
3月21日～4月20日	31日	3月26日～4月25日	31日	176,000			
2月21日～3月20日	28日	2月26日～3月25日	28日	158,000			
1月21日～2月20日	31日	1月26日～2月25日	31日	158,000			
12月21日～1月20日	31日	12月26日～1月25日	31日	158,000			
11月21日～12月20日	30日	11月26日～12月25日	30日	158,000			
10月21日～11月20日	31日	10月26日～11月25日	31日	158,000			
9月21日～10月20日	30日	9月26日～10月25日	30日	158,000			
8月21日～9月20日	31日	8月26日～9月25日	31日	158,000			
7月21日～8月20日	31日	7月26日～8月25日	31日	158,000			
6月21日～7月20日	30日	6月26日～7月25日	30日	158,000			
月 日～ 月 日	日	月 日～ 月 日	日				
月 日～ 月 日	日	月 日～ 月 日	日				

⑬賃金に関する特記事項		休業開始時賃金月額証明書 所定労働時間短縮開始時賃金証明書 受理 令和 年 月 日 (受理番号 号)

⑭(休業開始時における)雇用期間　イ 定めなし　ロ 定めあり → 令和 年 月 日まで (休業開始日を含めて 年 カ月)

※公共職業安定所記載欄

注意
1 事業主は、公共職業安定所からこの休業開始時賃金月額証明書又は所定労働時間短縮開始時賃金証明書（事業主控）（以下「休業開始時賃金月額証明書等」という。）の返付を受けたときは、これを4年間保管し、関係職員の要求があったときは提示すること。
2 休業開始時賃金月額証明書等の記載方法については、別紙「雇用保険被保険者休業開始時賃金月額証明書等についての注意」を参照すること。
3 「休業等を開始した日」とあるのは、当該被保険者が育児休業又は介護休業を開始した日及び当該被保険者が小学校就学の始期に達するまでの子を養育するため若しくは要介護状態にある対象家族を介護するための休業又は当該被保険者が就業しつつその子を養育すること若しくはその要介護状態にある対象家族を介護することを容易にするための所定労働時間短縮措置の適用を開始した日のことである。
なお、被保険者が労働基準法の規定による産前・産後休業に引き続いて、育児休業又は小学校就学の始期に達するまでの子を養育するための休業を取得する場合は出産日から起算して58日目に当たる日が、又は当該被保険者が就業しつつその子を養育することを容易にするための所定労働時間短縮措置を適用する場合は当該適用日が、「休業等を開始した日」となる。

社会保険労務士記載欄	作成年月日・提出代行者・事務代理者の表示	氏名	電話番号

（7）雇用している被保険者が介護休業を開始した際の届出

な　に　を	◇雇用保険被保険者休業開始時賃金月額証明書（様式第10号の2の2、第10号の3）
だ　れ　が	◇事業主
い　　　つ	◇介護休業給付金支給申請書を提出する日まで
ど　こ　に	◇事業所の所在地を管轄する公共職業安定所の長

イ　あらまし

事業主は、その雇用する被保険者が介護休業を開始した場合、介護休業給付金支給申請書を提出する日までに、雇用保険被保険者休業開始時賃金月額証明書（以下「賃金月額証明書」という）に介護休業給付金支給申請書を添えて提出してください。

ロ　賃金月額証明書の作成及び提出

（イ）賃金月額証明書の用紙は、休業開始時賃金月額証明書（事業主控）、休業開始時賃金月額証明書（安定所提出用）、休業開始時賃金月額証明票（本人手続用）の3枚1組となっていますので、複写により3枚同時に記入し、3枚とも提出してください。（育児休業給付の場合と同じ用紙）。

（ロ）賃金月額証明書の記入に当たっては、「雇用保険被保険者休業開始時賃金月額証明書についての注意」をよく読んで正確に記入してください。

ハ　賃金月額証明書の提出に当たっての留意事項

賃金月額証明書を提出する際には、賃金台帳、労働者名簿、出勤簿等賃金月額証明書の記載内容を確認することのできる書類を携行する必要があります。

ニ　公共職業安定所からの通知

（イ）賃金月額証明書の提出を受けた公共職業安定所では、事業主から提出された賃金月額証明書により、本措置の要件に該当することを確認した場合は、事業主に対して賃金月額証明書（事業主控）を交付します。

ホ　被保険者本人が介護休業給付の支給申請手続を行う場合は、事業主が賃金月額証明書を公共職業安定所に提出すると、賃金月額証明票が交付されますが、この賃金月額証明票は、直ちに被保険者本人に交付してください。

また、このとき、事業所の所在地を管轄する公共職業安定所で速やかに必要な手続をとるように説明してください。

Ⅵ　労災保険の保険給付及び社会復帰促進等事業

1　業務災害に係る保険給付※のあらましと手続

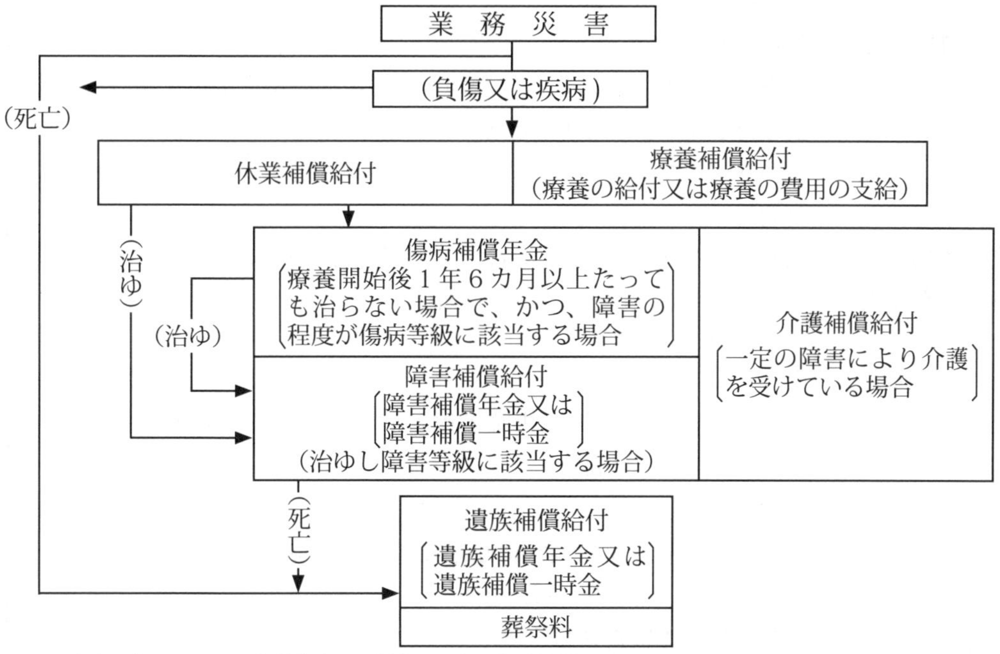

※令和２年９月から、複数業務要因災害に関する保険給付が創設されていますが、その内容は上記に準じます（保険給付の名称は、複数事業労働者休業給付等に変わります）。なお、業務災害に関する手続きと複数業務要因災害に関する手続きは、共通となっています（使用する様式も共用）。

（1）療養補償給付

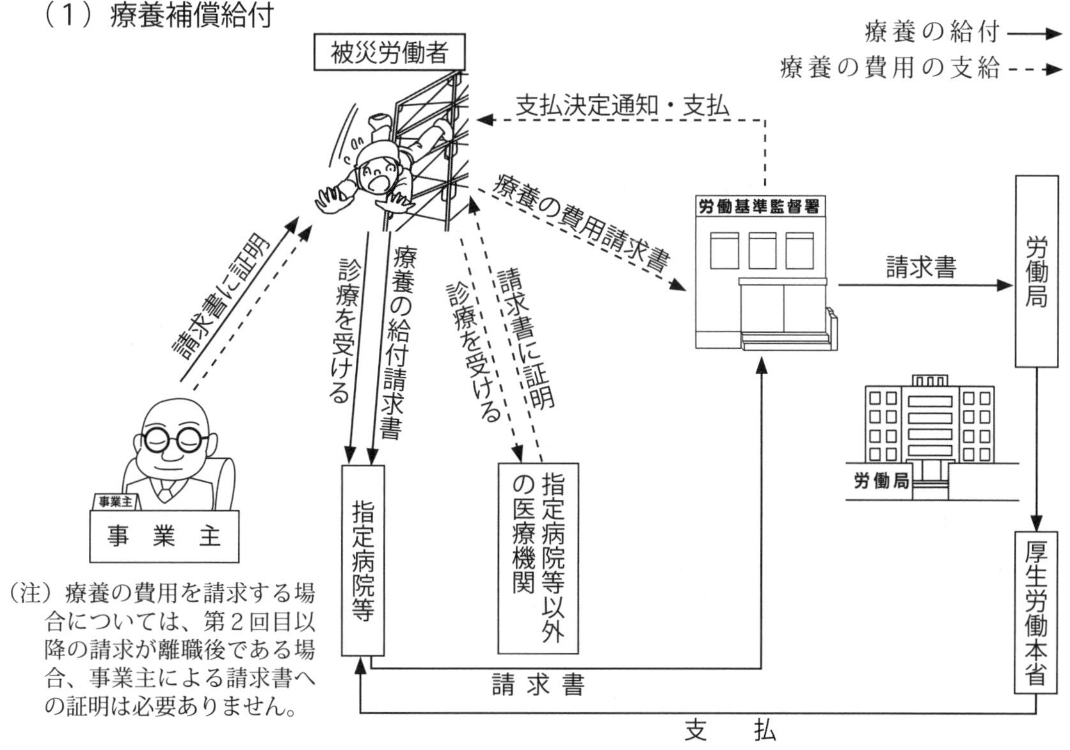

（注）療養の費用を請求する場合については、第２回目以降の請求が離職後である場合、事業主による請求書への証明は必要ありません。

イ　療養の給付

なにを	◇療養補償給付及び複数事業労働者療養給付たる療養の給付請求書（様式第５号）（１部）
だれが	◇被災労働者
いつ	◇業務上負傷し、又は疾病にかかり、労災病院や労災指定病院等で療養給付を受けようとするとき
どこに	◇治療を受けている労災病院や労災指定病院等を経て所轄労働基準監督署長
その他知っておくべきこと	◇労災病院や労災指定病院等において傷病が治ゆするまで無料で療養を受けられるという現物給付の制度

ロ　療養の費用の支給

なにを	◇療養補償給付及び複数事業労働者療養給付たる療養の費用請求書（様式第７号）（１部）
だれが	◇被災労働者
いつ	◇業務上負傷し、又は疾病にかかり、労災病院や労災指定病院等以外の病院等で、療養を行ったとき
どこに	◇所轄労働基準監督署長
その他知っておくべきこと	◇傷病が治ゆするまでの療養に要した費用を支給する現金給付の制度。請求書には領収書や請求書など療養に要した費用を証明する書類を添付する。

イ　療養補償給付とは

療養補償給付は、労働者が業務上の傷病により療養を必要とする場合に行われます。

療養補償給付には、現物給付としての「療養の給付」と現金給付としての「療養の費用の支給」の２種類ありますが、「療養の給付」が原則で、「療養の費用の支給」は近くに労災指定病院がない等により療養の給付を受けることができない等特定の事情がある場合に支給されることとなっています。

「療養の給付」は、労災病院や労災指定病院等において傷病が治ゆするまで無料で療養を受けられるという方法で行われます。これに対して「療養の費用の支給」は、労災病院や労災指定病院等以外の病院等で療養を受けた場合や特別の事情があって外部から看護師を雇った場合等において、労働者がその費用を所轄労働基準監督署長に請求し支払いを受けるという方法で行われます。

療養補償給付の対象には、治療費・入院の費用・看護料・移送費などの通常療養のために必要なものは全部含まれていますが、まだ一般に治療効果があると認められていない特殊な治療を受けた場合や傷病の程度等からみて必要がないと思われるのに付添看護師を雇ったような場合の費用は支給の対象とはなりません。

なお、療養補償給付は、傷病が治ゆするまで続けられます。

ロ　請求手続

先に述べた「療養の給付」の場合と「療養の費用の支給」の場合とに分けて説明しましょう。

①　「療養の給付」の請求について

（イ）請求書の作成

様式第５号「療養補償給付及び複数事業労働者療養給付たる療養の給付請求書」（次ページ参照）に、所定の事項を記入したうえで、事業主の証明を受けなければなりません。事業主の証明は、業務上の傷病であるとの証明ではなく、災害発生の原因・状況等の事実に相違がない旨の証明です。

なお、令和２年９月から、複数事業労働者に対する保険給付の拡充が行われたのに伴い、様式第５号裏面に「その他就業先の有無」に関する欄が追加されています（本書では省略）。

（ロ）請求書の提出

あて先は所轄労働基準監督署長ですが、実際には療養の給付を受けようとする労災病院や労災指定病院等を経由して提出することになっています。

（ハ）指定病院等を変更する場合

一般に、患者の転医は自由になっていますが、転医するに当たって、あらかじめ様式第６号「療養補償給付たる療養の給付を受ける指定病院等（変更）届」に所定事項を記入し、事業主の証明を受けたうえで、転医先の労災指定病院等を経由して所轄労働基準監督署長に提出しなければなりません。

②　「療養の費用」の請求について

（イ）請求書の作成

様式第７号「療養補償給付及び複数事業労働者療養給付たる療養の費用請求書」に、所定の事項を記入したうえで、事業主及び診療を担当した医師等の証明を受けなければなりません。

また、看護や移送に要した費用を請求するときには、領収書や請求書等その費用を証明する書類を添付しなければなりません。

（ロ）請求書の提出

あて先は所轄労働基準監督署長です。所轄労働基準監督署長とは、被災労働者の所轄する事業場の所在地を管轄する労働基準監督署長であり、患者の現住所や治療を受けている病院の所在地を管轄する労働基準監督署長ではありませんから注意してください。

記入例

様式第５号(表面)　労働者災害補償保険　業務災害用・複数業務要因災害用　療養補償給付及び複数事業労働者療養給付たる療養の給付請求書

裏面に記載してある注意事項をよく読んだ上で、記入してください。

標準字体　0 1 2 3 4 5 6 7 8 9 " ° ー　アイウエオカキクケコサシスセソタチツテトナニヌ　ネノハヒフヘホマミムメモヤユヨラリルレロワン

※帳票種別	34590
①管轄局署	
②業通別（1業 3通）	1
③保留（1全レセ 3全給付）	
⑥処理区分	
④受付年月日	※
⑤労働保険番号（府県・所掌・管轄・基幹番号・枝番号）	14101004650000
⑦支給・不支給決定年月日	※
⑧性別（1男 3女）	1
⑨労働者の生年月日（1明治 3大正 5昭和 7平成 9令和）	5570621
⑩負傷又は発病年月日	9070129
⑪再発年月日	※
⑫労働者の シメイ（カタカナ）：姓と名の間は1文字あけて記入してください。濁点・半濁点は1文字として記入してください。	ヤマダ゛　カズ゛オ
⑬三者（1自 3労 5他）	※
⑭特疾（1特定疾病）	
⑮特別加入者	
⑫労働者の 氏名	山田 和雄（41歳）
⑯郵便番号	XXX-XXXX
⑫労働者の 住所	フリガナ フジサワシヤマシタチョウ　藤沢市山下町6-X-X
⑫労働者の 職種	プレス工
⑰負傷又は発病の時刻	午後 2時 30分頃
⑱災害発生の事実を確認した者の職名、氏名	職名 班長　氏名 宮下 一郎

標準字体で記入してください。

※印の欄は記入しないでください。（職員が記入します。）

⑲災害の原因及び発生状況　(あ)どのような場所で(い)どのような作業をしているときに(う)どのような物又は環境に(え)どのような不安全な又は有害な状態があって(お)どのような災害が発生したか(か)⑩と初診日が異なる場合はその理由を詳細に記入すること

プレス工場内において材料（重ねた鉄板重量70kg）を同僚と２人で運搬し、プレス機の前の床におろす際、誤って手をすべらせ持っていた鉄板とコンクリートの床面との間に、左手第２、３、４、５指をはさまれ負傷したもの。

⑳指定病院等の		
名称	高橋病院	電話（045）000－XXXX
所在地	横浜市金沢区長浜町3-X-X	〒250－0000
㉑傷病の部位及び状態	左手示指基部骨骨折、左手中、薬、小指挫傷	

⑫の者については、⑩、⑰及び⑲に記載したとおりであることを証明します。　令和7年 1月30日

事業の名称	株式会社戸塚工作所	電話（045）XXX－0000
事業場の所在地	横浜市金沢区1-X-X	〒236－0000
事業主の氏名	代表取締役　戸塚 昭雄	
（法人その他の団体であるときはその名称及び代表者の氏名）		
労働者の所属事業場の名称・所在地		電話（　　）　－

（注意）１　労働者の所属事業場の名称・所在地については、労働者が直接所属する事業場が一括適用の取扱いを受けている場合に、労働者が直接所属する支店、工事現場等を記載してください。

２　派遣労働者について、療養補償給付又は複数事業労働者療養給付のみの請求がなされる場合にあっては、派遣先事業主は、派遣元事業主が証明する事項の記載内容が事実と相違ない旨裏面に記載してください。

上記により療養補償給付又は複数事業労働者療養給付たる療養の給付を請求します。　令和7年 1月31日

横浜南　労働基準監督署長 殿

高橋（病院・診療所・薬局・訪問看護事業者）経由

請求人の　〒251－0000　電話（0466）00－XXXX

住所　藤沢市山下町6-X-X（　　方）

氏名　山田 和雄

折り曲げる場合には（◀）の所を谷に折りさらに２つ折りにしてください。

支給・不支給決定決議書

署長	副署長	課長	係長	係	決定年月日	・　・
					不支給の理由	
調査年月日	・　・	・　・	・　・			
復命書番号	第　号	第　号	第　号			

（この欄は記入しないでください。）

（2）休業補償給付

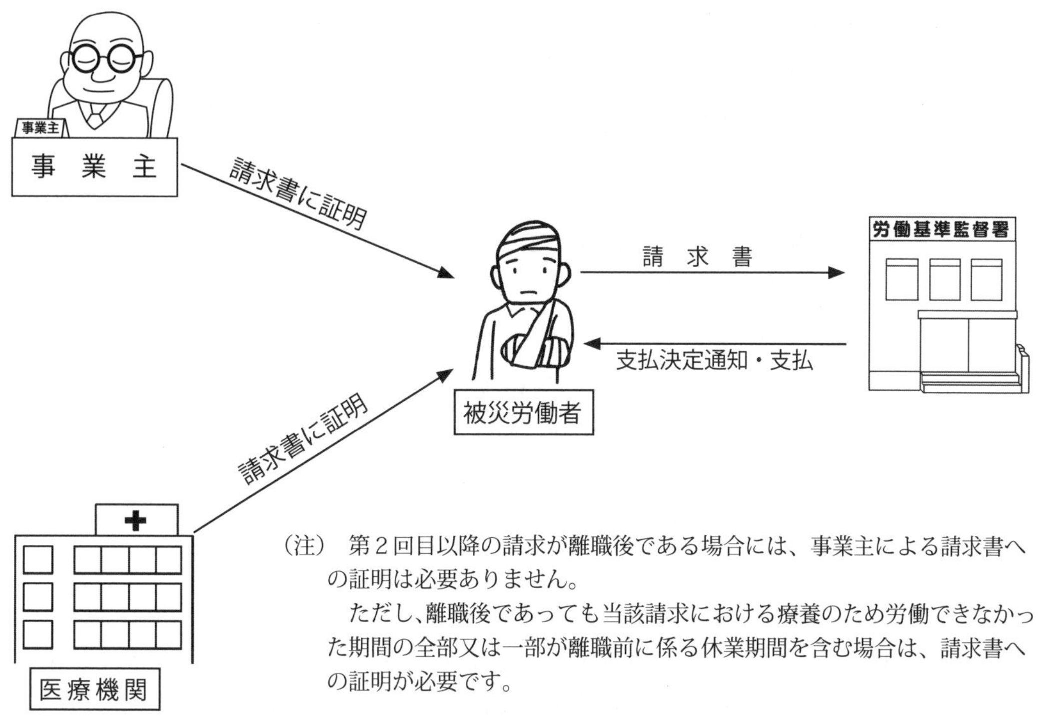

（注）第２回目以降の請求が離職後である場合には、事業主による請求書への証明は必要ありません。
　ただし、離職後であっても当該請求における療養のため労働できなかった期間の全部又は一部が離職前に係る休業期間を含む場合は、請求書への証明が必要です。

なにを	◇休業補償給付支給申請書 複数事業労働者休業給付支給請求書 休業特別支給金支給申請書（様式第８号）（１部）
だれが	◇被災労働者
いつ	◇業務上負傷し、又は疾病にかかり、その療養のため働くことができず、賃金を受けない日が４日以上に及ぶとき。
どこに	◇所轄労働基準監督署長
その他知っておくべきこと	◇休業４日目以降、原則として休業１日につき給付基礎日額の60%相当額が支給される。 ◇休業３日目までは、事業主が労働基準法上の休業補償を行わなければならない。

イ　休業補償給付とは

①　休業補償給付は、業務上負傷し、又は疾病にかかった労働者がその療養のため働くことができず、そのために賃金を受けていない日が４日以上に及ぶ場合に休業４日目以降から支給されます。

　なお、休業の最初の日から３日間については、事業主が労働基準法上の休業補償を行わなければならないことになっています。

　休業補償給付の額は、休業１日につき、原則として給付基礎日額（原則として平均賃金相当額）の60％です（ただし、所定労働時間のうち一部休業した場合には、給付基礎日額から実際に労働した部分についての賃金額を差し引いた額の60％となります)。したがって、請求に対する支給額は、次のように計算されます。

支給額＝（給付基礎日額×$\frac{60}{100}$）×休業日数（ただし、休業初日から３日間は含まない）

また、休業補償給付にはスライド制の適用がありますが、スライド制の適用があるときの支給額は、次のように計算されます。

支給額＝（給付基礎日額×スライド率）×$\frac{60}{100}$×休業日数

なお、労災保険における給付基礎日額の最低保障額は、現在（令和５年８月１日～令和６年７月 31 日)、4,020 円とされているところから、平均賃金に相当する額が 4,020 円に満たないときの給付基礎日額は 4,020 円とされるため、１日当たりの休業補償給付の額の最低額は、

4,020 円×$\frac{60}{100}$＝2,412 円

ということになります。

さらに、療養開始後１年６カ月を経過した者に支給する休業補償給付に係る休業給付基礎日額については、年齢階層別最低・最高限度額制度が導入されています。

なお、この場合の年齢は、休業補償給付を受けるべき労働者の支給事由が生じた日の属する四半期の初日における年齢によることとなります。

給付基礎日額　最低・最高限度額　（単位　円）

年齢階層	～19	20～24	25～29	30～34	35～39	40～44
最低限度額	5,213	5,816	6,319	6,648	7,011	7,199
最高限度額	13,314	13,314	14,701	17,451	20,453	21,762

年齢階層	45～49	50～54	55～59	60～64	65～69	70～
最低限度額	7,362	7,221	6,909	5,804	4,020	4,020
最高限度額	22,668	24,679	25,144	21,111	15,922	13,314

②　他の社会保険との調整

同一の事由により、休業補償給付と厚生年金保険の障害厚生年金等とが併給される場合の休業補償給付の額は、前記①の額（調整前の額）に、併給される年金給付の種類別に定められている次の率を乗じて得た額（調整後の額）となります。ただし、調整後の額が、調整前の休業補償給付の額から併給される障害厚生年金等の額の 365 分の１に相当する額を減じた残りの額を下回る場合には、調整前の額から、併給される障害厚生年金等の額の 365 分の１に相当する額を減じた残りの額が支給されます。

併給される社会保険の年金の種類	厚生年金保険の障害厚生年金	国民年金の障害基礎年金	厚生年金保険の障害厚生年金＋国民年金の障害基礎年金
調整率	0.88	0.88	0.73

なお、国民年金法等の一部を改正する法律（昭和60年法律第34号）による改正前の厚生年金保険法、船員保険法又は国民年金法の規定による年金が併給される場合についても、同様に次の表の調整率を乗じて減額して支給されます。

併給される社会保険の年金の種類	改正前の厚生年金保険の障害年金	改正前の船員保険の障害年金	改正前の国民年金の障害年金
調整率	0.75	0.75	0.89

なお、休業補償給付の受給権者には、休業の４日目から休業特別支給金が支給されますが、その支給要件等については238ページを参照してください。

ロ　請求手続

休業補償給付の請求は、様式第８号「休業補償給付支給申請書 複数事業労働者休業給付支給請求書 休業特別支給金支給申請書」（193ページ参照）に所定事項を記載し、事業主及び診療担当医師の証明を受けて、所轄労働基準監督署長に提出します。

請求は、休業何日分ごとにしなければならないということは定められていませんが、休業が長期にわたるときは、１カ月ごとくらいにまとめて請求するのが便利でしょう。

なお、令和２年９月から、複数事業労働者に対する保険給付の拡充が行われたのに伴い、様式第８号別紙３として「複数事業労働者」に関する事項を記載するページが追加されています（本書では省略）。複数事業労働者が被災したときは、非災害事業場についても平均賃金算定内訳（別紙１）を提出する必要があります。

（３）傷病補償年金

◇業務上の傷病が療養開始後１年６カ月を経過しても治ゆせず、かつ、当該傷病による障害の程度が傷病等級表（298ページ）に該当する場合に支給される。

◇障害の程度に応じて、年金給付基礎日額の313日分（１級)、277日分（第２級)、245日分（第３級）の年金が当該障害の状態が継続している間支給される。

◇傷病補償年金を受けている者の傷病が治った後に障害が残れば、その程度に応じた障害補償給付が支給され、その傷病が原因で死亡した場合には遺族補償給付と葬祭料が支給される。

イ　傷病補償年金とは

①　傷病補償年金は、労働者が業務上の傷病により療養を開始してから１年６カ月を経過しても治らず、かつ、当該傷病による障害の程度が傷病等級に該当する場合に当該障害の状態が継続している間支給されます。

また、傷病補償年金の支給が行われることとなったときは、その旨が労働者に通知され、その通知を受けた者に対しては、障害の程度に応じて年金給付基礎日額の313日分、277日分又は245日分に相当する額の「年金」が支給されることになります。なお、年金給付基礎日額とは、年金たる保険給付の額の算定の基礎として用いる給付基礎日額のことで、通常は給付基礎日額がそのまま年金給付基礎日額になりますが、給付基礎日額が年齢階層別に定める最高限度額を上回る場合又は最低限度額を下回る場合には、当該最高限度額又は最低限度額が年金給付基礎日額となります。

また、傷病補償年金を受ける権利を有する者に対して、特別給与を基礎とする特別支給金が支給されますが、その支給要件等については239ページを参照してください。

② 他の社会保険との調整

同一の事由により、傷病補償年金と厚生年金保険の障害厚生年金等とが併給される場合の傷病補償年金の額は、前記①の額（調整前の額）に、併給される年金給付の種類別に定められている次の率を乗じて得た額(調整後の額)となります。ただし、調整後の額が、調整前の傷病補償年金の額から併給される障害厚生年金等の額を減じた残りの額を下回る場合には、その調整前の額から併給される障害厚生年金等の額を減じた残りの額が支給されます。

併給される社会保険の年金の種類	厚生年金保険の障害厚生年金	国民年金の障害基礎年金	厚生年金保険の障害厚生年金 ＋ 国民年金の障害基礎年金
調整率	0.88	0.88	0.73

なお、国民年金法等の一部を改正する法律（昭和60年法律第34号）による改正前の厚生年金保険法、船員保険法又は国民年金法の規定による年金が併給される場合についても、同様に次の表の調整率を乗じて減額して支給されます。

併給される社会保険の年金の種類	改正前の厚生年金保険の障害年金	改正前の船員保険の障害年金	改正前の国民年金の障害年金
調整率	0.75	0.75	0.89

③ 障害の程度の変更

傷病補償年金を支給されている間に、受給者の障害の程度に変更があったため、新たに他の傷病等級に該当するに至った場合には、新たに該当することとなった傷病等級に応ずる傷病補償年金が支給されることとなります（239ページ参照）。

記入例

様式第８号（表面）

業務災害用
複数業務要因災害用

労働者災害補償保険
休業補償給付支給請求書
複数事業労働者休業給付支給請求書
休業特別支給金支給申請書
第　回（同一傷病分）

標準字体　0 1 2 3 4 5 6 7 8 9 ゛ ゜ ー
アイウエオカキクケコサシスセソタチツテトナニヌ
ネノハヒフヘホマミムメモヤユヨラリルレロワン

※帳票種別　34360
①管轄局署
③新継再別　1新　5継　7再
④受付年月日　元号　年　月　日
⑧業通別　1　1業　3通
⑨三者コード　1自　3労　5他
⑩図雇コード　1日
⑪特別加入者

⑰平均賃金　十万　万　千　百　十　円　十　銭
※
⑱特別給与の額　千万　百万　十万　万　千　百　十　円
⑬日数査定　1療　2賃　3特　4重　5他
⑭特支コード　1特
⑮委任未支給　1委　3未
⑯特別コード　1特

②労働保険番号　府県　所掌　管轄　基幹番号　枝番号　02101809551018
⑤労働者の性別　1男　3女　1
⑥労働者の生年月日　1明　3大　5昭　7平　9令　治正和成和　元号　年　月　日　5451018
1～9年は右へ　1～9月は右へ　1～9日は右へ

⑫労働者の
シメイ（カタカナ）：姓と名の間は１文字あけて記入してください。濁点・半濁点は１文字として記入してください。
ナカシ゛マ　タロウ
氏名　中島　太郎　（53歳）
⑦負傷又は発病年月日　1明　3大　5昭　7平　9令　元号　年　月　日　9060709
1～9年は右へ　1～9月は右へ　1～9日は右へ
住所　㉗郵便番号　×××－××××　青森市油川町×

⑲療養のため労働できなかった期間　1明　3大　5昭　7平　9令　元号　年　月　日　9060709　から　9060726　まで　18　日間のうち
㉚賃金を受けなかった日の日数（内訳別紙２のとおり。）　18　日
1～9年は右へ　1～9月は右へ　1～9日は右へ

下の欄及び㉓、㉔、㉕、㉖欄は、口座を新規に届け出る場合又は届け出た口座を変更する場合のみ記入してください。
（新規）・変更
㉓預金の種類　1普通　3当座　1
㉔口座番号（左詰め。ゆうちょ銀行の場合は、記号（５桁）は左詰め、番号は右詰めで記入し、空欄には「0」を記入。）　5114209

振込を希望する金融機関の名称　松前信用　銀行・（金庫）・農協・漁協・信組
油川　本店・本所・出張所・（支店）・支所
メイギニン（カタカナ）：姓と名の間は１文字あけて記入してください。濁点・半濁点は１文字として記入してください。
㉕ナカシ゛マ　タロウ
（つづき）メイギニン（カタカナ）
㉖
口座名義人　中島　太郎
㉑※金融機関コード　金融機関　店舗
㉒※郵便局コード

⑫の者については、⑦、⑲、⑳、㉜から㊳まで（㊳の(ハ)を除く。）及び別紙２に記載したとおりであることを証明します。
６年８月２日
事業の名称　株式会社紅組　電話（0172）００－××××
事業場の所在地　青森市桜井町１－１　〒038－0000
事業主の氏名　代表取締役　斉藤　一
（法人その他の団体であるときはその名称及び代表者の氏名）
労働者の直接所属事業場名称所在地　電話（　）－

（注意）
1. ㊳の(イ)及び(ロ)については、⑫の者が厚生年金保険の被保険者である場合に限り証明してください。
2. 労働者の直接所属事業場名称所在地については、労働者が直接所属する事業場が一括適用の取扱いを受けている場合に、労働者が直接所属する支店、工事現場等を記載してください。

1回目の請求書には、必ず記入してください。（死傷病報告提出年月日　６年　８月　４日）

診療担当者の証明
㉘傷病の部位及び傷病名　左前腕部打撲
㉙療養の期間　６年　７月　９日から　６年　７月26日まで　18日間　診療実日数　18日
傷病の経過
㉚療養の現況　６年　７月26日　治癒（症状固定）・死亡・転医・中止・（継続中）
㉛療養のため労働することができなかったと認められる期間　６年　７月　９日から　６年　７月26日まで　18日間のうち　18日
⑫の者については、㉘から㉛までに記載したとおりであることを証明します。
６年　８月　４日
〒038－0000　電話（0172）××－××××
病院又は診療所の　所在地　青森市中央通３－×
名称　青森中央病院
診療担当者氏名　井上　秀俊

上記により休業補償給付又は複数事業労働者休業給付の支給を請求／休業特別支給金の支給を申請します。
６年　８月　４日
〒038－0000　電話（0172）××－××××
請求人・申請人の　住所　青森市油川町×　（　方）
氏名　中島　太郎
青森労働基準監督署長　殿

（注意）
一、□□□で表示された枠（以下、記入枠という。）に記入する文字は、光学式文字読取装置（OCR）で直接読取を行うので、汚したり、穴をあけたり、必要以上に強く折り曲げたり、のりづけしたりしないでください。
二、記載すべき事項のない欄又は記入枠は、空欄のままとし、事項を選択する場合には該当事項を○で囲んでください。（ただし、⑤及び㉓欄並びに⑥、⑦及び⑲欄の元号については該当番号を記入枠に記入してください。）
三、記入枠の部分は、必ず黒のボールペンを使用し、様式右上に記載された「標準字体」にならって、枠からはみださないように大きめのカタカナ及びアラビア数字で明瞭に記載してください。

※印の欄は記入しないでください。（職員が記入します。）
◎裏面の注意事項を読んでから記入してください。
折り曲げる場合には（◀）の所を谷に折りさらに２つ折りにしてください。

様式第８号（裏面）記入例

様式第８号(裏面)

㉜ 労働者の職種	㉝負傷又は発病の時刻	㉞平均賃金(算定内訳別紙1のとおり)
運転手	午前・後(後に○) 1 時 30 分頃	10,054 円 95 銭

㉟所定労働時間	午前(前に○)・後 9 時 00 分から午前・後(後に○) 5 時 30 分まで	㊱ 休業補償給付額、休業特別支給金額の改定比率	(平均給与額証明書のとおり)

㊲ 災害の原因、発生状況及び発生当日の就労・療養状況　(あ)どのような場所で(い)どのような作業をしているときに(う)どのような物又は環境に(え)どのような不安全な又は有害な状態があって(お)どのような災害が発生したか(か)⑦と初診日と災害発生日が同じ場合は当日所定労働時間内に通院したか、⑦と初診日が異なる場合はその理由を詳細に記入すること

当社第２倉庫入口で、18リットルの白灯油を倉庫に入れて保管するためトラックの荷台から運転手が両手でかかえて一缶ずつ運搬中コンクリートの床面にこぼれていた油で足をすべらせ転倒し左前腕部を打撲した。

㊳ 厚生年金保険等の受給関係	(イ) 基礎年金番号		(ロ)被保険者資格の取得年月日	年　月　日
	(ハ) 当該傷病に関して支給される年金の種類等	年金の種類	厚生年金保険法の	イ 障害年金 ロ 障害厚生年金
			国民年金法の	ハ 障害年金 ニ 障害基礎年金
			船員保険法の	ホ 障害年金
		障害等級		級
		支給される年金の額		円
		支給されることとなった年月日		年　月　日
		基礎年金番号及び厚生年金等の年金証書の年金コード		
		所轄年金事務所等		

㊴その他就業先の有無		
有・無	有の場合のその数(ただし表面の事業場を含まない)	社
有の場合でいずれかの事業で特別加入している場合の特別加入状況(ただし表面の事業を含まない)	労働保険事務組合又は特別加入団体の名称	
	加入年月日	年　月　日
	給付基礎日額	円
労働保険番号(特別加入)		

〔注　意〕

一、所定労働時間後に負傷した場合には、⑲及び⑳欄については、当該負傷した日を除いて記載してください。

二、別紙１①欄には、平均賃金の算定基礎期間中に業務外の傷病の療養等のために休業した期間があり、その期間及びその期間中に受けた賃金の額を算定基礎から控除して算定した平均賃金に相当する額が平均賃金の額を超える場合に記載し、控除する期間及び賃金の内訳を別紙１②欄に記載してください。この場合は、㉞欄に、この算定方法による平均賃金に相当する額を記載してください。

三、別紙２は、⑳欄の「賃金を受けなかった日」のうちに業務上の負傷又は疾病による療養のため所定労働時間のうちその一部分についてのみ労働した日(別紙２において「一部休業日」という。)が含まれる場合に限り添付してください。

四、別紙３は、㊴欄の「その他就業先の有無」で「有」に○を付けた場合に、その他就業先ごとに記載してください。その際、その他就業先ごとに注意二及び三の規定に従って記載した別紙１及び別紙２を添付してください。

五、請求人(申請人)が災害発生事業場で特別加入者であるときは、

(一)、㉞欄には、その者の給付基礎日額を記載してください。

(二)、⑦、⑲、⑳、㉝、㉟及び㊲欄の事項を証明することができる書類その他の資料を添付してください。

(三)、事業主の証明は受ける必要はありません。

六、第二回目以後の請求(申請)の場合には、

(一)、⑲、⑳、㉙及び㉛欄については、前回の請求又は申請後の分について記載してください。

(二)、㉜欄から㉟欄まで及び㊲欄は記載する必要はありません。

(三)、別紙１(平均賃金算定内訳)は付する必要はありません。

(四)、その請求(申請)が離職後である場合(療養のために労働できなかった期間の全部又は一部が離職前にある場合を除く。)には、事業主の証明は受ける必要はありません。

七、休業特別支給金の支給の申請のみを行う場合には、㊳欄は記載する必要はありません。

八、複数事業労働者休業給付の請求は、休業補償給付の支給決定がなされた場合、遡って請求されなかったものとみなされます。

九、㊴「その他就業先の有無」欄の記載がない場合又は複数就業していない場合は、複数事業労働者休業給付の請求はないものとして取り扱います。

十、疾病に係る請求の場合、脳・心臓疾患、精神障害及びその他二以上の事業の業務を要因とすることが明らかな疾病以外は、休業補償給付のみで請求されることとなります。

社会保険労務士記載欄	作成年月日・提出代行者・事務代理者の表示	氏　名	電話番号
			(　)　—

様式第８号（別紙１）（表面）記入例

労働保険番号					氏名	災害発生年月日
府県	所掌	管轄	基幹番号	枝番号		
02	1	01	809551	018	中島　太郎	6年　7月　9日

平均賃金算定内訳

（労働基準法第12条参照のこと。）

雇入年月日	平成28年　4月　1日	常用・日雇の別	(常用)・日雇
賃金支給方法	(月給)・週給・(日給)・時間給・出来高払制・その他請負制	賃金締切日	毎月　末　日

		賃金計算期間	4月1日から 4月30日まで	5月1日から 5月31日まで	6月1日から 6月30日まで	計
A	月・週その他一定の期間によって支払ったもの	総日数	30日	日	日	(イ)　日
	賃金	基本賃金	円	円	円	円
		通勤手当	16,000	16,000	16,000	48,000
		家族手当	20,000	20,000	20,000	60,000
		計	36,000円	36,000円	36,000円	(ロ)　108,000円
B	日若しくは時間又は出来高払制その他の請負制によって支払ったもの	賃金計算期間	4月1日から 4月30日まで	5月1日から 5月31日まで	6月1日から 6月30日まで	計
		総日数	30日	31日	30日	(イ)　91日
		労働日数	20日	19日	22日	(ハ)　61日
	賃金	基本賃金	240,000円	228,000円	264,000円	732,000円
		超勤手当	22,500	28,125	24,375	75,000
		手当				
		計	262,500円	256,125円	288,375円	(ニ)　807,000円
総計			298,500円	292,125円	324,375円	(ホ)　915,000円
平均賃金			賃金総額(ホ)915,000円÷総日数(イ)　91　＝　10,054円　94銭			

最低保障平均賃金の計算方法

Aの(ロ)　108,000　円÷総日数(イ)　91　＝　1,186　円　81　銭(ヘ)

Bの(ニ)　807,000　円÷労働日数(ハ)　61　×　$\frac{60}{100}$　＝　7,937　円　70　銭(ト)

(ヘ)　1,186　円81銭＋(ト)7,937円70銭　＝　9,124　円　51　銭（最低保障平均賃金）

日日雇い入れられる者の平均賃金（昭和38年労働省告示第52号による。）	第1号又は第2号の場合	賃金計算期間	(い)労働日数又は労働総日数	(ろ)賃金総額	平均賃金（(ろ)÷(い)×$\frac{73}{100}$）
		月　日から 月　日まで	日	円	円　銭
	第3号の場合	都道府県労働局長が定める金額			円
	第4号の場合	従事する事業又は職業			
		都道府県労働局長が定めた金額			円

漁業及び林業労働者の平均賃金（昭和24年労働省告示第5号第2条による。）	平均賃金協定額の承認年月日　　年　月　日　職種　　平均賃金協定額　　円

① 賃金計算期間のうち業務外の傷病の療養等のため休業した期間の日数及びその期間中の賃金を業務上の傷病の療養のため休業した期間の日数及びその期間中の賃金とみなして算定した平均賃金

（賃金の総額(ホ)ー休業した期間にかかる②の(リ)）　÷　（総日数(イ)ー休業した期間②の(チ)）

（　　円ー　　円）÷（　　日ー　　日）＝　　円　　銭

様式第８号（別紙１）（裏面）記入例

様式第８号（別紙1）　（裏面）

② 業務外の傷病の療養等のため休業した期間
及びその期間中の賃金の内訳

賃金計算期間		月　日から 月　日まで	月　日から 月　日まで	月　日から 月　日まで	計
業務外の傷病の療養等のため休業した期間の日数		日	日	日	(チ)　日
業務外の傷病の療養等のため休業した期間中の賃金	基本賃金	円	円	円	円
	手当				
	手当				
	計	円	円	円	(リ)　円
休業の事由					

③特別給与の額	支払年月日	支払額
	6 年 6 月 20 日	850,000 円
	5 年 12 月 20 日	800,000 円
	5 年 6 月 20 日	800,000 円
	4 年 12 月 20 日	750,000 円
	年　月　日	円
	年　月　日	円
	年　月　日	円

［注　意］

③欄には、負傷又は発病の日以前２年間（雇入後２年に満たない者については、雇入後の期間）に支払われた労働基準法第12条第４項の３箇月を超える期間ごとに支払われる賃金（特別給与）について記載してください。

ただし、特別給与の支払時期の臨時的変更等の理由により負傷又は発病の日以前１年間に支払われた特別給与の総額を特別支給金の算定基礎とすることが適当でないと認められる場合以外は、負傷又は発病の日以前１年間に支払われた特別給与の総額を記載して差し支えありません。

様式第８号（別紙２）　記入例

様式第８号　（別紙２）

労働保険番号					氏名	災害発生年月日
府県	所掌	管轄	基幹番号	枝番号		
0 2	1	0 1	8 0 9 5 5 1	0 1 8	中島　太郎	6年7月9日

①　療養のため労働できなかつた期間 6年7月9日から6年7月26日まで18日間		
②　①のうち賃金を受けなかつた日の日数		18日
③　②の日数の内訳	全部休業日	17日
	一部休業日	1日

④一部休業日の年月日及び当該労働者に対し支払われる賃金の額	年　月　日	賃金の額	備考
	6年7月26日	3,000円	

〔注意〕

1　「全部休業日」とは、業務上の負傷又は疾病による療養のため労働することができないために賃金を受けない日であつて、一部休業日に該当しないものをいうものであること。

2　該当欄に記載することができない場合には、別紙を付して記載すること。

ロ　傷病補償年金の支払い

傷病補償年金については、被災労働者が特別な請求手続を行う必要はありません。毎年２月、４月、６月、８月、10 月、12 月の各支払期月に厚生労働省から当該労働者へ振込通知書又は支払通知書が送付され、金融機関や郵便局を通じて口座振込や窓口払い（郵便局）の方法により年金の支払いを受けることができます。

年金の支給を受ける場合には、払渡しを希望する銀行等の名称及び預金通帳の記号番号、又は郵便局名を請求書に記載しなければなりませんが、それを変更する場合には、「年金の払渡金融機関等変更届」（様式第 19 号）を提出しなければなりません。

（4）障害補償給付

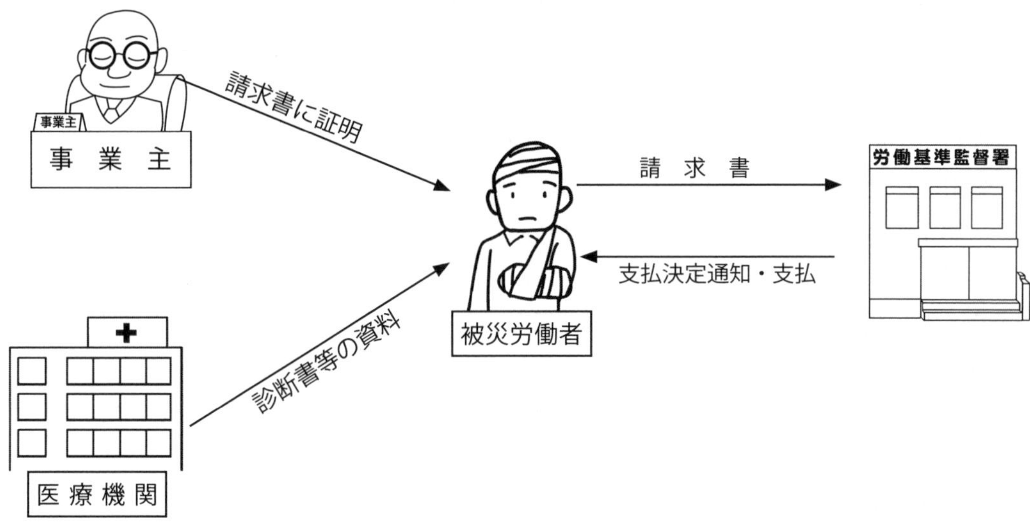

イ　障害補償年金

な　に　を	◇障害補償給付 複数事業労働者障害給付 支給請求書　障害特別支給金 障害特別年金 障害特別一時金 支給申請書（様式第 10 号）（1 部）
だ　れ　が	◇被災労働者
い　　　つ	◇業務上の負傷、又は疾病が治った後に身体に障害等級第 1 級から第 7 級までに該当する障害が残ったとき
ど　こ　に	◇所轄労働基準監督署長
その他知っておくべきこと	◇障害の程度に応じ、年金給付基礎日額の 313 日分（第 1 級）から 131 日分（第 7 級）までの年金が支給される。

ロ　障害補償一時金

な　に　を	◇障害補償給付 複数事業労働者障害給付 支給請求書　障害特別支給金 障害特別年金 障害特別一時金 支給申請書（様式第 10 号）（1 部）
だ　れ　が	◇被災労働者
い　　　つ	◇業務上の負傷、又は疾病が治った後に身体に障害等級第 8 級から第 14 級までに該当する障害が残ったとき
ど　こ　に	◇所轄労働基準監督署長
その他知っておくべきこと	◇障害の程度に応じ、年金給付基礎日額の 503 日分（第 8 級）から 56 日分（第 14 級）までの一時金が支給される。

○　障害補償給付とは

障害補償給付は、業務上の傷病が治ったとき、身体に一定以上の障害が残っている場合に支給されます。この保険給付は、厚生労働省令で定める障害等級（第1級から第14級）に応じ、「障害補償年金」と「障害補償一時金」の2種類があります。

すなわち、第1級から第7級までの障害がある者には、障害補償年金として当該労働者の年金給付基礎日額に次の等級に応ずる日数を乗じて得た額が支給されます。

第1級＝313日分　第2級＝277日分　第3級＝245日分　第4級＝213日分

第5級＝184日分　第6級＝156日分　第7級＝131日分

また、第8級から第14級までの障害がある者には、障害補償一時金として当該労働者の給付基礎日額に次の等級に応ずる日数を乗じて得た額が支給されます。

第8級＝503日分　第9級＝391日分　第10級＝302日分　第11級＝223日分

第12級＝156日分　第13級＝101日分　第14級＝56日分

イ　障害補償年金

①　年金の支払い

身体に第1級から第7級までの障害が残った場合には、先に述べたように、その等級に応じて年金が支給されますが、実際の支払いは、毎年2月、4月、6月、8月、10月、12月の6回に分割して支払われます。

なお、年金の支給は、支給事由の生じた月（つまり、傷病が治った日の属する月）の翌月から始まり、支給事由が消滅した日の属する月まで行われます。

②　他の社会保険との調整

同一の事由により、障害補償年金と厚生年金保険の障害厚生年金とが併給される場合の障害補償年金の額は、前記の支給額（調整前の額）に、併給される年金給付の種類別に定められている次の率を乗じて得た額（調整後の額）となります。ただし、調整後の額が、調整前の障害補償年金の額から併給される障害厚生年金等の額を減じた残りの額を下回る場合には、その調整前の額から、併給される障害厚生年金等の額を減じた残りの額が支給されます。

併給される社会保険の年金の種類	厚生年金保険の障害厚生年金	国民年金の障害基礎年金	厚生年金保険の障害厚生年金 ＋ 国民年金の障害基礎年金
調　整　率	0.83	0.88	0.73

なお、国民年金法等の一部を改正する法律（昭和60年法律第34号）による改正前の厚生年金保険法、船員保険法又は国民年金法の規定による年金が併給される場合についても、同様に次の表の調整率を乗じて減額して支給されます。

併給される社会保険の年金の種類	改正前の厚生年金保険の障害年金	改正前の船員保険の障害年金	改正前の国民年金の障害年金
調　整　率	0.74	0.74	0.89

③　障害の程度の変更

障害補償年金を支給されている間に、受給者の障害の程度が重くなったり軽くなったりすることがあります。このように障害の程度が変更したときは、新たに該当するに至った障害等級により、その後の障害補償給付が行われることになります。

この場合に、新たに該当するに至った障害の等級が、第８級から第 14 級までのときは、その該当する等級に応じる一時金が支給され、その後の年金の支給は打ち切られます。

④　障害の程度を加重した場合

すでに第８級～第 14 級に該当する障害のあった者が、新たな業務災害により同一部位に障害の程度を加重し、その結果第１級～第７級の障害に該当するに至ったときは、その等級について定められている年金の額からすでにあった障害の該当する一時金の額の 25 分の１の額を差し引いた額が、年金として支給されます。

また、第１級～第７級に該当する障害があった者の加重障害の場合は、現在の障害の年金相当額から、既存障害の年金相当額を差し引いた額が、年金として支給されます。

なお、身体に障害を残す場合には、障害補償給付のほかにその程度に応じて、障害特別支給金及び特別給与を基礎とする障害特別年金及び障害特別一時金が支給されますが、その額等については、238 ページを参照してください。

⑤　障害補償年金差額一時金とは

障害補償年金の受給者が死亡した場合、その者に支給された障害補償年金の合計額がＡ表の額に満たないときは、その差額を一時金として遺族に支給するというものです。

⑥　障害補償年金前払一時金とは

障害補償年金受給権者の請求に基づいて、その障害等級に応じＡ表右に掲げてある額を最高限度として障害補償年金を一定額までまとめて前払支給するものです。

Ａ表

障害等級	額
第１級	給付基礎日額の 1,340日分
第２級	〃　1,190日分
第３級	〃　1,050日分
第４級	〃　920日分
第５級	〃　790日分
第６級	〃　670日分
第７級	〃　560日分

ロ　障害補償一時金

障害補償給付では、第８級から第 14 級までの障害については、一時金が支給されることになっています。

この一時金に該当する障害については、仮に支給を受けた後に障害の程度が重くなったとしても、障害等級の変更は行われず差額の支給等は行われません。ただし傷病が再発して診療を受け、再び治ったときに以前の障害より重い障害が残った場合には、現在の障害の該当する等級に応ずる一時金と、再発前の障害の該当する等級に応ずる一時金との差額が支給されます。

すでに身体障害があった者が、新たな業務災害によって同一部位につき障害の程度を加重した場合は、現在の障害の該当する等級に応ずる一時金の額から、すでにあった障害の該当する等級に応ずる一時金の額を差し引いた額が支給されることになります。

なお、身体に障害を残す場合には、障害補償給付のほかにその程度に応じて障害特別支給金及び特別給与を基礎とする障害特別年金及び障害特別一時金が支給されますが、その額等については、238 ページを参照してください。

ハ　請求手続

障害補償給付の請求は、年金・一時金の別なく、様式第10号「障害補償給付 複数事業労働者障害補償給付 支給申請書　障害特別支給金 障害特別年金 障害特別一時金 支給申請書」（次ページ参照）に所定の事項を記入し、事業主の証明を受けて、所轄労働基準監督署長に提出します。この請求書には障害の部位及び状態等についての医師又は歯科医師の診断書のほか、必要があるときはエックス線写真等を添付しなければなりません。

なお、令和２年９月から、複数事業労働者に対する保険給付の拡充が行われたのに伴い、様式第10号裏面に「その他就業先の有無」に関する欄が追加されています（本書では省略）。以下に取り上げる「遺族補償給付」その他についても、複数事業労働者の取扱いは同様です。

請求を受けた労働基準監督署長は、障害等級に該当しない者に対しては不支給決定通知書を、第８級～第14級に該当する者に対しては、支給決定・支払通知書を、また、第１級～第７級に該当する者に対しては、支給決定通知書と年金証書を、それぞれ送付することになっています。なお、年金を受ける者は、毎年２月、４月、６月、８月、10月、12月に振込通知書及び支払通知書が送付されます。

障害補償年金を受けている者の障害の程度が変更した場合は、様式第11号「障害補償給付 複数事業労働者障害補償給付 変更請求書　障害給付 障害特別年金 変更請求書」に所定事項を記入し、障害の程度に変更があったことを証明しうる医師の診断書、その他資料を添付して、所轄労働基準監督署長に提出しなければなりません。

（５）遺族補償給付

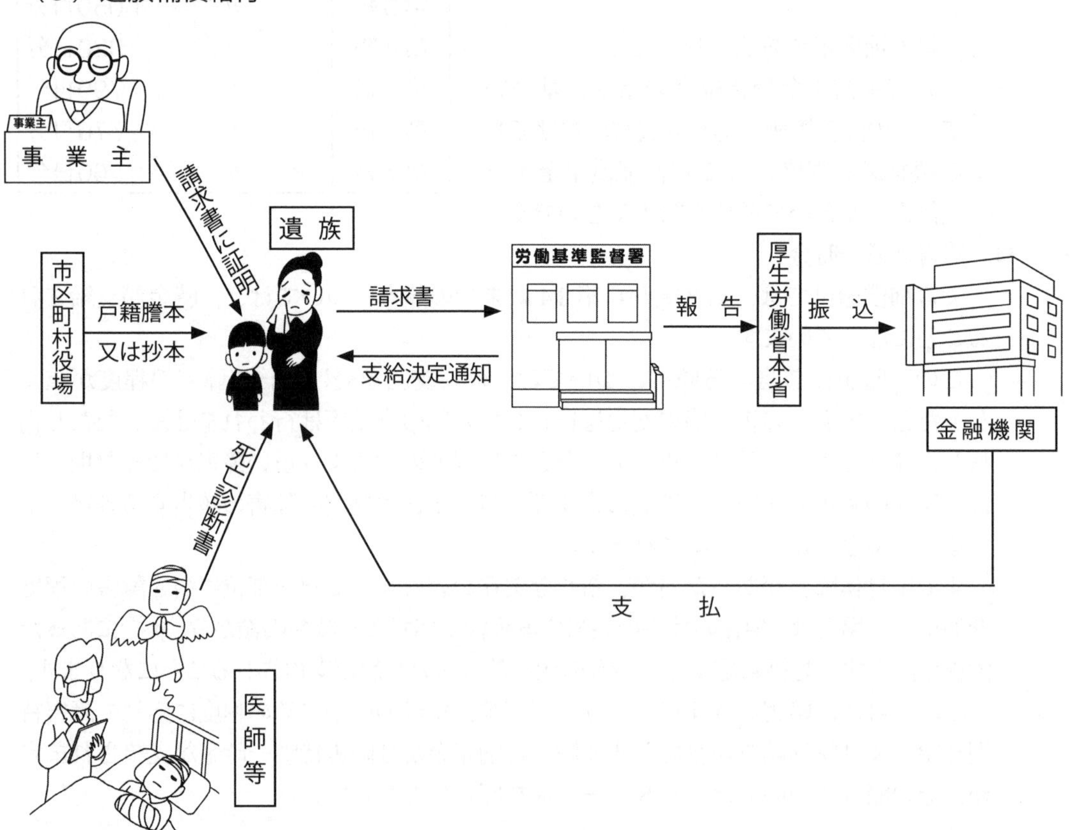

様式第10号（表面）

業務災害用
複数業務要因災害用

労働者災害補償保険
障害補償給付／複数事業労働者障害給付　支給請求書
障害特別支給金／障害特別年金／障害特別一時金　支給申請書

①労働保険番号					③労働者の	
府県	所掌	管轄	基幹番号	枝番号	フリガナ	ヤマダ　タロウ
44	1	01	123456		氏名	山田　太郎　（男）・女
②年金証書の番号					生年月日	昭和46年6月12日（53歳）
管轄局	種別	西暦年	番号		フリガナ	オオイタシナガタニマチ
					住所	大分市長谷町2-×-×
					職種	プレスエ
					所属事業場名称・所在地	

④負傷又は発病年月日：7年1月6日　午（前）・後　11時05分頃

⑤傷病の治癒した年月日：7年3月8日

⑦平均賃金：8,619円38銭

⑧特別給与の総額（年額）：883,290円

⑥災害の原因及び発生状況　（あ）どのような場所で（い）どのような作業をしているときに（う）どのような物又は環境に（え）どのような不安全な又は有害な状態があって（お）どのような災害が発生したかを簡明に記載すること

第2工場の80トンプレスの金型を交換作業中、重量約1.5キロ上型を高さ60センチの受台からあやまって落とし、左足甲を受傷した。

⑨厚生年金保険等の受給関係		
㋑厚年等の年金証書の基礎年金番号・年金コード		
㋺被保険者資格の取得年月日	年　月　日	
㋩当該傷病に関して支給される年金の種類等	年金の種類	厚生年金保険法の　イ、障害年金　ロ、障害厚生年金 国民年金法の　イ、障害年金　ロ、障害基礎年金 船員保険法の障害年金
	障害等級	級
	支給される年金の額	円
	支給されることとなった年月日	年　月　日
	厚年等の年金証書の基礎年金番号・年金コード	
	所轄年金事務所等	

③の者については、④、⑥から⑧まで並びに⑨の㋑及び㋺に記載したとおりであることを証明します。

7年3月14日

事業の名称　別大プレス工業　電話（097）33－××××
事業場の所在地　大分市鶴前町×-×　〒870－0000
事業主の氏名　代表取締役　佐藤　勇
（法人その他の団体であるときは、その名称及び代表者の氏名）

〔注意〕⑨の㋑及び㋺については、③の者が厚生年金保険の被保険者である場合に限り証明すること。

⑩障害の部位及び状態	（診断書のとおり）	⑪既存障害がある場合にはその部位及び状態	
⑫添付する書類その他の資料名	X線写真　2葉		

⑬年金の払渡しを受けることを希望する金融機関又は郵便局			
金融機関（郵便貯金銀行の支店等を除く。）		※金融機関店舗コード	
	名称	豊後　（銀行）・金庫　農協・漁協・信組　大分　本店・本所　出張所　（支店）・支所	
	預金通帳の記号番号	（普通）・当座　第　0304750　号	
郵便貯金銀行の支店等又は郵便局		※郵便局コード	
	フリガナ／名称		
	所在地	都道府県　市郡区	
	預金通帳の記号番号	第　号	

上記により　障害補償給付／複数事業労働者障害給付の支給を請求します。
障害特別支給金／障害特別年金／障害特別一時金の支給を申請します。

〒870－0000
電話（097）△△△－××××

7年3月17日

請求人／申請人の　住所　大分市長谷町2-×-×
氏名　山田　太郎

大分　労働基準監督署長　殿

☐本件手続を裏面に記載の社会保険労務士に委託します。

個人番号　××××××××××××

振込を希望する金融機関の名称		預金の種類及び口座番号
豊後　（銀行）・金庫　農協・漁協・信組	大分　本店・本所　出張所　（支店）・支所	（普通）・当座　第　0304750　号 口座名義人　山田　太郎

なにを	◇遺族補償年金 複数事業労働者遺族年金 支給請求書　遺族特別支給金 遺族特別年金 支給申請書（様式第12号）、又は ◇遺族補償一時金 複数事業労働者遺族一時金 支給申請書　遺族特別支給金 遺族特別一時金 支給申請書（様式第15号）（1部）
だれが	◇遺族（配偶者、子、父母、孫、祖父母、兄弟姉妹）
いつ	◇業務上の事由により労働者が死亡したとき
どこに	◇所轄労働基準監督署長
その他知っておくべきこと	◇請求書には死亡診断書、戸籍謄本又は抄本等を添付する。

○　遺族補償給付とは

遺族補償給付は、労働者が業務上の事由により死亡した場合に支給されます。この保険給付には、「遺族補償年金」と「遺族補償一時金」との２種類がありますが、「遺族補償年金」が原則で、「遺族補償一時金」は、遺族補償年金を受けるにふさわしい遺族が全くいない場合、又は遺族補償年金の支給を受けていた受給権者が最後順位者まですべて失権した場合において、すでに支給された遺族補償年金の合計額が給付基礎日額の1,000日分に満たない場合に限って支給されることになっています。

イ　遺族補償年金

①　受給資格者

遺族補償年金を受けることができる遺族を、遺族補償年金の受給資格者といいます。

受給資格者となり得るのは、労働者の死亡当時その収入によって生計を維持していた「配偶者、子、父母、孫、祖父母及び兄弟姉妹」であって、妻以外の遺族については、「夫、父母、祖父母は55歳以上」、「子、孫は18歳に達する日以後の最初の3月31日までの間にあること」、「兄弟姉妹は18歳に達する日以後の最初の3月31日までの間にあること又は55歳以上」であるか、又は労働者の死亡当時一定の障害の状態にある者に限られます。

遺族補償年金は、すべての受給資格者に支給されるのではなく、受給資格者のうちで最も先の順位にある者（受給権者）にだけ支給されます（同順位の受給権者が数人いるときは、等分した額がそれぞれ支給されます）。

また、遺族補償年金の受給権者となる順位は、次のようになっています。

1　妻又は60歳以上若しくは一定障害の夫

2　18歳に達する日以後の最初の3月31日までの間にある子又は一定障害の子

3　60歳以上又は一定障害の父母

4　18歳に達する日以後の最初の3月31日までの間にある孫又は一定障害の孫

5　60歳以上又は一定障害の祖父母

6　18歳に達する日以後の最初の3月31日までの間にある兄弟姉妹若しくは60歳以上又は一定障害の兄弟姉妹

7　55歳以上60歳未満の夫

8　55 歳以上 60 歳未満の父母

9　55 歳以上 60 歳未満の祖父母

10　55 歳以上 60 歳未満の兄弟姉妹

（注）「障害の状態」とは、労災保険の障害等級の第５級以上に該当する程度の障害がある場合、又は傷病が治らないで、身体の機能若しくは精神に、労働が高度の制限をうけているか若しくは労働に高度の制限を加えることを必要とする程度以上の障害がある状態をいいます。また７～10 に掲げる者については、その者が受給権者となった場合においても 60 歳に達するまでは年金の支給は停止されます。

② 失権と失格

遺族補償年金の受給権は、受給権者が次のいずれかに該当するに至った場合には、その者について消滅（失権）し、他の受給権者がいないときには、次順位の受給資格者が新たに受給権者となります。

1　死亡したとき

2　婚姻したとき（内縁関係を含む）

3　直系血族又は直系姻族以外の者の養子（事実上の養子縁組関係を含む）となったとき

4　養子縁組関係の解消により、死亡労働者との親族関係が終了したとき

5　子、孫、兄弟姉妹については、18 歳に達する日以後の最初の３月 31 日に達したとき

6　障害状態のため受給資格者となっていた者の障害の状態がなくなったとき

また、遺族補償年金の受給資格者が、前記１～６に該当するに至った場合も、受給資格が失われます（失格）。

③ 年金の支給額

遺族補償年金の支給額は、次のとおりです。

遺族数	年金額
1人	年金給付基礎日額の153日分
55歳以上の妻又は厚生労働省令で定める障害の状態にある妻	年金給付基礎日額の175日分
2人	年金給付基礎日額の201日分
3人	年金給付基礎日額の223日分
4人以上	年金給付基礎日額の245日分

（注）遺族数は、遺族補償年金の受給権者及び受給権者と生計を同じくしている受給資格者の人数です。

なお、同一の事由により厚生年金保険の遺族厚生年金等が併給される場合の遺族補償年金の額は、前記の支給額（調整前の額）に、併給される年金給付の種類別に定められている次の率を乗じた額（調整後の額）となります。ただし、調整後の額が、調整前の遺族補償年金の額から併給される遺族厚生年金等の額を減じた残りの

社会保険の種類	調整率
厚生年金保険の遺族厚生年金	0.84
厚生年金保険の遺族基礎年金又は寡婦年金	0.88
厚生年金保険の遺族厚生年金 ＋ 国民年金の遺族基礎年金又は寡婦年金	0.80

額を下回る場合には、その調整前の額から、併給される遺族厚生年金等の額を減じた残りの額が支給されます。

なお、国民年金法等の一部を改正する法律（昭和 60 年法律第 34 号）による改正前の厚生年金保険法、船員保険法又は国民年金法の規定による年金が併給される場合についても、同様に次の表の調整率を乗じて減額して支給されます。

併給される社会保険の年金の種類	改正前の厚生年金保険の遺族年金	改正前の船員保険の遺族年金	改正前の国民年金の母子年金
調整率	0.80	0.80	0.90

④ 前払一時金

遺族補償年金は、毎年各支払期月ごとに支給されるのを原則としますが、給付基礎日額の 1,000 日分を限度とする一時金（1,000 日分、800 日分、600 日分、400 日分、200 日分）を年金の前払金として受けることもできます。

この一時金が支給された場合には、受給権者全員に対して支給されるべき年金（前払一時金支給の翌月から起算して 1 年を超える期間に係るものについては法定利率で割り引かれた額）は、その合計額が、当該前払一時金相当額に達するまでの間支給が停止されます。

55 歳以上 60 歳未満の夫、父母、祖父母、兄弟姉妹に対する遺族補償年金の支給は 60 歳に達するまで停止されますが、この前払一時金はこれらの者に対しても請求があれば支給されます。

この場合、これらの者に 60 歳から支給されるべき年金は、すでに支払われた前払一時金相当額に達するまでは支給されません。

前払一時金の支払いは、遺族補償年金の支給の決定の通知のあった日の翌日から 1 年以内であれば年金の支払期月と関係なく、請求により遅滞なく行われます。

なお、遺族補償年金を受ける権利を有する者に対して遺族特別支給金及び遺族特別年金が支給されますが、その受給要件等については239 ページを参照してください。

⑤ 請求手続

遺族補償年金の請求は、様式第 12 号「遺族補償年金 複数事業労働者遺族年金 支給請求書　遺族特別支給金 遺族特別年金 支給申請書」（次ページ参照）に所定の事項を記入し、次の書類を添付して所轄労働基準監督署長に提出しなければなりません。

1　死亡労働者の死亡診断書、死体検案書又は検視調書の写しその他市町村長が証明する死亡届書記載事項証明書又はこれらに代わる書類

2　受給権者及び受給資格者と死亡労働者との身分関係を証明し得る戸籍の謄本又は抄本

3　受給権者又は受給資格者が死亡労働者と内縁関係にあった場合には、その事実を証明し得る書類

4　受給権者及び受給資格者が死亡労働者の収入によって生計を維持していたことを証明し得る書類

5　受給権者及び受給資格者のうち、障害の状態にあることにより遺族補償年金を

受けることとなった者については、その者が労働者の死亡当時から引き続き、障害の状態にあることを証明する医師の診断書その他の資料

6　受給資格者のうち、受給権者と生計を同じくしている者については、その事実を証明し得る書類

様式第12号(表面)

業務災害用
複数業務要因災害用

労働者災害補償保険

遺族補償年金
複数事業労働者遺族年金　支給請求書
遺族特別支給金
遺族特別年金　支給申請書

〔年金新規報告書提出　・　・〕

① 労働保険番号					③死亡労働者の		④ 負傷又は発病年月日
府県	所掌	管轄	基幹番号	枝番号	フリガナ	ウチヤマジロウ	
14	1	09	004109	000	氏名	内山二郎（男・女）	7年 2月 16日
					生年月日	昭和61年 2月 4日（39歳）	午前・後 3時 20分頃
② 年金証書の番号					職種	タクシー運転手	⑤ 死亡年月日
管轄局	種別	西暦年	番号	枝番号	所属事業場名称・所在地		7年 2月 16日

⑥ 災害の原因及び発生状況　(あ)どのような場所で(い)どのような作業をしているときに(う)どのような物又は環境に(え)どのような不安全な又は有害な状態があって(お)どのような災害が発生したかを簡明に記載すること	⑦ 平均賃金
小田原駅南から客を乗せ箱根に向かう途中、箱根街道において中央線を越えて走ってきた大型トラックと衝突し、病院に収容されたが4時間後に死亡した。	7,611円 61銭
	⑧ 特別給与の総額(年額)
	819,600円

⑨ 厚生年金等の受給関係				
㋑ 死亡労働者の厚年等の年金証書の基礎年金番号・年金コード		㋺ 死亡労働者の被保険者資格の取得年月日	年　月　日	
㋩ 当該死亡に関して支給される年金の種類				
厚生年金保険法の　イ 遺族年金　ロ 遺族厚生年金	国民年金法の　イ 母子年金　ロ 準母子年金　ハ 遺児年金　ニ 寡婦年金　ホ 遺族基礎年金		船員保険法の遺族年金	
支給される年金の額	支給されることとなった年月日	厚年等の年金証書の基礎年金番号・年金コード（複数のコードがある場合は下段に記載すること。）	所轄年金事務所等	
円	年　月　日			

受けていない場合は、次のいずれかを○で囲む。　・裁定請求中　・不支給裁定　・未加入　・請求していない　・老齢年金等選択

③の者については、④、⑥から⑧まで並びに⑨の㋑及び㋺に記載したとおりであることを証明します。

7年 3月 7日

事業の名称　城洋タクシー株式会社　電話(0465) 22－××××

〒250－××××

事業場の所在地　小田原市城北町3-×-×

事業主の氏名　代表取締役　井上正信

（法人その他の団体であるときはその名称及び代表者の氏名）

〔注意〕
⑨の㋑及び㋺については、③の者が厚生年金保険の被保険者である場合に限り証明すること。

⑩ 請求人 申請人	氏名（フリガナ）	生年月日	住所（フリガナ）	死亡労働者との関係	障害の有無	請求人（申請人）の代表者を選任しないときは、その理由
	内山和子（ウチヤマカズコ）	昭和61・5・13	小田原市広田町8-×（オダワラシヒロタチョウ）	妻	ある・ない（ない）	
		・　・			ある・ない	
		・　・			ある・ない	

⑪ 請求人（申請人）以外の遺族補償年金又は複数事業労働者遺族年金を受けることができる遺族	氏名（フリガナ）	生年月日	住所（フリガナ）	死亡労働者との関係	障害の有無	請求人（申請人）と生計を同じくしているか
		・　・			ある・ない	いる・いない
		・　・			ある・ない	いる・いない
		・　・			ある・ない	いる・いない
		・　・			ある・ない	いる・いない

⑫ 添付する書類その他の資料名　死亡診断書、戸籍謄本

⑬ 年金の払渡しを受けることを希望する金融機関又は郵便局			
金融機関（郵便貯金銀行の支店等を除く。）		※金融機関店舗コード	
	名称	湘南　銀行・金庫　農協・漁協・信組	小田原　本店・本所　出張所　支店・支所（支店）
	預金通帳の記号番号	普通・当座（普通）	第 142536 号
郵便貯金銀行の支店等又は郵便局	フリガナ	※郵便局コード	
	名称		
	所在地	都道府県	市郡区
	預金通帳の記号番号	第　号	

上記により
遺族補償年金
複数事業労働者遺族年金　の支給を請求します。
遺族特別支給金
遺族特別年金　の支給を申請します。

7年 3月 10日

小田原　労働基準監督署長　殿

〒2××－××××　電話(0465)○○－××××

請求人
申請人　の　住所　小田原市広田町8-×
(代表者)　　氏名　内山和子

□本件手続を裏面に記載の社会保険労務士に委任します。

個人番号　××××××××××××

特別支給金について振込を希望する金融機関の名称		預金の種類及び口座番号
湘南　銀行・金庫　農協・漁協・信組（銀行）	小田原　本店・本所　出張所　支店・支所（支店）	普通・当座（普通）　第 142536 号　口座名義人　内山和子

7　受給権者が死亡労働者の妻で、障害の状態にある場合は、障害の状態にあることを証明する医師の診断書その他の資料

なお、遺族補償年金の受給権者が２人以上ある場合には、そのうちの１人を遺族補償年金の請求及び受領についての代表者に選任し、その旨を労働基準監督署長に届け出なければなりません。この場合には、その代表者が請求手続を行うこととなります。やむを得ない事情のため代表者を選任することができないときは、代表者を選任しなかった受給権者は、それぞれ単独で年金の請求手続をすることになります。

最先順位の受給権者が失権し又は所在不明により支給停止を受けた場合に新たに受給権者となった者は、様式第 13 号「遺族補償年金 複数事業労働者遺族年金 遺族年金 転給等請求書　遺族特別年金 転給等申請書」を所轄労働基準監督署長に提出しなければなりません。

ロ　遺族補償一時金

①　受給資格者

遺族補償一時金は、次のいずれかの場合に支給されます。

1　労働者の死亡当時、遺族補償年金を受けることができる遺族がいない場合

2　遺族補償年金の受給権者が失権した場合において、他に年金の受給資格者がなく、かつ、すでに支給された年金の合計額が給付基礎日額の1,000 日分に満たない場合

遺族補償一時金は、次に掲げる遺族のうち最先順位者に支給されます。

1　配偶者

2　労働者の死亡当時その収入によって生計を維持していた子、父母、孫及び祖父母

3　その他の子、父母、孫及び祖父母

4　兄弟姉妹

②　一時金の額

遺族補償一時金の支給額は、給付基礎日額の 1,000 日分ですが、年金の受給権者が失権したために一時金の支給が行われる場合は、給付基礎日額の 1,000 日分の額からすでに支払われた年金の合計額を差し引いた額が支給されます。

なお、遺族補償一時金を受ける権利を有する者に対して、遺族特別支給金及び遺族特別一時金が支給されますが、その受給要件等については、239 ページを参照してください。

③　請求手続

遺族補償一時金の請求は、様式第 15 号「遺族補償一時金 複数事業労働者遺族一時金 支給請求書　遺族特別支給金 遺族特別一時金 支給申請書」に所定の事項を記入し、所轄労働基準監督署長に提出しなければなりません。なお、この請求書には、次のような書類を添付する必要があります。

1　受給権者が死亡労働者と内縁関係にあった場合には、その事実を証明する書類

2　受給権者が死亡労働者の収入によって生計を維持していた場合には、その事実を証明し得る書類

3　遺族補償年金の受給権者がいない場合には死亡労働者の死亡診断書、死体検案

書又は検視調書の写しその他これらに代わる書類及び受給権者と死亡労働者との身分関係を証明することができる書類

なお、遺族補償年金受給権者の権利が消滅したため遺族補償一時金の支給事由が生じた場合には、死亡診断書（死体検案書の写しなどこれに代わる書類）の添付は不要です。

（6）葬祭料

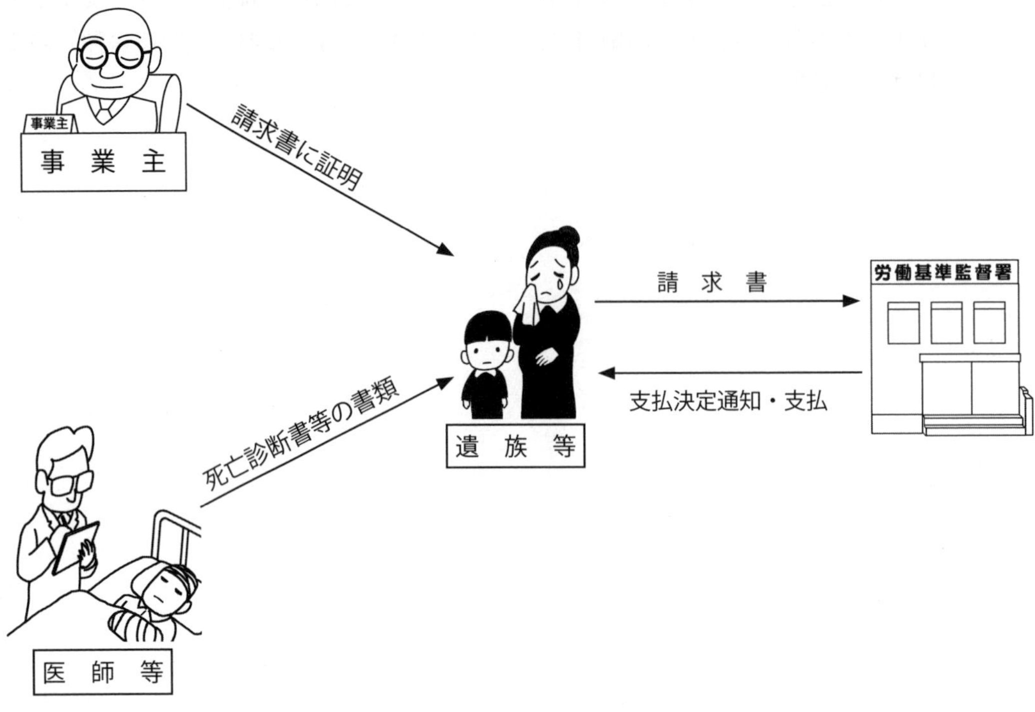

な　に　を	◇葬祭料又は複数事業労働者葬祭給付請求書（様式第 16 号）（1 部）
だ　れ　が	◇葬祭を行う者（通常は遺族）
い　　　つ	◇業務上の事由により労働者が死亡したとき
ど　こ　に	◇所轄労働基準監督署長
その他知っておくべきこと	◇葬祭料は、通常遺族に支給されるが、遺族がいない場合など、事業主や友人等が葬祭を行った場合には、その者に対し支給される。

イ　葬祭料とは

葬祭料は、死亡した労働者の葬祭を行うと認められる者に対して、315,000 円の基本額に給付基礎日額の 30 日分を加算した額、又は給付基礎日額の 60 日分の額のいずれか高い方の額が支給されます。これは遺族補償給付と違って受給順位というものはなく、遺族が全く葬祭を行わない場合であっても、現実に葬祭を行う者が他にいれば、遺族以外の者でも支給される場合があります。

ロ　請求手続

葬祭料の請求は、様式第 16 号「葬祭料又は複数事業労働者葬祭給付請求書」（次ページ参照）に所定事項を記入し、所轄労働基準監督署長に提出します。

この請求書には、労働者の死亡の事実及び死亡年月日を証明することができる書類を添えることとなっていますが、すでに遺族補償給付の請求書を提出している場合には、同一内容の証明書類がすでに提出されているので、その必要はありません。

様式第16号（表面）

業務災害用
複数業務要因災害用

労働者災害補償保険
葬祭料又は複数事業労働者葬祭給付請求書

① 労働保険番号					③請求人の		
府県	所掌	管轄	基幹番号	枝番号		フリガナ	ウチヤマ　カズコ
14	1	09	004109	000		氏名	内山　和子
② 年金証書の番号						住所	小田原市広田町8-×
管轄局	種別	西暦年	番号			死亡労働者との関係	妻

④死亡労働者の			⑤ 負傷又は発病年月日
フリガナ	ウチヤマ　ジロウ		7年2月16日
氏名	内山　二郎	（男・女）（男に〇）	午前・後（後に〇）3時20分頃
生年月日	昭和61年2月4日（39歳）		
職種	タクシー運転手		
所属事業場名称所在地			⑦ 死亡年月日

⑥ 災害の原因及び発生状況　（あ）どのような場所で（い）どのような作業をしているときに（う）どのような物又は環境に（え）どのような不安全な又は有害な状態があって（お）どのような災害が発生したかを簡明に記載すること	
小田原駅前から客を乗せ箱根に向かう途中、箱根街道において中央線を越えて走ってきた大型トラックと衝突し、病院に収容されたが4時間後に死亡した。	7年2月16日
	⑧ 平均賃金
	7,611円61銭

④の者については、⑤、⑥及び⑧に記載したとおりであることを証明します。

電話（0465）22－××××

事業の名称　城洋タクシー株式会社

7年　3月　7日

〒 250－0000

事業場の所在地　小田原市城北町3-×-×

事業主の氏名　代表取締役　井上　正信

（法人その他の団体であるときはその名称及び代表者の氏名）

⑨ 添付する書類その他の資料名	遺族補償年金支給請求書に添付

上記により葬祭料又は複数事業労働者葬祭給付の支給を請求します。

7年　3月　10日　　〒2××－××××　電話（0465）00－××××

請求人の　住所　小田原市広田町8-×

小田原　労働基準監督署長　殿　　氏名　内山　和子

振込を希望する金融機関の名称		預金の種類及び口座番号
湘南　銀行（〇）・金庫・農協・漁協・信組	小田原　本店・本所・出張所・支店（〇）・支所	普通（〇）・当座　第1142536号 口座名義人　内山　和子

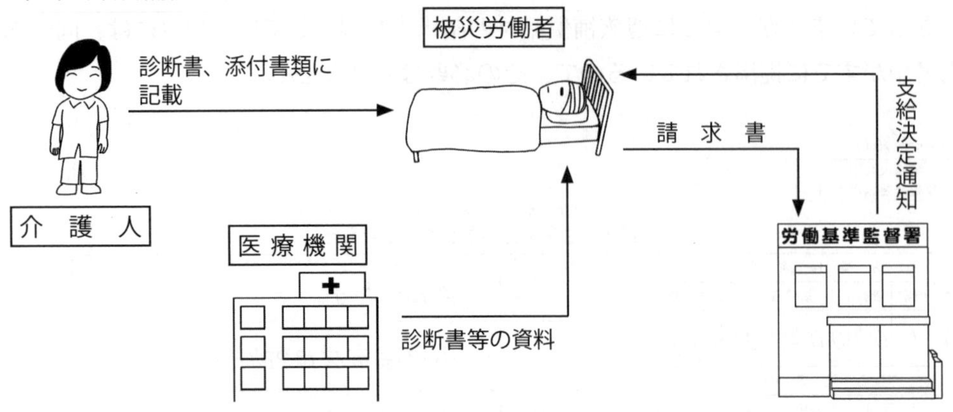

な　に　を	◇介護補償給付 複数事業労働者介護給付 介護給付 支給申請書（様式第16号の2の2）（1部）
だ　れ　が	◇被災労働者
い　　　つ	◇業務上の負傷、又は傷病により一定の障害を有し、現に介護を受けているとき
ど　こ　に	◇所轄労働基準監督署長
その他知っておくべきこと	◇障害の状態により常時介護又は随時介護に区分され、それぞれ介護に要した費用の実費（上限額あり）又は一律定額が支給される。

イ　介護補償給付とは

介護補償給付は、障害補償年金又は傷病補償年金を受ける権利を有する労働者が、その受ける権利を有する障害補償年金又は傷病補償年金の支給事由となる障害であって厚生労働省令で定める程度のものにより、常時又は随時介護を要する状態にあり、かつ、常時又は随時介護を受けているときに、当該介護を受けている間、当該労働者に対し、その請求に基づいて支給されます。

ただし、当該労働者が障害者療護施設等に入所している間は支給されません。

①　介護補償給付に係る障害の程度

（イ）常時介護を要する障害の程度

㋑　障害等級第1級第3号に規定する身体障害又は傷病等級第1級第1号に規定する障害の状態

㋺　障害等級第1級第4号に規定する身体障害又は傷病等級第1級第2号に規定する障害の状態

㋩　㋑及び㋺以外の障害等級第1級に規定する身体障害又は傷病等級第1級に規定する障害の状態のうち、重複障害等障害の状態が特に重篤であって、㋑又は㋺と同程度の介護を要する状態にあるもの

（ロ）随時介護を要する障害の程度

㋑　障害等級第２級第２号の２に規定する身体障害又は傷病等級第２級第１号に規定する障害の状態

㋺　障害等級第２級第２号の３に規定する身体障害又は傷病等級第２級第２号に規定する障害の状態

㋩　障害等級第１級に規定する身体障害又は傷病等級第１級に規定する障害の状態であって、㋑又は㋺と同程度の介護を要する状態にあるもの

②　給付の内容

（イ）支給額

介護補償給付は月を単位として支給されることとされており、その額は、１月につき、それぞれ次のとおりです（令和６年３月現在）。

㋑　常時介護を要する被災労働者

1　その月に費用を支出して介護を受けた日がある場合（２の場合を除く）

その月において介護に要する費用として支出された額（その額が177,950円を超えるときは、177,950円）

2　その月に費用を支出して介護を受けた日がない場合又は介護に要する費用として支出された費用の額が81,290円に満たない場合であって、親族等による介護を受けた日がある場合

81,290円（支給すべき事由が生じた月において介護に要する費用として支出された額が81,290円に満たないときは、当該介護に要する費用として支出された額）

㋺　随時介護を要する被災労働者

1　その月に費用を支出して介護を受けた日がある場合（２の場合を除く）

その月において介護に要する費用として支出された額（その額が88,980円を超えるときは、88,980円）

2　その月に費用を支出して介護を受けた日がない場合又は介護に要する費用として支出された費用の額が40,600円に満たない場合であって、親族等による介護を受けた日がある場合40,600円（支給すべき事由が生じた月において介護に要する費用として支出された額が40,600円に満たないときは、当該介護に要する費用として支出された額）

（ロ）支給開始時及び支給終了時の給付

その月に費用を支出して介護を受けた日がある場合については、支給すべき事由が生じた月から、支給すべき事由が消滅した月まで各月において介護費用として支出された額を算定して上限額の範囲で支給されます。

また、その月に費用を支出して介護を受けた日がない場合であって、親族等による介護を受けた日がある場合については、１．介護費用を支出しないで親族等による介護を受け始めた月においては支給されず、その翌月から支給され、２．介護費用を支出しないで親族等による介護を受けることがなくなった月に

ついては、１カ月分が支給されます。

ロ　請求手続

介護補償給付の請求は、様式第 16 号の2の2「介護補償給付 複数事業労働者介護給付 介護給付 支給申請書」（次ページ参照）に所定事項を記載し、必要な書類を添付して所轄労働基準監督署長に提出します。

なお、添付する書類は次のとおりです。

1　障害の部位及び状態並びに当該障害を有することに伴う日常生活の状態に関する医師又は歯科医師の診断書

2　介護に要する費用を支出して介護を受けた場合は、介護に要した費用の額の証明書

なお、傷病補償年金受給者、障害等級第１級の３号・４号又は第２級の２号の２、２号の３に該当する方、継続して第２回目以降の請求をする方は、診断書の添付は必要ありません。

様式第16号の2の2（表面）　労働者災害補償保険

介護補償給付
複数事業労働者介護給付　支給請求書
介護給付

標準字体　アカサタナハマヤラワ　0123456789　イキシチニヒミ　リン　ウクスツヌフムユル　エケセテネヘメ　レ　オコソトノホモヨロー　゛゜
○濁点、半濁点は一文字として書いてください。（例）ガ　パ

※帳票種別 35290　①管轄局署　②受付年月日（元号 年 月 日）　③特別コード　④介護料区分（1有 3無）

（注意）
一、記入枠の部分は、必ず黒のボールペンを使用し、様式の右上に記載された「標準字体」にならって、枠からはみださないように大きめのカタカナ及びアラビア数字で明瞭に記載してください。
二、記載すべき事項のない欄又は記入枠は空欄のままとし、事項を選択する場合には該当事項を○で囲んでください。（ただし、⑦、⑭、㉑及び㉚欄については該当番号を記入枠に記入してください。）
三、□□□で表示された枠（以下「記入枠」という。）に記入する文字は、光学式文字読取装置（OCR）で直接読取りを行いますので、汚したり、穴をあけたり、必要以上に強く折り曲げたり、のりづけしたりしないでください。

（イ）⑤年金証書番号（管轄局・種別・西暦年・番号）：1 2 3 9 1 0 0 8 5

（ロ）受給している労災年金の種類
☑障害（補償）等年金　1級
□傷病（補償）等年金　級

（ハ）障害の部位及び状態並びに当該障害を有することに伴う日常生活の状態については別紙診断書のとおり。

（ニ）労働者の
⑥氏名（カタカナ）：姓と名の間は1文字あけて左ヅメで記入してください。ヨシダ゛ ハルオ
生年月日　昭和42年　2月　2日
氏名　吉田　治夫　住所　船橋市本町×－×－×

請求対象年月（7平成 9令和）	費用を支出して介護を受けた日数	介護に要する費用として支出した費用の額	介護に従事した者：親族	友人・知人	看護師・家政婦又は看護補助者	施設職員
⑦ 9 0 6 0 6	⑧	⑨	⑩	⑪	⑫	⑬
⑭ 9 0 6 0 7	⑮ 12	⑯ 72000	⑰	⑱	⑲	⑳
㉑ 9 0 6 0 8	㉒	㉓	㉔	㉕	㉖	㉗

1～9月は右へ　1～9日は右へ　1～9日は右へ

右の欄及び㉚から㉝までの欄は、口座を新規に届け出る場合又は届け出た口座を変更する場合のみ記入してください。新規・変更
振込を希望する金融機関の名称　銀行・金庫・農協・漁協・信組　本店・本所　出張所　支店・支所　口座名義人
㉘※金融機関コード（金融機関・店舗）
（チ）㉚預(貯)金の種別　1（1:普通　3:当座）
㉛口座番号（左詰め。ゆうちょ銀行の場合は、記号（5桁）は左詰め、番号は右詰めで記入し、空欄には「0」を記入。）7241986
㉙※郵便局コード
㉜口座名義人（カタカナ）：姓と名の間は1文字あけて左ヅメで記入してください。ヨシダ゛ ハルオ
㉝（続き）口座名義人（カタカナ）

（リ）介護を受けた場所等　㋑住居　ロ　施設等（ただし、病院、診療所、介護老人保健施設、介護医療院、特別養護老人ホーム及び原子爆弾被爆者特別養護ホームは除く。）　所在地　名称　電話（　）　－

（ヌ）介護に従事した者 氏名	生年月日	続柄	介護期間・日数	区分
吉田　真理	昭和43年1月15日	妻	6月1日から 8月31日まで 92日間	㋑親族　ロ 友人・知人　ハ 看護師・家政婦又は看護補助者　ニ 施設職員
吉田　広子	昭和47年3月10日	義妹	6月1日から 8月31日まで 27日間	㋑親族　ロ 友人・知人　ハ 看護師・家政婦又は看護補助者　ニ 施設職員
	年　月　日		7月3日から 7月27日まで 12日間	イ 親族　ロ 友人・知人　㋩看護師・家政婦又は看護補助者　ニ 施設職員

（ル）添付する書類　イ　診断書　㋺介護に要した費用の額の証明書（1通）

上記により介護補償給付・複数事業労働者介護給付・介護給付の支給を請求します。
6年9月5日
〒273－××××　電話（047）000－××××
請求人の　住所　船橋市本町×－×－×　（　方）
氏名　吉田　治夫
労働基準監督署長　殿

※印の欄は記入しないでください。（職員が記入します。）
◎裏面の注意事項を読んでから記入してください。
折り曲げる場合には（◀）の所を谷に折りさらに2つ折りにしてください。

[介護の事実に関する申立て]　私は、上記(リ)及び(ヌ)のとおり介護に従事したことを申し立てます。

住所	氏名	電話番号
船橋市本町×－×－×	吉田　真理	047-000-××××
市川市大町×－×－×	吉田　広子	047-×××-××××

（8）二次健康診断等給付

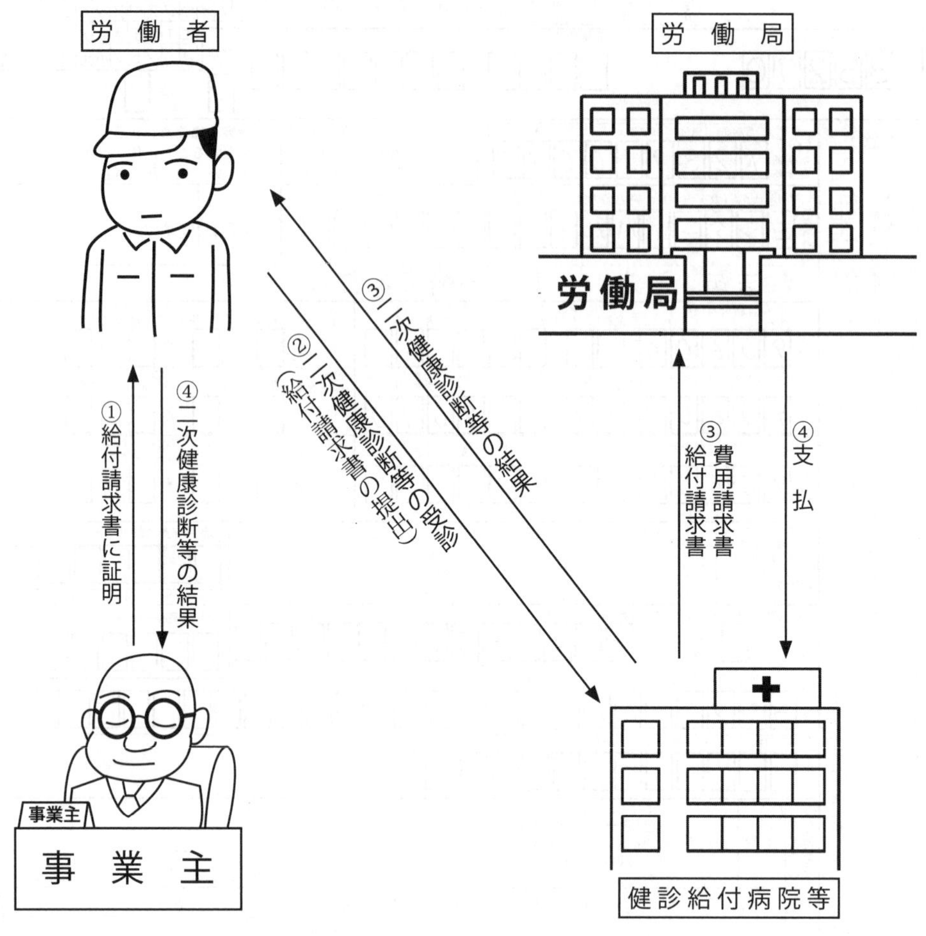

な　に　を	◇二次健康診断等給付支給請求書（様式第16号の10の2）（1部）
だ　れ　が	◇労働者
い　　　つ	◇定期健康診断等の結果、脳・心臓疾患を発症する危険性が高いと診断されたとき
ど　こ　に	◇病院又は診療所を経て所轄労働局長
その他知っておくべきこと	◇請求書には一次健康診断の結果を証明することができる書類（一次健康診断の結果の写しなど）を添付する

二次健康診断等給付とは

二次健康診断等給付は、事業主が実施する労働安全衛生法の規定に基づく一次健康診断において、脳又は心臓疾患に関連する一定の項目について異常の所見があると診断された労働者に対し、その請求に基づき行うもので、その範囲は次のとおりです。

①　二次健康診断

脳血管及び心臓の状態を把握するために必要な検査

②　特定保健指導

二次健康診断の結果に基づき、脳又は心臓疾患の発症の予防を図るため医師等により行われる保健指導（栄養指導、運動指導又は生活指導）

具体的には、一次健康診断の結果、次に掲げる検査のいずれの項目にも医師による異常の所見が認められた場合に支給されます。

（イ）血圧の測定

（ロ）血中脂質の検査

・低比重リポ蛋白コレステロール（LDLコレステロール）（高い場合に限る）

・高比重リポ蛋白コレステロール（HDLコレステロール）（低い場合に限る）

・血清トリグリセライド（中性脂肪）（高い場合に限る）

（ハ）血糖検査（高い場合に限る）

（ニ）腹囲又はBMI（肥満度）の測定（高い場合に限る）

なお、BMIは次の算式により算出された値をいう。

$$\mathrm{BMI} = \frac{\text{体重(kg)}}{\text{身長(m)}^2}$$

ただし、一次健康診断の担当医が上（イ）から（ニ）の検査について異常なしの所見と診断した場合であっても、安衛法第13条第1項に基づき当該労働者が所属する事業場に選任されている産業医、安衛法第13条の2に基づき事業者が労働者の健康管理等を行わせる地域産業保健センターの医師等（以下、「産業医等」といいます）が一次健康診断の担当医が異常なしの所見と判断した検査の項目について、当該労働者を個別に診断すると異常の所見が認められると判断した場合には、産業医等の意見を優先し、当該検査項目については異常の所見があるとみなします。

また、二次健康診断として、次の検査を実施します。

（イ）空腹時の低比重リポ蛋白コレステロール（ＬＤＬコレステロール）、高比重リポ蛋白コレステロール（ＨＤＬコレステロール）及び血清トリグリセライド（中性脂肪）の量の検査（空腹時血中脂質検査）

（ロ）空腹時の血中グルコース（ブドウ糖）の量の検査（空腹時血糖値検査）

（ハ）ヘモグロビンA1C検査（一次健康診断において当該検査を行った場合を除く）

（ニ）負荷心電図検査又は胸部超音波検査（心エコー検査）

（ホ）頸部超音波検査（頸部エコー検査）

（ヘ）微量アルブミン尿検査（一次健康診断において尿中の蛋白の有無の検査において、疑陽性（±）又は微陽性（＋）の所見があると診断された場合に限る）

様式第16号の10の2（表面）労働者災害補償保険

二次健康診断等給付請求書

裏面に記載してある注意事項をよく読んだ上で、記入してください。

標準字体 0 5 ア カ サ タ ナ ハ マ ヤ ラ ワ / 1 6 イ キ シ チ ニ ヒ ミ リ ン / 2 7 ウ ク ス ツ ヌ フ ム ユ ル ゛ / 3 8 エ ケ セ テ ネ ヘ メ レ ゜ / 4 9 オ コ ソ ト ノ ホ モ ヨ ロ ー

※帳票種別 38530　①管轄局　②帳票区分（1 新規 / 1 移行）　③保留 1　④受付年月日

⑤労働保険番号（府県・所掌・管轄・基幹番号・枝番号）1 3 1 0 1 1 2 3 4 5 6　⑥処理区分 ※　⑦支給・不支給決定年月日　⑧特例コード（1 3か月超 / 3 産業医等 / 5 1及び3）

⑨性別（1 男 3 女）1　⑩労働者の生年月日（3大正 5昭和 7平成 9令和）5 450426　⑪一次健康診断受診年月日（7平成 9令和）9 060514　⑫二次健康診断受診年月日（7平成 9令和）9 060620

1〜9年は右へ 1〜9月は右へ 1〜9日は右へ

⑬労働者の
シメイ（カタカナ）：姓と名の間は1文字あけて記入してください。濁点・半濁点は1文字として記入してください。 スズキ ジロウ
氏名 鈴木 次郎（54 歳）
フリガナ ネリマクタカノダイ
住所 練馬区高野台×－×－×
㉒郵便番号 ×××－××××

一次健康診断結果欄
一次健康診断（直近の定期健康診断等）における以下の検査結果について記入してください。
（以下の⑭、⑮、⑰及び⑱の異常所見について、すべて「有」の方が二次健康診断等給付を受給することができます。）

⑭血圧の測定における異常所見（高い場合に限る。）	⑮血中脂質検査における異常所見（高い場合に限る。ただし、HDLコレステロールについては、低い場合に限る。）	血糖検査 ⑯検査方法	血糖検査 ⑰異常所見（高い場合に限る。）	⑱腹囲又はBMI（肥満度）の測定における異常所見（高い場合に限る。）	⑲尿蛋白検査についての所見	⑳脳又は心臓疾患について療養を行っているなど、当該疾患の症状の有無
1 有 3 無：1	1 有 3 無：1	1 血糖値検査 3 ヘモグロビンA1c検査：1	1 有 3 無：1	1 有 3 無：1	1 － 3 ± 5 ＋ 7 ＋＋ 9 ＋＋＋：3	1 有 3 無：3

二次健康診断等実施機関の
名称 霞が関病院　電話（　　）　－
所在地 東京都千代田区霞が関×－×－×　〒100－××××

㉑の期日が⑪の期日から3か月を超えている場合、その理由について、該当するものを○で囲んでください。
イ 天災地変により請求を行うことができなかった。
ロ 医療機関の都合等により、一次健康診断の結果の通知が著しく遅れた。
ハ その他（理由：　　）

事業主証明欄
⑬の者について、⑪の期日が一次健康診断の実施日であること及び添付された書類が⑪の期日における一次健康診断の結果であることを証明します。
6 年 6 月 13 日
事業の名称 株式会社本田商事　電話（03）5253－××××
事業場の所在地 中央区銀座×－×－×　〒×××－××××
事業主の氏名 代表取締役 本田太郎
（法人その他の団体であるときはその名称及び代表者の氏名）
労働者の所属事業場の名称・所在地　電話（　　）　－

上記により二次健康診断等給付を請求します。
東京 労働局長 殿
㉑請求年月日（7平成 9令和）9 060616

〒×××－××××　電話（03）××××－××××
霞が関 病院・診療所 経由
請求人の 住所 練馬区高野台×－×－×
氏名 鈴木 次郎

支給・不支給決定決議書
局長	部長	課長		

調査年月日 ・ ・
復命書番号 第 号
決定年月日 ・ ・
不支給理由

※印の欄は記入しないでください。（職員が記入します。）
◎裏面の注意事項を読んでから記入してください。折り曲げる場合には（◀）の所を谷に折りさらに2つ折りにしてください。
（この欄は記入しないでください。）

様式第16号の10の２(裏面)

<table>
<tr><td colspan="3">一次健康診断を行った医師が異常の所見がないと診断した項目について、産業医等が異常の所見があると診断した場合、当該産業医等が新たに異常の所見があると診断した項目について、該当するものを○で囲んでください。

イ　血圧

ロ　血中脂質

ハ　血糖値</td></tr>
<tr><td>ニ　腹囲又はＢＭＩ（肥満度）</td><td>異常の所見があると診断した産業医等の氏名</td><td></td></tr>
</table>

〔注意〕

1 □□□で表示された枠（以下「記入枠」という。）に記入する文字は、光学式文字読取装置（ＯＣＲ）で直接読取りを行うので、汚したり、穴をあけたり、必要以上に強く折り曲げたり、のりづけしたりしないでください。

2　記載すべき事項のない欄又は記入枠は空欄のままとし、事項を選択する場合には該当事項を○で囲み（⑨及び⑭から⑳までの事項並びに⑩、⑪、⑫及び㉑の元号については、該当番号を記入枠に記入すること。）、※印のついた記入欄には記入しないでください。

3　記入枠の部分は、必ず黒のボールペンを使用し、様式表面右上に記載された「標準字体」にならって、枠からはみ出さないように大きめのカタカナ及びアラビア数字で明瞭に記入してください。

4　「一次健康診断」とは、直近の定期健康診断等(労働安全衛生法第66条第１項の規定による健康診断又は当該健康診断に係る同条第５項ただし書の規定による健康診断のうち、直近のもの)をいいます。

5　⑫は、実際に二次健康診断を受診した日（複数日に分けて受診した場合は最初に受診した日）を、また、㉑は、二次健康診断等給付を請求した日（二次健康診断等を医療機関に申し込んだ日)をそれぞれ記入してください。

6　⑭から⑳までの事項を証明することができる一次健康診断の結果を添えてください。

7　「二次健康診断等実施機関の名称及び所在地」の欄については、実際に二次健康診断等を受診した医療機関の名称及び所在地を記載してください（胸部超音波検査（心エコー検査）又は頸(けい)部超音波検査（頸(けい)部エコー検査）を別の医療機関で行った場合、当該医療機関については記載する必要はありません。）。

8　「労働者の所属事業場の名称・所在地」の欄については、労働者が直接所属する事業場が一括適用の取扱いを受けている場合に、労働者が直接所属する支店、工事現場等を記載してください。

9　「産業医等」とは、労働安全衛生法第13条第１項に基づき当該労働者が所属する事業場に選任されている産業医や同法第13条の２第１項に規定する労働者の健康管理等を行うのに必要な医学に関する知識を有する医師をいいます。

社会保険労務士記載欄	作成年月日・提出代行者・事務代理者の表示	氏　　名	電 話 番 号
			（　　）　－

2　通勤災害に係る保険給付のあらましと手続

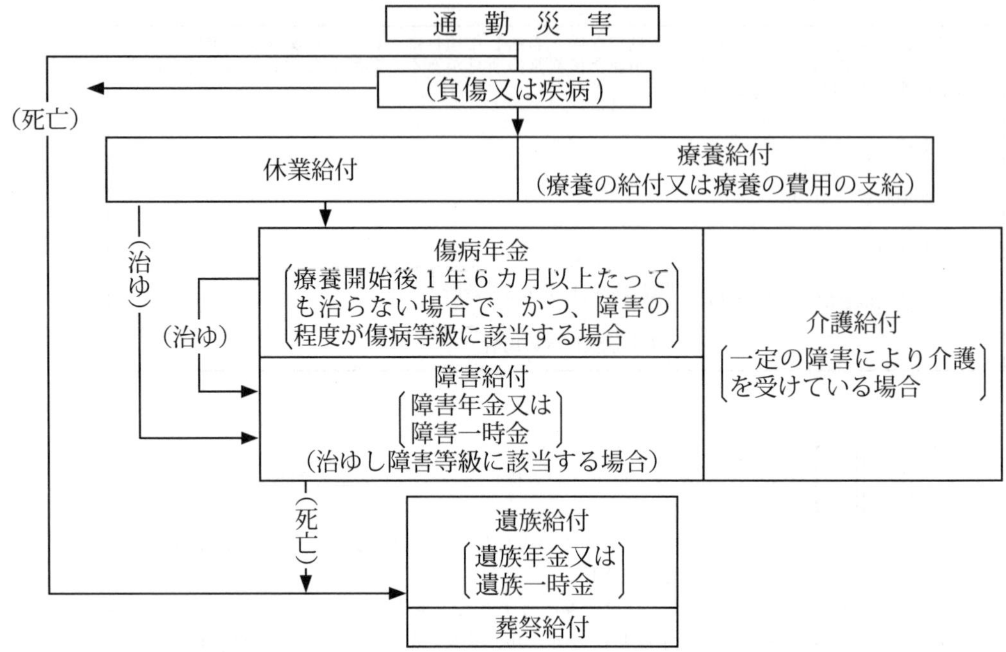

（1）通勤災害の範囲

通勤災害とは、労働者の通勤による負傷、疾病、障害又は死亡をいいます。

また、通勤とは、労働者が就業に関し、①住居と就業の場所との間の往復、②就業場所から他の就業の場所への移動、③単身赴任先住居と帰省先住居との間の移動を、合理的な経路及び方法により行うことをいい、業務の性質を有するものは除かれます。

労働者が、当該往復又は移動の経路を逸脱し、又は中断した場合には、当該逸脱又は中断の間及びその後の往復又は移動は、通勤には含まれません。ただし、当該逸脱又は中断が、日常生活上必要な行為であって厚生労働省令で定めるものをやむを得ない事由により行うための最小限度のものである場合は、当該逸脱又は中断の間を除き合理的な経路に復した後は通勤とされます。

以上について具体的に説明すると次のとおりです。

イ　「通勤による」とは

「通勤による」とは、災害と通勤との間に相当因果関係のあること、つまり、災害が通勤に通常伴う危険が具体化したものであることをいいます。

具体的には、通勤の途中において、自動車にひかれた場合、電車が急停車したため転倒して受傷した場合、駅の階段から転落した場合、歩行中にビルの建設現場から落下してきた物体により負傷した場合、転倒したタンクローリーから流れ出す有害物質により急性中毒にかかった場合等、一般に通勤中に発生した災害は通勤によるものと認められます。

ロ　「就業に関し」とは

「就業に関し」とは、往復又は移動の行為が業務に就くため又は業務を終えたことにより行われるものであることを必要とする趣旨です。つまり、通勤と認められるには、往復又は移動が業務と密接な関連をもって行われることを要することを示すものです。

具体的には、労働者が、被災当日において業務に従事することとなっていたか否か、又は現実に業務に従事したか否かが、問題となります。

次にいわゆる退勤の場合には、終業後ただちに住居に向かう場合はもちろん、所定の就業時間終了前に早退をするような場合であっても、その日の業務を終了して帰るものと考えられるので、就業との関連性が認められます。

なお、通勤は１日について１回のみしか認められないものではないので、昼休み等就業の時間の間に相当の間隔があって帰宅するような場合には、昼休みについていえば、午前中の業務を終了して帰り、午後の業務に就くために出勤するものと考えられるので、その往復又は移動は就業との関連性が認められます。

ハ　「住居」とは

「住居」とは、労働者が居住して日常生活の用に供している家屋等の場所で、本人の就業のための拠点となるところを指すものです。したがって、就業の必要性があって、労働者が家族の住む場所とは別に就業の場所の近くに単身でアパートを借りたり、下宿をしてそこから通勤しているような場合は、そこが住居と考えられます。

ニ　「就業の場所」とは

「就業の場所」とは、業務を開始し、又は終了する場所をいいます。

なお、外勤業務に従事する労働者で、特定区域を担当し、区域内にある数か所の用務先を受け持って自宅との間を往復している場合には、自宅を出てからの最初の用務先が業務開始の場所であり、最後の用務先が、業務終了の場所と認められます。

ホ　「合理的な経路及び方法」とは

「合理的な経路及び方法」とは、住居と就業の場所との間を往復する場合に、一般に労働者が用いるものと認められる経路及び手段等をいうものです。

これを特に経路に限っていえば、乗車定期券に表示され、あるいは、会社に届け出ているような鉄道、バス等の通常利用する経路及び通常これに代替することが考えられる経路が一般的な「合理的な経路」と考えられます。

次に「合理的な方法」については、鉄道、バス等の公共交通機関を利用し、自動車、自転車等を本来の用法に従って使用する場合、徒歩の場合等、通常用いられる交通方法は、当該労働者が平常用いているか否かにかかわらず一般的に合理的な方法と認められます。

ヘ　「業務の性質を有するもの」とは

「業務の性質を有するもの」とは、当該往復又は移動中における災害が業務災害と解されるものをいいます。したがって、たとえ出退勤の途上で、被った災害であっても、従来から業務災害として取り扱われているものは通勤災害としてではなく業務災害として補償されることとなります。

例えば、通勤途上において、事業主提供の専用交通機関を利用中のその利用に起因する災害がこれに該当します。

ト 「逸脱」、「中断」及び「日常生活上必要な行為であって厚生労働省令で定めるものをやむを得ない事由により行うための最小限度のもの」とは

① 「逸脱」とは、通勤の途中において就業又は通勤とは関係のない目的で合理的な経路をそれることをいい、「中断」とは、通勤の経路上において通勤とは関係のない行為を行うことをいいます。逸脱、中断の具体例をあげれば、通勤の途中で麻雀を行う場合、映画館に入る場合、バー、キャバレー等で飲酒する場合、デートのため長時間にわたってベンチで話しこんだり、経路からはずれる場合がこれに該当します。

しかし、労働者が通勤の途中において、経路の近くにある公衆便所を使用する場合、帰途に経路の近くにある公園で短時間休息する場合や、経路上の店でタバコ、雑誌等を購入する場合、駅構内でジュースの立飲みをする場合、経路上の店で渇きをいやすため極く短時間、お茶、ビール等を飲む場合、経路上で商売している大道の手相見、人相見に立ち寄ってごく短時間手相や人相をみてもらう場合等のように労働者が通常通勤の途中で行うようなささいな行為を行う場合には、逸脱、中断として取り扱いません。ただし、飲み屋やビヤホール等において、長時間にわたって腰をおちつけるに至った場合等は、ここにいう「逸脱」「中断」に該当することとなります。

② 通勤の途中において、労働者が逸脱、中断をする場合には、その後は就業に関してする行為というよりも、むしろ、逸脱又は中断の目的に関してする行為と考えられますので、その後は一切通勤とは認められませんが、これについては、通勤の実態を考慮して法律で例外が設けられ、通勤途上で日常生活上必要な行為であって厚生労働省令で定めるものをやむを得ない事由により最小限度の範囲で行う場合には、当該逸脱又は中断の間を除き、合理的な経路に復した後は通勤と認められることとされています。この具体例としては、帰途で惣菜等を購入する場合、独身労働者が食事をとるため食堂に立ち寄る場合、クリーニング店に立ち寄る場合、通勤の途中に病院、診療所で治療を受ける場合、選挙の投票に寄る場合等がこれに該当します。

なお、「やむを得ない事由により行うため」とは、日常生活の必要から通勤の途中で行う必要のあることをいい、「最小限度のもの」とは、当該逸脱又は中断の原因となった行為の目的達成のために必要とする最小限度の時間、距離等をいうものです。

（2）保険給付の種類と請求手続

通勤災害に関する保険給付の種類及び請求手続等は次ページのとおりです。

なお、保険給付の内容は業務災害の場合と同様です。

（3）保険給付請求書の記載方法

イ 療養給付たる療養の給付請求書記載要領

療養給付たる療養の給付請求書（様式第16号の3）（224、225ページ）の記載方法は、業務災害の場合の「療養補償給付たる療養の給付請求書」（188ページ参照）と同様ですが、特に、次の点に留意してください。

① 「労働保険番号」欄には、療養の給付を受けようとする労働者の所属する事業場の労働保険番号を記載します。この保険番号は、労災保険から保険給付を受けると

通勤災害の保険給付一覧表

	なにを	だれが	いつ	どこに	その他知っておくべきこと
療養給付	イ　療養給付たる療養の給付請求書（様式第16号の3）	被災労働者	通勤により負傷し、又は疾病にかかり労災指定病院等で療養の給付を受けようとするとき	治療を受けている労災指定病院等を経て所轄労働基準監督署長	労災病院や労災指定病院において傷病が治るまで無料で療養を受けられるという現物給付の制度
	ロ　療養給付たる療養の費用請求書（様式第16号の5）	被災労働者	通勤により負傷し、又は疾病にかかり、労災指定病院等以外の病院や診療所で療養を行ったとき	所轄労働基準監督署長	○　傷病が治るまでの療養に要した費用を支給する現金給付の制度 ○　請求書には領収書や明細書など療養に要した費用を証明する書類を添付する。
休業給付	休業給付支給申請書（様式第16号の6）	被災労働者	通勤により負傷し、又は疾病にかかり、療養のため働くことができず、賃金を受けないとき	所轄労働基準監督署長	休業4日目以降、原則として休業日1日につき給付基礎日額の60％相当額が支給される。
傷病年金		○　通勤による傷病が療養開始後1年6カ月を経過しても治らないものについて、その傷病の程度に応じ傷病等級第1級から第3級までの3段階に区分され、療養を必要とする期間1年につき年金給付基礎日額の313日分（第1級）、277日分（第2級）又は245日分（第3級）の年金が支給される。 ○　傷病年金を受けている者の傷病が治った後に障害が残れば、その程度に応じた障害給付が支給され、その傷病が原因で死亡した場合は遺族給付と葬祭給付が支給される。			
障害給付	イ　障害年金 障害給付支給請求書（様式第16号の7）	被災労働者	通勤による負傷、又は疾病が治った後に身体に障害等級第1級から第7級までに該当する障害が残ったとき	所轄労働基準監督署長	○　障害の程度に応じ、年金給付基礎日額の313日分（第1級）から131日分（第7級）までの年金が支給される。 ○　障害年金受給者は、一定額（197ページA表参照）を最高限度額として障害年金の前払いを障害年金前払一時金として請求できる。また、受給権者が死亡した場合、その者に支給された障害年金の合計額が一定額（197ページA表参照）に満たない場合は、その差額を障害年金差額一時金として請求できる。
	ロ　障害一時金 障害給付支給請求書（様式第16号の7）	被災労働者	通勤による負傷、又は疾病が治った後に身体に障害等級第8級から第14級までに該当する障害が残ったとき	所轄労働基準監督署長	障害の程度に応じ、給付基礎日額の503日分（第8級）から56日分（第14級）までの一時金が支給される。
遺族給付	イ　遺族年金支給請求書（様式第16号の8） ロ　遺族一時金支給請求書（様式第16号の9）	遺族｛配偶者、子、父母、孫、祖父母、兄弟姉妹	通勤により労働者が死亡したとき	所轄労働基準監督署長	○　遺族給付は、年金給付が原則であるが、年金の受給資格者がいない場合などには一時金が支給される。請求には死亡診断書等、戸籍謄本又は抄本を添付する。 ○　遺族年金の受給権者は、給付基礎日額の1,000日分を最高限度として、年金の前払いを遺族年金前払一時金として請求できる。
葬祭給付	葬祭給付請求書（様式第16号の10）	葬祭を行う者（通常は遺族）	通勤により労働者が死亡したとき	所轄労働基準監督署長	葬祭給付では、通常遺族に支給されるが、遺族がいない場合などで事業主等が葬祭を行った場合には、その者に対し支給される。
介護給付	介護給付支給請求書（様式第16号の2の2）	被災労働者	通勤による負傷、又は疾病による一定の障害により現に介護をうけたとき	所轄労働基準監督署長	障害の状態により常時介護又は随時介護に区分され、介護に要した費用の実費（上限額あり）又は一律定額が支給される。

様式第 16 号 3（表面）記入例

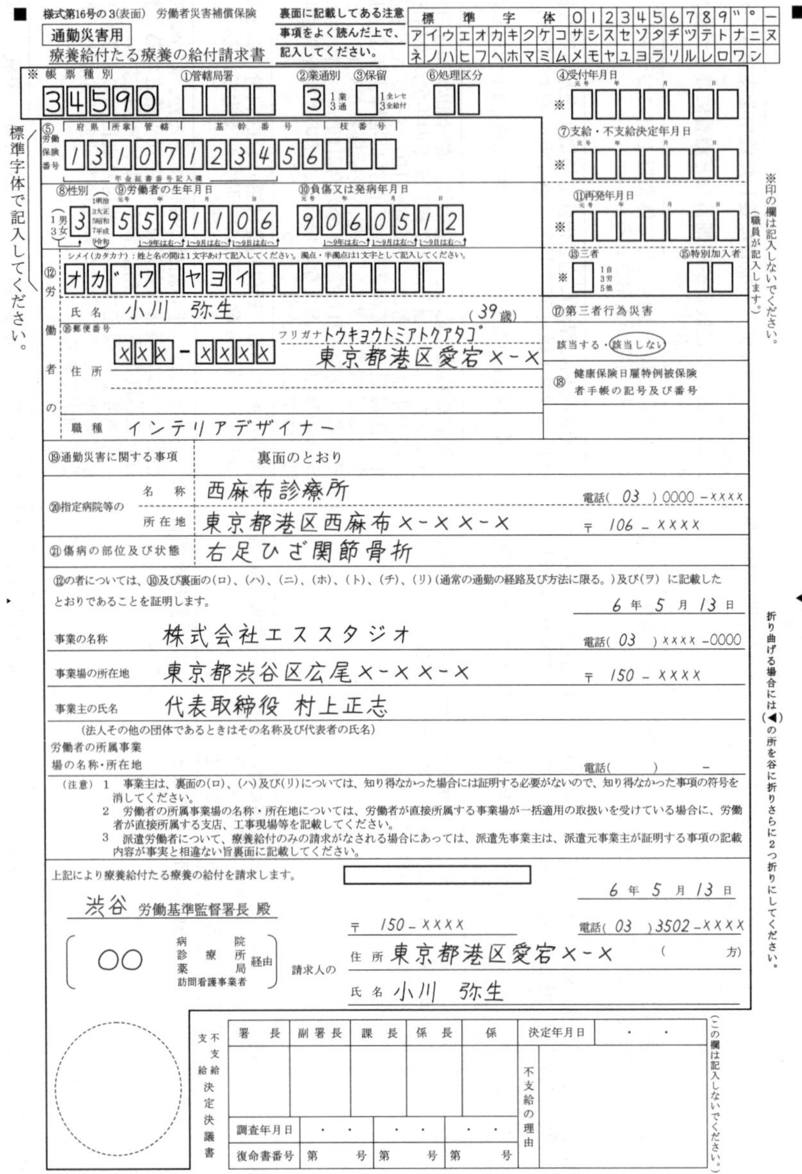

様式第16号の3(表面) 労働者災害補償保険

通勤災害用

療養給付たる療養の給付請求書

裏面に記載してある注意事項をよく読んだ上で、記入してください。

標準字体 0 1 2 3 4 5 6 7 8 9 ゛ ° ー アイウエオカキクケコサシスセソタチツテトナニヌネノハヒフヘホマミムメモヤユヨラリルレロワン

※帳票種別 34590　①管轄局署　②業通別 3（1業 3通）　③保留　⑥処理区分　④受付年月日

⑤労働保険番号 13107123456

⑦支給・不支給決定年月日

⑧性別 3（1男 3女）　⑨労働者の生年月日 5591106　⑩負傷又は発病年月日 9060512

⑪再発年月日

⑫労働者の シメイ（カタカナ）：オガワ ヤヨイ

⑬三者　⑮特別加入者

氏名 小川 弥生（39歳）

⑰第三者行為災害 該当する・該当しない

郵便番号 xxx-xxxx　フリガナ トウキヨウトミナトクアタゴ

住所 東京都港区愛宕×-×

⑱健康保険日雇特例被保険者手帳の記号及び番号

職種 インテリアデザイナー

⑲通勤災害に関する事項 裏面のとおり

⑳指定病院等の 名称 西麻布診療所 電話（03）0000-xxxx

所在地 東京都港区西麻布×-××-× 〒106-xxxx

㉑傷病の部位及び状態 右足ひざ関節骨折

⑫の者については、⑩及び裏面の(ロ)、(ハ)、(ニ)、(ホ)、(ト)、(チ)、(リ)（通常の通勤の経路及び方法に限る。）及び(ヌ)に記載したとおりであることを証明します。　6年5月13日

事業の名称 株式会社エススタジオ 電話（03）xxxx-0000

事業場の所在地 東京都渋谷区広尾×-××-× 〒150-xxxx

事業主の氏名 代表取締役 村上正志

（法人その他の団体であるときはその名称及び代表者の氏名）

労働者の所属事業場の名称・所在地　電話（　）-

（注意）1 事業主は、裏面の(ロ)、(ハ)及び(リ)については、知り得なかった場合には証明する必要がないので、知り得なかった事項の符号を消してください。
2 労働者の所属事業場の名称・所在地については、労働者が直接所属する事業場が一括適用の取扱いを受けている場合に、労働者が直接所属する支店、工事現場等を記載してください。
3 派遣労働者について、療養給付のみの請求がなされる場合にあっては、派遣先事業主は、派遣元事業主が証明する事項の記載内容が事実と相違ない旨裏面に記載してください。

上記により療養給付たる療養の給付を請求します。　6年5月13日

渋谷 労働基準監督署長 殿

〇〇 病院・診療所・薬局・訪問看護事業者 経由

請求人の 〒150-xxxx 電話（03）3502-xxxx 住所 東京都港区愛宕×-×（方） 氏名 小川 弥生

支給・不支給決定決議書 署長 副署長 課長 係長 係 決定年月日　不支給の理由　調査年月日　復命書番号 第　号

きに必要なものですから記載もれのないようにしてください。

② 「労働者の氏名、生年月日、住所、職種」欄には、療養の給付を受けようとする通勤災害を被った労働者の氏名等を記載します。

③ 「第三者行為災害」欄には、他人の不法行為（例えば、出勤の途中、横断歩道を渡ろうとして自動車にはねられた場合などが該当します）により通勤災害を被ったときには、「該当する」の事項を○で囲むことになります。

④ 「健康保険日雇特例被保険者手帳の記号及び番号」欄は、療養の給付を受けようとする労働者が、健康保険の日雇特例被保険者であるときに記載します。

様式第 16 号 3（裏面）記入例

様式第16号の3（裏面）

通勤災害に関する事項

(イ) 災害時の通勤の種別（該当する記号を記入）	イ	イ．住居から就業の場所への移動　ロ．就業の場所から住居への移動 ハ．就業の場所から他の就業の場所への移動 ニ．イに先行する住居間の移動　ホ．ロに接続する住居間の移動

(ロ) 負傷又は発病の年月日及び時刻		6 年 5 月 12 日 午 ㊍前 後 7 時 35 分頃	
(ハ) 災害発生の場所	○○町××丁目 市道	(ニ) 就業の場所（災害時の通勤の種別がハに該当する場合は移動の終点たる就業の場所）	渋谷区広尾 ×丁目
(ホ) 就業開始の予定年月日及び時刻（災害時の通勤の種別がイ、ハ又はニに該当する場合は記載すること）		6 年 5 月 12 日 午 ㊍前 後 8 時 30 分頃	
(ヘ) 住居を離れた年月日及び時刻（災害時の通勤の種別がイ、ニ又はホに該当する場合は記載すること）		6 年 5 月 12 日 午 ㊍前 後 7 時 30 分頃	
(ト) 就業終了の年月日及び時刻（災害時の通勤の種別がロ、ハ又はホに該当する場合は記載すること）		年 月 日 午 前 後 時 分頃	
(チ) 就業の場所を離れた年月日及び時刻（災害時の通勤の種別がロ又はハに該当する場合は記載すること）		年 月 日 午 前 後 時 分頃	
(リ) 災害時の通勤の種別に関する移動の通常の経路、方法及び所要時間並びに災害発生の日に住居又は就業の場所から災害発生の場所に至った経路、方法、所要時間その他の状況	通常の経路　自宅 徒歩 5分 神谷町駅 地下鉄 6分 広尾駅 徒歩 5分 会社 ・災害発生日の経路 ・自宅から通常の経路を歩行中に災害にあった 駅 〔通常の通勤所要時間　時間 20 分〕		
(ヌ) 災害の原因及び発生状況 (あ)どのような場所を (い)どのような方法で移動している際に (う)どのような物で又はどのような状況において (え)どのようにして災害が発生したか (お)⑩との初診日が異なる場合はその理由を簡明に記載すること	最寄駅まで徒歩で出勤中○○町××丁目市道にて 道路の縁石につまずき転倒、右足ひざ関節を骨折した		
(ル) 現認者の 住所	東京都渋谷区恵比寿×－××		
(ル) 現認者の 氏名	藤田　義人	電話（03）0000－××××	
(ヲ) 転任の事実の有無（災害時の通勤の種別がニ又はホに該当する場合）	有 ・ 無	(ワ) 転任直前の住居に係る住所	

㉒その他就業先の有無		
有 無	有の場合のその数（ただし表面の事業場を含まない）　社	有の場合でいずれかの事業で特別加入している場合の特別加入状況（ただし表面の事業を含まない） 労働保険事務組合又は特別加入団体の名称
労働保険番号（特別加入）		加入年月日　年　月　日

［項目記入に当たっての注意事項］

1　記入すべき事項のない欄又は記入枠は空欄のままとし、事項を選択する場合には当該事項を○で囲んでください。（ただし、⑧欄並びに⑨及び⑩欄の元号については該当番号を記入枠に記入してください。）
2　傷病年金の受給権者が当該傷病にかかる療養の給付を請求する場合には、⑤労働保険番号欄に左詰で年金証書番号を記入してください。また、⑨及び⑩は記入しないでください。
3　⑱は、請求人が健康保険の日雇特例被保険者でない場合には記載する必要はありません。
4　(ホ)は、災害時の通勤の種別がハの場合には、移動の終点たる就業の場所における就業開始の予定時刻を、ニの場合には、後続するイの移動の終点たる就業の場所における就業開始の予定の年月日及び時刻を記載してください。
5　(ト)は、災害時の通勤の種別がハの場合には、移動の起点たる就業の場所における就業終了の年月日及び時刻を、ホの場合には、先行するロの移動の起点たる就業の場所における就業終了の年月日及び時刻を記載してください。
6　(チ)は、災害時の通勤の種別がハの場合には、移動の起点たる就業の場所を離れた年月日及び時刻を記載してください。
7　(リ)は、通常の通勤の経路を図示し、災害発生の場所及び災害発生の日に住居又は就業の場所から災害発生の場所に至った経路を朱線等を用いて分かりやすく記載するとともに、その他の事項についてもできるだけ詳細に記載してください。

［標準字体記入にあたっての注意事項］

□□□ で表示された記入枠に記入する文字は、光学式文字読取装置（OCR）で直接読取りを行いますので、以下の注意事項に従って、表面の右上に示す標準字体で記入してください。

1　筆記用具は黒ボールペンを使用し、記入枠からはみださないように書いてください。
2　「促音」「よう音」などは大きく書き、濁点、半濁点は１文字として書いてください。

（例）キッテ → キ ツ テ　　キョ → キ ヨ　　バ → ハ ゛

3　シ ツ ソ ン は斜の弧を書き始めるとき、小さくカギを付けてください。
4　| はカギを付けないで垂直に、4 の２本の縦線は上で閉じないで書いてください。

派遣先事業主証明欄	派遣元事業主が証明する事項（表面の⑩並びに(ロ)、(ハ)、(ニ)、(ホ)、(ト)、(チ)、(リ)（通常の通勤の経路及び方法に限る。）及び(ヲ)）の記載内容について事実と相違ないことを証明します。 年　月　日 事業の名称　電話（　）　－ 事業場の所在地　〒　－ 事業主の氏名 （法人その他の団体であるときはその名称及び代表者の氏名）

社会保険労務士記載欄	作成年月日・提出代行者・事務代理者の表示	氏名	電話番号
			（　）　－

⑤「通勤災害に関する事項」

㋑「災害時の通勤の種別」欄には、「イ．住居から就業の場所への移動、ロ．就業の場所から住居への移動、ハ．就業の場所から他の就業の場所への移動、ニ．イに先行する住居（単身赴任先住居と帰省先住居）間の移動、ホ．ロに後続する住居（単身赴任先住居と帰省先住居）間の移動」までに該当する記号を記入します。

㋺「負傷又は発病の年月日及び時刻」欄には、通勤災害が発生した年月日及び時刻を記載します。

㋩「災害発生の場所」欄には、通勤災害が発生した場所をできるだけ詳しく○○市○○町○○交差点のように記載します。

様式第 16 号の 6（表面）記入例

様式第16号の6(表面)
通勤災害用

労働者災害補償保険
休業給付支給請求書　第　回
休業特別支給金支給申請書（同一傷病分）

標準字体 0123456789゛゜ー
アイウエオカキクケコサシスセソタチツテトナニヌ
ネノハヒフヘホマミムメモヤユヨラリルレロワン

※帳票種別 34360　①管轄局署　③新継再別（1新 5継 7再）　④受付年月日（元号 年 月 日）　⑧業通別 3（1業 3通）　⑨三者コード（1自 3労 5他）　⑩日雇コード（1日）　⑪特別加入者

⑰平均賃金（十万 万 千 百 十 円 . 十 銭）　⑱特別給与の額（千万 百万 十万 万 千 百 十 円）　⑬日数査定（1療 2賃 3特 4重 5短）　⑭特支コード（1特）　⑮委任未支給（1委 3未）　⑯特別コード（1特）

②労働保険番号（府県 所掌 管轄 基幹番号 枝番号）131010478920000
⑤労働者の性別（1男 3女）1
⑥労働者の生年月日（元号 年 月 日）5470522（1明 3大 5昭 7平 9令）
1～9年は右へ　1～9月は右へ　1～9日は右へ

⑫労働者の
シメイ（カタカナ）：姓と名の間は1文字あけて記入してください。濁点・半濁点は1文字として記入してください。
イイタ゛ ミツオ
氏名　飯田　光夫（52歳）
⑦負傷又は発病年月日（元号 年 月 日）9070208
1～9年は右へ　1～9月は右へ　1～9日は右へ

の住所　㉗郵便番号 211-0063　川崎市中原区小杉町1-×-×

⑲療養のため労働できなかった期間　9070209から9070226まで　18日間のうち
⑳賃金を受けなかった日の日数（内訳別紙2のとおり。）18日
1～9年は右へ　1～9月は右へ　1～9日は右へ

下の欄、㉓、㉔、㉕及び㉖欄は、口座を新規に届け出る場合又は届け出た口座を変更する場合のみ記入してください。
（新規）・変更

㉓預金の種類（1普通 3当座）1
㉔口座番号（左詰め。ゆうちょ銀行の場合は、記号（5桁）は左詰め、番号は右詰めで記入し、空欄には「0」を記入。）6117434

振込を希望する金融機関の名称　川崎（銀行）・金庫・農協・漁協・信組　小杉（本店・本所・出張所・支店・支所）
㉕メイギニン（カタカナ）：姓と名の間は1文字あけて記入してください。濁点・半濁点は1文字として記入してください。
イイタ゛ ミツオ
㉖（つづき）メイギニン（カタカナ）

口座名義人　飯田　光夫
㉑※金融機関コード（金融機関 店舗）　㉒※郵便局コード

⑫の者については、⑦、⑲、⑳、㉜から㉞まで、㊱、㊲、㊳、㊵、㊶、㊷（通常の通勤の経路及び方法に限る。）、㊼、㊾、㊿（㊿の(ハ)を除く。）及び別紙2に記載したとおりであることを証明します。

7年3月1日
事業の名称　株式会社本田商事　電話(03)0000－××××
事業場の所在地　中央区銀座1－××－×　〒104－0000
事業主の氏名　代表取締役　本田光太郎
（法人その他の団体であるときはその名称及び代表者の氏名）
労働者の直接所属事業場名称所在地　電話(　)　－

(注意)
1. ㊿の(イ)及び(ロ)については、⑫の者が厚生年金保険の被保険者である場合に限り証明してください。
2. 労働者の直接所属事業場名称所在地については、当該事業場が一括適用の取扱いを受けている場合に、労働者が直接所属する支店、工事現場等を記載してください。

診療担当者の証明

㉘傷病の部位及び傷病名	右大腿骨損傷	
㉙療養の期間	7年2月9日から7年2月26日まで　18日間　診療実日数 18日	
傷病の経過	㉚療養の現況　7年2月26日　治癒（症状固定）・死亡・転医・中止・（継続中）	
	㉛療養のため労働することができなかったと認められる期間　7年2月9日から7年2月26日まで　18日間のうち 18日	

⑫の者については、㉘から㉛までに記載したとおりであることを証明します。
〒211－0000　電話(044)×××－××××
7年3月1日
病院又は診療所の　所在地　川崎市中原区小杉町2－×－×
名称　竹前総合病院
診療担当者氏名　高野 広昭

上記により休業給付の支給を請求／休業特別支給金の支給を申請します。
7年3月8日　〒211－0000　電話(044)×××－××××
請求人・申請人の　住所　川崎市中原区小杉町1×－×（　方）
氏名　飯田 光夫
川崎北労働基準監督署長 殿

（注意）
一、□□□で表示された枠（以下、記入枠という。）に記入する文字は、光学式文字読取装置（OCR）で直接読取りを行うので、汚したり、穴をあけたり、必要以上に強く折り曲げたり、のりづけしたりしないでください。
二、記載すべき事項のない欄又は記入枠は、空欄のままとし、事項を選択する場合には該当事項を○で囲んでください。（ただし、⑤及び㉓欄並びに⑥、⑦及び⑲欄の元号については該当番号を記入枠に記入してください。）
三、記入枠の部分は、必ず黒のボールペンを使用し、様式右上に記載された「標準字体」にならって、枠からはみださないように大きめのカタカナ及びアラビア数字で明瞭に記載してください。

※印の欄は記入しないでください。（職員が記入します。）
◎裏面の注意事項を読んでから記入してください。
折り曲げる場合には(◀)の所を谷に折りさらに2つ折りにしてください。

様式第16号の６（裏面）記入例

様式第16号の６（裏面）

㉜ 労働者の職種	㉝ 負傷又は発病の年月日及び時刻	㉞ 平均賃金(算定内訳別紙1のとおり)
	7年2月8日 午 前・(後) 6 時 48 分頃	7,945 円 65 銭

㉟ 災害時の通勤の種別（該当する記号を記入）	ロ	イ．住居から就業の場所への移動　ロ．就業の場所から住居への移動 ハ．就業の場所から他の就業の場所への移動 ニ．イに先行する住居間の移動　ホ．ロに後続する住居間の移動
㊱ 災害発生の場所		渋谷区　東急東横線　渋谷駅
㊲ 就業の場所（災害時の通勤の種別がハに該当する場合は移動の終点たる就業の場所）		中央区銀座１－××－×　㈱本田商事
㊳ 就業開始の予定年月日及び時刻（災害時の通勤の種別がイ、ハ又はニに該当する場合は記載すること）		年　月　日　午 前・後　時　分頃
㊴ 住居を離れた年月日及び時刻（災害時の通勤の種別がイ、ニ又はホに該当する場合は記載すること）		年　月　日　午 前・後　時　分頃
㊵ 就業終了の年月日及び時刻（災害時の通勤の種別がロ、ハ又はホに該当する場合は記載すること）		7 年 2 月 8 日　午 前・(後)　6 時 00 分頃
㊶ 就業場所を離れた年月日及び時刻（災害時の通勤の種別がロ又はハに該当する場合は記載すること）		7 年 2 月 8 日　午 前・(後)　6 時 25 分頃
㊷ 災害時に通勤の種別に関する移動の通常の経路、方法及び所要時間並びに災害発生の日に住居又は就業の場所から災害発生の場所に至った経路、方法、所要時間その他状況		自宅 －徒歩 10分－ 武蔵小杉 －東横線 20分－ 渋谷 －地下鉄 1分－ 表参道 －地下鉄 4分－ 永田町 －地下鉄 5分－ 銀座一丁目 －徒歩 5分－ 会社 〔通常の通勤所要時間　時間 45 分〕
㊸ 災害の原因及び発生状況 (あ)どのような場所を (い)どのような方法で移動している際に (う)どのような物で又はどのような状況において (え)どのようにして災害が発生したか (お)⑦と初診日が異なる場合はその理由を簡明に記載すること		会社から通常の経路を経て帰宅の途中、渋谷駅構内で地下鉄半蔵門線から東急東横線に乗換のため階段を降りていたところ階段を踏みはずして転倒負傷したものである。
㊹ 現認者の	住所	電話(　)　－
	氏名	
㊺ 第三者行為災害	該当する・(該当しない)	
㊻ 健康保険日雇特例被保険者手帳の記号及び番号		
㊼ 転任の事実の有無（災害時に通勤の種別がニ又はホに該当する場合）	有・無	㊽ 転任直前の住居に係る住所
㊾ 休業給付額・休業特別支給金額の改定比率		（平均給与額証明書のとおり）

㊿ 厚生年金保険等の受給関係			
(イ)基礎年金番号		(ロ)被保険者資格の取得年月日	年　月　日
(ハ)当該傷病に関して支給される年金の種類等	年金の種類	厚生年金保険法の	イ 障害年金　ロ 障害厚生年金
		国民年金法の	ハ 障害年金　ニ 障害基礎年金
		船員保険法の	ホ 障害年金
	障害等級		級
	支給される年金の額		円
	支給されることとなった年月日		年　月　日
	基礎年金番号及び厚生年金等の年金証書の年金コード		
	所轄年金事務所等		

51その他就業先の有無		
有・無	有の場合のその数（ただし表面の事業場を含まない）　社	有の場合でいずれかの事業で特別加入している場合の特別加入状況（ただし表面の事業を含まない） 労働保険事務組合又は特別加入団体の名称
労働保険番号（特別加入）		加入年月日　年　月　日
		給付基礎日額　円

社会保険労務士記載欄	作成年月日・提出代行者・事務代理人の表示	氏名	電話番号
			(　)　－

〔注　意〕

一、所定労働時間後に負傷した場合には、⑲及び⑳欄については、当該負傷した日を除いて記載してください。

二、別紙１①欄には、平均賃金の算定基礎期間中に業務外の傷病の療養等のために休業した期間があり、その期間及びその期間中に受けた賃金の額を算定基礎から控除して算定した平均賃金に相当する額が平均賃金の額を超える場合に記載し、控除する期間及び賃金の内訳を別紙１②欄に記載してください。この場合は、㉞欄に、この算定方法による平均賃金に相当する額を記載してください。

三、別紙２は、⑳欄の「賃金を受けなかった日」のうち通勤による負傷又は疾病による療養のため所定労働時間のうちその一部分についてのみ労働した日(別紙２において「一部休業日」という。)が含まれる場合に限り添付してください。

四、請求人(申請人)が特別加入者であるときは、

(一)、㉞欄には、その者の給付基礎日額を記載してください。

(二)、⑦、⑲、⑳、㉝及び㊱から㊸欄までの事項を証明することができる書類その他の資料を添付してください。

(三)、事業主の証明は受ける必要はありません。

五、別紙３は、51欄の「その他就業先の有無」で「有」に○を付けた場合に、その他就業先ごとに記載してください。その際、その他就業先ごとに注意二、及び三の規定に従って記載した別紙１及び別紙２を添付してください。

六、第二回目以降の請求(申請)の場合には、

(一)、⑲、⑳、㉙及び㉛欄については、前回の請求又は申請後の分について記載してください。

(二)、㉜欄から㊺欄まで、㊼欄及び㊽欄は記載する必要はありません。

(三)、別紙１(平均賃金算定内訳)は付する必要はありません。

(四)、その請求(申請)が離職後である場合(療養のために労働できなかった期間の全部又は一部が離職前にある場合を除く。)には、事業主の証明は受ける必要はありません。

七、㊻は、請求人(申請人)が健康保険の日雇特例被保険者でない場合には記載する必要はありません。

八、休業特別支給金の支給の申請のみを行う場合には、㊿欄は記載する必要はありません。

㊁ 「就業の場所」欄には、災害が㋑のイ又はロの途中で発生したときには、当該就業の場所、ハの途中で発生したものであるときには、当該移動の終点たる就業の場所、ニ又はホの途中で発生したものであるときには当該単身赴任先住居に係る就業の場所の所在地及び就業先名を記載します。

㋭ 「就業開始の予定年月日及び時刻」欄には、災害時の通勤が㋑のハの場合には、移動の終点たる就業の場所における就業開始の予定時刻を、㋑のニの場合には、後続するイの移動の終点たる就業の場所における就業開始の予定の年月日及び時刻を記載することになります。

㋬ 「住居を離れた年月日及び時刻」欄には、災害時の通勤が㋑のハの場合には、移動の起点たる就業の場所における就業終了の年月日及び時刻を、㋑のホの場合には、先行するロの移動の起点たる就業の場所における就業終了の年月日及び時刻を記載することになります。

㋣ 「就業終了の年月日及び時刻」欄には、災害時の通勤が㋑のハの場合には、移動の起点たる就業の場所における就業終了の年月日及び時刻を、㋑のホの場合には、先行するロの移動の起点たる就業の場所における就業終了の年月日及び時刻を記載することになります。

㋠ 「就業の場所を離れた年月日及び時刻」欄には、災害時の通勤が㋑のハの場合には、移動の起点たる就業の場所を離れた年月日及び時刻を記載することになります。

㋷ 「災害時の通勤の種別に関する移動の通常の経路、方法及び所要時間並びに災害発生の日に住居又は就業の場所から災害発生の場所に至った経路、方法、所要時間その他の状況」欄には、通常の通勤経路を図示し、災害発生の場所及び災害発生の日に住居又は就業の場所から災害発生の場所に至った経路を朱線等を用いてわかりやすく記載することになります。

㋦ 「災害の発生原因及び発生状況」欄には、どのような場所を、どのような方法で往復している際に、どのような物で又はどのような状況において、どのようにして災害が発生したかをわかりやすく記載することになります。

㋸ 「現認者の住所・氏名」欄には、当該通勤災害の現認者を、知り得る範囲内で記載することになります。しかし、ひき逃げ等のため現認者が不明の時には、記載する必要はありません。

㋾ 「転任の事実の有無」欄には、災害時の通勤が㋑のニ又はホの場合に該当するものを○で囲んでください。

㋻ 「転任直前の住居に係る住所」欄には、災害時の通勤が㋑のニ又はホの場合に、帰省先住居に係る住所を記載します。

以上これら「通勤災害に関する事項」は通勤災害に係る保険給付の認定上必要なものですので、詳しく記載する必要があります。

⑥ 「指定病院等の名称、所在地」欄には、療養の給付を受ける病院等の名称、所在地を記載します。

⑦ 「傷病の部位及び状態」には、被災労働者の傷病名等を詳しく記載します。

⑧ 「事業主証明」欄には、通勤災害を被った労働者の所属する事業主の証明を受け

る必要があります。

なお、証明事項について、事業主が、「通勤災害に関する事項」のうち「災害発生の場所及び通勤の経路及び方法」を知り得なかったときには、証明できないので、該当する符号を消すことになります。

⑨ 「請求人」欄には、療養の給付を受けようとする労働者の氏名、住所を記載します。この場合の住所欄には、○○市○○町○○番地○○アパート○号室のように詳細に記載する必要があります。

ロ　休業給付支給請求書記載要領

休業給付支給請求書(様式第16号の６)(226、227ページ)の記載方法については、業務災害の場合の「休業補償給付支給請求書」(193 ～ 197ページ参照) と同様です。

なお、同一傷病について、第２回目以降の休業給付の請求をするときには、㉜欄から㊺欄まで、㊼欄及び㊽欄は記載する必要はありません。

ハ　障害給付支給請求書記載要領

障害給付支給請求書（様式第16号の７）の記載方法・添付資料等については、業務災害の場合の「障害補償給付支給請求書」(203ページ参照) と同様です。

この請求書は、「通勤災害に関する事項」が別紙となっていますので、請求の際には必ず請求書本文に添付して、所轄労働基準監督署長へ提出することとなります。

なお、別紙通勤災害に関する事項については、当該傷害について既に療養給付請求書又は休業給付支給請求書を提出している場合、あるいは傷病年金を受けていた場合には、添付する必要はありません。

ニ　遺族給付支給請求書記載要領

（イ）遺族年金支給請求書記載要領

遺族年金支給請求書（様式第16号の８）の記載方法・添付資料等については、業務災害の「遺族補償年金支給請求書」(207ページ参照) と同様です。

この請求書は、「通勤災害に関する事項」が別紙となっていますので、請求の際には必ず請求書本文に添付して、所轄労働基準監督署長へ提出することとなります。

なお、別紙通勤災害に関する事項については、死亡労働者が傷病年金を受けていた場合には、添付する必要はありません。

（ロ）遺族一時金支給請求書記載要領

遺族一時金支給請求書（様式第16号の９）の記載方法・添付資料等については、業務災害の「遺族補償一時金支給請求書」と同様です。

この請求書は、「通勤災害に関する事項」が別紙となっていますので、請求の際には必ず請求書本文に、添付して、所轄労働基準監督署長へ提出することとなります。

なお、別紙通勤災害に関する事項については、死亡労働者に関して遺族年金が支給されていた場合又は死亡労働者が傷病年金を受けていた場合には、添付する必要はありません。

ホ　葬祭給付請求書

葬祭給付請求書（様式第16号の10）の記載方法・添付資料等については、業務災害の「葬祭料請求書」(211ページ参照) と同様です。

この請求書は、「通勤災害に関する事項」が別紙となっていますので、請求の際には必ず請求書本文に添付して、所轄労働基準監督署長へ提出することとなります。

なお、別紙通勤災害に関する事項については、死亡労働者に関し、既に遺族給付の請求書を提出している場合又は死亡労働者が傷病年金を受けていた場合には、添付する必要はありません。

3　自動車事故等第三者の行為による災害

●自動車事故等第三者の行為によって業務災害又は通勤災害を被った場合は、できるだけ早く、「第三者行為災害届」を所轄労働基準監督署長へ提出する。

●自動車損害賠償責任保険（共済）の損害賠償と労災保険の保険給付とでは、原則として自動車損害賠償責任保険（共済）を先行する。

●第三者行為災害の場合に、同一の事由について、加害者や自賠責保険等からの損害賠償が先に支払われたときは、労災保険では所定の保険給付額と自賠責保険等から支払われた損害賠償との差額を支給する（控除）。その逆に、労災保険が先に支給されたときは、その価額の限度で加害者や自賠責保険等に対して求償する。

（1）第三者行為災害と損害賠償

労災保険の給付の対象となる業務災害又は通勤災害は、交通事故や他の事業場の建物・設備その他第三者の行為が原因となって生ずる場合が少なくありません。

このように、第三者の加害行為が介入して生じた業務災害又は通勤災害を、労災保険では、「第三者行為災害」と呼んでいます。

この第三者行為災害の場合には、労災保険に対して保険給付を請求することができますが、同時にそのほとんどの場合が民法上の不法行為に該当するので、被災労働者又はその遺族は加害行為を行った第三者に対して民法上の損害賠償を請求することもできます。

ところが、第三者に対する損害賠償請求権の内容と労災保険の保険給付の内容をみると、療養費や休業による賃金のそう失分など、まったく同じ性質のものもありますので、もし、損害賠償と保険給付の両方を受けるとすると、被災労働者は重複して損害のてん補を受けることとなり、実際の損害額以上にてん補されるという不合理な結果を生じます。

そこで、労災保険では重複てん補という不合理をさけるため、次に説明するような「求償」と「保険給付の控除」という方法で保険給付と損害賠償との調整を行っています。

（2）求償と保険給付の控除

イ　求償（保険給付が先に支払われた場合）

第三者の行為が原因である災害について、第三者が行う損害賠償よりも先に労災保険の保険給付が行われた場合には、政府は保険給付の都度、被災労働者又はその遺族が第三者に対してもっている損害賠償請求権を取得し、直接第三者に対して、その損害賠償請求権を行使することとなります。これを「求償」と呼んでいます。

求償する損害賠償の範囲は、その損害賠償のうち保険給付と同一の事由のものに限られます。具体的には、治療費、休業中の賃金そう失分、残存障害による将来の賃金そう失分、死亡による将来の賃金そう失分のうち受給権者の相続分に相当する額、葬祭料などが求償されることとなります。

求償の額は、以上の範囲内の損害賠償の額と保険給付の額のうち、いずれか少ないほうの額となります。

ロ　保険給付の控除（損害賠償が先に支払われた場合）

被災労働者又はその遺族が、労災保険の保険給付を受ける前にすでに第三者から同一の事由について損害賠償を受けているときは、政府は、損害賠償の価額の限度で保険給付をしないこととしています。これを「保険給付の控除」といいますが、控除の対象とされる損害賠償の範囲は求償の場合と同じで、保険給付の対象となる損害賠償額が所定の保険給付の額より多いときは、保険給付は支給されないこととなります。

（3）自賠責保険等との調整

自動車事故等による第三者行為災害の場合には、被災労働者又はその遺族は労災保険の保険給付を請求できるほかに、加害者に対して民法上の損害賠償を請求できるのですが、この損害賠償の履行を確保するための制度として、加害者の損害賠償を肩代りして行う自動車損害賠償責任保険や自動車損害賠償責任共済があり、次ページのような内容の保険金又は共済金を受けることができます。

このような保険金又は共済金の支払いは、加害者の損害賠償を肩代りして行うものですから、自動車事故であっても業務災害又は通勤災害である場合は、やはり保険給付と保険金又は共済金との調整が前述の「求償」又は「保険給付の控除」によって行われますから、民法上の損害賠償の場合と同様に考えてよいわけです。

なお、労災保険では、手続を簡明にし、被災労働者又はその遺族の損失がすみやかにてん補されるように、自動車損害賠償責任保険及び自動車損害賠償責任共済との協議により、原則として、自動車損害賠償責任保険などの支払いが先に行われることとしています。しかし、受給権者が希望するときは、労災保険の給付を先に受けることもできます。

（4）第三者行為災害の手続

第三者行為災害について保険給付を受けるには、一般の業務災害及び通勤災害の場合における保険給付の請求手続のほかに、「第三者行為災害届」の提出という特別の手続が必要です。なお「第三者行為災害届」を提出する際に「念書（兼同意書）」や「交通事故証明書」を添付しなければならない場合もあります。これらは、いずれも労災保険の保険給付と、加害者、又は自賠責保険等の損害賠償によって、重複して損害のてん補がなされないように調整を図るための手段であり、これらの手続を怠ると迅速な支払いができなくなることがあります。

自賠責保険の保険金請求に必要な書類

<table>
<tr><th rowspan="3" colspan="2">提出書類</th><th colspan="5">被害者請求</th></tr>
<tr><th colspan="3"></th><th colspan="2">仮渡金</th></tr>
<tr><th>死亡</th><th>後遺障害</th><th>傷害</th><th>死亡</th><th>傷害</th></tr>
<tr><td>• 仮渡金請求の際に提出していただいた書類は、損害賠償額請求の場合には再提出していただく必要はありません。
• 太字の用紙は損害保険会社（組合）に備え付けてあります。</td><td>取付け先</td><td></td><td></td><td></td><td></td><td></td></tr>
<tr><td>1　保険金（共済金）・損害賠償額・仮渡金支払請求書</td><td></td><td>◎</td><td>◎</td><td>◎</td><td>◎</td><td>◎</td></tr>
<tr><td>2　交通事故証明書（人身事故）</td><td>自動車安全運転センター</td><td>◎</td><td>◎</td><td>◎</td><td>◎</td><td>◎</td></tr>
<tr><td>3　事故発生状況報告書</td><td>事故当事者等</td><td>◎</td><td>◎</td><td>◎</td><td>◎</td><td>◎</td></tr>
<tr><td>4　医師の診断書または死体検案書（死亡診断書）</td><td>治療を受けた医師または病院</td><td>◎</td><td>◎</td><td>◎</td><td>◎</td><td>◎</td></tr>
<tr><td>5　診療報酬明細書</td><td>治療を受けた医師または病院</td><td>◎</td><td>○</td><td>◎</td><td></td><td></td></tr>
<tr><td>6　通院交通費明細書</td><td></td><td>◎</td><td></td><td>◎</td><td></td><td></td></tr>
<tr><td>7　付添看護自認書または看護料領収書</td><td></td><td>○</td><td></td><td>○</td><td></td><td></td></tr>
<tr><td>8　休業損害の証明は
1．給与所得者
事業主の休業損害証明書
（源泉徴収票添付）
2．自由業者、自営業者、農林漁業者
納税証明書、課税証明書（取得額の記載されたもの）または確定申告書　等</td><td>休業損害証明書は事業主
納税証明書、課税証明書等は税務署または市区町村</td><td>○</td><td>○</td><td>○</td><td></td><td></td></tr>
<tr><td>9　損害賠償額の受領者が請求者本人であることの証明（印鑑証明書）
被害者が未成年で、その親権者が請求する場合は、上記のほか、当該未成年者の住民票または戸籍抄本が必要です。</td><td>住民登録をしている市区町村、本籍のある市区町村</td><td>◎</td><td>◎</td><td>◎</td><td>◎</td><td>◎</td></tr>
<tr><td>10　委任状および（委任者の）印鑑証明
死亡事故等で請求権者が複数いる場合は、原則として１名を代理者として、他の請求者全員の委任状及び印鑑証明書が必要です。</td><td>印鑑登録をしている市区町村</td><td>○</td><td>○</td><td>○</td><td>○</td><td>○</td></tr>
<tr><td>11　戸籍謄本</td><td>本籍のある市区町村</td><td>◎</td><td></td><td></td><td>◎</td><td></td></tr>
<tr><td>12　後遺障害診断書</td><td>治療を受けた医師または病院</td><td></td><td>◎</td><td></td><td></td><td></td></tr>
<tr><td>13　レントゲン写真等</td><td>治療を受けた医師または病院</td><td>○</td><td>○</td><td>○</td><td></td><td></td></tr>
</table>

注意

1　◎印は必ず提出していただく書類。○印は事故の内容によって提出していただく書類です。

2　上記以外の書類が必要なときは、損害保険会社（組合）または自賠責損害調査事務所から連絡されます。

「第三者行為災害届」は、事故発生後できるだけ早く所轄労働基準監督署長に提出しなければなりません。この場合、すでに第三者（加害者）と示談をしているときは、示談書の写しを添付するなど示談の内容を明確にし、すでに損害賠償を受けているときは、受領した金額を明確に記載することが必要です。

「念書（兼同意書）」は、労災保険給付を受ける本人が署名します。被災者等が不用意に示談をすると、労災保険給付を受けられなくなったり、すでに受け取った労災保険給付を回収されるなど、思わぬ損失を被る場合があります。このようなことのないように念書（兼同意書）には注意事項が記載してありますので、内容をよく読み、その意味を十分に理解した上で提出してください。

「交通事故証明書」は、自動車安全運転センターにおいて交付証明を受けたものを提出してください。なお、警察署へ届け出ていないなどの理由により証明書の提出ができない場合には、「交通事故発生届（様式第３号）」を提出してください。

なお、労災保険給付の原因となった災害を発生させた第三者は、労働基準監督署から災害発生状況等の確認のため「第三者行為災害報告書（調査書）」の提出を求められる場合があります。その場合には速やかに提出してください。

4　労災保険給付と民事損害賠償との調整

労働災害によって生じた損害については、労災保険から保険給付でその補償を受けることができ、また、民事上の賠償責任が使用者にある場合には、使用者から直接損害の賠償を受けることができます。しかし、同一の損害について双方から重複しててん補がなされるとてん補の総額が実際に生じた損害額を上回ることとなり、また労災保険の保険料は全額使用者負担であるので保険料負担者である事業主の保険利益を損なうなど不合理な結果を招きます。

そこで、発生した災害については、次のような方法で労災保険給付と民事損害賠償との間で調整することになっています。

（１）障害補償年金、遺族補償年金、障害年金又は遺族年金の受給権者が、同一の事由について事業主からこれらの年金給付に相当する民事損害賠償を受けることができるときは、その事業主は、これらの者の年金受給権が消滅するまでの間、前払一時金の最高額相当額の法定利率による現価（当該前払一時金に係る年金給付等が支給された場合には、その支給額の法定利率による現価を控除した価額）の限度で、民事損害賠償の履行をしないことができます。

この民事損害賠償の履行が猶予されている場合において、年金給付又はその前払一時金が支給されたときは、その価額の法定利率による現価の限度で、事業主は、民事損害賠償の責めを免れることになります。

（２）保険給付の受給権者が事業主から民事損害賠償を受けることができる場合において、当該保険給付の受給権者に対し同一の事由について保険給付に相当する民事損害賠償が行われたときは、政府は、労働政策審議会を経て厚生労働大臣が定める基準により、その価額の限度で保険給付を行わないことができることになります。

5　保険給付に関する処分に対する不服申立て

保険給付に関する決定（例えば、療養の給付をしない旨の決定、休業補償給付請求額のうち一部を支給しない旨の決定、障害補償給付何万円を支給する旨の決定など）について不服があるときは、まず都道府県労働局におかれている労働者災害補償保険審査官に審査請求をし、労働者災害補償保険審査官の決定にも不服があるときは、さらに労働保険審査会に再審査請求をすることができます。

6　労災保険の費用徴収

事業主が故意又は重大な過失により労災保険に係る保険関係成立届を提出していない期間中に事故が発生した場合は、労災保険給付に要した費用の全部（100％）又は一部（40％）を事業主から徴収することになっています。

7　社会復帰促進等事業のあらましと手続

労災保険では、労働者の福祉の増進を図るため、業務災害、複数業務要因災害及び通勤災害を被った労働者の円滑な社会復帰を促進するために必要な事業、被災労働者及びその遺族の援護を図るために必要な事業、労働者の安全及び衛生の確保のために必要な事業等各種の社会復帰促進等事業を行っています。

これらの社会復帰促進等事業は、所轄労働局長等が直接行うものと、独立行政法人労働者健康安全機構等が行うものとがありますが、その主要な制度の内容と手続は、次のとおりです。

〈所轄労働局長又は所轄労働基準監督署長が行うもの〉

（1）外科後処置

外科後処置は、保険給付の対象とならない義肢装着のための断端部の再手術、顔面醜状の軽減のための整形手術など、労働能力の回復、醜状軽減を目的として、傷病治ゆ後に、障害補償給付又は障害給付を受けた者に対して行われます。

○手続

外科後処置を受けようとする者は、「外科後処置申請書」に医師による「診査表」を添付して、所轄労働基準監督署長を経由して、所轄労働局長に提出します。所轄労働局長から「外科後処置承認決定通知書」の交付を受けた者は、承認決定通知書を指定された病院又は診療所に提出して外科後処置診療を受けることになります。

（2）義肢等補装具の費用の支給

身体に障害を残した者で、必要があると認められる者に対しては、それぞれ次の義肢等補装具の購入又は修理費用が支給されます。また、費用を支給された義肢等（かつら、床ずれ防止用敷ふとん及びギャッチベッドを除く）であって、支給基準に定められた耐用年数を超えたものを有する者には、あらためて義肢等補装具の購入に要した費用が支給されます。

① 義肢…上肢又は下肢の全部又は一部を亡失したことにより、障害（補償）給付を受ける者又は受けると見込まれる者

①－２ 筋電電動義手…両上肢又は１上肢を失ったことにより、障害（補償）給付を受ける者又は受けると見込まれる者で、一定の要件を満たす者

② 上肢装具及び下肢装具…上肢又は下肢の機能に障害を残すことにより、障害（補償）給付を受ける者又は受けると見込まれる者

③ 体幹装具…せき柱に荷重障害を残すことにより、障害等級第８級以上の障害（補償）給付の支給決定を受けた者又は受けると見込まれる者

④ 座位保持装置…四肢又は体幹に著しい障害を残すことにより、障害等級第１級の障害（補償）給付の支給決定を受けた者又は受けると見込まれる者であって、座位が不可能若しくは著しく困難な状態にあると認められるもの

⑤ 視覚障害者安全つえ…両眼に視力障害を残すことにより、障害等級第４級以上の障害（補償）給付の支給決定を受けた者又は受けると見込まれる者

⑥ 義眼…１眼又は両眼を失明したことにより、障害（補償）給付の支給決定を受けた者又は受けると見込まれる者

⑦ 眼鏡（コンタクトレンズを含む）…１眼又は両眼に視力障害を残すことにより、障害等級第13級以上の障害（補償）給付の支給決定を受けた者又は受けると見込まれる者

⑧ 点字器…両眼に視力障害を残すことにより、障害等級第４級以上の障害（補償）給付の支給決定を受けた者又は受けると見込まれる者

⑨ 補聴器…１耳又は両耳に聴力障害を残すことにより、障害等級第11級以上の障害（補償）給付の支給決定を受けた者又は受けると見込まれる者

⑩ 人工喉頭…言語の機能を廃したことにより、障害（補償）給付の支給決定を受けた者又は受けると見込まれる者

⑪ 車椅子…両下肢の用を全廃又は両下肢を亡失したことにより、障害（補償）給付の支給決定を受けた者又は受けると見込まれる者であって、義足及び下肢装具の使用が不可能であるもの等

⑫ 電動車椅子…両下肢及び両上肢に著しい障害を残すことにより、障害（補償）給付の支給決定を受けた者又は受けると見込まれる者であって、車椅子の使用が著しく困難であると認められるもの等

⑬ 歩行車…高度の失調又は平衡機能障害を残すことにより、障害等級第３級以上の障害（補償）給付の支給決定を受けた者又は受けると見込まれる者

⑭ 収尿器…せき髄損傷、外傷性泌尿器障害、尿路系腫瘍等の傷病のため、尿失禁を伴うこと又は尿路変向を行ったことにより、障害（補償）給付の支給決定を受けた者又は受けると見込まれる者

⑮ ストマ用装具…大腸又は小腸に人工肛門を造設したことにより、障害（補償）給付

の支給決定を受けた者又は受けると見込まれる者等

⑯　歩行補助つえ…下肢の全部又は一部を亡失し、又は下肢の機能に障害を残すことにより、障害等級第７級以上の障害（補償）給付の支給決定を受けた者又は受けると見込まれる者であって、義足又は下肢装具の使用が可能であるもの等

⑰　かつら…頭部に著しい醜状を残すことにより、障害（補償）給付の支給決定を受けた者又は受けると見込まれる者

⑱　浣腸器付排便剤…せき髄損傷者又は排便反射を支配する神経の損傷により、用手摘便を要する状態又は恒常的に１週間に排便が２回以下の高度な便秘を残すことにより、障害（補償）給付の支給決定を受けた者又は受けると見込まれる者で、医師が浣腸器付排便剤の使用の必要があると認めるもの

⑲　床ずれ防止用敷ふとん…傷病（補償）年金又は障害（補償）給付を受けている神経系統の機能に著しい障害を残す者又は両上下肢の用の全廃若しくは両上下肢を亡失した者のうち、常時介護に係る介護補償給付又は介護給付を受けている者

⑳　介助用リフター…傷病（補償）年金の支給決定を受けた者のうち、傷病等級第１級第１号若しくは第２号に該当するもの又はこれらと同程度の障害の状態にあると認められるものであって、自宅療養者又は義肢等の支給申請の日から３カ月以内に退院し、自宅で療養すると見込まれる入院療養者であること又は障害（補償）給付を受けた者又は受けると見込まれる者のうち、障害等級第１級第３号若しくは第４号に該当するもので、一定の要件を満たすもの

㉑　フローテーションパッド…社会復帰促進等事業として支給された車椅子又は電動車椅子を使用する者のうち、床ずれがでん部又は大腿部に発生するおそれがあり、かつ、診療担当医がフローテーションパッドの使用を必要と認めた者

㉒　ギャッチベッド…傷病（補償）年金の支給決定を受けた者のうち、傷病等級第１級第１号若しくは第２号に該当するもの又はこれらと同程度の障害の状態にあると認められるもので、かつ、自宅療養者（義肢等の支給申請の日から３カ月以内に退院し自宅で療養すると見込まれる入院療養者を含む）であるもの又は障害（補償）給付の支給決定を受けた者又は受けると見込まれる者のうち、障害等級第１級第３号若しくは第４号に該当するもの又はこれらと同等程度の障害の状態にあると認められるもので、車椅子又は義肢の使用が不可能であるもの

㉓　重度障害者用意思伝達装置…両上下肢の用を全廃又は両上下肢を亡失し、かつ、言語の機能を廃したことにより、障害（補償）給付の支給決定を受けた者又は受けると見込まれる者で、重度障害者用意思伝達装置によらなければ、意思の伝達が困難であると認められるもの

○手　続

義肢等補装具の購入又は修理に要した費用の支給を受けようとする者は、「義肢等補装具購入・修理費用支給申請書」を所轄労働局長に提出します。所轄労働局長から「義肢等補装具購入・修理費用支給承認決定通知書」の交付を受けた者は、この承認決定通知書により、本人の希望する業者で製作又は修理をしてもらうことになります。

（3）旅費の支給

外科後処置、義肢、装具、座位保持装置、車いす、電動車いす又はかつらの採型若しくは装着、義眼装かん、筋電電動義手に係る装着訓練・適合判定、及び眼鏡又は浣腸器付排便剤に係る検査のため等で旅行する場合には、鉄道賃、船賃、車賃、宿泊料、日当（外科後処置の場合のみ）が支給されます。なお、支給額は、鉄道賃、船賃については普通旅客運賃が支給され、また、急行列車を運行する線路による旅行で、片道50km以上のものについては急行料金が、特急列車を運行する路線による旅行で、片道100km以上のものについては特急料金がそれぞれ支給されます。車賃は1kmについて37円となっており、日当は一定の期間について1日850円です（外科後処置を受けるため入院した期間に限る）。宿泊料は1夜につき8,700円の範囲内における実費額です。

○手　続

旅費の支給を申請するときは、

①外科後処置

「外科後処置旅費支給申請書」を所轄労働基準監督署長を経由して所轄労働局長に請求することとなります。

②義肢等補装具

「義肢等補装具旅費支給申請書」を所轄労働局長に請求することとなります。

（4）労災就学援護費の支給

業務災害、複数業務要因災害又は通勤災害により死亡した労働者の遺族、又は障害等級第3級以上の障害を受けた労働者及びこれらの者の子又は傷病の程度が特に重篤と認められる傷病補償年金又は傷病年金の受給権者の子で、学資の支弁が困難である者には、学校の種別に応じて就学援護費が支給されます（令和6年3月現在）。

①　小学校、義務教育学校の前期課程又は特別支援学校の小学部に在学する者

……月額　15,000円

②　中学校、義務教育学校の後期課程、中等教育学校の前期課程又は特別支援学校の中学部に在学する者

……月額　21,000円（ただし、通信制課程に在学する者にあっては、月額18,000円）

③　高等学校、中等教育学校の後期課程、高等専門学校の第一学年から第三学年まで、特別支援学校の高等部、専修学校の高等課程若しくは一般課程に在学する者又は公共職業能力開発施設において中学校卒業者若しくはこれと同等以上の学力を有すると認められる者を対象とする普通職業訓練若しくは職業訓練法施行規則の一部を改正する省令（昭和53年労働省令第37号）附則第2条に規定する専修訓練課程の普通職業訓練を受ける者

……月額　20,000円（ただし、通信制課程に在学する者にあっては、月額17,000円）

④　大学、高等専門学校の第4学年、第5学年若しくは専攻科若しくは専修学校の専門課程に在学する者、公共職業能力開発施設において普通職業訓練を受ける者若しくは

高度職業訓練を受ける者

……月額　39,000 円（通信制課程に在学する者 30,000 円）

○手　続

就学援護費の支給を申請するときは、「労災就学等援護費支給申請書」に在学証明書等の必要書類を添付して所轄労働基準監督署長に提出することとなります。

（5）労災就労保育援護費

業務災害、複数業務要因災害又は通勤災害を被った者やその遺族の就労の状況等を考慮し、障害等級第３級以上の障害（補償）年金、傷病（補償）年金、遺族（補償）年金を受ける者、又はその家族で、就労のため未就学の児童を保育所、幼稚園に預けており、保育に係る費用を援護する必要があると認められる者に対して就労保育援護費が支給されます。

要保育児１人につき……月額　9,000 円

○手　続

就労保育援護費の支給を申請するときは、「労災就学等援護費支給申請書」に保育を要する児童が保育所等に預けられていることを証明する書類等を添えて所轄労働基準監督署長に提出することとなります。

（6）特別支給金

特別支給金は、保険給付とは別に社会復帰促進等事業として支給されるものですが、その種類は、休業特別支給金、障害特別支給金、遺族特別支給金、傷病特別支給金、障害特別年金、障害特別一時金、遺族特別年金、遺族特別一時金及び傷病特別年金の９種類があります。

イ　休業特別支給金

休業特別支給金は、労働者が、業務上の事由又は通勤による負傷又は疾病に係る療養のため労働することができないため賃金を受けない日の第４日目から当該労働者に対し、その申請に基づいて支給されるもので、その額は、原則として一日につき給付基礎日額の 100 分の 20 に相当する額です。

○手　続

休業特別支給金の支給の申請は、原則として休業補償給付又は休業給付の支給の請求と同時に行わなければなりません（なお、休業特別支給金の申請は、休業補償給付又は休業給付の請求と同時にできるような様式となっていますので、具体的な申請手続については、休業補償給付の請求手続（189 ページ）を参照してください）。

ロ　障害特別支給金

障害特別支給金は、労働者が業務災害又は通勤災害を被り、治ゆ後身体に障害を残した場合に、当該労働者に対し、その申請に基づいて支給されるもので、その額は、障害の程度に応じ、下表に定める額です。

障害等級	第１級	2	3	4	5	6	7	8	9	10	11	12	13	14
額	342 万円	320	300	264	225	192	159	65	50	39	29	20	14	8

○手　続

障害特別支給金の支給の申請は、原則として障害補償給付又は障害給付の支給の請求と同時に行わなければなりません（具体的な申請手続については、障害補償給付の請求手続（199ページ）を参照してください）。

ハ　遺族特別支給金

遺族特別支給金は、労働者が業務上の事由又は通勤により死亡した場合に、当該労働者の遺族に対し、その申請に基づいて支給されます。遺族特別支給金を受けることのできる遺族は、労働者の配偶者（婚姻の届出をしていないが、事実上婚姻関係と同様の事情にあった者も含まれます）、子、父母、孫、祖父母、兄弟姉妹で、これらの遺族特別支給金を受ける順位は、遺族補償給付又は遺族給付の場合と同様です。遺族特別支給金の額は、300万円です。遺族特別支給金を受ける遺族が2人以上ある場合には、300万円をその人数で除して得た額となります。

○手　続

遺族特別支給金の支給の申請は、原則として遺族補償給付又は遺族給付の支給の請求と同時に行わなければなりません（具体的な申請手続については、遺族補償給付の請求手続（202ページ）を参照してください）。

ニ　傷病特別支給金

傷病特別支給金は、労働者が業務上の事由又は通勤による負傷又は疾病に係る療養の開始後1年6カ月を経過した日において、あるいはその日以後において、次の各号のいずれにも該当することとなったときに、その申請に基づいて支給されます。

傷病等級	額
第1級	114万円
2	107
3	100

（イ）当該傷病が治っていないこと。

（ロ）当該傷病による障害の程度が傷病等級に該当すること。

傷病特別支給金の額は傷病等級に応じて表のとおりです。

なお、傷病特別支給金を受けた労働者の傷病が治ゆして障害特別支給金を受けることとなった場合には、その障害特別支給金の額は既に受けた傷病特別支給金との間で調整されます。

○手　続

当分の間、傷病補償年金又は傷病年金の支給の決定を受けた者は、傷病特別支給金の申請を行ったものとして取り扱われます。

ホ　特別給与を基礎とする特別支給金

特別給与を基礎とする特別支給金は、障害補償給付、遺族補償給付、傷病補償年金、障害給付、遺族給付及び傷病年金の受給者に対して支給されるもので、その額は、被災前1年の間において、3カ月を超える期間ごとに支払われた賃金をもとにして所定の給付率を乗じて得た額となります。この被災前1年間において3カ月を超える期間ごとに支払われた賃金の合計額を算定基礎年額（給付基礎日額の365倍に相当する額の20％相当額（最高限度150万円）を限度とする）といい、これを365で除したものを算定基礎日額といいます。

（昭和52年3月31日以前に発生した災害により保険給付を受ける労働者に支給する特別給与を基礎とする特別支給金の算定基礎年額は、一律に給付基礎日額に365を乗じて得た額の16.9％に相当する額（最高限度150万円）とし、これを365で除したものを算定基礎日額といいます。）

なお、この特別給与を基礎とする特別支給金の額は、年金給付基礎日額のスライド方式によりスライドすることとされています。

種　類	支給対象者	支　給　額
障害特別年金	障害補償年金又は障害年金の受給者	算定基礎日額の313日分相当額（障害等級第1級）から算定基礎日額の131日分相当額（障害等級第7級）までの年金
障害特別一時金	障害補償一時金又は障害一時金の受給者	算定基礎日額の503日分相当額（障害等級第8級）から算定基礎日額の56日分相当額（障害等級第14級）までの一時金
遺族特別年金	遺族補償年金又は遺族年金の受給者	算定基礎日額の245日分相当額（遺族4人以上）から算定基礎日額の153日分相当額（遺族1人）までの年金
遺族特別一時金	遺族補償一時金又は遺族一時金の受給者	算定基礎日額の1,000日分相当額を最高限度とする一時金
傷病特別年金	傷病補償年金又は傷病年金の受給者	算定基礎日額の313日分相当額（傷病等級第1級）から算定基礎日額の245日分相当額（傷病等級第3級）までの年金

（7）社会復帰促進等事業によるアフターケア制度

労災保険制度では、労働災害により被災された者に対し、その症状が固定（治ゆ）した後も、後遺症状に動揺を来したり、後遺障害に付随する疾病を発生させるおそれがあるので、必要に応じ予防その他の治ゆ後の保健上の措置としてアフターケアを実施しています。

アフターケアは現在、せき髄損傷、頭頚部外傷症候群等、尿路系障害、慢性肝炎、白内障等の眼疾患、振動障害、大腿骨頚部骨折及び股関節脱臼・脱臼骨折、人工関節・人工骨頭置換、慢性化膿性骨髄炎、虚血性心疾患等、尿路系腫瘍、脳の器質性障害、外傷による末梢神経損傷、熱傷、サリン中毒、精神障害、循環器障害、呼吸機能障害、消化器障害、炭鉱災害による一酸化炭素中毒の傷病者に対して労災指定医療機関において行っています。

なお、アフターケアの措置内容は対象傷病ごとに定められています。

○手　続

所属事業場を管轄する都道府県労働局長に「健康管理手帳交付申請書」を提出します。所轄労働局長が該当者に「健康管理手帳」を交付するので、アフターケアを受けようとする者は、労災病院、総合せき損センター又は都道府県労働局長が指定する医療機関又は薬局にこの手帳を提出してアフターケアを受けることになります。

（8）休業補償特別援護金

振動障害、じん肺等の疾病にかかった労働者が発症までに事業場を転々とした場合、どの事業場で当該疾病が発症したか明らかでありません。また、遅発性疾病の場合には業務上疾病と認められた時点で既に事業場が廃止されていることがあります。ところで、休業補償給付は休業第４日目から支給されることとなっていますが、このように、使用者が行うべきである労働基準法に基づくいわゆる待期３日間の災害補償を行わせることが妥当でない場合や行うことができない場合があるので、一定の要件を満たした場合は、被災労働者に対しこの待期３日分の休業補償をその申請に基づき支給することとしています。

○手　続

「休業補償特別援護金支給申請書」を申請に係る疾病の発生のおそれのある業務に従事した最終の事業場の所在地を管轄する労働基準監督署長に提出します。

〈独立行政法人労働者健康安全機構が行うもの〉

（1）諸施設の設置、運営

労災病院、労災看護専門学校（労災病院グループに勤務する看護師を主に養成）や医療リハビリセンター・総合せき損センターの設置・運営、産業保健総合支援センター（産業医、産業看護職、衛生管理者等の産業保健関係者の支援と、事業主等に対する職場の健康管理への啓発を行う）の設置・運営などを行っています。労働安全衛生総合研究所では、職場における労働者の安全と健康を確保するため、理学、工学、医学、健康科学等様々な観点から総合的な調査及び研究が行われています。日本バイオアッセイ研究センターでは主に労働現場で使用される化学物質等が原因となる職業がんを始めとする職業性健康障害から勤労者を守るため、それらの化学物質等の毒性、特に発がん性に関わる調査、試験、及び研究が行われています。

（2）未払賃金の立替払事業

未払賃金の立替払事業は、企業が倒産し、その企業の事業主に支払能力がない場合に生じる賃金未払いについて、賃金は労働契約の基本的な要素であり、また、労働者とその家族の生活の原資でありますので、これを救済するために、その場合の未払賃金を事業主に代わって立替払いを行うというものです。

Ⅶ　雇用保険の給付

1　失業等給付及び育児休業給付のあらまし

失業等給付は、雇用保険制度における主要な事業であり、その目的、性質により「求職者給付」、「就職促進給付」、「教育訓練給付」及び「雇用継続給付」とに大別されます。令和２年４月から、従来、雇用継続給付に包括されていた育児休業給付は、失業等給付とは独立した給付項目として分離されています。

求職者給付は、被保険者が失業した場合の生活の安定を図って求職活動を容易にすることを直接の目的とするものであり、就職促進給付は、再就職を促進することを直接の目的とするものです。教育訓練給付は、労働者の主体的な能力開発を支援することを直接の目的とするものです。雇用継続給付は、高齢者や介護を行う者の職業生活の円滑な継続を援助、促進することを目的としています。育児休業給付は、育児のために休業を行う者の雇用・安定を図ることを目的とするものです。これらの失業等給付の体系を図示すると、以下のとおりです。

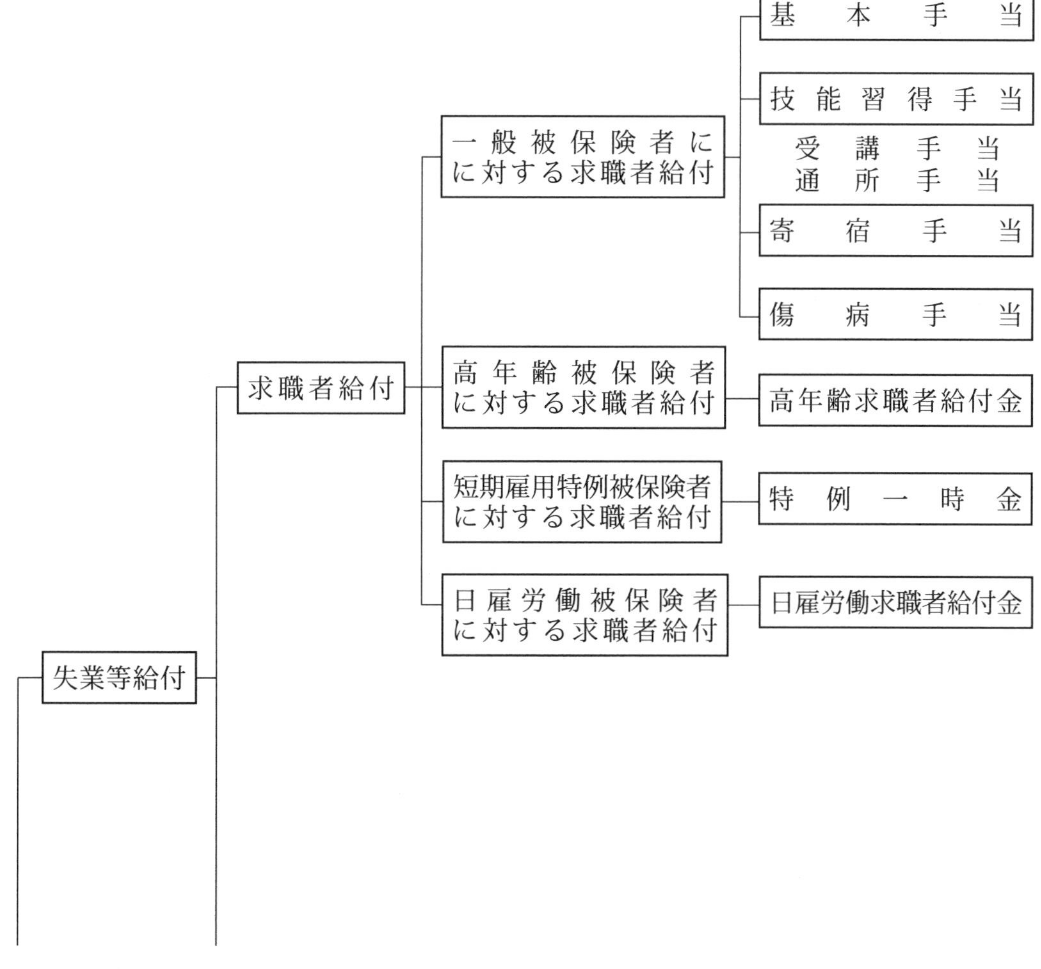

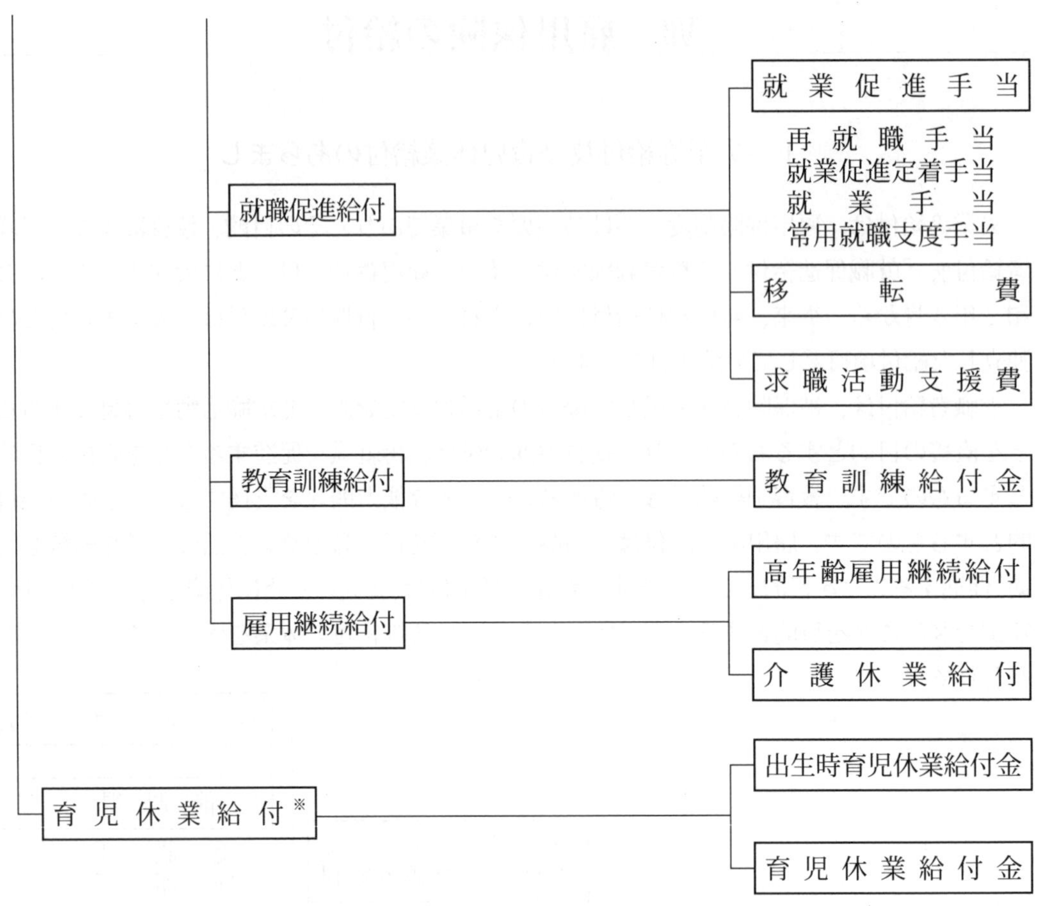

なお、このほかにも雇用安定事業及び能力開発事業を行うこととなっています（274ページ参照）。

※令和４年10月１日から、育児休業給付は、育児休業給付金と出生時育児休業給付金の２種類となりました。

2　一般被保険者の求職者給付

（1）あらまし

一般被保険者（高年齢被保険者、短期雇用特例被保険者及び日雇労働被保険者以外の被保険者のことをいいます）が失業した場合には、求職者給付として、失業している日について基本手当が支給されるほか、公共職業安定所長の指示により公共職業訓練等を受講する場合には技能習得手当及び寄宿手当が、疾病又は負傷により職業に就くことができない場合には傷病手当がそれぞれ支給されることになっています。

基本手当等は、労働者の生活の安定を図るとともに、その求職活動を容易にすることを目的として支給されるものです。したがって、基本手当等の支給を受けるには、就職しようとする意思とその能力とがあることが必要であり、そのために一定の手続きにより失業の認定を受けなければなりません。

（2）基本手当の受給要件

基本手当は、一般被保険者が失業した場合に支給されますが、それには、原則として離職の日以前２年間（以下「算定対象期間」といいます）に、被保険者期間が通算して 12 カ月以上あることが必要です。すなわち、法第 14 条第１項及び第２項の規定により被保険者期間として計算される月が通算して 12 カ月以上あれば、失業した場合に、基本手当が支給されます。ただし、倒産、解雇等により、再就職の準備をする時間的余裕なく離職を余儀なくされる者又は特定受給資格者以外の者であって、期間の定めのある労働契約が更新されなかったことその他やむを得ない理由により離職した者の場合は、離職の日以前１年間に、被保険者期間が通算して６カ月以上ある場合にも基本手当が支給されます。

この被保険者期間というのは、単に被保険者であった期間（雇用されていた期間）をいうのではなく、次のようにして計算される期間のことをいいます。すなわち被保険者であった期間を被保険者でなくなった日（離職の日）からさかのぼって１カ月ごとに区切っていき、このようにして区切られた各期間に賃金支払の基礎となった日数が 11 日以上あるもの（被保険者期間が不足するときは、賃金支払の基礎となった時間が 80 時間以上のもの）を被保険者期間の１カ月として計算し、その日数が 10 日以下のもの等は被保険者期間として計算しません。なお、このように区切ることによって１カ月未満の期間が生じることがありますが、その場合には、その期間の実日数が 15 日以上であり、かつ、その期間内における賃金支払の基礎となった日数が 11 日以上であるときは、その期間を被保険者期間の２分の１カ月として計算します。

また、上記の算定対象期間に、疾病、負傷、出産、事業主の命による外国における勤務等のため、引き続き 30 日以上賃金の支払を受けることができなかった被保険者については、受給要件の緩和の特例として、これらの理由により賃金の支払を受けることができなかった日数を当該期間に加算した期間が算定対象期間となります。この加算される期間は、最大３年間です。

受給要件を満たして基本手当の支給を受けることができる者が、再就職後その離職の日の翌日から起算して１年の期間内に再び離職した場合には、再就職後の被保険者期間が新たな受給要件を満たしていない場合であっても、前の資格に基づき、基本手当の支給を受けることができます。

（3）受給資格の決定

受給資格の決定とは、公共職業安定所長又は地方運輸局の長（以下「公共職業安定所長等」という）が離職票を提出した者について、基本手当の受給資格を有する者（以下「受給資

格者」といいます）であると認定することをいいます。この受給資格とは、

① 離職により被保険者でなくなったことの確認を受けたこと

② 労働の意思及び能力があるにもかかわらず、職業に就くことができない状態にあること

③ 算定対象期間に被保険者期間が通算して 12 カ月以上（特定受給資格者及び特定理由離職者は６カ月以上）であることの３つの要件を満たす者をいいます。

基本手当の支給を受けるには、受給要件を満たしていることのほかに、その者が公共職業安定所等に出頭して求職の申込みをしたうえ、所定の手続にしたがって失業の認定を受けることが必要です。この場合、求職の申込みは、離職した被保険者の居住地を管轄する公共職業安定所等に行わなければなりません。

公共職業安定所等は、基本手当の支給を受けようとする者が離職票を提出して求職の申込みをしたときは、その者が受給要件を満たしているかどうかを判断し、受給資格の決定を行います。この場合に、その者が２枚以上の離職票を所持しているときは、これらをすべて提出しなければなりません。

以上のようにして受給資格の決定を受けたときは、公共職業安定所長等から受給資格者証が交付されます。この受給資格者証は、受給資格の決定を受けたことを証するもので、支給される基本手当の日額、所定給付日数、出頭すべき失業の認定日などの事項が記載されており、以後失業の認定を受けるときや、その他の失業給付の支給を受けるときには必ず提出しなければならない証書ですから大切に保管しなければなりません。

（4）基本手当の日額

基本手当の日額は、離職前の賃金に基づいて定められます。

すなわち、被保険者期間として計算された最後の６カ月に支払われた賃金（臨時に支払われる賃金及び３カ月を超える期間ごとに支払われる賃金を除きます）の総額を 180 で除してその者の賃金日額を算定し、その賃金日額に、当該賃金日額に応じた率（45％～80％）を乗じて、その者の基本手当の日額を算出することとなっています。基本手当日額の上限額（令和５年８月１日現在）は、年齢別に定められ、30 歳未満の年齢層については、6,945 円、30 歳以上 45 歳未満の年齢層については、7,715 円、45 歳以上 60 歳未満の年齢層については 8,490 円、60 歳以上 65 歳未満の年齢層については 7,294 円となり、最低 2,196 円までとなっています。

賃金日額の算定に当たっては、未払賃金などが含まれますが、退職金は含まれません。また、賃金が日給、時間給、出来高払その他の請負制等によって支払われる者については、この原則的方法によって計算すると、その労働日数が少ないときは不利となる場合がありますから、労働をした日１日当たりの支払われた賃金額の 100 分の 70 を賃金日額の最低日額の最低限として保障することとされています。

ただし、被保険者である者が「船員」の場合には、乗船時、下船時等で賃金が大きく変動することが多いため、賃金日額の算定において特例が設けられています（平成 21 年厚生

労働省告示第 537 号)。

なお、失業していても、内職等自己の労働によって収入を得た場合には、法第 19 条に規定する方法により基本手当についての減額が行われます。

(5) 所定給付日数及び受給期間

基本手当は一定の日数分を限度として支給されます。この一定の日数を所定給付日数といいますが、所定給付日数は、その者の離職時における年齢、離職理由、被保険者であった期間及び就職困難な者であるか否かによって、次表のとおり定められています。

① 一般の離職者(②及び③以外の理由の全ての離職者。定年退職者や自己の意思で離職した者)

被保険者区分(全年齢共通)	被保険者であった期間		
	10 年未満	10 年以上 20 年未満	20 年以上
全 年 齢	90 日	120 日	150 日

② 障害者等の就職困難者

	被保険者であった期間	
	1 年未満	1 年以上
45 歳未満	150 日	300 日
45 ～ 65 歳未満	150 日	360 日

③ 倒産、解雇等により、再就職の準備をする時間的余裕なく離職を余儀なくされた者(特定受給資格者)及び特定理由離職者(注1)

	被保険者であった期間				
	6 カ月以上 1 年未満	1 年以上 5 年未満	5 年以上 10 年未満	10 年以上 20 年未満	20 年以上
30 歳未満	90 日	90 日	120 日	180 日	―
30 歳以上 35 歳未満	90 日	120 日	180 日	210 日	240 日
35 歳以上 45 歳未満	90 日	150 日	180 日	240 日	270 日
45 歳以上 60 歳未満	90 日	180 日	240 日	270 日	330 日
60 歳以上 65 歳未満	90 日	150 日	180 日	210 日	240 日

※網掛けの部分は、一般の離職者よりも給付日数が手厚い層を表します。

注 1：離職日が令和 7 年 3 月 31 日までにある特定理由離職者のうち、期間の定めのある労働契約の期間が満了し、かつ、当該労働契約の更新がないことにより離職した者(その者が当該更新を希望したにもかかわらず、当該更新についての合意が成立しなかった場合に限ります)

就職困難者とは、具体的には障害者の雇用の促進等に関する法律第２条第２号の身体障害者、同条第４号の知的障害者、同条第６号の精神障害者、社会的事情により就職が著しく阻害されているもの等をいいます。

特定受給資格者及び特定理由離職者（前ページ「注１」参照）の方においては、一般の離職者に比べて手厚い所定給付日数を給付することとなる者をいいます。具体的には、以下のとおりとなっています。

特定受給資格者の範囲

1「倒産」等により離職した者

（1）倒産（破産、民事再生、会社更生等の各倒産手続の申立て又は手形取引の停止等）に伴い離職した者

（2）事業所において大量雇用変動の場合（１カ月に 30 人以上の離職を予定）の届出がされたため離職した者及び当該事業主に雇用される被保険者の３分の１を超える者が離職したため離職した者

（3）事業所の廃止（事業活動停止後再開の見込みのない場合を含む）に伴い離職した者

（4）事業所の移転により、通勤することが困難となったため離職した者

2「解雇」等により離職した者

（1）解雇（自己の責めに帰すべき重大な理由による解雇を除く）により離職した者

（2）労働契約の締結に際し明示された労働条件が事実と著しく相違したことにより離職した者

（3）賃金（退職手当を除く）の額の３分の１を超える額が支払期日までに支払われなかったことにより離職した者

（4）賃金が、当該労働者に支払われていた賃金に比べて 85% 未満に低下した（又は低下することとなった）ため離職した者（当該労働者が低下の事実について予見し得なかった場合に限る）

（5）離職の直前6カ月間のうちに3月連続して45時間、1月で100 時間又は２～６月平均で月 80 時間を超える時間外・休日労働が行われたため、又は事業主が危険若しくは健康障害の生ずるおそれがある旨を行政機関から指摘されたにもかかわらず、事業所において当該危険若しくは健康障害を防止するために必要な措置を講じなかったため離職した者

（6）事業主が法令に違反し、妊娠中若しくは出産後の労働者又は子の養育若しくは家族の介護を行う労働者を就業させ、若しくはそれらの者の雇用の継続等を図るための制度の利用を不当に制限したこと又は妊娠したこと、出産したこと若しくはそれらの制度の利用の申出をし、若しくは利用をしたこと等を理由として不利益な取扱いをしたため離職した者

（7）事業主が労働者の職種転換等に際して、当該労働者の職業生活の継続のために必要な配慮を行っていないため離職した者

（8）期間の定めのある労働契約の更新により３年以上引き続き雇用されるに至った場合

において当該労働契約が更新されないこととなったことにより離職した者
（9）期間の定めのある労働契約の締結に際し当該労働契約が更新されることが明示された場合において当該労働契約が更新されないこととなったことにより離職した者（上記（8）に該当する者を除く）
（10）事業主又は当該事業主に雇用される労働者から就業環境が著しく害されるような言動を受けたことによって離職した者
（11）事業主から直接若しくは間接に退職するよう勧奨を受けたことにより離職した者（従来から恒常的に設けられている「早期退職優遇制度」等に応募して離職した場合は、これに該当しない）
（12）事業所において使用者の責めに帰すべき事由により行われた休業が引き続き3カ月以上となったことにより離職した者
（13）事業所の業務が法令に違反したため離職した者

特定理由離職者の範囲

1　期間の定めのある労働契約の期間が満了し、かつ、当該労働契約の更新がないことにより離職した者（その者が当該更新を希望したにもかかわらず、当該更新についての合意が成立するに到らなかった場合に限る）（上記「特定受給資格者の範囲」の2の（8）又は（9）に該当する場合を除く）（補足1）

2　以下の正当な理由のある自己都合により離職した者（補足2）
（1）体力の不足、心身の障害、疾病、負傷、視力の減退、聴力の減退、触覚の減退等により離職した者
（2）妊娠、出産、育児等により離職し、雇用保険法第20条第1項の受給期間延長措置を受けた者
（3）父若しくは母の死亡、疾病、負傷等のため、父若しくは母を扶養するために離職を余儀なくされた場合又は常時本人の看護を必要とする親族の疾病、負傷等のために離職を余儀なくされた場合のように、家庭の事情が急変したことにより離職した者
（4）配偶者又は扶養すべき親族と別居生活を続けることが困難となったことにより離職した者
（5）次の理由により、通勤不可能又は困難となったことにより離職した者
　(a) 結婚に伴う住所の変更
　(b) 育児に伴う保育所その他これに準ずる施設の利用又は親族等への保育の依頼
　(c) 事業所の通勤困難な地への移転
　(d) 自己の意思に反しての住所又は居所の移転を余儀なくされたこと
　(e) 鉄道、軌道、バスその他運輸機関の廃止又は運行時間の変更等
　(f) 事業主の命による転勤又は出向に伴う別居の回避
　(g) 配偶者の事業主の命による転勤若しくは出向又は配偶者の再就職に伴う別居の回避
（6）その他、上記「特定受給資格者の範囲」の2の（11）に該当しない企業整備による人員整理等で希望退職者の募集に応じて離職した者等

（補足１）労働契約において、契約更新条項が「契約の更新をする場合がある」とされている場合など、契約の更新について明示はあるが契約更新の確約まではない場合がこの基準に該当します。

（補足２）給付制限を行う場合の「正当な理由」に係る認定基準と同様に判断されます。

以上のように基本手当の日額と給付日数が算定されると、一応抽象的にその者の受給権の内容が定まりますが、これを行使しうる期間（受給期間）には限度があります。

この受給期間は、原則として、受給資格に係る離職の日の翌日から起算して１年間に限られています。この期間が経過してしまうと、たとえ所定給付日数が残っていてもその受給資格に基づいては、基本手当の支給を受けることができません。

なお、この受給期間は、次の場合には延長されます。

①　一定の理由により職業に就くことができない場合

離職の日の翌日から１年の期間（所定給付日数 360 日の者は１年と 60 日、同じく 330 日の者は1年と30 日）内に、妊娠、出産、育児、疾病、負傷等の理由により 30日以上引き続き職業に就くことができない場合には、受給資格者の申出によって、その日数が１年（同上）に加算され、受給期間は最大限４年間まで延長されます（法第 20 条第１項）。

②　定年等により離職した者が一定の期間求職の申込みを希望しない場合

受給資格に係る離職理由が 60 歳以上（船員においては 50 歳以上）の定年に達したこと又は 60 歳以上（船員においては 50 歳以上）の定年に達した後の勤務延長若しくは再雇用の期間が終了したことによるものである者が当該離職後一定期間求職の申込みをしないことを希望する場合には、その期間が１年（所定給付日数が 360 日の者は１年と 60 日）に加算され、受給期間は最大限２年間（所定給付日数が 360 日の者は２年と 60 日）まで延長されます（法第 20 条第２項）。

③　離職の日の翌日以後に一定の要件を満たす事業を開始した場合

受給資格者であって離職の日の翌日以後に事業を開始した者等が申出をした場合は、当該事業の実施期間を受給しないこととする特例が設けられました（法第 20 条の２）。

事業の実施期間が受給期間に算入されないこととなりますが、その日数の上限は、４年から受給期間の日数を除いた日数を限度とし、最大で３年となります。

なお、②又は③により受給期間を延長された受給資格者が当該期間内に①により受給期間を延長すべき場合に該当するに至ったときは、さらに重ねて受給期間を延長することができます。

ただし、受給期間は最大限４年間であり、これを超えることはありません。

受給資格者が、その受給期間中に再就職した後再び離職した場合において再就職後新たに受給資格を得ることができないときは、前の受給資格に基づく残りの基本手当をこの受給期間中に受給することができることとなっています。

なお、再就職により新たに受給資格を取得した後再離職したときには、前の受給資格に基づく基本手当は支給されませんが、新たな受給資格に基づいて基本手当の支給を受けることができます。この場合の受給期間は、再離職の日の翌日から新たに起算されることとなります。

（6）給付日数の延長

受給資格者が基本手当の支給を受けることができる日数は、(5) のとおり定められていますが、このほかに、その者の個別的事情やその時の雇用失業情勢等によって給付日数が延長されることとなっています。これには次の４つの種類があります。

①　訓練延長給付

受給資格者が公共職業安定所長等の指示により、公共職業訓練等（その期間が２年以内のものに限られます）を受講する場合には、その者の受講を容易にするために、次に掲げる期間内の失業している日について、その者の所定給付日数を超えて基本手当が支給されます。

㋑　公共職業訓練を受けるために待期している期間（90 日を限度とします）

㋺　公共職業訓練等を受けている期間（２年を限度とします）

㋩　公共職業訓練等の受講終了後の期間（30 日を限度とします）

ただし、㋩については、公共職業訓練等を受け終わっても職業に就くことができる見込みがなく、かつ、特に職業指導その他再就職の援助を行う必要があると公共職業安定所長等が認めた者についてのみ訓練延長給付が行われます。また、この延長給付が行われた場合、延長された日数分だけ受給期間も延長されます。

②　個別延長給付

就職困難者以外の特定受給資格者および特定理由離職者（本人が希望したにもかかわらず有期労働契約が更新されなかった者に限る）について、持病や災害の被災状況を踏まえ、再就職促進のため職業指導が必要な場合、60 日（一部 30 日）から 120 日（一部 90 日）、給付日数を延長します。

就職困難者については、激甚災害の被災状況を踏まえ、再就職促進のため職業指導が必要な場合、60 日、給付日数を延長します。

③　広域延長給付

失業者が多数発生した地域で厚生労働大臣が必要と認めて指定した地域において、広域職業紹介活動により職業のあっ旋を受けることが適当と認められる受給資格者については、90 日分を限度として所定給付日数を超えて基本手当を支給する措置がとられています。

この広域延長給付の措置を受けると、その者の受給期間は 90 日を限度として延長されます（船員職業安定法においては広域職業紹介活動の規定がないため船員の求人を希望する者は対象となりません）。

④　全国延長給付

失業の状況が全国的に著しく悪化した場合において、受給資格者の就職状況からみて必要があると認めるときは、厚生労働大臣が一定の期間を指定して、すべての受給資格者を対象として給付日数を延長するための措置を決定することができます。

この全国延長給付の措置を受けると90日分を限度として所定給付日数を超えて基本手当が支給され、受給期間も90日を限度として延長されます。

このほか、令和7年3月31日までの暫定措置として、地域延長給付の仕組みが設けられています。

（7）失業の認定及び基本手当の支給

基本手当の支給を受けようとする者は、受給資格の決定を受けた後、指定された失業の認定日（4週間に1回）にその者の居住地を管轄する公共職業安定所等に出頭して、失業認定申告書に受給資格者証を添えて提出し、失業の認定を受けなければなりません。失業の認定は、受給資格者が労働の意思と能力を有するにもかかわらず、職業に就くことができない状態にあるか否かを確かめるために行うものです。

所定の認定日に出頭しない場合は、その日に行われるべき失業の認定に係る期間（前回の認定日から今回の認定日の前日までの期間）に関する失業の認定は受けられません。ただし、15日未満の傷病の場合、公共職業安定所の紹介により求人者に面接する場合、公共職業安定所長等の指示した公共職業訓練等を受ける場合、天災その他避けることができない事故等の場合は、定められた認定日に出頭しなくても、例外として所定の証明書を提出することにより失業の認定を受けることができます。なお、受給資格者が就職するためその他やむを得ない理由のために、定められた認定日に出頭することができないときは、あらかじめその旨を申し出て認定日の変更の取扱いを受け、変更された認定日にその日までの失業の認定を受けることができることになっています。

また、基本手当は、受給資格者が失業の認定を受けた日について支給されますが、最初の7日間の失業の日（傷病のため職業に就くことができない日を含みます）については支給されません。これを待期といいます。基本手当は、待期を経過した者に対して、4週間に1回、その支給日にその日の前28日分が一括して支給されます。

なお、基本手当は、受給資格者の申出により、その希望する金融機関（郵便局を含む）の預貯金口座への振込みの方法によって支給されます。

（8）給付制限

イ　紹介拒否等による給付制限

受給資格者が、正当な理由なく公共職業安定所等の紹介する職業に就くこと、又は公共職業安定所長等の指示した公共職業訓練等を受けることを拒んだときは、その拒んだ日から起算して1カ月間は、基本手当は支給されません。

また、受給資格者が正当な理由なく、公共職業安定所が行うその者の再就職を促進するために必要な職業指導を拒んだときは、その拒んだ日から起算して1カ月を超えない範囲内で公共職業安定所長等が定める期間は、基本手当は支給されません。

ロ　離職理由による給付制限

被保険者が自己の責めに帰すべき重大な理由によって解雇された場合、又は被保険者が正当な理由なく自己の都合によって退職した場合、待期が満了した日の翌日から

１カ月以上３カ月以内の間において公共職業安定所長等が定める期間は、基本手当は支給されません（原則として重責解雇は３カ月、自己都合退職は５年のうち２回までは２カ月)。

ただし、受給資格者が公共職業安定所長の指示した公共職業訓練等を受講する場合、受給開始後給付制限が解除されることとなります。

ハ　不正受給による給付制限

受給資格者が、偽りその他不正の行為によって、失業等給付の支給を受け、又は受けようとした場合は、その支給を受け、又は受けようとした日以後失業等給付は支給されません。

（９）不正受給金の返還及び納付命令

偽りその他不正の行為により基本手当等の失業等給付の支給を受けた者に対しては、公共職業安定所長等は、既に支給した失業等給付の全部又は一部を返還するよう命ずることができ、その不正受給が事業主等の虚偽の届出、報告又は証明等によるものであれば、事業主等と連帯して返還すべきことを命ずることができます。

また、不正受給のうちでも、離職票の偽造又は変造、安定した職業への就職の不申告、他人の受給資格者証の不正使用等悪質なものについては、このほかさらに、返還を命ぜられた不正受給金額の２倍に相当する額以下の金額の納付を命ぜられることがあります。

（10）技能習得手当及び寄宿手当の支給

受給資格者が公共職業安定所長等の指示した公共職業訓練等を受ける場合には、技能習得手当が支給され、また、公共職業安定所長等の指示した公共職業訓練等を受けるため、その者により生計を維持される同居の親族と別居して寄宿する場合には寄宿手当が支給されます。

技能習得手当には、公共職業訓練等を受講した日について支給される受講手当（日額500円、上限額20,000円）及び交通機関等を利用して通所する者に対して支給される通所手当（月額最高42,500円）の２種類があります。また、寄宿手当は、月額10,700円です。

（11）傷病手当の支給

受給資格者が、離職後公共職業安定所等に出頭し求職の申込みをした後に疾病又は負傷のため引き続き15日以上職業に就くことができないときは、労働の能力を欠くものとして基本手当は支給されません。しかしながら、受給資格者が申請すれば、基本手当の支給されない日について傷病手当が支給されます。傷病手当の日額は基本手当の日額と同額であり、その給付日数は、その者の所定給付日数からすでに支給された基本手当の日数を差し引いた日数を限度としています。

傷病手当は、公共職業安定所等において傷病の認定を受けた日について支給されますが、傷病の認定は、原則として、傷病手当の支給要件に該当する者が当該職業に就くことができない理由がやんだ後における最初の認定日までに傷病手当支給申請書を提出し、傷病の認定を受けなければなりません。ただし、天災その他傷病の認定を受けなかったことについてやむを得ない理由があるときは、この限りではありません。この場合には、当該理由がやんだ日の翌日から起算して７日以内に傷病の認定を受けなければなりません。

なお、傷病手当は、基本手当の支給を受けることができる日のほか、給付制限期間中の日、待期中の日及び傷病の日について健康保険法第99条等の規定による傷病手当金、労働基準法第76条の規定による休業補償、労働者災害補償保険法第12条の８の規定による休業補償給付又は同法第21条の規定による休業給付等を受けることができる場合は、その受けることができる日については支給されません。

3　高年齢被保険者の求職者給付

（1）あらまし

雇用保険においては、高年齢被保険者である労働者が失業した場合には、一般被保険者が失業した場合と異なり、求職者給付として一時金である高年齢求職者給付金を支給することとしています。

（2）高年齢求職者給付金の受給要件

高年齢求職者給付金は、高年齢被保険者が失業した場合に支給されますが、それには、原則として離職の日以前１年間のうちに被保険者期間が通算して６カ月以上あることが必要です。この場合の算定対象期間及び被保険者期間の計算方法については、一般被保険者と同様です（245ページの（２）参照）。

また、受給要件を満たして高年齢求職者給付金の支給を受けることのできる者が、高年齢求職者給付金の支給を受ける前に再就職し、当初の離職の日の翌日から起算して１年以内に再離職した場合には、再就職後の被保険者期間が新たな受給要件を満たしていない場合であっても、前の資格に基づき、高年齢求職者給付金の支給を受けることができます。

（3）高年齢受給資格の決定

高年齢受給資格の決定とは、公共職業安定所長等が離職票を提出した者について、高年齢求職者給付金の受給資格を有する者（以下「高年齢受給資格者」といいます）であると認定することをいいます。

この高年齢受給資格者とは、

①　離職により被保険者でなくなったことの確認を受けたこと
②　労働の意思及び能力があるにもかかわらず、職業に就くことができない状態にあること
③　算定対象期間（原則として離職の日以前１年間）に被保険者期間が通算して６カ月以上あること

の３つの要件を満たす者について認められます。

高年齢求職者給付金の支給を受けるには、受給要件を満たしていることのほかに、その者が、公共職業安定所等に求職の申込みをしたうえ、所定の手続にしたがって失業の認定

を受けることが必要です。

この場合求職の申込みは、離職した被保険者の居住地を管轄する公共職業安定所等に行わなければなりません。

公共職業安定所等は、高年齢求職者給付金の支給を受けようとする者が出頭し、離職票を提出して求職の申込みをしたときは、その者が受給要件を満たしているかどうかを判断し、高年齢受給資格の決定を行うこととなります。この場合に、その者が２枚以上の離職票を所持しているときは、これらをすべて提出しなければなりません。

以上のようにして高年齢受給資格が決定された場合には、公共職業安定所長等から高年齢受給資格者証が交付されます。この高年齢受給資格者証は、高年齢受給資格の決定がなされたことを証するもので、支給される高年齢求職者給付金の基礎となる基本手当の日額、出頭すべき失業の認定日など重要事項が記されており、以後失業の認定を受ける場合等には必ず提出しなければならない重要な証書ですから大切に保管しておかなければなりません。

（４）高年齢求職者給付金の額

高年齢受給資格者に対しては、一般の受給資格者の場合とは異なり、求職者給付として一時金である高年齢求職者給付金が支給されることとなっています。高年齢求職者給付金というのは、基本手当と異なり、失業している日数に対応して支払われるものではなく、失業の認定日に失業している状態にあれば一時にまとめて支払われるものです。

高年齢求職者給付金の額は、被保険者であった期間に応じて次の表に定める日数分の基本手当の額に相当する額とされています（基本手当日額の計算は、一般の受給資格者の場合と同様です。）。

ただし、失業の認定があった日から、高年齢受給資格に係る離職の日の翌日から起算して１年を経過する日（これを「受給期限日」といいます）までの日数が、高年齢求職者給付金の額に相当する基本手当の日数未満であるときは、失業の認定日から受給期限日までの日数分しか支給されません。

被保険者であった期間	高年齢求職者給付金の額
１年未満	30日分
１年以上	50日分

なお、令和４年１月１日から、高年齢者の複数就労者（ダブルワーカー）は、一定の要件を満たす場合に限り、本人申出により高年齢被保険者となることができるようになりました。複数就労者が片方の事業所を離職したときも、その分の賃金を基準として高年齢求職者給付金が支給されます。

４　短期雇用特例被保険者の求職者給付

（１）あらまし

雇用保険においては、短期雇用特例被保険者である労働者が失業した場合には、一般被保険者である労働者が失業した場合と異なり、求職者給付として特例一時金を支給することとしています。

（2）特例一時金の受給要件

特例一時金は、短期雇用特例被保険者が失業した場合に支給されますが、それには、原則として離職の日以前1年間に被保険者期間が通算して6カ月以上あることが必要です。

なお、離職の日以前1年間に疾病、負傷、出産、事業所の休業等のため、引き続き30日以上賃金の支払を受けることができなかった者についての受給要件の緩和の特例については、一般被保険者の場合と同様です。

また、受給要件を満たして特例一時金の支給を受けることができる者が、特例一時金の受給前に再就職し、その離職の日の翌日から起算して6カ月の期間内に再び離職した場合には、再就職後の被保険者期間が新たな受給要件を満たしていない場合であっても、前の資格に基づき特例一時金の支給を受けることができます。

（3）特例受給資格の決定

特例受給資格の決定とは、公共職業安定所長等が離職票を提出した者について、特例一時金の受給資格を有する者（以下「特例受給資格者」といいます）であると認定することをいいます。この特例受給資格者とは、

① 離職により被保険者でなくなったことの確認を受けたこと

② 労働の意思及び能力があるにもかかわらず、職業に就くことができない状態にあること

③ 原則として離職の日以前1年間に被保険者期間が通算して6カ月以上あること

の3つの要件を満たす者をいいます。

特例一時金を受給するためには、受給要件を満たしていることのほかに、その者が、公共職業安定所等に求職の申込みをしたうえ、所定の手続にしたがって失業の認定を受けることが必要です。

この場合求職の申込みは、離職した被保険者の居住地を管轄する公共職業安定所等に行わなければなりません。

公共職業安定所等は、特例一時金の支給を受けようとする者が出頭し、離職票を提出して求職の申込みをしたときは、その者が受給要件を満たしているかどうかを判断し、特例受給資格の決定を行います。この場合に、その者が2枚以上の離職票を所持しているときは、これらをすべて提出しなければなりません。

以上のようにして特例受給資格が決定された場合には、公共職業安定所長等から特例受給資格者証が交付されます。この特例受給資格者証は、特例受給資格の決定がなされたことを証するもので、支給される特例一時金の基礎となる基本手当の日額、出頭すべき失業の認定日などの重要事項が記載されており、以後失業の認定を受けるときなどには必ず提出しなければならない証書ですから大切に保管しなければなりません。

（4）特例一時金の額

特例受給資格者に対しては、一般の受給資格者の場合とは異なり、求職者給付として特例一時金が支給されることとなっています。特例一時金というのは、基本手当と異なり、失業している日数に対応して支払われるものではなく、失業の認定日に失業している状態にあれば一時にまとめて支払われるものです。

特例一時金の額は、特例受給資格者について算定された基本手当日額の30日分（当分の間、40日分）とされています（基本手当日額の計算は、一般の受給資格者の場合と同様です）。

ただし、失業の認定があった日から、特例受給資格に係る離職の日の翌日から起算して6カ月を経過する日（これを「受給期限日」といいます）までの日数が30日（当分の間、40日）未満であるときは、その日数分しか支給されません。

（5）特例受給資格者が公共職業訓練等を受ける場合の給付

特例受給資格者が、特例一時金の支給を受ける前に、公共職業安定所長等の指示した公共職業訓練等を受講する場合には、特例一時金を支給せず、一般の受給資格者とみなして当該訓練等を受け終わる日までの間、一般の受給資格者に対する求職者給付（基本手当、技能習得手当及び寄宿手当に限られる）が支給されます。

ただし、これは、次のすべてに該当する場合に限ります。

イ　公共職業訓練等の受講の指示をした日において、特例受給資格者であること、すなわち、その日までに特例一時金を受けておらず、かつ、受給期限が経過していない者であること

ロ　公共職業安定所長等の指示により公共職業訓練等を受ける者であること

ハ　公共職業訓練等の期間が30日（当分の間、40日）以上2年以内のものを受講する者であること

5　日雇労働被保険者の求職者給付

（1）日雇労働被保険者

日雇労働者（日々雇用される者及び30日以内の期間を定めて雇用される者）であって適用区域内に居住しており、雇用保険の適用事業に雇用される場合及び居住地は適用区域外であっても適用区域内の適用事業に雇用されるか、適用区域外の厚生労働大臣の指定する事業に雇用される場合には、当然に日雇労働被保険者となります。また、これ以外の日雇労働者でも適用事業に雇用される場合には、任意加入する途が開かれています。

（2）日雇労働求職者給付金

イ　支給要件及び求職者給付金の支給日数

日雇労働被保険者が失業した場合には、その失業の日の属する月の直前2月間に、通算して26日分以上の印紙保険料が納付されていれば、印紙保険料の納付された日数に応じて1月間に最低13日から最高17日分までの求職者給付金を受けることが

できます。これを普通給付といいますが、この場合のほか、特例給付として、継続する６月間に印紙保険料が各月 11 日分以上かつ通算して 78 日分以上納付されており、継続する６月間のうちの後の５月間及びその月間の最後の月の翌月以後２月間に普通給付を受けたことがない場合には、その者の申出によりその後引き続く４月間に 60 日分を限度として求職者給付金が支給されます。

ロ　求職者給付金の日額

日雇労働被保険者に対する求職者給付金の日額は定額制で定められており、第１級給付金 7,500 円、第２級給付金 6,200 円及び第３級給付金 4,100 円の三段階に分けられ、印紙保険料の納付状況によって、支給される求職者給付金の日額が決定されます。すなわち、支給要件と同じ期間内に、第１級印紙保険料が 24 日分以上納付されているときは、第１級の求職者給付金の日額、第１級印紙保険料及び第２級印紙保険料が合計して 24 日分以上納付されているとき、又は第１級、第２級、第３級印紙保険料の順に選んだ 24 日分の印紙保険料の平均額が第２級印紙保険料の日額以上であるときは、第２級の求職者給付金の日額、上記以外のときは、第３級の求職者給付金の日額となります。

ハ　支給を受けるための手続

日雇労働被保険者が失業した場合には、原則としてその都度日雇労働被保険者手帳を持って公共職業安定所に出頭し、その日の失業の認定を受け、その日分の求職給付金の支給を受けます。この場合、各週のうち就労しなかった最初の１日（不就労日といいます。）については求職者給付金は支給されません。

ニ　給付制限

一般被保険者の求職者給付の場合と同様に、正当な理由なしに公共職業安定所等の職業紹介を拒んだときは、その日から起算して７日間求職者給付金は支給されません。

また、偽りその他不正行為によって求職者給付金の支給を受けようとしたときは、やむをえない理由があると認められる場合を除き、その支給を受け、又は受けようとした月及びその月の翌月から３カ月間は、求職者給付金の支給は行われません。

6　就職促進給付

就職促進給付は、失業者が再就職するのを援助、促進することを主目的とする給付であり給付の種類としては就業促進手当、移転費及び求職活動支援費の３種類があります。

（1）就業促進手当

1　再就職手当

①　再就職手当の支給要件

再就職手当は、受給資格者が次のいずれにも該当する場合に支給されます。

（1）就職日の前日における基本手当の支給残日数が所定給付日数の３分の１以上であること。

（2）1年を超えて引き続き雇用されることが確実であると認められる職業に就き、又は事業（受給資格者が自立することができると公共職業安定所長等が認めたものに限る。）を開始したものであること。
（3）離職前の事業主（関連事業主（資本、資金、人事、取引等の状況からみて離職前の事業主と密接な関係にある他の事業主をいう）を含む）に再び雇用されたものでないこと。
（4）待期期間の経過後に就職し、又は事業を開始したものであること。
（5）受給資格に係る離職について離職理由に基づく給付制限を受ける者については、待期期間の満了後1カ月間については、公共職業安定所等又は、職業紹介事業者の紹介により就職したものであること。
（6）就職日前3年以内の就職について再就職手当（再就職手当の支給を受けたとみなされる給付を含む）又は常用就職支度手当の支給を受けたことがないこと。
（7）雇入れすることを約した事業主が受給資格の決定に係る求職の申込みをした日前にある場合において、当該事業主に雇用されたものでないこと。
（8）その他再就職手当を支給することが受給資格者の職業の安定に資すると認められるものであること。

この基準を満たすためには、次のいずれにも該当することが必要です。

イ　原則として適用事業の事業主に雇用され、被保険者資格を取得していること。
ロ　再就職手当の支給の要否に関する調査を行う際、当該事業所を離職していないこと。

なお、偽りその他不正の行為により失業等給付を受け、又は受けようとした場合には、宥恕が行われる場合を除き失業等給付を受け、又は受けようとした日以後再就職手当の支給ができないことはいうまでもありません（法第60条第1項）。

② 再就職手当の額

再就職手当（基本手当の支給残日数が、所定給付日数の3分の1以上あることが要件です）の額は、基本手当日額に所定給付日数の支給残日数を乗じ、その額に60％（支給残日数が3分の1以上）、又は70％（支給残日数が3分の2以上）、を乗じた額です。

就職等をする前日までの失業の認定を受けた後の基本手当の支給残日数を3分の2以上残して再就職した場合は、基本手当日額×支給残日数×70％の額、3分の1以上残して再就職した場合は、基本手当日額×支給残日数×60％の額です。この場合の基本手当日額の上限額は6,290円（60歳以上65歳未満は5,085円）となります（令和5年8月1日現在）。

③ 再就職手当の受給手続

再就職手当の支給を受けようとする受給資格者は、就職するに至った日の翌日から起算して1カ月以内に、「再就職手当支給申請書」に、雇用保険受給資格者証を添えてその者の居住地を管轄する公共職業安定所等に提出しなければなりません。

ただし、天災その他就職後1カ月以内に提出しなかったことについてやむを得ない理由があるときは、この限りではありません。この場合には、その理由がやんだ日の翌日から起算して7日以内に提出しなければなりません。

2　就業促進定着手当

①　就業促進定着手当の支給要件

就業促進定着手当は、受給資格者が次のいずれにも該当する場合に支給されます。

（1）再就職手当の支給を受けていること。

（2）再就職の日から、同じ事業主に6カ月以上、雇用保険の被保険者として雇用されていること。

※ 起業により再就職手当を受給した場合には、就業促進定着手当は受けられません。

（3）次の算出方法による再就職後6カ月間（注1）の賃金の1日分の額が、離職前の賃金日額を下回ること。

注　就職日が賃金締切日の翌日ではない場合、就職後最初の賃金締切日後の6カ月間

（1）月給の場合

再就職後6カ月間の賃金の合計額 ÷ 180

（2）日給・時給の場合

(a)（b）のうち、いずれか高い方の額

(a) 再就職後6カ月間の賃金の合計額 ÷ 180

(b)（再就職後6カ月間の賃金の合計額÷賃金支払いの基礎となった日数）×70%

②　就業促進定着手当の額

就業促進定着手当の額は、次の式で計算されて得た額です。ただし、基本手当日額に支給残日数を乗じた額の40%（再就職手当の給付率が70%の場合は30%）が上限額です。この場合の基本手当日額の上限額は6,290円（60歳以上65歳未満は5,085円）となります（令和5年8月1日現在）。

（離職前の賃金日額－再就職後6カ月間の賃金の1日分の額）

×再就職後6カ月間の賃金の支給基礎となった日数

③　就業促進定着手当の受給手続

就業促進定着手当の支給申請書が再就職手当の支給決定通知書とともに公共職業安定所から郵送されますので、再就職した日から6カ月を経過した日の翌日から2カ月以内に、下記の必要書類を添えて再就職手当の支給申請を行った公共職業安定所に申請してください。

申請書類

（1）就業促進定着手当支給申請書

（2）雇用保険受給資格者証

（3）就職日から6カ月間の出勤簿の写し（事業主から原本証明を受けたもの）

（4）就職日から6カ月間の給与明細又は賃金台帳の写し（事業主から原本証明を受けたもの）

3　就業手当

①　就業手当の支給要件

就業手当は、受給資格者が次のいずれにも該当する場合に支給されます。

(1) 就職日の前日における基本手当の支給残日数が45日以上、かつ、所定給付日数の３分の１以上であること。ここでいう支給残日数とは、所定給付日数から、既に支給した基本手当（基本手当を支給したとみなされる給付を含みます）又は傷病手当の日数を差し引いた日数です。

しかしながら、そのように計算して得た日数が職業についた日（離職理由及び就職拒否等に基づく給付制限期間中に就職した場合については、この給付制限期間の末日の翌日）から受給期間の最後の日までの日数を超えるときは、この職業についた日から受給期間の最後の日までの日数が支給残日数となります。

(2) 職業に就いたものであること（再就職手当（６の１）の対象となる安定した職業に就いた場合を除く）。

この場合の職業とは雇用労働に限られず、業務委託や請負等も含まれます。

(3) 離職前の事業主（関連事業主（資本、資金、人事、取引等の状況からみて離職前の事業主と密接な関係にある他の事業主をいう）を含む）に再び雇用された者でないこと。

(4) 待期期間の経過後に就業したものであること。

(5) 受給資格に係る離職について離職理由に基づく給付制限を受ける者については、待期期間の満了後１カ月間については、公共職業安定所等又は職業紹介事業者の紹介により就業したものであること。

(6) 雇入れすることを約した事業主が受給資格の決定に係る求職の申込みをした日前にある場合において、当該事業主に雇用されたものでないこと。

なお、偽りその他不正の行為により失業等給付を受け、又は受けようとした場合には、宥恕が行われる場合を除き失業等給付を受け、又は受けようとした日以後就業手当を受給することはできません（法第60条第１項）。

②　就業手当の額

就業手当の額は、就業日ごとに基本手当日額の30%に相当する額です。就業手当が支払われた場合、その日数に相当する基本手当を受給したものとみなします。この場合の１日あたりの支給上限額は、1,887円（60歳以上65歳未満は、1,525円）となります（令和５年８月１日現在）。

③　就業手当の受給手続

就業手当の支給を受けようとする受給資格者は、原則として失業の認定に合わせ、４週間に１回、前回の認定日から今回の認定日の前日までの各日について、「就業手当支給申請書」に、受給資格者証と就業した事実を証明する資料（給与明細書など）を添付して、その者の居住地を管轄する公共職業安定所等に提出しなければなりません。

4　常用就職支度手当

①　常用就職支度手当の支給要件

(1) 常用就職支度手当は、受給資格者（就職した日の前日における基本手当の支給残日数が所定給付日数の３分の１未満である者に限ります)、高年齢受給資格者（高年齢求職者給付金の支給を受けた者であって当該高年齢受給資格に係る離職の日の翌日から起算して１年を経過していないものも含みます。以下同じ)、特例受給資格者（特例一時金の支給を受けた者であって当該特例受給資格に係る離職の日の翌日から起算して６カ月を経過していないものを含みます。以下同じ）又は日雇受給資格者（日雇労働求職者給付金の支給を受けることができる者をいいます。以下同じ)（これらを総称して以下「受給資格者等」といいます）であって、次のいずれかに該当する者が安定した職業に就いた場合において、公共職業安定所長等が次の(2) の基準に従って必要があると認めたときに支給されます（法第 56 条の３第１項第２号)。

ただし、安定した職業に就いた日前３年以内の就職について、再就職手当又は常用就職支度手当の支給を受けたことがあるときは、常用就職支度手当は支給されません。

イ　障害者雇用促進法第２条第２号に該当する身体障害者

ロ　障害者雇用促進法第２条第４号に規定する知的障害者

ハ　障害者雇用促進法第２条第６号に規定する精神障害者

ニ　45 歳以上の受給資格者であって、労働施策総合推進法に基づく再就職援助計画の援助対象者等に該当するもの

ホ　季節的に雇用されていた特例受給資格者であって、通年雇用安定給付金の支給対象となる事業主に通年雇用されるもの

ヘ　日雇労働被保険者として就労することを状態とするものであって、就職日において 45 歳以上であるもの

ト　駐留軍関係離職者、沖縄失業者求職者手帳の所持者、一般旅客定期航路事業等離職者求職手帳の所持者

チ　売春防止法等の規定によりその者の職業あっせんに関し保護観察所長から公共職業安定所長に連絡のあったもの

リ　社会的事情により就職が著しく阻害されている者

(2) 常用就職支度手当は、(1) に掲げる受給資格者等が、次のイからホのすべての要件を満たしている場合に支給されます（則第 82 条第２項)。

イ　公共職業安定所等又は職業紹介事業者の紹介により１年以上引き続いて雇用されることが確実であると認められる職業に就いたこと。

ロ　離職前の事業主に再び雇用されたものでないこと。

ハ　待期の期間が経過した後において職業に就いたこと。

ニ　給付制限の期間が経過した後において職業に就いたこと。

ホ　常用就職支度手当を支給することがその者の職業の安定に資すると認められること。

この基準を満たすためには、原則として、適用事業の事業主に雇用され、被保険者資格を取得した者であることが必要です。

なお、常用就職支度手当は、以上の支給要件に該当する場合であっても、常用就職支度手当の支給の要否に関する調査を行う際、すでに当該事業所を正当な理由がなく離職している場合、就職日前３年以内の就職について再就職手当又は常用就職支度手当の支給を受けたことがある場合、又は偽りその他不正の行為により失業給付を受け、又は受けようとした場合には支給されません（法第34条第１項、第60条第１項）。

②　常用就職支度手当の額

常用就職支度手当の額は、基本手当の日額（特例受給資格者については、その者を受給資格者とみなした場合にその者に支給されることとなる基本手当の日額、日雇受給資格者については、その者に支給される日雇労働求職者給付金の日額）に、所定給付日数の支給残日数（支給残日数が90日以上の場合は90日、45日未満の場合は45日とする）を乗じ、その額に40％を乗じて得た額です。

この場合の基本手当日額の上限額は6,290円（60歳以上65歳未満は5,085円）となります（令和５年８月１日現在）。

③　常用就職支度手当の受給手続

常用就職支度手当の支給を受けようとする受給資格者等は、就職日（この場合の就職日とは、現実に職業に就く最初の日を指し、単に就職することが決定した日をいうのではありません）の翌日から起算して１カ月以内に、「常用就職支度手当支給申請書」に雇用保険受給資格者証、再就職援助計画対象労働者証明書、求職活動支援書、高年齢受給資格者証、雇用保険特例受給資格者証又は雇用保険日雇労働被保険者手帳（以下（2）、(3）の項において「受給資格者証等」といいます）を添えてその者の居住地を管轄する公共職業安定所等（日雇受給資格者については、就職先の事業所の所在地を管轄する公共職業安定所等）に提出しなければなりません。ただし、就職後１カ月以内に提出しなかったことについて天災その他やむを得ない理由があるときは、この限りではありません。この場合には、その理由がやんだ日の翌日から起算して７日以内に提出しなければなりません（則第84条）。

（2）移転費

受給資格者等が公共職業安定所等の紹介した職業に就くため、又は公共職業安定所等の指示した公共職業訓練等を受けるために、その住所又は居所を変更する必要がある場合には、その者及びその者により生計を維持されている同居の親族の移転に要する費用が支給されますが、移転費の支給を受けるには、次の要件を満たしていることが必要とされています。

イ　待期又は給付制限の期間が経過した後に就職し、又は公共職業訓練等を受けることとなった場合であって、管轄公共職業安定所等が、住所又は居所の変更が必要であると認めたとき

ロ　その就職について就職準備金その他移転に要する費用（以下「就職支度費」といいます）が就職先の事業主から支給されないとき、又はその支給額が移転費の額に満たないとき

移転費は、鉄道賃、船賃、航空賃、車賃、移転料及び着後手当の６種類であって、鉄道賃、

船賃、航空賃及び車賃については、本人及び本人が随伴する家族について、移転費の支給を受けることができる受給資格者等の現在の居住地から、新しい居住地までの区間の順路によって計算した額を支給し、移転料については移転の距離ごとに最低93,000円から最高282,000円まで支給されます。ただし、近距離である場合は支給されないことがあります。着後手当は、移転費の支給要件に該当する限り鉄道賃等とともに76,000円が支給されます。また、移転料及び着後手当は家族を随伴しないで単独で移転する場合（独身者が移転する場合を含む）は、その額の２分の１に相当する額が支給されます。就職先から就職支度費が支給されるときは、その差額が移転費として支給されます。

移転費の支給を受けようとする者は、原則として移転の日の翌日から起算して１カ月以内に、移転費支給申請書に受給資格者証等を添えて、その者の居住地を管轄する公共職業安定所等に提出しなければなりません。ただし、天災その他やむを得ない理由があるときは、やむを得ない理由がやんだ日の翌日から起算して７日以内に提出しなければなりません。この場合、就職先の事業主から就職支度費が支給されるときは、同時にその金額を届け出なければなりません。

移転費の支給を受けた受給資格者が就職したときは、その者は、公共職業安定所等から交付された移転費支給決定書を就職先の事業主に提出しなければなりませんが、これの提出を受けた事業主は、移転証明書を作成のうえ、移転費を支給した公共職業安定所等へ送付しなければならないこととされています。

なお、移転費は、雇用期間が１年未満の場合や、短時間労働被保険者となるような条件の職業に就くために住居所を移転する場合など特別な事情がある場合には支給されません。

（３）求職活動支援費

１　広域求職活動費

受給資格者等が公共職業安定所等の紹介により、広域求職活動（受給資格者等が管轄公共職業安定所の管轄区域外にある求人者の事業所を訪問し、その事業所に就職するかどうかを決めるため、求人者に面接したり、事業所の状況を実見したりすることをいいます）を行う場合に、広域求職活動に要する費用が支給されます。

広域求職活動費は、公共職業安定所等の紹介により広域求職活動を行う場合であって、次の要件を満たしていることが必要とされています。

イ　待期又は給付制限の期間が経過した後に広域求職活動を開始するとき

ロ　広域求職活動に要する費用（以下「求職活動費」といいます）が訪問先の事業主から支給されないとき、又はその支給額が広域求職活動費の額に満たないとき

広域求職活動費は、鉄道賃、船賃、航空賃、車賃及び宿泊料の５種類であって、鉄道賃、船賃、航空賃及び車賃については広域求職活動費の支給を受けることができる受給資格者等が管轄公共職業安定所等の所在地から、紹介を受けて訪問する事業所の所在地を管轄する公共職業安定所等の所在地を経て、管轄公共職業安定所等の所在地に帰るまでの区間の順路によって計算した額が支給され、また、宿泊料については、鉄道賃の計算の基礎となる距離と訪問事業所の数に応じて定められており、１泊から６泊までの宿泊料が支給され

ます。ただし、鉄道賃の計算の基礎となる距離が400キロメートル未満である場合は支給されません。訪問先の事業所から求職活動費が支給されるときは、その差額が広域求職活動費として支給されます。

広域求職活動費の支給を受けようとする者は、原則として広域求職活動を終了した日の翌日から起算して10日以内に広域求職活動費支給申請書に受給資格者証等を添えて、その者の居住地を管轄する公共職業安定所の長に提出しなければなりません。

広域求職活動費の支給を受けた受給資格者がその活動の全部、又は一部を行わなかったときは、支給を受けた広域求職活動費の全部又は一部を返還しなければなりません。

2　短期訓練受講費

受給資格者等が、公共職業安定所の職業指導により再就職の促進を図るために必要な職業に関する教育訓練を受け、当該短期訓練を終了した場合において、当該短期訓練の受講のために支払った費用について教育訓練給付の支払いを受けておらず、公共職業安定所長が必要と認めた時に、当該教育訓練経費の２割（上限10万円）が支給されます。

3　求職活動関係役務利用費

受給資格者等が、求人者との面接をしたり、教育訓練を受講するために、その子に関して保育等サービスを利用した場合に、その保育等サービスの利用のために本人が負担した費用の80％の額（１日あたり支給上限6,400円、日数の上限あり）が支給されます。

7　教育訓練給付

教育訓練給付は、労働者の主体的な能力開発の取組み、又は中長期的なキャリアの形成を援助し、雇用の安定と再就職の促進を図ることを目的として支給される給付です。

（１）一般教育訓練給付金

イ　支給対象者

被保険者（在職者）又は被保険者であった者（離職者）で、次の(イ)又は(ロ)のいずれかに該当する者が、厚生労働大臣の指定する教育訓練を受けて修了した場合で、支給要件期間（注１）が３年以上あること。ただし、当分の間、支給を受けたことがない者に限り、支給要件期間が１年以上で支給されます。

（イ）教育訓練を開始した日に被保険者である者。

（ロ）(イ)以外の者であって、教育訓練を開始した日が被保険者でなくなってから１年以内（適用対象期間の延長（注２）が行われた場合には最大20年以内）にある者。

注１　支給要件期間とは、教育訓練を開始する日までの通算した被保険者であった期間のこと。なお、過去に教育訓練給付金の支給を受けたことがある場合は、支給に係る教育訓練を開始した日前の期間は、支給要件期間に通算されません。

注２　一般被保険者でなくなってから１年間のうちに妊娠、出産、育児、疾病、負傷等の理由により引き続き30日以上対象教育訓練の受講を開始できない日がある場合は、教育訓練の受講開始期限を延長することができます。

ロ　一般教育訓練給付金の額

教育訓練に要した教育訓練経費（申請者自らが指定教育訓練実施者に支払った入学金及び受講料で、補助教材費、補助費等を除くもので、最大１年分）の 20％（上限 10 万円）。ただし、支給額が 4,000 円を超えない場合は支給されません。

なお、教育訓練の内容が厚生労働大臣が指定する特定一般教育訓練に該当するときは、給付率が教育訓練経費の 40％（上限 20 万円）に引き上げられます。

（2）専門実践教育訓練給付金

イ　支給対象者

被保険者（在職者）又は被保険者であった者（離職者）で、次の（イ）又は（ロ）のいずれかに該当する者が、厚生労働大臣の指定する専門実践教育訓練を受けて修了する見込みで受講している場合と修了した場合で、支給要件期間が3年以上あること。ただし、当分の間、支給を受けたことがない者に限り、支給要件期間が２年以上で支給されます。

（イ）教育訓練を開始した日に一般被保険者である者。

（ロ）（イ）以外の者であって、教育訓練を開始した日が一般被保険者でなくなってから１年以内（適用対象期間の延長が行われた場合には最大 20 年以内）にある者。

ロ　専門実践教育訓練の対象となる講座

- 業務独占資格（資格を持たずに業務を行うことが法令で禁止されている資格　看護師等）、名称独占資格（資格がなくても業務を行うことはできるが、その名称の使用は法令で禁止されている資格　調理師等）の取得を訓練目的とする養成施設の過程
- 専門学校の職業実践専門過程
- 専門職大学院

ハ　専門実践教育訓練受講承認の証明

専門実践教育訓練給付の支給を希望する方は、当該訓練の受講開始日１カ月前までに、受給資格確認の手続きを行うことが必要となり、その前に厚生労働大臣が定めるキャリア・コンサルティングを事前に受け、当該キャリア・コンサルティングを踏まえて記載されたジョブ・カードを提出する必要があります。

注）ジョブ・カード制度とは、

その職業訓練を実施する分野において正社員経験の少ない人を対象として、公共職業安定所（ハローワーク）等でキャリア・コンサルティングを受けながら、自分の能力・職歴・職業訓練歴や職業意識等を整理し、それを元に実践的な職業訓練を受け、就職活動に活用する制度です。

ニ　専門実践教育訓練給付金の額

教育訓練に要した教育訓練経費の 50％（１年間に 40 万円、最大で 120 万円が上限）。ただし支給額が４千円を超えない場合は支給されません。

また、資格取得をし、かつ修了した日の翌日から１年以内に雇用保険の一般被保険者として雇用された場合、教育訓練経費の 20％（１年間で 16 万円、最大で 48 万円が上限※）が追加されます。

※法令上最短４年の専門実践教育訓練については４年目受講相当分を上乗せし 64 万円

（3）教育訓練支援給付金　（令和7年3月31日までの時限措置）

イ　支給対象者

初めて専門実践教育訓練（通信制、夜間制を除く）を受講する方で、受講開始時に45歳未満で、以下の要件を満たす方が、訓練期間中、失業状態にある場合で、雇用保険の基本手当を受けることができない期間（注5）について支給されます。

1　専門実践教育訓練を修了する見込みがあること

2　受給資格確認時に一般被保険者ではないこと。また、一般被保険者ではなくなった後、短期雇用特例被保険者又は日雇労働被保険者になっていないこと

3　今回の専門実践教育訓練の受講開始日前に教育訓練支援給付金を受けたことがないこと

4　教育訓練給付金を受けたことがないこと（平成26年10月1日前に受けたことがある場合は例外あり）

5　専門実践教育訓練の受講開始日が令和7年3月31日以前であること

注5　基本手当の給付を受けることができる期間とは、実際に基本手当を受けたかどうかにかかわらず、基本手当の受給期間内で基本手当の残日数の範囲内であれば、基本手当を受けることができる期間となります。また、基本手当の待期の期間や給付制限の期間も支給されません。基本手当の手続きをしていない場合でも、受給資格がある場合には、離職した日の翌日から1年間は支給されません。

ロ　支給額

当該訓練受講中の基本手当の支給が受けられない期間について、基本手当の日額と同様に計算して得た額の80%の額に、2カ月ごとに失業の認定を受けた日数を乗じた額

※　教育訓練支援給付金は、実際に専門実践教育訓練の講座を受講していない場合は支給されません。したがって原則、欠席をした日には支給されず、また、欠席が多く、ある2カ月の出席率が8割未満になった場合や、受講をやめてしまったり、成績不良や休学のために各講座ごとに定められた訓練期間中に修了する見込みがなくなった場合は支給されません。

8　雇用継続給付

雇用継続給付は、職業生活の円滑な継続を援助、促進するための給付です。
給付の種類としては、高年齢雇用継続基本給付金及び高年齢再就職給付金からなる高年齢雇用継続給付並びに介護休業給付金からなる介護休業給付があります。

（1）高年齢雇用継続基本給付金

イ　支給対象者

60歳以上65歳未満の被保険者（短期雇用特例被保険者、日雇労働被保険者を除く）が、各暦月（支給対象月）の賃金額が60歳到達時の賃金月額[注]の75%未満に低下した状態で雇用されているときに支給されます。

ただし、被保険者であった期間が5年以上あることが必要です。

（注）60歳到達時の賃金月額は、原則として60歳到達時前6カ月の賃金の合計額を180

で除して得た額に 30 を乗じた額となります。

ロ　支給額

支給額は、各支給対象月ごとに、原則として次の計算式により決定されます。なお、令和７年４月１日から給付率が変更（最大 15％を 10％に引下げ）される予定です。

（イ）支給対象月の賃金が、60 歳到達時の賃金月額の 61％以下のとき
支給対象月の賃金額× 0.15

（ロ）支給対象月の賃金が、60 歳到達時の賃金月額の 61％超 75％未満のとき

$$-\frac{183}{280}\times \text{支給対象月の賃金額}+\frac{137.25}{280}\times 60\text{ 歳到達時の賃金月額}$$

○支給限度額　（令和５年８月１日以降）
上限額　→　370,452 円
下限額　→　　2,196 円

賃金額と、上の計算式による給付額の合計が 370,452 円を超える場合は 370,452 円からその賃金額を差し引いた額が支給されます。また、高年齢雇用継続給付として算定された額が 2,196 円を超えない場合は支給されません（この額は、毎年８月１日に変更されます）。

60 歳到達時等の賃金月額　（令和５年８月１日以降）
上限額　→　486,300 円
下限額　→　 82,380 円

60 歳到達時等の賃金が上限額以上の方については、賃金月額ではなく上限額を用いて、下限額以下の方については、下限額を用いて支給額を算定します。

ハ　支給期間

高年齢雇用継続基本給付の支給期間は 65 歳に達する月までです。ただし、各暦月の初日から末日まで被保険者であることが必要です。

ニ　支給申請の時期

①　初回の申請
最初に支給を受けようとする支給対象月の初日から起算して４カ月以内

②　２回目以降の支給申請
２カ月に一度、事業所を管轄する公共職業安定所長が指定する支給申請月の支給申請日（事業所ごとに奇数月型と偶数月型が定められます）

（2）高年齢再就職給付金

イ　支給対象者

60 歳に達した後に求職者給付の基本手当の支給（算定基礎期間が５年以上）を受け、その支給残日数が 100 日以上ある支給資格者が、再就職して、被保険者となった場合において、再就職後の各支給対象月の賃金額が直前の離職時の賃金月額と比べて

75％未満に低下した状態で雇用されているときに支給されます。

ロ　支給額

（1）ロの計算式において、「60 歳到達時の賃金月額」を「直前の離職時の賃金月額」として計算します。

ハ　支給期間

高年齢再就職給付金の支給を受けることができる期間は、再就職した日の前日における基本手当の支給残日数に応じて次のとおりとなります。

ただし、被保険者が 65 歳に達した場合は、その期間にかかわらず、65 歳に達した月までとなります。ただし、各暦月の初日から末日まで被保険者であることが必要です。

○　基本手当の支給残日数が 200 日以上：２年間

○　基本手当の支給残日数が 100 日以上 200 日未満：１年間

ニ　支給申請の時期

①　初回の申請

最初に支給を受けようとする支給対象月の初日から起算して４カ月以内

②　２回目以降の支給申請

２カ月に一度、事業所を管轄する公共職業安定所長が指定する支給申請月の支給申請日（事業所ごとに奇数月型と偶数月型が定められます）

ホ　再就職手当との併給調整

同一の就職につき再就職手当を受けた場合は高年齢再就職給付金は受けられません。どちらを受給するかは本人の選択となります。

（3）介護休業給付金

イ　支給対象者

一般被保険者及び高年齢被保険者の方が対象家族を介護するために介護休業を取得した場合に支給されます。ただし、被保険者が、その期間の初日及び末日とする日を明らかにして事業主に申し出を行い、これによって被保険者が実際に取得した休業であることが必要です。また、支給単位期間の初日から末日まで継続して被保険者資格を有している場合に支給されますので、支給単位期間の途中で離職した場合は、当該支給単位期間については支給を受けることができません。

介護休業開始日前２年間に、賃金支払基礎日数が 11 日以上ある月（被保険者期間が不足するときは、賃金支払の基礎となった時間が 80 時間以上のもの）が 12 カ月以上あることが必要です。なお、介護休業開始時点で、介護休業終了後に離職することが予定されている者は支給されません。また、期間雇用者（期間を定めて雇用される者）である場合は、介護休業開始予定日から起算して 93 日を経過する日から６月を経過するまで引き続き雇用される見込みがあることが必要です。

ロ　対象家族

負傷、疾病又は身体上若しくは精神上の障害により、２週間以上にわたり常時介護を必要とする状態にある家族（「配偶者」「父母」「子」「配偶者の父母」「祖父母」「兄弟姉妹」「孫」)。

※　同一対象家族について介護休業給付金を受けたことがある場合であっても、要介護状態が異なることにより再び取得した介護休業についても介護休業給付金の対象となります。ただし、この場合は、同一家族について受給した介護休業給付金に係る支給日数の通算が93日最大3回までの分割が限度となります。

ハ　支給額

休業開始時賃金日額（注1）×支給日数（注2）×67%

注1　休業開始時賃金日額とは、原則として介護休業開始前6カ月間の賃金を180で除した額です。

注2　休業終了日の属する支給単位期間については、その支給単位期間の日数、それ以外の支給単位期間については30日です。

ただし、対象となる支給単位期間中に賃金が支払われた場合には、その賃金と上の計算式による給付額の合計が、休業開始時賃金日額×支給日数の80%未満の場合には、休業開始時賃金日額×支給日数の80%から支給単位期間中に支払われた賃金の額を差し引いた額が支給され、80%以上の場合には支給されません。

●支給限度額（初日が令和5年8月1日以降である支給対象期間から変更）

上限額　→　341,298円

介護休業開始時賃金月額（令和5年8月1日以降）

上限額　→　462,900円

下限額　→　82,380円

ニ　支給期間

介護休業期間中の各支給単位期間

（休業を開始した日から最大3カ月まで）

※　支給単位期間において、就業していると認められる日数（全日にわたって休業している日以外の日をいいます。全日休業日には、日曜日・祝祭日のような事業所の所定労働日以外の日も含みます）が、10日以下でなければ、その支給単位期間については支給対象とはなりません（介護休業終了日の属する1カ月未満の支給単位期間については、就業していると認められる日が10日以下であるとともに、全日休業している日が1日以上あることが必要です）。

※　介護休業は産前・産後休業中に開始することはできず、介護休業の期間中に他の家族に対する介護休業、産前・産後休業又は育児休業が開始された場合は、それら新たな休業の開始日の前日をもって当初の介護休業は終了し、その日以降の分は介護休業給付金の支給対象とはなりません。

ホ　支給申請の時期

介護休業終了日（介護休業が3カ月以上にわたるときは介護休業開始日3カ月を経過する日）の翌日から起算して2カ月を経過する日の属する月の末日まで

※　介護休業給付金は、各支給単位期間ごとの支給額を計算し、それらの合計額を

一括して１回で申請します。

9　育児休業給付金

イ　支給対象者

１歳（一定の要件を満たす場合は１歳２カ月、保育所における保育の実施が行われない等の場合は２歳）に満たない子を養育するため育児休業をする被保険者に対して支給されます。

ただし、育児休業開始前２年間に、賃金支払基礎日数が 11 日以上ある月（被保険者期間が不足するときは、賃金支払の基礎となった時間が 80 時間以上の月）が 12 カ月以上あることが必要です。

期間雇用者（期間を定めて雇用される方）である場合は、子が１歳６カ月に達する日までの間にその労働契約の期間が満了し、かつ、当該労働契約の更新がないことが明らかではないことが必要です。

※　養子縁組里親、養育里親等も対象となります。

※　同一の子についての３度目以降の育児休業は、原則として支給の対象とはなりません。

ロ　支給要件

①　支給単位期間（注１）の初日から末日まで継続して被保険者資格を有していること。

注１　支給単位期間とは、育児休業開始日から起算して１カ月ごとに区切った期間（区切られた１カ月の間に育児休業終了日が含まれる場合は、その日まで）をいいます。

②　支給単位期間において、就業していると認められる日数（全日にわたって休業している日以外の日をいいます。全日休業日には、日曜日・祝祭日のような事業所の所定労働日以外の日も含みます）が、10 日以下であること、あるいは 10 日を超える場合においては、就業していると認められる時間が 80 時間を超えないこと。

※　育児休業終了日（子が満１歳に達する日以後も休業する場合は、子の１歳の誕生日の前々日）の属する支給単位期間については、全日休業している日が１日以上あることが必要です。

③　支給単位期間に支給された賃金（注２）額が、休業開始時の賃金の 80％未満であること。

注２　支給単位期間に支払われた賃金とは、「その期間に支払日のあるもの」をいいます。育児休業給付金制度では、就業日数（時間）の算定にあたっては、雇用保険の被保険者となっていない事業所で就業している日数（時間）も含まれます。なお、育児休業期間を対象として支払われた賃金の算定にあたっては、雇用保険の被保険者となっていない事業所から支払われた賃金を含みません。

ハ　支給額

育児休業給付金の額は、各支給単位期間ごとに次の式により算出されます。

休業開始時賃金日額（注３）×支給日数（注４）× 67％（50％）

育児休業給付金の額は、育児休業を開始してから 180 日まで（注５）は休業開始時賃金日額の 67％、181 日目からは休業開始時賃金日額の 50％です。

注３　休業開始時賃金日額とは、育児休業開始前（産前産後休業を取得した被保険者の方が育児休業を取得した場合は、原則として産前産後休業開始前）６カ月間の賃金を 180 で除した額です。

注４　休業終了日の属する支給単位期間については、その支給単位期間の日数、それ以外の支給単位期間については 30 日です。

注５　女性の被保険者の場合、産後休業（出産日の翌日から８週間）の後、引き続いて育児休業を取得するときは、「育児休業を開始した日」とは出産日から起算して 58 日目に当たる日となります。

支給単位期間中に賃金が支払われた場合には、その賃金と上の計算式による給付額の合計額が 30％（育児休業給付金の支給率が 67％の期間（育児休業を開始してから 180 日までの期間）については 13％）以上 80％未満の場合には、休業開始時賃金日額×支給日数の 80％から支給単位期間中に支払われた賃金の額を差し引いた額が支給され、80％以上の場合は支給されません。

●支給限度額（初日が令和５年８月１日以降である支給対象期間から変更）

上限額　→　310,143 円（180 日目まで）
　　　　　　231,450 円（181 日目から）

育児休業開始時賃金月額（令和５年８月１日以降）

上限額　→　462,900 円
下限額　→　82,380 円

ニ　支給単位期間について

※　離職日の属する支給単位期間については、支給されません。

※　産後休業期間（出産日の翌日から起算した８週間）は支給対象とはなりません（男性の場合は、配偶者の出産当日より育児休業の取得が可能なため、配偶者の出産日当日から育児休業を開始した場合は育児休業給付金の対象となります）。

※　育児休業給付の期間中に、他の子に係る産前産後休業又は育児休業や、あるいは介護休業が開始された場合は、それら新たな休業の開始日の前日をもって当初の育児休業給付は終了します。

※育児休業を２回に分割して取得する場合は、それぞれの休業期間ごとに考えます。

ホ　支給申請の時期

①　受給資格確認手続

初回の支給申請を行う日まで

・雇用保険被保険者休業開始時賃金月額証明書
・育児休業給付受給資格確認票・（初回）育児休業給付金支給申請書

を、事業所の所在地を管轄する公共職業安定所に提出します。

※　初回の支給申請も同時に行う場合は、下記の初回の支給申請と同じ時期です。

②　支給申請

（1）初回の支給申請

育児休業開始日から４カ月を経過する日の属する月の末日まで

（2）２回目以降の支給申請

２カ月に一度、事業所を管轄する公共職業安定所長が指定する支給申請月の支給申請日（事業所ごとに奇数月型と偶数月型が定められます）

10　出生時育児休業給付金

イ　支給対象者

子の出生日（出産予定日前に子が出生した場合は出産予定日。以下同じ）から８週間を経過する日の翌日までの期間内に、４週間（28日）以内の期間を定めて、当該子を養育するための出生時育児休業を取得した被保険者（一般被保険者及び高年齢被保険者）に対して支給されます。ただし、休業開始前２年間に賃金支払基礎日数が11日以上ある月（被保険者期間が不足するときは賃金支払の基礎となった時間が80時間以上の月）が12カ月以上あることが必要です。

期間雇用者である場合は、子の出生日から８週間を経過する日の翌日から６カ月を経過する日までの間に、その労働契約の期間が満了することが明らかでないことが必要です。

ロ　支給要件

①　出生時育児休業期間の初日から末日まで継続して被保険者資格を有していること。

②　出生時育児休業期間の就業日数が10日以下であること。10日を超える場合は就業している時間が80時間以下であること。

※休業期間が28日間より短い場合は、その日数に比例して短くなります。

③　出生時育児休業中の就労に対して事業主から支払われた賃金が休業開始時の賃金月額の80％未満であること。

ハ　支給額

当該被保険者が出生時育児休業開始日の前日に離職したものとみなしたときの賃金日額（以下、休業開始時賃金日額）に休業期間の日数（28日が上限）を乗じた額の67％に相当する額を支給します。

休業期間中の就労に対して賃金が支払われた場合の支給額は、事業主から支払われた賃金が、休業開始時賃金日額に休業期間の日数を乗じた額の13％以下であるときは特段の調整を行わず、13％を超え80％未満の場合は休業開始時賃金日額に休業期間の日数を乗じた額の80％相当額と賃金との差額が支給されます。支払われた賃金が休業開始時賃金日額に休業期間の日数を乗じた額の80％以上となる場合は支給されません。

なお、賃金日額上限額（令和6年7月31日までは15,430円）により支給額を算出し、減額等される場合があります。

ニ　支給申請

出生時育児休業を開始した被保険者を雇用する事業主は、その被保険者について、「雇用保険被保険者休業開始時賃金月額証明書」「育児休業給付受給資格確認票・出生時育児休業給付金支給申請書」を事業所の所在地を管轄する公共職業安定所に提出します（電子申請も可）。育児休業給付金とは異なり、受給資格の確認と給付金の支給申請を同時に行う必要があります。賃金台帳、出勤簿、母子健康手帳の写し等、支給申請書の記載内容を確認できる書類を添付します。

子の出生日から8週間を経過する日の翌日から提出が可能となり、当該日から2カ月を経過する日の属する月の末日が提出期限となります。休業期間を対象とする賃金がある場合は、当該賃金が支払われた後に提出します。

11　雇用安定事業及び能力開発事業

雇用保険においては、失業等給付の事業を行うほか雇用安定事業、能力開発事業の二事業を行うこととしていますが、これらの二事業は、人口減少社会への移行、雇用のミスマッチなどに的確に対処し、失業の予防、雇用状態の是正及び雇用機会の増大、労働者の能力の開発のために行われるものです。

これらの二事業の内容は、以下に示すとおりですが、これらに要する費用は、雇用保険率のうち、事業主のみが負担する1,000分の3.5（建設業は1,000分の4.5）の部分をもって充てることとしています。

1　雇用安定事業

雇用安定事業は、被保険者、被保険者であった者及び被保険者になろうとする者に関して、失業の予防、雇用状態の是正、雇用機会の増大その他雇用の安定を図るためのものです。雇用安定事業の具体的内容は次のとおりです。

イ　事業活動の縮小時における雇用の安定

景気の変動、産業構造の変化等に伴い、事業活動の縮小を余儀なくされ、休業、教育訓練又は出向を行った事業主に対して雇用調整助成金を支給します。

ロ　高齢者の雇用の安定

65歳以降の定年延長や継続雇用制度の導入を行う企業等に対して65歳超雇用推進助成金が支給されます。

ハ　地域における雇用の安定

雇用情勢が特に厳しい地域等に事業所を設置・整備し、それに伴い地域に居住する求職者等を雇い入れた事業主又は、中核的人材を受け入れ、併せて地域に居住する求職者を雇い入れた事業主に対して**地域雇用開発助成金**が支給されます。

ニ　その他の雇用の安定

（1）新たに高年齢者、障害者等の就職が特に困難な者又は緊急就職支援者を雇入れた事業主に対して**特定求職者雇用開発助成金**が支給されます。

（2）有期雇用労働者、短時間労働者、派遣労働者といったいわゆる非正規雇用の労働者の企業内でのキャリアアップを促進する取組を実施した事業主に対して**キャリアアップ助成金**が支給されます。

2　能力開発事業

能力開発事業は、労働者が職業生活の全期間を通じて、その能力を開発向上させることを促進するために行われる事業で、その内容は、次のとおりです。

イ　事業主等の行う職業訓練に対する助成援助

職業能力開発促進法施行規則に定める基準に適合する職業訓練を行う事業主又は、事業主団体等に対して必要な助成及び援助を行い、また、これらの事業主、事業主団体等に対して、都道府県を通じて補助を行います。

ロ　公共職業能力開発施設等の充実

被保険者等の職業訓練等を充実させるため、職業能力開発大学校、職業能力開発短期大学校、職業能力開発促進センター等の設置及び運営を行います。

また、職業能力開発校等を設置、運営する都道府県に対して、その経費の一部について補助を行います。

ハ　再就職を促進するための訓練の実施及び助成

雇用保険の受給者を対象として職場環境に適応させるための訓練の実施や職場環境の変化等に適応し、的確な職業選択を可能とするために必要な知識を習得させ、かつ職場を見学する等の機会を提供することを目的とする再就職促進講習を行う事業主等にその費用を支給すること等により、雇用保険受給資格者の再就職の促進を図っています。

ニ　認定職業訓練への派遣の奨励

その雇用する労働者に技能を習得させるため、有給で認定職業訓練を受けさせる中小企業事業主に対して助成を行います。

ホ　その他

以上のほか、技能検定の実施など、労働者の能力の開発向上のための事業を行っています。

雇用保険二事業の概要

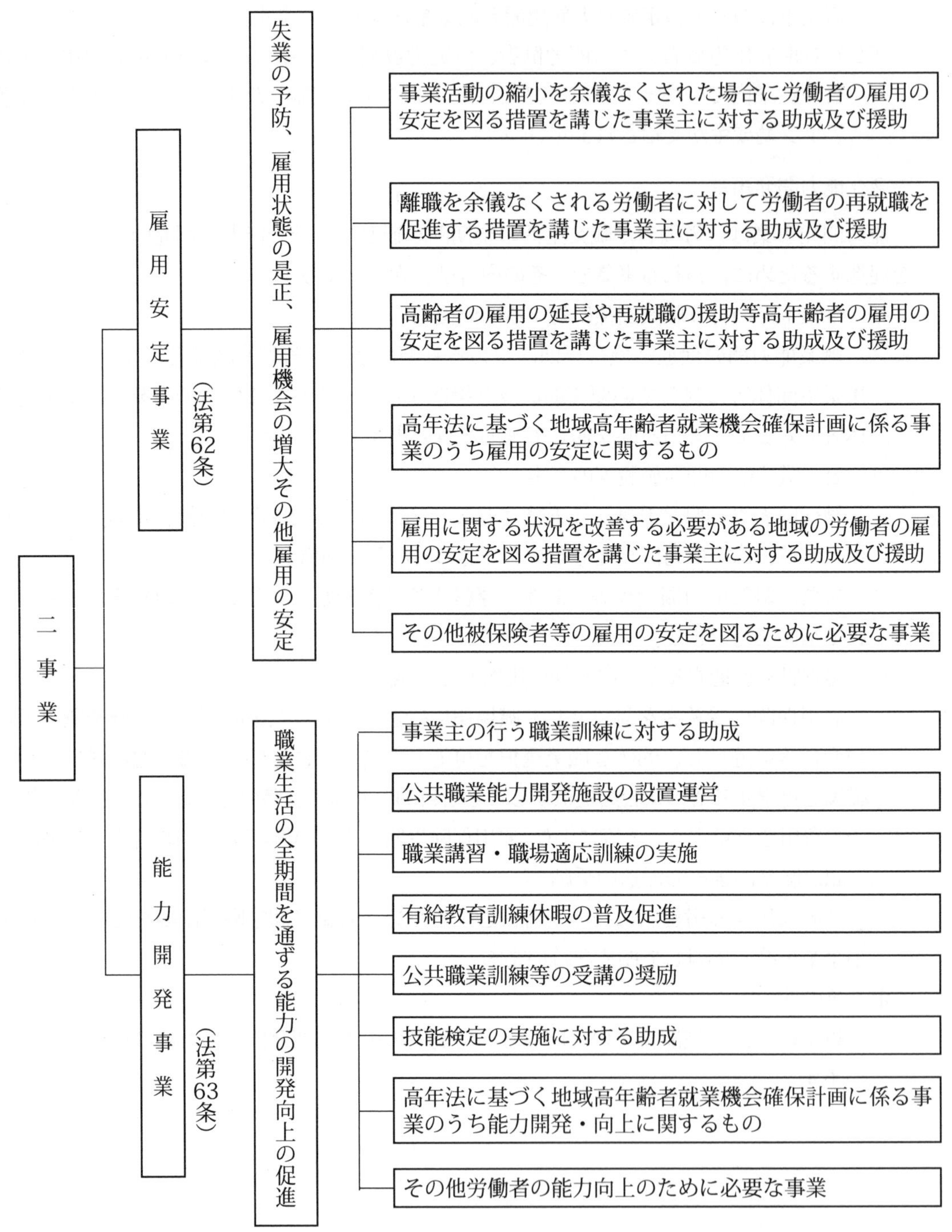
二事業
雇用安定事業
（法第62条）
失業の予防、雇用状態の是正、雇用機会の増大その他雇用の安定
事業活動の縮小を余儀なくされた場合に労働者の雇用の安定を図る措置を講じた事業主に対する助成及び援助
離職を余儀なくされる労働者に対して労働者の再就職を促進する措置を講じた事業主に対する助成及び援助
高齢者の雇用の延長や再就職の援助等高年齢者の雇用の安定を図る措置を講じた事業主に対する助成及び援助
高年法に基づく地域高年齢者就業機会確保計画に係る事業のうち雇用の安定に関するもの
雇用に関する状況を改善する必要がある地域の労働者の雇用の安定を図る措置を講じた事業主に対する助成及び援助
その他被保険者等の雇用の安定を図るために必要な事業
能力開発事業
（法第63条）
職業生活の全期間を通ずる能力の開発向上の促進
事業主の行う職業訓練に対する助成
公共職業能力開発施設の設置運営
職業講習・職場適応訓練の実施
有給教育訓練休暇の普及促進
公共職業訓練等の受講の奨励
技能検定の実施に対する助成
高年法に基づく地域高年齢者就業機会確保計画に係る事業のうち能力開発・向上に関するもの
その他労働者の能力向上のために必要な事業

付録

付録１　労災保険率適用事業細目・労務費率及び労災保険率表

（令和６年４月１日改定）

事業の種類の分類	事業の種類の番号	事業の種類	事業の種類の細目	備考	労務費率	労災保険率
林業	02 又は 03	林業	A　木材伐出業 0201　伐木、造材、集材若しくは運材の事業又はこれらに付随する事業 B　その他の林業 0301　植林若しくは造林の事業又はこれらに付随する事業 0302　竹の伐出業 0304　薪の切出製造若しくは木炭の製造又はこれらに付随する搬出の事業 0303　その他の各種林業			1,000分の 52
漁業	11	海面漁業（(12)定置網漁業又は海面魚類養殖業を除く。）	1101　海面において行う水産動物（貝類を除く。）の採捕の事業			1,000分の 18
	12	定置網漁業又は海面魚類養殖業	1201　海面において定置網を用いて行う漁業 1202　海面において行う魚類の養殖の事業			1,000分の 37
鉱業	21	金属鉱業、非金属鉱業（(23)石灰石鉱業又はドロマイト鉱業を除く。）又は石灰鉱業	2101　金属鉱業 金鉱、銀鉱、銅鉱、鉛鉱、蒼(そう)鉛鉱、すず鉱、アンチモニー鉱、水銀鉱、亜鉛鉱、鉄鉱、硫化鉄鉱、クローム鉄鉱、マンガン鉱、タングステン鉱、モリブデン鉱、砒(ひ)鉱、ニッケル鉱、コバルト鉱、ウラン鉱、又はトリウム鉱の鉱業 2102　非金属鉱業 りん鉱、黒鉛、アスファルト、硫黄、石膏(こう)、重晶石、明ばん石、ほたる石、石綿、けい石、長石、ろう石、滑石又は耐火粘土の鉱業 2103　無煙炭鉱業 2104　れき青炭鉱業 2105　その他の石炭鉱業	(2601)砂鉱業、(2602)石炭選別業及び(2603)亜炭鉱業（亜炭選別業を含む。）を除く。		1,000分の 88
	23	石灰石鉱業又はドロマイト鉱業	2301　石灰石鉱業又はドロマイト鉱業			1,000分の 13
	24	原油又は天然ガス鉱業	2401　原油鉱業 2402　天然ガス鉱業又は圧縮天然ガス生産業			1,000分の 2.5
	25	採石業	2501　花こう岩、せん緑岩、斑糲(はんれい)岩、かんらん岩、斑(はん)岩、玢(ひん)岩、、輝総岩、粗面岩、安山岩、玄武岩、礫(れき)岩、砂岩、頁(けつ)岩、粘板岩、ぎょう灰岩、片麻岩、蛇(じゃ)紋岩、結晶片岩、ベントナイト、酸性白土、	(2604)砂利砂等の採取業を除き、一貫して行う岩石又は		1,000分の 37

			けいそう土、陶石、雲母又はひる石の採取業 2502　その他の岩石又は粘土（耐火粘土を除く。）等の採取業	粘土（耐火粘土を除く。）の破砕等の（4907）その他の各種窯業又は土石製品製造業を含む。		
	26	その他の鉱業	2601　砂鉱業 2602　石炭選別業 2603　亜炭鉱業（亜炭選別業を含む。） 2604　砂利、砂等の採取業			1,000分の26
建設事業	31	水力発電施設、隧道等新設事業	3101　水力発電施設新設事業 水力発電施設の新設に関する建設事業及びこれに附帯して当該事業現場内において行われる事業（発電所又は変電所の家屋の建築事業、水力発電施設新設事業現場に至るまでの工事用資材の運送のための道路、鉄道又は軌道の建設事業、建設工事用機械以外の機械若しくは鉄管の組立て又はすえ付けの事業、送電線路の建設事業及び水力発電施設新設事業現場外における索道の建設事業を除く。） 3102　高えん堤新設事業 基礎地盤から堤頂までの高さ20メートル以上のえん堤（フィルダムを除く。）の新設に関する建設事業及びこれに附帯して当該事業現場内において行われる事業（高えん堤新設事業現場に至るまでの工事用資材の運送のための道路、鉄道又は軌道の建設事業、建設工事用機械以外の機械の組立て又はすえ付けの事業及び高えん堤新設事業現場外における索道の建設事業を除く。） 3103　隧道新設事業 隧道の新設に関する建設事業、隧道の内面巻替えの事業及びこれらに附帯して当該事業現場内において行われる事業（隧道新設事業の態様をもって行われる道路、鉄道、軌道、水路、煙道、建築物等の建設事業（推進工法による管の埋設の事業を除く。）を含み、内面巻立て後の隧道内において路面ほ装、砂利散布又は軌条の敷設を行う事業及び内面巻立て後の隧道内における建築物の建設事業を除く。）		19%	1,000分の34
	32	道路新設事業	3201　道路の新設に関する建設事業及びこれに附帯して行われる事業	（3103）隧道新設事業及び（35）建築事業を除く。	19%	1,000分の11

	33	舗装工事業	3301　道路、広場、プラットホーム等の舗装事業 3302　砂利散布の事業 3303　広場の展圧又は芝張りの事業		17%	1,000分の9
	34	鉄道又は軌道新設事業	次に掲げる事業及びこれに附帯して行われる事業（建設工事用機械以外の機械の組立て又はすえ付けの事業を除く。） 3401　開さく式地下鉄道の新設に関する建設事業 3402　その他の鉄道又は軌道の新設に関する建設事業	(3103) 隧道新設事業及び (35) 建築事業を除く。	19%	1,000分の9
	35	建築事業（(38) 既設建築物設備工事業を除く。）	次に掲げる事業及びこれに附帯して行われる事業（建設工事用機械以外の機械の組立て又はすえ付けの事業を除く。） 3501　鉄骨造り又は鉄骨鉄筋若しくは鉄筋コンクリート造りの家屋の建設事業（(3103) 隧道新設事業の態様をもって行われるものを除く。） 3502　木造、れんが造り、石造り、ブロック造り等の家屋の建設事業 3503　橋りょう建設事業 イ　一般橋りょうの建設事業 ロ　道路又は鉄道の鉄骨鉄筋若しくは鉄筋コンクリート造りの高架橋の建設事業 ハ　跨線道路橋の建設事業 ニ　さん橋の建設事業 3504　建築物の新設に伴う設備工事業（(3507) 建築物の新設に伴う電気の設備工事業及び (3715) さく井事業を除く。） イ　電話の設備工事業 ロ　給水、給湯等の設備工事業 ハ　衛生、消火等の設備工事業 ニ　暖房、冷房、換気、乾燥、温湿度調整等の設備工事業 ホ　工作物の塗装工事業 ヘ　その他の設備工事業 3507　建築物の新設に伴う電気の設備工事業 3508　送電線路又は配電線路の建設（埋設を除く。）の事業 3505　工作物の解体、移動、取りはずし又は撤去の事業 3506　その他の建築事業 イ　野球場、競技場等の鉄骨造り又は鉄骨鉄筋若しくは鉄筋コンクリート造りのスタンドの建設事業 ロ　たい雪覆い、雪止め柵、落石覆い、落石防止柵等の建設事業		23%	1,000分の9.5

			ハ　鉄塔又は跨線橋（跨線道路橋を除く。）の建設事業 ニ　煙突、煙道、風洞等の建設事業（(3103) 隧道新設事業の態様をもって行われるものを除く。） ホ　やぐら、鳥居、広告塔、タンク等の建設事業 ヘ　門、塀、柵、庭園等の建設事業 ト　炉の建設事業 チ　通信線路又は鉄管の建設（埋設を除く。）の事業 リ　信号機の建設事業 ヌ　その他の各種建築事業			
	38	既設建築物設備工事業	3801　既設建築物の内部において主として行われる次に掲げる事業及びこれに附帯して行われる事業（建設工事用機械以外の機械の組立て又はすえ付けの事業(3802) 既設建築物の内部において主として行われる電気の設備工事業及び(3715) さく井事業を除く。） イ　電話の設備工事業 ロ　給水、給湯等の設備工事業 ハ　衛生、消火等の設備工事業 ニ　暖房、冷房、換気、乾燥、温湿度調整等の設備工事業 ホ　工作物の塗装工事業 ヘ　その他の設備工事業 3802　既設建築物の内部において主として行われる電気の設備工事業 3803　既設建築物における建具の取付け、床張りその他の内装工事業		23%	1,000分の12
	36	機械装置の組立て又はすえ付けの事業	次に掲げる事業及びこれに附帯して行われる事業 3601　各種機械装置の組立て又はすえ付けの事業 3602　索道建設事業		38% 組立て又は取付けに関するもの 21% その他のもの	1,000分の6
	37	その他の建設事業	次に掲げる事業及びこれに附帯して行われる事業 3701　えん堤の建設事業（(3102) 高えん堤新設事業を除く。） 3702　隧道の改修、復旧若しくは維持の事業又は推進工法による管の埋設の事業（(3103) 内面巻替えの事業を除く。）	(33) 舗装工事業及び(3505) 工作物の解体、移動、取りはずし又は撤去の事業を除く。	23%	1,000分の15

			3703　道路の改修、復旧又は維持の事業 3704　鉄道又は軌道の改修、復旧又は維持の事業 3705　河川又はその附属物の改修、復旧又は維持の事業 3706　運河若しくは水路又はこれらの附属物の建設事業 3707　貯水池、鉱毒沈澱池、プール等の建設事業 3708　水門、樋門等の建設事業 3709　砂防設備（植林のみによるものを除く。）の建設事業 3710　海岸又は港湾における防波堤、岸壁、船だまり場等の建設事業 3711　湖沼、河川又は海面の浚渫、干拓又は埋立ての事業 3712　開墾、耕地整理又は敷地若しくは広場の造成の事業（一貫して行う(3719)造園の事業を含む。） 3719　造園の事業 3713　地下に構築する各種タンクの建設事業 3714　鉄管、コンクリート管、ケーブル、鋼材等の埋設の事業 3715　さく井事業 3716　工作物の破壊事業 3717　沈没物の引揚げ事業 3718　その他の各種建設事業			
製造業	41	食料品製造業	4101　食料品製造業（たばこ等製造業を除く）			1,000分の5.5
			6501　たばこ等製造業			
	42	繊維工業又は繊維製品製造業	4201　繊維工業又は繊維製品製造業			1,000分の4
	44	木材又は木製品製造業	4401　木材又は木製品製造業	(6108) 竹、籐又はきりゅう製品製造業を除く。		1,000分の13
	45	パルプ又は紙製造業	4501　パルプ又は紙製造業			1,000分の7
	46	印刷又は製本業	4601　印刷又は製本業			1,000分の3.5
	47	化学工業	4701　化学工業	(42) 繊維工業又は繊維製品製造業及び(6110)		1,000分の4.5

			くずゴム製品製造業を除く。		
48	ガラス又はセメント製造業	4801　ガラス又はセメント製造業			1,000分の6
66	コンクリート製造業	6601　コンクリート製造業			1,000分の13
62	陶磁器製品製造業	6201　陶磁器製品製造業			1,000分の17
49	その他の窯業又は土石製品製造業	4901　その他の窯業又は土石製品製造業			1,000分の23
50	金属精錬業((51) 非鉄金属精錬業を除く。)	5001　金属精錬業	一貫して行う(52)金属材料品製造業を含む。		1,000分の6.5
51	非鉄金属精錬業	5101　非鉄金属精錬業	一貫して行う(52)金属材料品製造業を含む		1,000分の7
52	金属材料品製造業((53) 鋳物業を除く。)	5201　金属材料品製造業	一貫して(50)金属精錬業又は(51) 非鉄金属精錬業を行うものを除く。		1,000分の5
53	鋳　物　業	5301　鋳物業			1,000分の16
54	金属製品製造業又は金属加工業((63) 洋食器、刃物、手工具又は一般金物製造業及び(55) めつき業を除く。)	5401　金属製品製造業又は金属加工業			1,000分の9
63	洋食器、刃物、手工具又は一般金物製造業((55) めつき業を除く。)	6301　洋食器、刃物、手工具又は一般金物製造業			1,000分の6.5
55	め つ き 業	5501　めつき業			1,000分の6.5

	56	機械器具製造業（(57) 電気機械器具製造業、(58) 輸送用機械器具製造業、(59) 船舶製造又は修理業及び (60) 計量器、光学機械、時計等製造業を除く。）	5601　機械器具製造業			1,000分の5
	57	電気機械器具製造業	5701　電気機械器具製造業			1,000分の3
	58	輸送用機械器具製造業（(59) 船舶製造又は修理業を除く。）	5801　輸送用機械器具製造業			1,000分の4
	59	船舶製造又は修理業	5901　船舶製造又は修理業			1,000分の23
	60	計量器、光学機械、時計等製造業（(57) 電気機械器具製造業を除く。）	6001　計量器、光学機械、時計等製造業			1,000分の2.5
	64	貴金属製品、装身具、皮革製品等製造業	6401　貴金属製品、装身具、皮革製品等製造業			1,000分の3.5
	61	その他の製造業	6102　ペン、ペンシルその他の事務用品又は絵画用品製造業 6104　可塑物製品製造業（購入材料によるものに限る。） 6105　漆器製造業 6107　加工紙、紙製品、紙製容器又は紙加工品製造業 6108　竹、籐（とう）又はきりゆう製品製造業 6109　わら類製品製造業 6110　くずゴム製品製造業 6115　塗装業 6116　その他の各種製造業			1,000分の6

運輸業	71	交通運輸事業	7101　鉄道、軌道又は索道による旅客又は貨物の運送事業（7202）貨物の積みおろし又は集配を伴う貨物の運送事業を除く。） 7102　自動車又は軽車両による旅客の運送事業 7104　航空機による旅客又は貨物の運送事業 7105　船舶による旅客の運送事業 7103　自動車、航空機等を使用して宣伝、広告、測量等を行う事業 7106　その他の交通運輸事業			1,000分の4
	72	貨物取扱事業（(73) 港湾貨物取扱事業及び(74) 港湾荷役業を除く。）	7201　停車場、倉庫、工場、道路等における貨物取扱いの事業 7202　貨物の積みおろし又は集配を伴う鉄道軌道又は索道による貨物の運送事業 7203　自動車又は軽車両による貨物の運送事業 7206　船舶による貨物の運送事業 7204　貨物の荷造り又はこん包の事業 7205　自動車により砂利その他の土石を運搬して販売する事業			1,000分の8.5
	73	港湾貨物取扱事業（(74) 港湾荷役業を除く。）	7301　港湾の上屋、倉庫等における貨物取扱いの事業 7302　はしけ又は引船による貨物の運送事業	一貫して(74) 港湾荷役業を行うものを除く。		1,000分の9
	74	港湾荷役業	7401　沿岸において船舶に荷を積み又は船舶から荷をおろすために貨物を取り扱う事業 7402　船舶内において船舶に荷を積み又は船舶から荷をおろすために貨物を取り扱う事業（一貫して行う（7401）沿岸において船舶に荷を積み又は船舶から荷をおろすために貨物を取り扱う事業を含む。）	一貫して行う (73) 港湾貨物取扱事業を含む。		1,000分の12
電気、ガス、水道又は熱供給の事業	81	電気、ガス、水道又は熱供給の事業	A　電気業 8101　発電、送電、変電又は配電の事業 B　ガス業 8102　天然ガスの採取供給又はガスの製造供給の事業 8103　天然ガス又はガスの供給の事業 C　水道業 8104　上水道業 8105　下水道業 D　熱供給業 8106　熱供給業			1,000分の3

その他の事業	95	農業又は海面漁業以外の漁業	9501　土地の耕作又は植物の栽植、栽培若しくは採取の事業その他の農業 9502　動物の飼育若しくは畜産の事業又は養蚕の事業 9503　水産動植物の採捕又は養殖の事業（(11) 海面漁業及び (12) 定置網漁業又は海面魚類養殖業を除く。）			1,000分の13
	91	清掃、火葬又はと畜の事業	9101　清掃業 9102　火葬業 9103　と畜業			1,000分の13
	93	ビルメンテナンス業	9301　ビルの総合的な管理等の事業			1,000分の6
	96	倉庫業、警備業、消毒又は害虫駆除の事業又はゴルフ場の事業	9601　倉庫業 9602　警備業 9603　消毒又は害虫駆除の事業 9606　ゴルフ場の事業			1,000分の6.5
	97	通信業、放送業、新聞業又は出版業	9701　通信業 9702　放送業 9703　新聞業又は出版業			1,000分の2.5
	98	卸売業・小売業、飲食店又は宿泊業	9801　卸売業・小売業 9802　飲食店 9803　宿泊業			1,000分の3
	99	金融業、保険業又は不動産業	9901　金融業 9902　保険業 9903　不動産業			1,000分の2.5
	94	その他の各種事業	9411　広告、興信、紹介又は案内の事業 9412　速記、筆耕、謄写印刷又は青写真業 9418　映画の製作、演劇等の事業 9419　劇場、遊戯場その他の娯楽の事業 9420　洗たく、洗張又は染物の事業 9421　理容、美容又は浴場の事業 9422　物品賃貸業 9423　写真、物品預り等の事業 9425　教育業 9426　研究又は調査の事業 9431　医療業 9432　社会福祉又は介護事業 9433　幼稚園 9434　保育所 9435　認定こども園 9436　情報サービス業 9416　前各項に該当しない事業			1,000分の3

（令和６年４月１日改定）

	90	船舶所有者の事業	9001　水産動植物の採捕又は養殖の事業 9002　外航旅客運送事業 9003　外航貨物運送事業 9004　内航旅客運送事業 9005　内航貨物運送事業 9006　その他の船舶所有者の事業			1,000分の42

注　平成22年１月１日に雇用保険法等の一部を改正する法律（平成19年法律第30号）により、船員保険事業のうち職務上疾病及び年金部門が労災保険に統合されることに伴い「船舶所有者の事業」を新設した。

別表第３（第 20 条関係）

労災保険率から非業務災害率を減じた率の増減表

<table>
<tr><td rowspan="2">労災保険の規定による業務災害に関する保険給付の額（労災保険法第 16 条の６第１項第２号の場合に支給される遺族補償一時金、第 17 条の２の表の第４欄に掲げる者に係るもの及び第３種特別加入者に係るものの額を除く。）に特別支給規則の規定による特別支給金で業務災害に係るものの額（労災保険法第 16 条の６第１項第２号の場合に支給される遺族補償一時金の受給権者に支給される遺族特別一時金、第 17 条の２の表の第４欄に掲げる者に係るもの及び第３種特別加入者に係るものの額を除く。）を加えた額と一般保険料の額（労災保険率（その率が法第 12 条第３項（法第 12 条の２の規定により読み替えて適用する場合を含む。）の規定により引き上げ又は引き下げられたときは、その引き上げ又は引き下げられた率）に応ずる部分の額に限る。）から非業務災害率に応ずる部分の額を減じた額に第１種特別加入保険料の額から特別加入非業務災害率に応ずる部分の額を減じた額を加えた額に第 19 条の２の第１種調整率を乗じて得た額との割合</td><td colspan="2">労災保険率から非業務災害率を減じた率に対する増減の割合</td></tr>
<tr><td>立木の伐採の事業以外の事業</td><td>立木の伐採の事業</td></tr>
<tr><td>10% 以下のもの</td><td>40% 減ずる。</td><td>35% 減ずる。</td></tr>
<tr><td>10% を超え 20% までのもの</td><td>35% 減ずる。</td><td>30% 減ずる。</td></tr>
<tr><td>20% を超え 30% までのもの</td><td>30% 減ずる。</td><td>25% 減ずる。</td></tr>
<tr><td>30% を超え 40% までのもの</td><td>25% 減ずる。</td><td>20% 減ずる。</td></tr>
<tr><td>40% を超え 50% までのもの</td><td>20% 減ずる。</td><td>15% 減ずる。</td></tr>
<tr><td>50% を超え 60% までのもの</td><td>15% 減ずる。</td><td rowspan="2">10% 減ずる。</td></tr>
<tr><td>60% を超え 70% までのもの</td><td>10% 減ずる。</td></tr>
<tr><td>70% を超え 75% までのもの</td><td>5% 減ずる。</td><td>5% 減ずる。</td></tr>
<tr><td>85% を超え 90% までのもの</td><td>5% 増加する。</td><td>5% 増加する。</td></tr>
<tr><td>90% を超え 100% までのもの</td><td>10% 増加する。</td><td rowspan="2">10% 増加する。</td></tr>
<tr><td>100% を超え 110% までのもの</td><td>15% 増加する。</td></tr>
<tr><td>110% を超え 120% までのもの</td><td>20% 増加する。</td><td>15% 増加する。</td></tr>
<tr><td>120% を超え 130% までのもの</td><td>25% 増加する。</td><td>20% 増加する。</td></tr>
<tr><td>130% を超え 140% までのもの</td><td>30% 増加する。</td><td>25% 増加する。</td></tr>
<tr><td>140% を超え 150% までのもの</td><td>35% 増加する。</td><td>30% 増加する。</td></tr>
<tr><td>150% を超え 160% までのもの</td><td>40% 増加する。</td><td>35% 増加する。</td></tr>
</table>

別表第３の２（第 20 条関係）

労災保険率から非業務災害率を減じた率の増減表

（平成 24 年４月１日施行）

労災保険法の規定による業務災害に関する保険給付の額（労災保険法第 16 条の６第１項第２号の場合に支給される遺族補償一時金、第 17 条の２の表の第４欄に掲げる者に係るもの及び第３種特別加入者に係るものの額を除く。）に特別支給金規則の規定による特別支給金で業務災害に係るものの額（労災保険法第 16 条の６第１項第２号の場合に支給される遺族補償一時金の受給権者に支給される遺族特別一時金、第 17 条の２の表の第４欄に掲げる者に係るもの及び第３種特別加入者に係るものの額を除く。）を加えた額と一般保険料の額（労災保険率（その率が法第 12 条第３項（法第 12 条の２の規定により読み替えて適用する場合を含む。）の規定により引き上げ又は引き下げられたときは、その引き上げ又は引き下げられた率）に応ずる部分の額に限る。）から非業務災害率に応ずる部分の額を減じた額に第１種特別加入保険料の額から特別加入非業務災害率に応ずる部分の額を減じた額を加えた額に第 19 条の２の第１種調整率を乗じて得た額との割合	労災保険率から非業務災害率を減じた率に対する増減の割合
10% 以下のもの	30% 減ずる。
10% を超え 20% までのもの	25% 減ずる。
20% を超え 30% までのもの	20% 減ずる。
30% を超え 50% までのもの	15% 減ずる。
50% を超え 70% までのもの	10% 減ずる。
70% を超え 75% までのもの	５% 減ずる。
85% を超え 90% までのもの	５% 増加する。
90% を超え 110% までのもの	10% 増加する。
110% を超え 130% までのもの	15% 増加する。
130% を超え 140% までのもの	20% 増加する。
140% を超え 150% までのもの	25% 増加する。
150% を超えるもの	30% 増加する。

付録２　第２種特別加入保険料率表

（令和６年４月１日改定）

事業又は作業の種類の番号	事業又は作業の種類	第二種特別加入保険料率
特　1	労働者災害補償保険法施行規則（以下「労災保険法施行規則」という）第46条の17第１号の事業（個人タクシー、個人貨物運送業者、フードデリバリーサービス等の自転車配達員等）	1000分の11
特　2	労災保険法施行規則第46条の17第２号の事業（建設業の一人親方）	1000分の17
特　3	労災保険法施行規則第46条の17第３号の事業（漁船による自営業者）	1000分の45
特　4	労災保険法施行規則第46条の17第４号の事業（林業の一人親方）	1000分の52
特　5	労災保険法施行規則第46条の17第５号の事業（医薬品の配置販売業者）	1000分の６
特　6	労災保険法施行規則第46条の17第６号の事業（再生資源取扱業者）	1000分の14
特　7	労災保険法施行規則第46条の17第７号の事業（船員法第１条に規定する船員が行う事業）	1000分の48
特　8	労災保険法施行規則第46条の17第８号の事業（柔道整復師の事業）	1000分の３
特　9	労災保険法施行規則第46条の17第９号の事業（創業支援等措置に基づき高年齢者が行う事業）	1000分の３
特　10	労災保険法施行規則第46条の17第10号の事業（あん摩マッサージ指圧師、はり師又はきゅう師の事業）	1000分の３
特　11	労災保険法施行規則第46条の17第11号の事業（歯科技工士の事業）	1000分の３
特　12	労災保険法施行規則第46条の18第１号ロの作業（指定農業機械従事者）	1000分の３
特　13	労災保険法施行規則第46条の18第２号イの作業（職場適応訓練受講者）	1000分の３
特　14	労災保険法施行規則第46条の18第３号イ又はロの作業（金属等の加工、洋食器加工作業）	1000分の14
特　15	労災保険法施行規則第46条の18第３号ハの作業（履物等の加工の作業）	1000分の５
特　16	労災保険法施行規則第46条の18第３号ニの作業（陶磁器製造の作業）	1000分の17
特　17	労災保険法施行規則第46条の18第３号ホの作業（動力機械による作業）	1000分の３
特　18	労災保険法施行規則第46条の18第３号への作業（仏壇、食器の加工の作業）	1000分の18
特　19	労災保険法施行規則第46条の18第２号ロの作業（事業主団体等委託訓練従事者）	1000分の３
特　20	労災保険法施行規則第46条の18第１号イの作業（特定農作業従事者）	1000分の９
特　21	労災保険法施行規則第46条の18第４号の作業（労働組合等常勤役員）	1000分の３
特　22	労災保険法施行規則第46条の18第５号の作業（介護作業従事者及び家事支援従事者）	1000分の５
特　23	労災保険法施行規則第46条の18第６号の作業（芸能従事者）	1000分の３
特　24	労災保険法施行規則第46条の18第７号の作業（アニメーション制作従事者）	1000分の３
特　25	労災保険法施行規則第46条の18第８号の作業（情報処理システムの設計等の情報処理に係る作業従事者）	1000分の３

◆第３種特別加入保険料率は、1,000分の３です

※令和６年に上記に加え、「労災保険法施行規則第46条の17第12号の事業（フリーランス法に規定する、特定受託事業者が業務委託事業者から業務委託を受けて行う事業）」が追加（料率1000分の３）される予定です。

付録3　特別加入保険料算定基礎額表

（平成25年8月1日改定）

給付基礎日額	保険料算定基礎額	給付基礎日額	保険料算定基礎額
25,000円	9,125,000円	5,000円	1,825,000円
24,000円	8,760,000円	4,000円	1,460,000円
22,000円	8,030,000円	3,500円	1,277,500円
20,000円	7,300,000円	（3,000円）	（1,095,000円）
18,000円	6,570,000円	（2,500円）	（912,500円）
16,000円	5,840,000円	（2,000円）	（730,000円）
14,000円	5,110,000円		
12,000円	4,380,000円		
10,000円	3,650,000円		
9,000円	3,285,000円		
8,000円	2,920,000円		
7,000円	2,555,000円		
6,000円	2,190,000円		

注1（　）内は家内労働者のみ適用されます。

付録4　工事用物に関する告示

事業の種類の分類	事業の種類の番号	事業の種類	控除対象工事用物（当該価格に相当する額を請負代金の額に加算しない物）
建設事業	36	機械装置の組立て又はすえ付けの事業	機械装置

付録５　雇用保険率

令和６年度の雇用保険料率　　（令和６年４月１日施行）

負担者／事業の種類	①労働者負担（失業等給付・育児休業給付の保険料率のみ）	②事業主負担			①＋②雇用保険料率
			失業等給付・育児休業給付の保険料率	雇用保険二事業の保険料率	
一般の事業	**6/1000**	**9.5/1000**	6/1000	3.5/1000	**15.5/1000**
農林水産・清酒製造の事業	**7/1000**	**10.5/1000**	7/1000	3.5/1000	**17.5/1000**
建設の事業	**7/1000**	**11.5/1000**	7/1000	4.5/1000	**18.5/1000**

付録６　印紙保険料

印紙保険料	賃金日額　11,300円以上（１級）	176円
	賃金日額　8,200円以上　11,300円未満（２級）	146円
	賃金日額　8,200円未満（３級）	96円

付録7　障害等級表（労災則別表第1　第14条、第15条、第18条の3の10、第18条の8、第31条、第33条、第36条関係）

（令和2年9月1日施行）

障害等級	給付内容	身体障害
第 1 級	当該障害の存する期間1年につき給付基礎日額の313日分	1　両眼が失明したもの 2　そしやく及び言語の機能を廃したもの 3　神経系統の機能又は精神に著しい障害を残し、常に介護を要するもの 4　胸腹部臓器の機能に著しい障害を残し、常に介護を要するもの 5　削除 6　両上肢をひじ関節以上で失つたもの 7　両上肢の用を全廃したもの 8　両下肢をひざ関節以上で失つたもの 9　両下肢の用を全廃したもの
第 2 級	同　　277日分	1　1眼が失明し、他眼の視力が0.02以下になつたもの 2　両眼の視力が0.02以下になつたもの 2の2　神経系統の機能又は精神に著しい障害を残し、随時介護を要するもの 2の3　胸腹部臓器の機能に著しい障害を残し、随時介護を要するもの 3　両上肢を手関節以上で失つたもの 4　両下肢を足関節以上で失つたもの
第 3 級	同　　245日分	1　1眼が失明し、他眼の視力が0.06以下になつたもの 2　そしやく又は言語の機能を廃したもの 3　神経系統の機能又は精神に著しい障害を残し、終身労務に服することができないもの 4　胸腹部臓器の機能に著しい障害を残し、終身労務に服することができないもの 5　両手の手指の全部を失つたもの
第 4 級	同　　213日分	1　両眼の視力が0.06以下になつたもの 2　そしやく及び言語の機能に著しい障害を残すもの 3　両耳の聴力を全く失つたもの 4　1上肢をひじ関節以上で失つたもの 5　1下肢をひざ関節以上で失つたもの 6　両手の手指の全部の用を廃したもの 7　両足をリスフラン関節以上で失つたもの
第 5 級	同　　184日分	1　1眼が失明し、他眼の視力が0.1以下になつたもの 1の2　神経系統の機能又は精神に著しい障害を残し、特に軽易な労務以外の労務に服することができないもの 1の3　胸腹部臓器の機能に著しい障害を残し、特に軽易な労務以外の労務に服することができないもの 2　1上肢を手関節以上で失つたもの 3　1下肢を足関節以上で失つたもの 4　1上肢の用を全廃したもの 5　1下肢の用を全廃したもの 6　両足の足指の全部を失つたもの

障害等級	給付内容	身　体　障　害
第６級	同　　156日分	1　両眼の視力が0.1以下になつたもの 2　そしやく又は言語の機能に著しい障害を残すもの 3　両耳の聴力が耳に接しなければ大声を解することができない程度になつたもの 3の2　1耳の聴力を全く失い、他耳の聴力が40センチメートル以上の距離では普通の話声を解することができない程度になったもの 4　せき柱に著しい変形又は運動障害を残すもの 5　1上肢の3大関節中の2関節の用を廃したもの 6　1下肢の3大関節中の2関節の用を廃したもの 7　1手の5の手指又は母指を含み4の手指を失つたもの
第７級	同　　131日分	1　1眼が失明し、他眼の視力が0.6以下になつたもの 2　両耳の聴力が40センチメートル以上の距離では普通の話声を解することができない程度になつたもの 2の2　1耳の聴カを全く失い、他耳の聴力が1メートル以上の距離では普通の話声を解することができない程度になつたもの 3　神経系統の機能又は精神に障害を残し、軽易な労務以外の労務に服することができないもの 4　削除 5　胸腹部臓器の機能に障害を残し、軽易な労務以外の労務に服することができないもの 6　1手の母指を含み3の手指又は母指以外の4の手指を失つたもの 7　1手の5の手指又は母指を含み4の手指の用を廃したもの 8　1足をリスフラン関節以上で失つたもの 9　1上肢に偽関節を残し、著しい運動障害を残すもの 10　1下肢に偽関節を残し、著しい運動障害を残すもの 11　両足の足指の全部の用を廃したもの 12　外貌に著しい醜状を残すもの 13　両側のこう丸を失つたもの
第８級	給付基礎日額の503日分	1　1眼が失明し、又は1眼の視力が0.02以下になつたもの 2　せき柱に運動障害を残すもの 3　1手の母指を含み2の手指又は母指以外の3の手指を失つたもの 4　1手の母指を含み3の手指又は母指以外の4の手指の用を廃したもの 5　1下肢を5センチメートル以上短縮したもの 6　1上肢の3大関節中の1関節の用を廃したもの 7　1下肢の3大関節中の1関節の用を廃したもの 8　1上肢に偽関節を残すもの 9　1下肢に偽関節を残すもの 10　1足の足指の全部を失つたもの
第９級	同　　391日分	1　両眼の視力が0.6以下になつたもの 2　1眼の視力が0.06以下になつたもの 3　両眼に半盲症、視野狭さく又は視野変状を残すもの 4　両眼のまぶたに著しい欠損を残すもの 5　鼻を欠損し、その機能に著しい障害を残すもの

		6　そしやく及び言語の機能に障害を残すもの 6の2　両耳の聴力が1メートル以上の距離では普通の話声を解することができない程度になつたもの 6の3　1耳の聴力が耳に接しなければ大声を解することができない程度になり、他耳の聴力が1メートル以上の距離では普通の話声を解することが困難である程度になつたもの 7　1耳の聴力を全く失つたもの 7の2　神経系統の機能又は精神に障害を残し、服することができる労務が相当な程度に制限されるもの 7の3　胸腹部臓器の機能に障害を残し、服することができる労務が相当な程度に制限されるもの 8　1手の母指又は母指以外の2の手指を失つたもの 9　1手の母指を含み2の手指又は母指以外の3の手指の用を廃したもの 10　1足の第1の足指を含み2以上の足指を失つたもの 11　1足の足指の全部の用を廃したもの 11の2　外貌に相当程度の醜状を残すもの 12　生殖器に著しい障害を残すもの
第 10 級	同　302日分	1　1眼の視力が0.1以下になつたもの 1の2　正面視で複視を残すもの 2　そしやく又は言語の機能に障害を残すもの 3　14歯以上に対し歯科補てつを加えたもの 3の2　両耳の聴力が1メートル以上の距離では普通の話声を解することが困難である程度になつたもの 4　1耳の聴力が耳に接しなければ大声を解することができない程度になつたもの 5　削除 6　1手の母指又は母指以外の2の手指の用を廃したもの 7　1下肢を3センチメートル以上短縮したもの 8　1足の第1の足指又は他の4の足指を失つたもの 9　1上肢の3大関節中の1関節の機能に著しい障害を残すもの 10　1下肢の3大関節中の1関節の機能に著しい障害を残すもの
第 11 級	同　223日分	1　両眼の眼球に著しい調節機能障害又は運動障害を残すもの 2　両眼のまぶたに著しい運動障害を残すもの 3　1眼のまぶたに著しい欠損を残すもの 3の2　10歯以上に対し歯科補てつを加えたもの 3の3　両耳の聴力が1メートル以上の距離では小声を解することができない程度になつたもの 4　1耳の聴力が40センチメートル以上の距離では普通の話声を解することができない程度になつたもの 5　せき柱に変形を残すもの 6　1手の示指、中指又は環指を失つたもの 7　削除 8　1足の第1の足指を含み2以上の足指の用を廃したもの 9　胸腹部臓器の機能に障害を残し、労務の遂行に相当な程度の支障があるもの
第 12 級	同　156日分	1　1眼の眼球に著しい調節機能障害又は運動障害を残すもの

		2　1眼のまぶたに著しい運動障害を残すもの 3　7歯以上に対し歯科補てつを加えたもの 4　1耳の耳かくの大部分を欠損したもの 5　鎖骨、胸骨、ろく骨、肩こう骨又は骨盤骨に著しい変形を残すもの 6　1上肢の3大関節中の1関節の機能に障害を残すもの 7　1下肢の3大関節中の1関節の機能に障害を残すもの 8　長管骨に変形を残すもの 8の2　1手の小指を失つたもの 9　1手の示指、中指又は環指の用を廃したもの 10　1足の第2の足指を失つたもの、第2の足指を含み2の足指を失つたもの又は第3の足指以下の3の足指を失つたもの 11　1足の第1の足指又は他の4の足指の用を廃したもの 12　局部にがん固な神経症状を残すもの 13　削除 14　外貌に醜状を残すもの
第13級	同　101日分	1　1眼の視力が0.6以下になつたもの 2　1眼に半盲症、視野狭さく又は視野変状を残すもの 2の2　正面視以外で複視を残すもの 3　両眼のまぶたの一部に欠損を残し又はまつげはげを残すもの 3の2　5歯以上に対し歯科補てつを加えたもの 3の3　胸腹部臓器の機能に障害を残すもの 4　1手の小指の用を廃したもの 5　1手の母指の指骨の一部を失つたもの 6　削除 7　削除 8　1下肢を1センチメートル以上短縮したもの 9　1足の第3の足指以下の1又は2の足指を失つたもの 10　1足の第2の足指の用を廃したもの、第2の足指を含み2の足指の用を廃したもの又は第3の足指以下の3の足指の用を廃したもの
第14級	同　56日分	1　1眼のまぶたの一部に欠損を残し、又はまつげはげを残すもの 2　3歯以上に対し歯科補てつを加えたもの 2の2　1耳の聴力が1メートル以上の距離では小声を解することができない程度になつたもの 3　上肢の露出面にてのひらの大きさの醜いあとを残すもの 4　下肢の露出面にてのひらの大きさの醜いあとを残すもの 5　削除 6　1手の母指以外の手指の指骨の一部を失つたもの 7　1手の母指以外の手指の遠位指節間関節を屈伸することができなくなつたもの 8　1足の第3の足指以下の1又は2の足指の用を廃したもの 9　局部に神経症状を残すもの

備　考

1　視力の測定は、万国式試視力表による。屈折異常のあるものについてはきよう正視力について測定する。

2　手指を失つたものとは、母指は指節間関節、その他の手指は近位指節間関節以上を失つたものをいう。

3　手指の用を廃したものとは、手指の末節骨の半分以上を失い、又は中手指節関節若しくは近位指節間関節（母指にあつては指節間関節）に著しい運動障害を残すものをいう。

4　足指を失つたものとは、その全部を失つたものをいう。

5　足指の用を廃したものとは、第1の足指は末節骨の半分以上、その他の足指は遠位指節間関節以上を失つたもの又は中足指節関節若しくは近位指節間関節（第1の足指にあつては指節間関節）に著しい運動障害を残すものをいう。

付録8　傷病等級表（労災則別表第2　第18条、第36条関係）

傷病等級	給付内容	障　害　の　状　況
第1級	当該障害の状態が継続している期間1年につき給付基礎日額の313日分	1　神経系統の機能又は精神に著しい障害を有し、常に介護を要するもの 2　胸腹部臓器の機能に著しい障害を有し、常に介護を要するもの 3　両眼が失明しているもの 4　そしやく及び言語の機能を廃しているもの 5　両上肢をひじ関節以上で失つたもの 6　両上肢の用を全廃しているもの 7　両下肢をひざ関節以上で失つたもの 8　両下肢の用を全廃しているもの 9　前各号に定めるものと同程度以上の障害の状態にあるもの
第2級	同　277日分	1　神経系統の機能又は精神に著しい障害を有し、随時介護を要するもの 2　胸腹部臓器の機能に著しい障害を有し、随時介護を要するもの 3　両眼の視力が0.02以下になつているもの 4　両上肢を腕関節以上で失つたもの 5　両下肢を足関節以上で失つたもの 6　前各号に定めるものと同程度以上の障害の状態にあるもの
第3級	同　245日分	1　神経系統の機能又は精神に著しい障害を有し、常に労務に服することができないもの 2　胸腹部臓器の機能に著しい障害を有し、常に労務に服することができないもの 3　1眼が失明し、他眼の視力が0.06以下になつているもの 4　そしやく又は言語の機能を廃しているもの 5　両手の手指の全部を失つたもの 6　第1号及び第2号に定めるもののほか常に労務に服することができないものその他前各号に定めるものと同程度以上の障害の状態にあるもの

備　考

1　視力の測定は、万国式試視力表による。屈折異常のあるものについては矯正視力について測定する。

2　手指を失つたものとは、母指は指関節、その他の手指は第一指関節以上を失つたものをいう。

厚生労働省関係機関等所在地一覧

◇厚生労働省

東京都千代田区霞が関１－２－２　中央合同庁舎第５号館

〒100-8916　電話03（5253）1111（代）

◇労災保険業務室

東京都練馬区上石神井４－８－４

〒177-0044　電話03（3920）3311（代）

◇労働保険審査会

東京都港区芝公園１－５－32　労働委員会会館８階

〒105-0011　電話03（5403）2211

◇独立行政法人労働者健康安全機構

神奈川県川崎市中原区木月住吉町１－１

〒211-0021　電話044（431）8600（総務部）

都道府県労働局所在地一覧

労働局名	所在地及び電話番号
北海道労働局	〒060-8566　札幌市北区北八条西 2-1-1　札幌第 1 合同庁舎 **労働保険徴収課、労働保険適用室、労災補償課、職業安定課**　011-709-2311（代）
青森労働局	〒030-8558　青森市新町 2-4-25　青森合同庁舎 **労働保険徴収室**　017−734-4145　**労災補償課**　017-734-4115 **職業安定課**　017-721-2000
岩手労働局	〒020-8522　盛岡市盛岡駅西通 1 丁目 9 番 15 号 盛岡第 2 合同庁舎 5 階 **労働保険徴収室**　019-604-3003　**労災補償課**　019-604-3009 **職業安定課**　019-604-3004
宮城労働局	〒983-8585　仙台市宮城野区鉄砲町 1　仙台第 4 合同庁舎 **労働保険徴収課**　022-299-8842　**労災補償課**　022-299-8843 **職業安定課**　022-299-8061
秋田労働局	〒010-0951　秋田市山王 6-1-24　山王セントラルビル 6 階 **労働保険徴収室**　018-883-4267
	〒010-0951　秋田市山王 7-1-3　秋田合同庁舎 **労災補償課**　018-883-4275
	〒010-0951　秋田市山王 3-1-7　東カンビル 5 階 **職業安定課**　018-883-0007~9
山形労働局	〒990-8567　山形市香澄町 3-2-1　山交ビル 3 階 **労働保険徴収室**　023-624-8225　**労災補償課**　023-624-8227 **職業安定課**　023-626-6109
福島労働局	〒960-8513　福島市花園町 5−46　福島第二地方合同庁舎 3・4 階 **労働保険徴収室**　024-536-4607　**労災補償課**　024-536-4605 **職業安定課**　024-529-5338
茨城労働局	〒310-8511　水戸市宮町 1-8-31　茨城労働総合庁舎 **労働保険徴収室**　029-224-6213　**労災補償課**　029-224-6217 **職業安定課**　029-224-6218
栃木労働局	〒320-0845　宇都宮市明保野町 1-4　宇都宮第 2 地方合同庁舎 **労働保険徴収室**　028-634-9113　**労災補償課**　028-634-9118 **職業安定課**　028-610-3555
群馬労働局	〒371-8567　前橋市大手町 2-3-1　前橋地方合同庁舎 **労働保険徴収室**　027-896-4734　**労災補償課**　027-896-4738
（大渡町分庁舎）	〒371-0854　前橋市大渡町 1-10-7　群馬県公社総合ビル 9 階 **職業安定課**　027-210-5007

埼玉労働局	〒330-6016　さいたま市中央区新都心11-2 ランド・アクシス・タワー14・15・16階 14F(安定)　15F(総務・基準・安定)　16F(総務・雇均) **労働保険徴収課**　048-600-6203　**労災補償課**　048-600-6207 **職業安定課**　048-600-6208
千葉労働局	〒260-8612　千葉市中央区中央4-11-1　千葉第2地方合同庁舎 **労働保険徴収課**　043-221-4317　**労災補償課**　043-221-4313 **職業安定課**　043-221-4081
東京労働局	〒102-8305　千代田区九段南1-2-1　九段第3合同庁舎12階～14階 **徴収課**　03-3512-1627　**適用・事務組合課**　03-3512-1628（適用担当） **適用・事務組合課**　03-3512-1629(事務組合担当)　**労災補償課**　03-3512-1617 **職業安定課**　03-3512-1653　**雇用保険課**　03-3512-1670
神奈川労働局 **(分庁舎)**	〒231-0015　横浜市中区尾上町5-77-2　馬車道ウエストビル **労働保険徴収課**　045-650-2802(9階)　**職業安定課**　045-650-2800(3階)
(本庁舎)	〒231-8434　横浜市中区北仲通5-57　横浜第2合同庁舎 **労災補償課**　045-211-7355
(労災補償課分室)	〒231-0006 横浜市南仲通3-32-1　みなとファンタジアビル5階 **労災補償課**　045-222-6625（直通）
新潟労働局	〒950-8625　新潟市中央区美咲町1-2-1　新潟美咲合同庁舎2号館 **労働保険徴収課**　025-288-3502　**労災補償課**　025-288-3506 **職業安定課**　025-288-3507
富山労働局	〒930-8509　富山市神通本町1-5-5　富山労働総合庁舎 **労働保険徴収室**　076-432-2714　**労災補償課**　076-432-2739 **職業安定課**　076-432-2782
石川労働局	〒920-0024　金沢市西念3-4-1　金沢駅西合同庁舎5階・6階 **労働保険徴収室**　076-265-4422　**労災補償課**　076-265-4426 **職業安定課**　076-265-4427
福井労働局	〒910-8559　福井市春山1-1-54　福井春山合同庁舎 **労働保険徴収室**　0776-22-0112　**労災補償課**　0776-22-2656 **職業安定課**　0776-26-8609
山梨労働局	〒400-8577　甲府市丸の内1-1-11 **労働保険徴収室**　055-225-2852　**労災補償課**　055-225-2856 **職業安定課**　055-225-2857
長野労働局	〒380-8572　長野市中御所1-22-1 **労働保険徴収室**　026-223-0552　**労災補償課**　026-223-0556 **職業安定課**　026-226-0865
岐阜労働局	〒500-8723　岐阜市金竜町5-13　岐阜合同庁舎3階・4階 **労働保険徴収室(3階)**　058-245-8115　**労災補償課**　058-245-8105 **職業安定課**　058-245-1311

静岡労働局	〒 420-8639　静岡市葵区追手町 9-50　　静岡地方合同庁舎 3 階・5 階 **労働保険徴収課**　054-254-6316　　**労災補償課**　054-254-6369 **職業安定課**　054-271-9950
愛知労働局 **（広小路庁舎）**	〒 460-0008　名古屋市中区栄 2-3-1　名古屋広小路ビルヂング 15F・6F・11F **労働保険徴収課**　052-219-5501　**労働保険適用・事務組合課**　052-219-5502,5503 **労災補償課**　052-972-0260,0261
（伏見庁舎）	〒 460-0003　名古屋市中区錦 2-14-25　ヤマイチビル 11 ～ 13 F **職業安定課**　052-855-2145~8
三重労働局	〒 514-8524　津市島崎町 327-2　　津第 2 地方合同庁舎 **労働保険徴収室**　059-226-2100　　**労災補償課**　059-226-2109 **職業安定課**　059-226-2305
滋賀労働局	〒 520-0806　大津市打出浜 14-15　　滋賀労働総合庁舎 4 階 **労働保険徴収室**　077-522-6520　　**労災補償課**　077-522-6630 **職業安定課**　077-526-8609
京都労働局	〒 604-0846　京都市中京区両替町通御池上ル金吹町 451 **労働保険徴収課**　075-241-3213　　**労災補償課**　075-241-3217 **職業安定課**　075-241-3268
大阪労働局 **（第 2 庁舎）**	〒540-0028　大阪市中央区常盤町 1-3-8　中央大通 FN ビル 9F・14F・17F・21F **労働保険徴収課**　06-4790-6330　**労働保険適用・事務組合課**　06-4790-6340 **職業安定課**　06-4790-6300
（第 1 庁舎）	〒 540-8527　大阪市中央区大手前 4-1-67　大阪合同庁舎第 2 号館 8F・9F **労災補償課**　06-6949-6507　（総務･雇均）（基準）
（労災補償課分室）	〒 540-0003　大阪市中央区森ノ宮中央 1-15-10 大阪中央労働総合庁舎 3 階　06-7711-0740（直通）
兵庫労働局	〒 650-0044　神戸市中央区東川崎町 1-1-3 神戸クリスタルタワー 14・15・16 階・17 階 **労働保険徴収課**　078-367-0780　　**労災補償課**　078-367-9155 **職業安定課**　078-367-0800
奈良労働局	〒 630-8570　奈良市法蓮町 387　　奈良第 3 地方合同庁舎 **労働保険徴収室**　0742-32-0203　　**職業安定課**　0742-32-0208
	〒 630-8113　奈良市法蓮町 163-1　　新大宮愛正寺ビル 3 階 **労災補償課**　0742-32-1910
和歌山労働局	〒 640-8581　和歌山市黒田 2-3-3　　和歌山労働総合庁舎 **労働保険徴収室**　073-488-1102　　**労災補償課**　073-488-1153 **職業安定課**　073-488-1160

鳥取労働局	〒680-8522　鳥取市富安 2-89-9 **労働保険徴収室**　0857-29-1702　　**労災補償課**　0857-29-1706 **職業安定課**　0857-29-1707
島根労働局	〒690-0841　松江市向島町 134-10　　松江地方合同庁舎 5 階 **労働保険徴収室**　0852-20-7010　　**労災補償課**　0852-31-1159 **職業安定課**　0852-20-7016
岡山労働局	〒700-8611　岡山市北区下石井 1-4-1　　岡山第 2 合同庁舎 **労働保険徴収室**　086-225-2012　　**労災補償課**　086-225-2019 **職業安定課**　086-801-5103
広島労働局 （上八丁堀庁舎）	〒730-8538　広島市中区上八丁堀 6-30　　広島合同庁舎第 2 号館 **労働保険徴収課**　082-221-9246　　**労災補償課**　082-221-9245
（職業安定部庁舎）	〒730-0013　広島市中区八丁堀 5-7　　広島 KS ビル 4F **職業安定課**　082-502-7831
山口労働局	〒753-8510　山口市中河原町 6-16　　山口地方合同庁舎 2 号館 **労働保険徴収室**　083-995-0366　　**労災補償課**　083-995-0374 **職業安定課**　083-995-0382
徳島労働局	〒770-0851　徳島市徳島町城内 6-6　　徳島地方合同庁舎 **労働保険徴収室**　088-652-9143　　**労災補償課**　088-652-9144 **職業安定課**　088-611-5383
香川労働局	〒760-0019　高松市サンポート 3-33　　高松サンポート合同庁舎 2・3 階 **労働保険徴収室**　087-811-8917　　**労災補償課**　087-811-8921 **職業安定課**　087-811-8922
愛媛労働局	〒790-8538　松山市若草町 4-3　　松山若草合同庁舎 5F・6F **労働保険徴収室**　089-935-5202　　**労災補償課**　089-935-5206 **職業安定課**　089-943-5221
高知労働局	〒780-8548　高知市南金田 1-39 **労働保険徴収室**　088-885-6026　　**労災補償課**　088-885-6025 **職業安定課**　088-885-6051
福岡労働局	〒812-0013　福岡市博多区博多駅東 2-11-1 福岡合同庁舎新館 4F・5F・6F **労働保険徴収課（徴収関係）**　092-434-9831 **（適用関係）**　092-434-9834 **労災補償課**　092-411-4799　　**職業安定課**　092-434-9801
佐賀労働局	〒840-0801　佐賀市駅前中央 3-3-20　　佐賀第 2 合同庁舎 **労働保険徴収室**　0952-32-7168　　**労災補償課**　0952-32-7193 **職業安定課**　0952-32-7216

長崎労働局	〒850-0033　長崎市万才町 7-1　　ＴＢＭ長崎ビル 3・4・6 階 **労働保険徴収室**　095-801-0025　　**労災補償課**　095-801-0034 **職業安定課**　095-801-0040
熊本労働局	〒860-8514　熊本市西区春日 2-10-1　　熊本地方合同庁舎 A 棟 9 階 **労働保険徴収室**　096-211-1702　　**労災補償課**　096-355-3183 **職業安定課**　096-211-1703
大分労働局	〒870-0037　大分市東春日町 17-20 大分第 2 ソフィアプラザビル 3 階・4 階・6 階 **労働保険徴収室**　097-536-7095　　**労災補償課**　097-536-3214 **職業安定課**　097-535-2090
宮崎労働局	〒880-0805　宮崎市橘通東 3-1-22　　宮崎合同庁舎 **労働保険徴収室**　0985-38-8822　　**労災補償課**　0985-38-8837 **職業安定課**　0985-38-8823
鹿児島労働局 **（山下町庁舎）**	〒892-8535　鹿児島市山下町 13-21　　鹿児島合同庁舎 2 階 **労働保険徴収室**　099-223-8276
（東千石庁舎）	〒892-0842　鹿児島市西千石町 14-10 天文館NNビル5階・8 階 **労災補償課**　099-223-8280
（西千石庁舎）	〒892-0847　鹿児島市東千石町 1-1 鹿児島西千石第一生命ビル1階～3 階 **職業安定課**　099-219-8711
沖縄労働局	〒900-0006　那覇市おもろまち 2-1-1 那覇第 2 地方合同庁舎（1 号館）3 階 **労働保険徴収室**　098-868-4038　　**労災補償課**　098-868-3559 **職業安定課**　098-868-1655

労働基準監督署・所在地・管轄区域一覧

労働基準監督署		所在地及び電話番号	管轄区域
北海道			
01	札幌中央	〒060-8587 札幌市北区北八条西２丁目１番１号札幌第１合同庁舎 011-737-1194	札幌市のうち中央区、北区、南区、西区、手稲区、石狩市（浜益区を除く。）、（滝川労働基準監督署の管轄区域を除く。）
18	札幌東	〒004-8518 札幌市厚別区厚別中央二条1-2-5 011-894-2819	札幌市のうち白石区、東区、厚別区、豊平区、清田区、江別市、恵庭市、北広島市、石狩郡（新篠津村、当別町）
02	函館	〒040-0032 函館市新川町 25-18 函館地方合同庁舎 0138-87-7608	函館市、北斗市、松前郡、上磯郡、亀田郡、茅部郡、山越郡、瀬棚郡、檜山郡、爾志郡、久遠郡、奥尻郡、二海郡
03	小樽	〒047-0007 小樽市港町 5-2 小樽地方合同庁舎 0134-33-7651	小樽市、積丹郡、古平郡、余市郡
04	岩見沢	〒068-0005 岩見沢市５条東 15-7-7 岩見沢地方合同庁舎 0126-22-4490	岩見沢市、夕張市、美唄市、三笠市、樺戸郡のうち月形町、浦臼町、空知郡のうち南幌町、夕張郡
05	旭川	〒078-8505 旭川市宮前１条 3-3-15 旭川合同庁舎西館６階 0166-99-4706	旭川市、富良野市、上川郡のうち鷹栖町、東神楽町、当麻町、比布町、愛別町、上川町、東川町、美瑛町、空知郡のうち上富良野町、中富良野町、南富良野町、勇払郡のうち占冠村
06	帯広	〒080-0016 帯広市西六条南７丁目３ 帯広地方合同庁舎 0155-97-1245	帯広市、河東郡、河西郡、広尾郡、中川郡（名寄労働基準監督署の管轄区域を除く。）、十勝郡、足寄郡、上川郡のうち新得町、清水町
07	滝川	〒073-8502 滝川市緑町 2-5-30 0125-24-7361	滝川市、芦別市、赤平市、砂川市、歌志内市、深川市、雨竜郡、空知郡のうち奈井江町、上砂川町、樺戸郡のうち新十津川町、石狩市のうち浜益区
08	北見	〒090-8540 北見市青葉町 6-8 北見地方合同庁舎 0157-88-3985	北見市、網走市、網走郡、常呂郡、斜里郡、紋別郡のうち湧別町、遠軽町
09	室蘭	〒051-0023 室蘭市入江町 1-13 室蘭地方合同庁舎 0143-23-6131	室蘭市、登別市、伊達市、有珠郡、虻田郡のうち洞爺湖町、豊浦町
17	苫小牧	〒053-8540 苫小牧市港町 1-6-15 苫小牧港湾合同庁舎 0144-88-8901	苫小牧市、千歳市、白老郡、勇払郡（旭川労働基準監督署の管轄区域を除く。）
10	釧路	〒085-8510 釧路市柏木町 2-12 0154-45-7837	釧路市、根室市、釧路郡、厚岸郡、川上郡、阿寒郡、白糠郡、野付郡、標津郡、目梨郡
11	名寄	〒096-0014 名寄市西四条南 9-16 01654-2-3186	名寄市、紋別市、士別市、中川郡のうち美深町、音威子府村、中川町、紋別郡（北見労働基準監督署の管轄区域を除く。）、上川郡のうち剣淵町、和寒町、下川町

１３	留　萌	〒077-0048 留萌市大町 2 留萌地方合同庁舎 0164-42-0463	留萌市、増毛郡、留萌郡、苫前郡
１４	稚　内	〒097-0001 稚内市末広 5-6-1 0162-73-0777	稚内市、宗谷郡、枝幸郡、礼文郡、利尻郡、天塩郡
１５	浦　河	〒057-0034 浦河郡浦河町堺町西 1-3-31 0146-22-2113	沙流郡、新冠郡、浦河郡、様似郡、幌泉郡、日高郡
１２	小樽署倶知安支署	〒044-0011 虻田郡倶知安町南一条東 3-1 倶知安地方合同庁舎 4 階 0136-22-0206	寿都郡、磯谷郡、岩内郡、古宇郡、島牧郡、虻田郡（室蘭労働基準監督署管轄区域を除く）
青　森			
０１	青　森	〒030-0861 青森市長島 1-3-5 青森第 2 合同庁舎 8 階 017-734-4444	青森市（弘前労働基準監督署の管轄区域を除く。）、東津軽郡
０２	弘　前	〒036-8172 弘前市大字南富田町 5-1 0172-33-6411	青森市のうち浪岡、弘前市、黒石市、平川市、中津軽郡、南津軽郡
０３	八　戸	〒039-1166 八戸市根城 9-13-9 八戸合同庁舎 1 階 0178-46-3311	八戸市、三戸郡
０４	五所川原	〒037-0004 五所川原市大字唐笠柳字藤巻 507-5 五所川原合同庁舎 3 階 0173-35-2309	五所川原市、つがる市、北津軽郡、西津軽郡
０５	十和田	〒034-0082 十和田市西二番町 14-12 十和田奥入瀬合同庁舎 3 階 0176-23-2780	十和田市、三沢市、上北郡（むつ労働基準監督署の管轄区域を除く。）
０６	む　つ	〒035-0072 むつ市金谷 2-6-15 下北合同庁舎 4 階 0175-22-3136	むつ市、下北郡、上北郡のうち横浜町、六ヶ所村
岩　手			
０１	盛　岡	〒020-8523 盛岡市盛岡駅西通1丁目9-15 盛岡第 2 合同庁舎 6 階 019-604-2530	盛岡市、八幡平市、滝沢市、岩手郡、紫波郡
０２	宮　古	〒027-0073 宮古市緑ケ丘 5-29 0193-62-6455	宮古市、下閉伊郡（二戸労働基準監督署の管轄区域を除く。）
０４	釜　石	〒026-0041 釜石市上中島町 4-3-50 NTT 東日本上中島ビル 1 階 0193-23-0651	釜石市、遠野市（花巻労働基準監督署の管轄区域を除く）、上閉伊郡
０３	花　巻	〒025-0076 花巻市城内 9-27 花巻合同庁舎 2 階 0198-23-5231	花巻市、北上市、遠野市のうち宮守町、奥州市（一関労働基準監督署の管轄区域を除く）、和賀郡、胆沢郡
０５	一　関	〒021-0864 一関市旭町 5-11 0191-23-4125	一関市、西磐井郡、奥州市のうち前沢区、衣川区

07	大船渡	〒022-0002 大船渡市大船渡町字台 13-14 0192-26-5231	大船渡市、陸前高田市、気仙郡
06	二戸	〒028-6103 二戸市石切所字荷渡 6-1 二戸合同庁舎　0195-23-4131	久慈市、二戸市、二戸郡、下閉伊郡のうち普代村、九戸郡
宮城			
01	仙台	〒983-8507 仙台市宮城野区鉄砲町 1 番地 仙台第四合同庁舎 022-299-9074	仙台市、塩釜市、名取市、岩沼市、多賀城市、富谷市、亘理郡、宮城郡
02	石巻 石巻 気仙沼 臨時窓口	〒986-0832 石巻市泉町 4-1-18 石巻合同庁舎　0225-22-3365 〒988-0077 気仙沼市古町 3-3-8 気仙沼駅前プラザ 2 階 0226-25-6921	石巻市、気仙沼市、東松島市、牡鹿郡、本吉郡
03	古川	〒989-6161 大崎市古川駅南 2-9-47 0229-22-2112	大崎市、黒川郡のうち大和町･大郷町･大衡村、加美郡、遠田郡
04	大河原	〒989-1246 柴田郡大河原町字新東 24-25 0224-53-2154	白石市、角田市、刈田郡、柴田郡、伊具郡
06	瀬峰	〒989-4521 栗原市瀬峰下田 50-8 0228-38-3131	登米市、栗原市
秋田			
01	秋田	〒010-0951 秋田市山王 7-1-4 秋田第 2 合同庁舎 018-865-3671	秋田市、男鹿市、潟上市、南秋田郡
02	能代	〒016-0895 能代市末広町 4-20 能代地方合同庁舎 0185-52-6151	能代市、山本郡
03	大館	〒017-0897 大館市字三の丸 6-2 0186-42-4033	大館市、鹿角市、北秋田市、北秋田郡、鹿角郡
04	横手	〒013-0033 横手市旭川 1-2-23 0182-32-3111	横手市、湯沢市、雄勝郡
05	大曲	〒014-0063 大仙市大曲日の出町 1-3-4 0187-63-5151	大仙市、仙北市、仙北郡
06	本荘	〒015-0874 由利本荘市給人町 17 本荘合同庁舎 2F 0184-22-4124	由利本荘市、にかほ市
山形			
01	山形	〒990-0041 山形市緑町 1-5-48 山形地方合同庁舎 023-624-6211	山形市、上山市、寒河江市、天童市、東村山郡、西村山郡
02	米沢	〒992-0012 米沢市金池 3-1-39 米沢地方合同庁舎 0238-23-7120	米沢市、長井市、南陽市、東置賜郡、西置賜郡
03	庄内	〒997-0047 鶴岡市大塚町 17-27 鶴岡合同庁舎　0235-22-0714	鶴岡市、酒田市、東田川郡、飽海郡

0 5	新　　庄	〒996-0011 新庄市東谷地田町 6-4 新庄合同庁舎 0233-22-0227	新庄市、最上郡
0 6	村　　山	〒995-0021 村山市楯岡楯 2-28 村山地方合同庁舎 2 階 0237-55-2815	村山市、東根市、尾花沢市、北村山郡
福　島			
0 1	福　　島	〒960-8021 福島市霞町 1-46 福島合同庁舎 1F 024-536-4611	福島市、二本松市、伊達市、伊達郡、相馬郡のうち飯舘村
0 2	郡　　山	〒963-8025 郡山市富久山町久保田愛宕 78-1　2F　024-922-1370	郡山市、田村市、本宮市、安達郡、田村郡
0 3	い わ き	〒970-8026 いわき市平堂根町 4-11 いわき地方合同庁舎 4 F 0246-23-2255	いわき市
0 4	会　　津	〒965-0803 会津若松市城前 2-10 0242-26-6494	会津若松市、大沼郡、南会津郡、耶麻郡のうち磐梯町、猪苗代町、河沼郡
0 6	白　　河	〒961-0074 白河市郭内 1-136 0248-24-1391	白河市、西白河郡、東白川郡
0 5	須 賀 川	〒962-0834 須賀川市旭町 204-1 0248-75-3519	須賀川市、岩瀬郡、石川郡
0 7	会津署喜多方支署	〒966-0896 喜多方市諏訪 91 0241-22-4211	喜多方市、耶麻郡のうち西会津町、北塩原村
0 8	相　　馬	〒976-0042 相馬市中村字桜ケ丘 68 0244-36-4175	相馬市、南相馬市、相馬郡のうち新地町
0 9	富　　岡	〒979-1112 双葉郡富岡町中央 2-104 0240-22-3003	双葉郡
茨　城			
0 1	水　　戸	〒310-0015 水戸市宮町 1 丁目 8-31 茨城労働総合庁舎 029-226-2237	水戸市、常陸太田市、笠間市、ひたちなか市、常陸大宮市、那珂市、東茨城郡、那珂郡、久慈郡
0 2	日　　立	〒317-0073 日立市幸町 2-9-4 0294-22-5187	日立市、高萩市、北茨城市
0 3	土　　浦	〒300-0805 土浦市宍塚 1838 土浦労働総合庁舎 4 階 029-821-5127	土浦市、石岡市、つくば市、かすみがうら市、小美玉市、稲敷郡のうち阿見町
0 4	筑　　西	〒308-0825 筑西市下中山 581-2 0296-22-4564	筑西市、結城市、下妻市、桜川市、結城郡
0 5	古　　河	〒306-0011 古河市東 3-7-32 0280-32-3232	古河市、猿島郡
0 7	常　　総	〒303-0022 常総市水海道淵頭町 3114-4 0297-22-0264	常総市、守谷市、坂東市、つくばみらい市
0 8	龍 ヶ 崎	〒301-0005 龍ヶ崎市川原代町 4-6336-1 0297-62-3331	龍ヶ崎市、取手市、牛久市、稲敷市、稲敷郡（土浦労働基準監督署の管轄区域を除く。）、北相馬郡

０９	鹿　　嶋	〒314-0031 鹿嶋市宮中 1995-1 鹿嶋労働総合庁舎 0299-83-8461	鹿嶋市、潮来市、神栖市、行方市、鉾田市
栃　木			
０１	宇都宮	〒320-0845 宇都宮市明保野町 1-4 宇都宮第 2 地方合同庁舎別館 028-633-4251	宇都宮市、さくら市、那須烏山市、塩谷郡のうち高根沢町、那須郡のうち那珂川町
０２	足　　利	〒326-0807 足利市大正町 864 0284-41-1188	足利市
０３	栃　　木	〒328-0042 栃木市沼和田町 20-24 0282-24-7766	栃木市、佐野市、小山市、下野市、下都賀郡
０５	鹿　　沼	〒322-0063 鹿沼市戸張町 2365-5 0289-64-3215	鹿沼市
０６	大田原	〒324-0041 大田原市本町 2-2828-19 0287-22-2279	大田原市、矢板市、那須塩原市、那須郡のうち那須町
０７	日　　光	〒321-1261 日光市今市 305-1 0288-22-0273	日光市、塩谷郡のうち塩谷町
０８	真　　岡	〒321-4305 真岡市荒町 5203 0285-82-4443	真岡市、河内郡、芳賀郡
群　馬			
０１	高　　崎	〒370-0045 高崎市東町 134-12 高崎地方合同庁舎 027-322-4661	高崎市（藤岡労働基準監督署の管轄区域を除く）、富岡市、安中市、甘楽郡
０２	前　　橋	〒371-0026 前橋市大手町 2-3-1 前橋地方合同庁舎 027-896-3019	前橋市、渋川市、北群馬郡、伊勢崎市、佐波郡
	前橋伊勢崎分庁舎	〒372-0024 伊勢崎市下植木町 517 0270-25-3363	
０４	桐　　生	〒376-0045 桐生市末広町 13 番地 5 桐生地方合同庁舎 0277-44-3523	桐生市、みどり市
０５	太　　田	〒373-0817 太田市飯塚町 104-1 0276-45-9920	太田市、館林市、邑楽郡
０６	沼　　田	〒378-0031 沼田市薄根町 4468-4 0278-23-0323	沼田市、利根郡
０７	藤　　岡	〒375-0014 藤岡市下栗須 124-10 0274-22-1418	藤岡市、多野郡、高崎市のうち新町、吉井町
０８	中之条	〒377-0424 吾妻郡中之条町中之条 664-1 0279-75-3034	吾妻郡
埼　玉			
０１	さいたま	〒330-6014 さいたま市中央区新都心 11-2 ランド・アクシス・タワー 14F 048-600-4803	さいたま市（岩槻区を除く。）、鴻巣市（旧川里町を除く。）、上尾市、朝霞市、志木市、和光市、新座市、桶川市、北本市、伊奈町

02	川口	〒332-0015 川口市川口 2-10-2 048-252-3774	川口市、蕨市、戸田市
04	熊谷	〒360-0856 熊谷市別府 5-95 048-533-3611	熊谷市、深谷市、本庄市、寄居町、神川町、上里町、美里町
05	川越	〒350-1118 川越市豊田本 1-19-8 川越地方合同庁舎 049-242-0893	川越市、東松山市、富士見市、ふじみ野市、坂戸市、鶴ヶ島市、小川町、嵐山町、越生町、川島町、吉見町、毛呂山町、鳩山町、滑川町、ときがわ町、東秩父村
06	春日部	〒344-8506 春日部市南 3-10-13 048-735-5226	春日部市、さいたま市のうち岩槻区、久喜市、草加市、越谷市、三郷市、八潮市、蓮田市、幸手市、吉川市、白岡市、宮代町、杉戸町、松伏町
07	所沢	〒359-0042 所沢市並木 6-1-3 所沢地方合同庁舎 04-2995-2586	所沢市、飯能市、狭山市、入間市、日高市、三芳町
08	行田	〒361-8504 行田市桜町 2-6-14 048-556-4195	行田市、加須市、羽生市、鴻巣市（のうち旧川里町 赤城、赤城台、新井、上会下、北根、屈巣、境、関新田、広田）
09	秩父	〒368-8609 秩父市上宮地町 23-24 0494-22-3725	秩父市、皆野町、長瀞町、小鹿野町、横瀬町
千葉			
01	千葉	〒260-8506 千葉市中央区中央 4-11-1 千葉第 2 地方合同庁舎 3 階 業務課（庶務、経理） 043-308-0670 方面（賃金・解雇・労働時間等） 043-308-0671 安全衛生課 043-308-0672 労災第一・第二課 043-308-0673	千葉市、市原市、四街道市
02	船橋	〒273-0022 船橋市海神町 2-3-13 業務課 047-431-0181 方面（労働基準法関係） 047-431-0182 労災課（労災保険法関係） 047-431-0183 安全衛生課（安衛法関係） 047-431-0196	船橋市、市川市、習志野市、八千代市、鎌ヶ谷市、浦安市、白井市
03	柏	〒277-0021 柏市中央町 3-2 柏トーセイビル 3 階 04-7163-0245	柏市、松戸市、野田市、流山市、我孫子市
04	銚子	〒288-0041 銚子市中央町 8-16 0479-22-8100	銚子市、匝瑳市、旭市、香取郡のうち東庄町
06	木更津	〒292-0831 木更津市富士見 2-4-14 木更津地方合同庁舎 0438-22-6165	木更津市、君津市、富津市、袖ヶ浦市、館山市、鴨川市、南房総市、安房郡
07	茂原	〒297-0018 茂原市萩原町 3-20-3 0475-22-4551	茂原市、勝浦市、いすみ市、長生郡、夷隅郡
08	成田	〒286-0134 成田市東和田 553-4 0476-22-5666	成田市、香取市、印西市、富里市、印旛郡（東金労働基準監督署の管轄区域を除く。）、香取郡（銚子労働基準監督署の管轄区域を除く。）

０９	東　金	〒283-0005 東金市田間65 0475-52-4358	東金市、佐倉市、八街市、山武市、大網白里市、山武郡、印旛郡のうち酒々井町
東　京			
０１	中　央	〒112-8573 文京区後楽1-9-20 飯田橋合同庁舎６・７階 方面（労働条件、解雇、賃金） 03-5803-7381 安全衛生課　03-5803-7382 労災課　03-5803-7383	千代田区、中央区、文京区、大島町、八丈町、利島村、新島村、神津島村、三宅村、御蔵島村、青ヶ島村
０３	上　野	〒110-0008 台東区池之端1-2-22 上野合同庁舎７階 方面　03-6872-1230 安全衛生課　03-6872-1315 労災課　03-6872-1316	台東区
０４	三　田	〒108-0014 港区芝5-35-2 安全衛生総合会館３階 方面（労働条件、解雇、賃金） 03-3452-5473 安全衛生課　03-3452-5474 労災課　03-3452-5472	港区
０５	品　川	〒141-0021 品川区上大崎3-13-26（２階～４階） 方面（労働条件、解雇、賃金） 03-3443-5742 安全衛生課　03-3443-5743 労災課　03-3443-5744	品川区、目黒区
０６	大　田	〒144-8606 大田区蒲田5-40-3 TT蒲田駅前ビル８・９階 方面（労働条件、解雇、賃金） 03-3732-0174 安全衛生課　03-3732-0175 労災課　03-3732-0173	大田区
０７	渋　谷	〒150-0041 渋谷区神南1-3-5 渋谷神南合同庁舎５・６階 方面（労働条件、解雇、賃金） 03-3780-6527 安全衛生課　03-3780-6535 労災課　03-3780-6507	渋谷区、世田谷区
０８	新　宿	〒169-0073 新宿区百人町4-4-1 新宿労働総合庁舎４・５階 方面（労働条件、解雇、賃金） 03-3361-3949 安全衛生課　03-3361-3974 労災課　03-3361-4402	新宿区、中野区、杉並区

09	池袋	〒171-8502 豊島区池袋 4-30-20 豊島地方合同庁舎 1 階 方面（労働条件、解雇、賃金） 03-3971-1257 安全衛生課 03-3971-1258 労災課 03-3971-1259	豊島区、板橋区、練馬区
10	王子	〒115-0045 北区赤羽 2-8-5 方面 03-6679-0183 安全衛生課 03-6679-0186 労災課 03-6679-0226	北区
11	足立	〒120-0026 足立区千住旭町 4-21 足立地方合同庁舎 4 階 方面（労働条件、解雇、賃金） 03-3882-1188 安全衛生課 03-3882-1190 労災課 03-3882-1189	足立区、荒川区
12	向島	〒131-0032 墨田区東向島 4-33-13 方面（労働条件、解雇、賃金） 03-5630-1031 安全衛生課 03-5630-1032 労災課 03-5630-1033	墨田区、葛飾区
13	亀戸	〒136-8513 江東区亀戸 2-19-1 カメリアプラザ 8 階 方面（労働条件、解雇、賃金） 03-3637-8130 安全衛生課 03-3637-8131 労災課 03-3637-8132	江東区
14	江戸川	〒134-0091 江戸川区船堀 2-4-11 方面 03-6681-8212 安全衛生課 03-6681-8213 労災課 03-6681-8232	江戸川区
15	八王子	〒192-0046 八王子市明神町 4-21-2 八王子地方合同庁舎 3 階 方面 042-680-8752 安全衛生課 042-680-8785 労災課 042-680-8923	八王子市、日野市、多摩市、稲城市
16	立川	〒190-8516 立川市緑町 4-2 立川地方合同庁舎 3 階 方面（労働条件、解雇、賃金） 042-523-4472 安全衛生課 042-523-4473 労災課 042-523-4474	立川市、昭島市、府中市、小金井市、小平市、東村山市、国分寺市、国立市、東大和市、武蔵村山市
17	青梅	〒198-0042 青梅市東青梅 2-6-2 監督課 0428-28-8752 安全衛生課 0428-28-0331 労災課 0428-28-0392	青梅市、福生市、あきる野市、羽村市、西多摩郡

18	三　　鷹	〒180-8518 武蔵野市御殿山 1-1-3 クリスタルパークビル３階 方面 0422-67-0651 安全衛生課 0422-67-1502 労災課 0422-67-3422	三鷹市、武蔵野市、調布市、狛江市、清瀬市、東久留米市、西東京市
19	八王子署 町田支署	〒194-0022 町田市森野 2-28-14 町田地方合同庁舎２階 042-724-6881	町田市
20	小笠原総合事務所	〒100-2101 東京都小笠原村父島字東町152 04998-2-2245	小笠原村
神奈川			
01	横浜南	〒231-0003 横浜市中区北仲通５丁目 57 番地 横浜第２合同庁舎９階 045-211-7376	横浜市のうち中区、南区、港南区、磯子区、金沢区
06	横浜北	〒222-0033 横浜市港北区新横浜 2-4-1 日本生命新横浜ビル３・４階 045-474-1253	横浜市のうち神奈川区、西区、港北区、緑区、青葉区、都筑区
12	横浜西	〒240-8612 横浜市保土ヶ谷区岩井町 1-7 保土ヶ谷駅ビル４階 045-287-0275	横浜市のうち栄区、戸塚区、泉区、瀬谷区、保土ヶ谷区、旭区
03	川崎南	〒210-0012 川崎市川崎区宮前町 8-2 044-244-1272	川崎市のうち川崎区、幸区、横浜市鶴見区のうち扇島
04	川崎北	〒213-0001 川崎市高津区溝口 1-21-9 044-382-3192	川崎市のうち中原区、高津区、多摩区、宮前区、麻生区
02	鶴　　見	〒230-0051 横浜市鶴見区鶴見中央 2-6-18 045-279-5487	横浜市のうち鶴見区（川崎南労働基準監督署の管轄区域を除く。）
05	横須賀	〒238-0005 横須賀市新港町 1-8 横須賀地方合同庁舎５階 046-823-0858	横須賀市、逗子市、三浦市、三浦郡
07	平　　塚	〒254-0041 平塚市浅間町 10-22 平塚地方合同庁舎３階 0463-43-8616	平塚市、秦野市、伊勢原市、中郡
08	藤　　沢	〒251-0054 藤沢市朝日町 5-12 藤沢労働総合庁舎３階 0466-97-6749	藤沢市、鎌倉市、茅ヶ崎市、高座郡
09	小田原	〒250-0011 小田原市栄町 1-1-15 ミナカ小田原９階 0465-22-7152	小田原市、南足柄市、足柄上郡、足柄下郡

10	厚　木	〒243-0018 厚木市中町 3-2-6 厚木Ｔビル５階 046-401-1642	厚木市、大和市、海老名市、座間市、綾瀬市、愛甲郡
11	相模原	〒252-0236 相模原市中央区富士見 6-10-10 相模原地方合同庁舎４階 042-861-8632	相模原市
新潟			
01	新　潟	〒950-8624 新潟市中央区美咲町 1-2-1 新潟美咲合同庁舎２号館 025-288-3574	新潟市（新津労働基準監督署の管轄区域を除く）
02	長　岡	〒940-0082 長岡市千歳 1-3-88 長岡地方合同庁舎 0258-33-8711	長岡市（小出労働基準監督署の管轄区域を除く）、柏崎市、三島郡、刈羽郡
03	上　越	〒943-0803 上越市春日野 1-5-22 上越地方合同庁舎 025-524-2111	糸魚川市、妙高市、上越市
04	三　条	〒955-0055 三条市塚野目 2-5-11 0256-32-1150	三条市、加茂市、見附市、燕市、西蒲原郡、南蒲原郡
06	新発田	〒957-8506 新発田市日渡 96 新発田地方合同庁舎 0254-27-6680	新発田市、村上市、阿賀野市、胎内市、北蒲原郡、岩船郡
07	新　津	〒956-0864 新潟市秋葉区新津本町 4-18-8 新津労働総合庁舎 0250-22-4161	新潟市のうち秋葉区・南区、五泉市、東蒲原郡
08	小　出	〒946-0004 魚沼市大塚新田 87-3 025-792-0241	長岡市のうち川口相川、川口荒谷、川口牛ヶ島、東川口、川口木沢、川口田麦山、川口峠、川口中山、西川口、川口武道窪、川口和南津、小千谷市、魚沼市、南魚沼市、南魚沼郡
09	十日町	〒948-0073 十日町市稲荷町２丁目９番地３ 025-752-2079	十日町市、中魚沼郡
11	佐　渡	〒952-0016 佐渡市原黒 333-38 0259-23-4500	佐渡市
富山			
01	富　山	〒930-0008 富山市神通本町１丁目５番５ 富山労働総合庁舎２階 076-432-9143	富山市
02	高　岡	〒933-0046 高岡市中川本町 10-21 高岡法務合同庁舎２階 0766-89-1332	高岡市、氷見市、射水市
03	魚　津	〒937-0801 魚津市新金屋 1-12-31 魚津合同庁舎４階 0765-22-0579	魚津市、滑川市、黒部市、中新川郡、下新川郡

０４	砺　波	〒939-1367 砺波市広上町 5-3 0763-32-3323	砺波市、小矢部市、南砺市
石　川			
０１	金　沢	〒921-8013 金沢市新神田 4-3-10 金沢新神田合同庁舎３階 076-292-7938	金沢市、かほく市、白山市、野々市市、河北郡
０２	小　松	〒923-0868 小松市日の出町 1-120 小松日の出合同庁舎７階 0761-22-4317	小松市、加賀市、能美市、能美郡
０３	七　尾	〒926-0852 七尾市小島町西部２ 七尾地方合同庁舎２階 0767-52-3294	七尾市、羽咋市、鹿島郡、羽咋郡
０５	穴　水	〒927-0027 鳳珠郡穴水町川島キ 84 穴水地方合同庁舎２階 0768-52-1140	輪島市、珠洲市、鳳珠郡
福　井			
０１	福　井	〒910-0842 福井市開発 1-121-5 0776-54-7722	福井市、あわら市、坂井市、吉田郡
０２	敦　賀	〒914-0055 敦賀市鉄輪町 1-7-3 敦賀駅前合同庁舎２階 0770-22-0745	敦賀市、小浜市、三方郡、大飯郡、三方上中郡
０３	武　生	〒915-0814 越前市中央 1-6-4 0778-23-1440	鯖江市、越前市、今立郡、南条郡、丹生郡
０４	大　野	〒912-0052 大野市弥生町 1-31 0779-66-3838	大野市、勝山市
山　梨			
０１	甲　府	〒400-8579 甲府市下飯田 2-5-51 055-224-5616	甲府市、山梨市、韮崎市、南アルプス市、北杜市、甲斐市、笛吹市、甲州市、中央市、中巨摩郡
０２	都　留	〒402-0005 都留市四日市場 23-2 0554-43-2195	都留市、富士吉田市、大月市、上野原市、南都留郡、北都留郡
０３	鰍　沢	〒400-0601 南巨摩郡富士川町鰍沢 1760-1 0556-22-3181	南巨摩郡、西八代郡
長　野			
０１	松　本	〒390-0852 松本市大字島立 1696 0263-48-5693	松本市（大町労働基準監督の管轄区域を除く。）、塩尻市、安曇野市のうち明科東川手、明科中川手、明科光、明科七貴、明科南陸郷、東筑摩郡、木曽郡
０２	長　野	〒380-8573 長野市中御所１丁目 22-1 026-223-6310	長野市（中野労働基準監督署の管轄区域を除く。）、千曲市、上水内郡、埴科郡
０３	岡　谷	〒394-0027 岡谷市中央町 1-8-4 0266-22-3454	岡谷市、諏訪市、茅野市、諏訪郡
０４	上　田	〒386-0025 上田市天神 2-4-70 上田労働総合庁舎 0268-22-0338	上田市、東御市、小県郡

05	飯　田	〒395-0051 飯田市高羽町 6-1-5 飯田高羽合同庁舎 3F 0265-22-2635	飯田市、下伊那郡
06	中　野	〒383-0022 中野市中央 1-2-21 0269-22-2105	中野市、須坂市、飯山市、長野市のうち若穂綿内、若穂川田、若穂牛島、若穂保科、上高井郡、下高井郡、下水内郡
07	小　諸	〒384-0017 小諸市三和 1-6-22 0267-22-1760	小諸市、佐久市、北佐久郡、南佐久郡
08	伊　那	〒396-0015 伊那市中央 5033-2 0265-72-6181	伊那市、駒ヶ根市、上伊那郡
10	大　町	〒398-0002 大町市大町 2943-5 大町地方合同庁舎 4F 0261-22-2001	松本市のうち梓川上野、梓川梓、梓川倭、大町市、安曇野市（松本労働基準監督署の管轄区域を除く。）、北安曇郡
岐　阜			
01	岐　阜	〒500-8157 岐阜市五坪 1-9-1 岐阜労働総合庁舎 3F 058-247-2370	岐阜市、羽島市、各務原市、山県市、瑞穂市、本巣市、羽島郡、本巣郡
02	大　垣	〒503-0893 大垣市藤江町 1-1-1 0584-78-5082	大垣市、海津市、養老郡、不破郡、安八郡、揖斐郡
03	高　山	〒506-0009 高山市花岡町 3-6-6 0577-32-1180	高山市、飛騨市、下呂市、大野郡
04	多治見	〒507-0037 多治見市音羽町 5-39-1 多治見労働総合庁舎 3F 0572-22-6381	多治見市、瑞浪市、土岐市、可児市、可児郡
05	関	〒501-3803 関市西本郷通 3-1-15 0575-22-3251	関市、美濃市、美濃加茂市、加茂郡
06	恵　那	〒509-7203 恵那市長島町正家 1-3-12 恵那合同庁舎 2 階 0573-26-2175	恵那市、中津川市
07	岐阜八幡	〒501-4235 郡上市八幡町有坂 1209-2 郡上八幡地方合同庁舎 3F 0575-65-2101	郡上市
静　岡			
01	浜　松	〒430-8639 浜松市中区中央 1-12-4 浜松合同庁舎 8 階 （庶務関係） 053-456-8151 （労災関係） 053-456-8150 （安衛関係） 053-456-8149 （監督関係） 053-456-8148	浜松市、湖西市

0 2	静　　岡	〒 420-0858 静岡市葵区伝馬町 24-2 相川伝馬町ビル 2・3 階 （庶務関係） 054-252-8165 （監督関係） 054-252-8106 （安衛関係） 054-252-8107 （労災関係） 054-252-8108	静岡市
0 3	沼　　津	〒 410-0831 沼津市市場町 9-1 沼津合同庁舎 4 階 055-933-5830	沼津市、御殿場市、裾野市、駿東郡
0 5	三　　島 下田駐在 事 務 所	〒 411-0033 三島市文教町 1-3-112 三島労働総合庁舎 3 階 055-986-9100 〒 415-0036 下田市西本郷 2-55-33 下田地方合同庁舎 1 階 0558-22-0649	熱海市、三島市、伊東市、下田市、伊豆市、伊豆の国市、賀茂郡、田方郡
0 6	富　　士	〒 417-0041 富士市御幸町 13-28 0545-51-2255	富士市、富士宮市
0 7	磐　　田	〒 438-8585 磐田市見付 3599-6 磐田地方合同庁舎 4 階 0538-32-2205	磐田市、掛川市、袋井市、御前崎市、菊川市、周智郡
0 8	島　　田	〒 427-8508 島田市本通 1 丁目 4677-4 島田労働総合庁舎 3 階 0547-37-3148	島田市、焼津市、藤枝市、榛原郡、牧之原市
愛　知			
0 1	名古屋北	〒 461-8575 名古屋市東区白壁 1-15-1 名古屋合同庁舎第 3 号館 8 階 052-961-8655	名古屋市のうち東区、北区、中区、守山区、春日井市、小牧市
1 4	名古屋西	〒 453-0813 名古屋市中村区二ツ橋町 3-37 052-481-9534	名古屋市のうち西区、中村区、清須市、北名古屋市、西春日井郡
0 2	名古屋南	〒 455-8525 名古屋市港区港明 1-10-4 052-651-9209	名古屋市のうち中川区、港区、南区
0 3	名古屋東	〒 468-8551 名古屋市天白区中平 5-2101 052-800-0794	名古屋市のうち千種区、昭和区、瑞穂区、熱田区、緑区、名東区、天白区、豊明市、日進市、愛知郡東郷町
0 4	豊　　橋	〒 440-8506 豊橋市大国町 111 豊橋地方合同庁舎 6 階 0532-54-1194	豊橋市、豊川市、蒲郡市、新城市、田原市、北設楽郡
0 6	岡　　崎	〒 444-0813 岡崎市羽根町字北乾地 50-1 岡崎合同庁舎 5 階 0564-52-3163	岡崎市、額田郡
1 2	岡崎署西 尾 支 署	〒 445-0072 西尾市徳次町下十五夜 13 0563-57-7161	西尾市
1 5	豊　　田	〒 471-0867 豊田市常盤町 3-25-2 0565-30-7112	豊田市、みよし市

０７	一　　宮	〒491-0903 一宮市八幡 4-8-7 一宮労働総合庁舎２階 0586-80-8092	一宮市、稲沢市
０８	半　　田	〒475-8560 半田市宮路町 200-4 半田地方合同庁舎２階 0569-55-7392	半田市、常滑市、東海市、大府市、知多市、知多郡
０９	津　　島	〒496-0042 津島市寺前町 3-87-4 0567-26-4155	津島市、愛西市、弥富市、あま市、海部郡
１０	瀬　　戸	〒489-0881 瀬戸市熊野町 100 0561-82-2103	瀬戸市、尾張旭市、長久手市
１１	刈　　谷	〒448-0858 刈谷市若松町 1-46-1 刈谷合同庁舎３階 0566-21-9844	刈谷市、碧南市、安城市、知立市、高浜市
１３	江　　南	〒483-8162 江南市尾崎町河原 101 0587-54-2443	江南市、犬山市、岩倉市、丹羽郡
三　重			
０１	四 日 市	〒510-0064 四日市市新正 2-5-23 059-351-1661	四日市市、桑名市、いなべ市、桑名郡、員弁郡、三重郡
０２	松　　阪	〒515-0011 松阪市高町 493-6 松阪合同庁舎３階 0598-51-0015	松阪市、多気郡
０３	津	〒514-0002 津市島崎町 327 番２ 津第二地方合同庁舎１階 方面（監督）　059-227-1282 安全衛生課　059-227-1284 労災課　059-227-1286	津市、鈴鹿市、亀山市
０４	伊　　勢	〒516-0008 伊勢市船江 1-12-16 0596-28-2164	伊勢市、鳥羽市、志摩市、度会郡
０６	伊　　賀	〒518-0836 伊賀市緑ケ丘本町 1507-3 伊賀上野地方合同庁舎 0595-21-0802	伊賀市、名張市
０７	熊　　野	〒519-4324 熊野市井戸町 672-3 0597-85-2277	熊野市、尾鷲市、北牟婁郡、南牟婁郡
滋　賀			
０１	大　　津	〒520-0806 大津市打出浜 14-15 滋賀労働総合庁舎３階 077-522-6616	大津市、草津市、守山市、栗東市、野洲市、高島市
０２	彦　　根	〒522-0054 彦根市西今町 58-3 彦根地方合同庁舎３階 0749-22-0654	彦根市、長浜市、米原市、愛知郡、犬上郡
０４	東 近 江	〒527-8554 東近江市八日市緑町 8-14 0748-22-0394	近江八幡市、東近江市、甲賀市、湖南市、蒲生郡
京　都			

01	京都上	〒604-8467 京都市中京区西ノ京大炊御門町 19-19　075-462-5115	京都市のうち上京区、中京区、左京区、右京区、西京区、北区
02	京都下	〒600-8009 京都市下京区四条通室町東入函谷鉾町 101 アーバンネット四条烏丸ビル5階 075-254-3198	京都市のうち下京区、東山区、山科区、南区、長岡京市、向日市、乙訓郡
03	京都南	〒612-8108 京都市伏見区奉行前町6番地 075-601-8324	京都市のうち伏見区、宇治市、城陽市、京田辺市、木津川市、八幡市、久世郡、綴喜郡、相楽郡
04	福知山	〒620-0035 福知山市内記 1-10-29 福知山地方合同庁舎4階 0773-22-2181	福知山市、綾部市
05	舞鶴	〒624-0946 舞鶴市字下福井 901 舞鶴港湾合同庁舎6階 0773-75-0680	舞鶴市
06	丹後	〒627-0012 京丹後市峰山町杉谷 147-14 0772-62-1214	宮津市、京丹後市、与謝郡
07	園部	〒622-0003 南丹市園部町新町 118-13 0771-62-0567	亀岡市、南丹市、船井郡
大阪			
01	大阪中央	〒540-0003 大阪市中央区森ノ宮中央 1-15-10 06-7669-8728	大阪市のうち中央区、天王寺区、浪速区、東成区、生野区、城東区、鶴見区
02	大阪南	〒557-8502 大阪市西成区玉出中 2-13-27 06-7688-5582	大阪市のうち住之江区、住吉区、西成区、阿倍野区、東住吉区、平野区
04	天満	〒530-6007 大阪市北区天満橋 1-8-30 OAP タワー7階 06-7713-2005	大阪市のうち北区、都島区、旭区
05	大阪西	〒550-0014 大阪市西区北堀江 1-2-19 アステリオ北堀江ビル9階 06-7713-2023	大阪市のうち西区、港区、大正区
06	西野田	〒554-0012 大阪市此花区西九条 5-3-63 06-7669-8788	大阪市のうち此花区、西淀川区、福島区
07	淀川	〒532-8507 大阪市淀川区西三国 4-1-12 06-7668-0270	大阪市のうち淀川区、東淀川区、池田市、豊中市、箕面市、豊能郡
08	東大阪	〒577-0809 東大阪市永和 2-1-1 東大阪商工会議所3階 06-7713-2027	東大阪市、八尾市
09	岸和田	〒596-0073 岸和田市岸城町 23-16 072-498-1014	岸和田市、貝塚市、泉佐野市、泉南市、阪南市、泉南郡
10	堺	〒590-0078 堺市堺区南瓦町 2-29 堺地方合同庁舎3階 072-340-3835	堺市
11	羽曳野	〒583-0857 羽曳野市誉田 3-15-17 072-942-1309	富田林市、河内長野市、松原市、柏原市、羽曳野市、藤井寺市、大阪狭山市、南河内郡

12	北大阪	〒573-8512 枚方市東田宮1-6-8 072-391-5827	守口市、枚方市、寝屋川市、大東市、門真市、四條畷市、交野市
13	泉大津	〒595-0025 泉大津市旭町22-45 テクスピア大阪6階 0725-27-1212	泉大津市、和泉市、高石市、泉北郡
14	茨木	〒567-8530 茨木市上中条2-5-7 072-604-5310	茨木市、高槻市、吹田市、摂津市、三島郡
兵庫			
01	神戸東	〒650-0024 神戸市中央区海岸通29 神戸地方合同庁舎3階 078-389-5340	神戸市のうち灘区、中央区
02	神戸西	〒652-0802 神戸市兵庫区水木通10-1-5 078-570-0090	神戸市のうち兵庫区、北区、長田区、須磨区、垂水区、西区
03	尼崎	〒660-0892 尼崎市東難波町4-18-36 尼崎地方合同庁舎 06-7670-4921	尼崎市
04	姫路	〒670-0947 姫路市北条1-83 079-256-5788	姫路市、宍粟市、たつの市、神崎郡、揖保郡
05	伊丹	〒664-0881 伊丹市昆陽1-1-6 伊丹労働総合庁舎 072-772-6224	伊丹市、川西市、三田市、篠山市、川辺郡
06	西宮	〒662-0942 西宮市浜町7-35 西宮地方合同庁舎 0798-26-3733	西宮市、芦屋市、宝塚市、神戸市のうち東灘区
07	加古川	〒675-0017 加古川市野口町良野1737 079-458-8471	明石市、加古川市、三木市、高砂市、小野市、加古郡
08	西脇	〒677-0015 西脇市西脇885-30 西脇地方合同庁舎 0795-22-3366	西脇市、加西市、丹波市、加東市、多可郡
09	但馬	〒668-0031 豊岡市大手町9-15 0796-22-5145	豊岡市、養父市、朝来市、美方郡
10	相生	〒678-0031 相生市旭1-3-18 相生地方合同庁舎 0791-22-1020	相生市、赤穂市、赤穂郡、佐用郡
11	淡路	〒656-0014 洲本市桑間280-2 0799-22-2591	洲本市、南あわじ市、淡路市
奈良			
01	奈良	〒630-8301 奈良市高畑町552 奈良第2地方合同庁舎 0742-23-0435	奈良市、大和郡山市、天理市、生駒市、生駒郡、山辺郡
02	葛城	〒635-0095 大和高田市大中393 0745-52-5891	大和高田市、橿原市、御所市、香芝市、葛城市、北葛城郡、高市郡

0 3	桜　　井	〒633-0062　桜井市粟殿 1012 0744-42-6901	桜井市、宇陀市、磯城郡、宇陀郡、吉野郡のうち東吉野村
0 4	大　　淀	〒638-0821　吉野郡大淀町下渕 364-1 0747-52-0261	五條市、吉野郡（桜井労働基準監督署の管轄区域を除く。）
和歌山			
0 1	和 歌 山	〒640-8582　和歌山市黒田二丁目 3 番 3 号 和歌山労働総合庁舎 073-407-2200	和歌山市、海南市、岩出市、海草郡
0 2	御　　坊	〒644-0011　御坊市湯川町財部 1132 0738-22-3571	御坊市、有田市、有田郡、日高郡（田辺労働基準監督署の管轄区域を除く。）
0 3	橋　　本	〒648-0072　橋本市東家 6-9-2 0736-32-1190	橋本市、紀の川市、伊都郡
0 4	田　　辺	〒646-8511　田辺市明洋二丁目 24-1 0739-22-4694	田辺市、日高郡のうちみなべ町、西牟婁郡
0 5	新　　宮	〒647-0033　新宮市清水元 1-2-9 0735-22-5295	新宮市、東牟婁郡
鳥　取			
0 1	鳥　　取	〒680-0845　鳥取市富安 2-89-4 鳥取第 1 地方合同庁舎 4 階 0857-24-3211	鳥取市、岩美郡、八頭郡
0 2	米　　子	〒683-0067　米子市東町 124-16 米子地方合同庁舎 5 階 0859-34-2231	米子市、境港市、西伯郡、日野郡
0 3	倉　　吉	〒682-0816　倉吉市駄経寺町 2-15 倉吉地方合同庁舎 3 階 0858-22-6274	倉吉市、東伯郡
島　根			
0 1	松　　江	〒690-0841　松江市向島町 134 番 10 松江地方合同庁舎 2F 0852-31-1166	松江市、安来市、雲南市のうち大東町、加茂町、木次町、仁多郡、隠岐郡
	隠岐の島駐在事務所	〒685-0016　隠岐郡隠岐の島町城北町 55 隠岐の島地方合同庁舎 08512-2-0195	
0 2	出　　雲	〒693-0028　出雲市塩冶善行町 13-3 出雲地方合同庁舎 4F 0853-21-1240	出雲市、大田市、雲南市（松江労働基準監督署の管轄区域を除く。）、飯石郡
0 3	浜　　田	〒697-0026　浜田市田町 116-9 0855-22-1840	浜田市、江津市、邑智郡
0 4	益　　田	〒698-0027　益田市あけぼの東町 4-6 益田地方合同庁舎 0856-22-2351	益田市、鹿足郡
岡　山			
0 1	岡　　山	〒700-0913　岡山市北区大供 2-11-20 086-225-0591	岡山市、玉野市、瀬戸内市、吉備中央町のうち旧加茂川町地域

02	倉　敷	〒710-0047 倉敷市大島 407-1 086-422-8177	倉敷市、総社市、早島町
04	津　山	〒708-0022 津山市山下 9-6 津山労働総合庁舎 0868-22-7157	津山市、真庭市、美作市、久米南町、美咲町、勝央町、奈義町、鏡野町、西粟倉村、新庄村
05	笠　岡	〒714-0081 笠岡市笠岡 5891 笠岡労働総合庁舎 0865-62-4196	笠岡市、井原市、浅口市、里庄町、矢掛町
06	和　気	〒709-0442 和気郡和気町福富 313 0869-93-1358	備前市、赤磐市、和気町
07	新　見	〒718-0011 新見市新見 811-1 0867-72-1136	新見市、高梁市、加賀郡吉備中央町のうち旧賀陽町地域
広　島			
01	広島中央	〒730-8528 広島市中区上八丁堀 6-30 広島合同庁舎第 2 号館 1F 082-221-2460	広島市のうち中区、東区、南区、西区、安芸区、東広島市（呉労働基準監督署及び三原労働基準監督署の管轄区域を除く。）、安芸郡
02	呉	〒737-0051 呉市中央 3-9-15 呉地方合同庁舎 5F 0823-22-0005	呉市、東広島市のうち黒瀬町、黒瀬学園台、黒瀬春日野、黒瀬切田が丘、黒瀬桜が丘、黒瀬松ヶ丘、黒瀬楢原北、黒瀬楢原東、黒瀬楢原西、江田島市
03	福　山	〒720-8503 福山市旭町 1-7 084-923-0005	福山市、府中市、神石郡
04	三　原	〒723-0016 三原市宮沖 2-13-20 0848-63-3939	三原市、竹原市、東広島市のうち安芸津町、河内町、豊栄町、福富町、豊田郡
05	尾　道	〒722-0002 尾道市古浜町 27-13 尾道地方合同庁舎 0848-22-4158	尾道市、世羅郡
06	三　次	〒728-0013 三次市十日市東 1-9-9 0824-62-2104	三次市、安芸高田市、庄原市
07	広島北	〒731-0223 広島市安佐北区可部南 3-3-28 082-812-2115	広島市のうち安佐南区、安佐北区、山県郡
09	廿日市	〒738-0024 廿日市市新宮 1-15-40 廿日市地方合同庁舎 0829-32-1155	廿日市市、大竹市、広島市のうち佐伯区
山　口			
01	下　関	〒750-8522 下関市東大和町 2-5-15 083-266-5476	下関市
02	宇　部	〒755-0044 宇部市新町 10-33 宇部地方合同庁舎 4 階 0836-31-4500	宇部市、山陽小野田市、美祢市（秋芳町、美東町を除く。）
03	徳　山	〒745-0844 周南市速玉町 3-41 0834-21-1788	周南市（下松労働基準監督署の管轄区域を除く。）

0 4	下　　松	〒744-0078 下松市西市 2-10-25 0833-41-1780	下松市、光市、柳井市（岩国労働基準監督署の管轄区域を除く。）、周南市の旧熊毛町地域（大河内、奥関屋、勝間原、小松原、御所尾原、幸ヶ丘、新清光台、自由ヶ丘、清尾、鶴見台、中村、原、樋口、緑が丘、八代、安田、夢ケ丘、呼坂、清光台町、高水原、呼坂本町、熊毛中央町、勝間ケ丘、藤ケ台）、熊毛郡
0 5	岩　　国	〒740-0027 岩国市中津町 2-15-10 0827-24-1133	岩国市、柳井市のうち神代、大畠、遠崎、玖珂郡、大島郡
0 8	山　　口	〒753-0088 山口市中河原町 6-16 山口地方合同庁舎 1 号館 083-922-1238	山口市、防府市、美祢市のうち秋芳町、美東町
0 9	萩	〒758-0074 萩市大字平安古町 599-3 萩地方合同庁舎 0838-22-0750	萩市、長門市、阿武郡
徳　島			
0 1	徳　　島	〒770-8533 徳島市万代町 3-5 徳島第 2 地方合同庁舎 088-622-8138	徳島市、小松島市、吉野川市、名東郡、名西郡、勝浦郡
0 2	鳴　　門	〒772-0003 鳴門市撫養町南浜字馬目木 119-6 088-686-5164	鳴門市、阿波市、板野郡
0 3	三　　好	〒778-0002 三好市池田町マチ 2429-12 0883-72-1105	美馬市、三好市、美馬郡、三好郡
0 4	阿　　南	〒774-0011 阿南市領家町本荘ヶ内 120-6 0884-22-0890	阿南市、那賀郡、海部郡
香　川			
0 1	高　　松	〒760-0019 高松市サンポート 3 番 33 号 高松サンポート合同庁舎 2 階 087-811-8945	高松市（国分寺町を除く。）、香川郡、木田郡、小豆郡
	小豆島駐在事務所	〒761-4104 小豆郡土庄町甲 6195-11 0879-62-0097	小豆郡
0 2	丸　　亀	〒763-0034 丸亀市大手町 3-1-2 0877-22-6244	丸亀市（飯山町、綾歌町を除く。）、善通寺市、仲多度郡
0 3	坂　　出	〒762-0003 坂出市久米町 1-15-55 0877-46-3196	高松市のうち国分寺町、丸亀市のうち飯山町、綾歌町、坂出市、綾歌郡
0 4	観 音 寺	〒768-0060 観音寺市観音寺町甲 3167-1 0875-25-2138	観音寺市、三豊市
0 5	東かがわ	〒769-2601 東かがわ市三本松 591-1 大内地方合同庁舎 0879-25-3137	さぬき市、東かがわ市
愛　媛			
0 1	松　　山	〒791-8523 松山市六軒家町 3-27 松山労働総合庁舎 4F 089-917-5250	松山市、伊予市、東温市、伊予郡、上浮穴郡

02	新居浜	〒792-0025 新居浜市一宮町 1-5-3 0897-37-0151	今治市のうち宮窪町四阪島、新居浜市、西条市、四国中央市
03	今治	〒794-0042 今治市旭町 1-3-1 0898-32-4560	今治市（新居浜労働基準監督署の管轄区域を除く。）、越智郡
04	八幡浜	〒796-0031 八幡浜市江戸岡 1-1-10 0894-22-1750	八幡浜市、大洲市、西予市、西宇和郡、喜多郡
05	宇和島	〒798-0036 宇和島市天神町 4-40 宇和島地方合同庁舎 3 階 0895-22-4655	宇和島市、北宇和郡、南宇和郡
高知			
01	高知	〒781-9526 高知市南金田 1 番 39 088-885-6031	高知市、南国市、香美市、長岡郡、土佐郡、吾川郡（須崎労働基準監督署の管轄区域を除く。）
02	須崎	〒785-8511 須崎市緑町 7-11 0889-42-1866	土佐市、須崎市、吾川郡のうち仁淀川町、高岡郡
03	四万十	〒787-0012 四万十市右山五月町 3-12 中村地方合同庁舎 0880-35-3148	宿毛市、土佐清水市、四万十市、幡多郡
04	安芸	〒784-0001 安芸市矢ノ丸 2-1-6 安芸地方合同庁舎 0887-35-2128	室戸市、安芸市、香南市、安芸郡
福岡			
01	福岡中央	〒810-8605 福岡市中央区長浜 2-1-1 方面・監督 092-761-5607 安全衛生課 092-761-5608 労災課 092-761-5604	福岡市（東区を除く。）、春日市、大野城市、筑紫野市、太宰府市、糸島市、那珂川市
13	福岡東	〒813-0016 福岡市東区香椎浜 1-3-26 092-661-3770	福岡市のうち東区、宗像市、古賀市、福津市、糟屋郡
02	大牟田	〒836-8502 大牟田市小浜町 24-13 0944-53-3987	大牟田市、柳川市、みやま市
03	久留米	〒830-0037 久留米市諏訪野町 2401 0942-33-7251	久留米市、大川市、小郡市、うきは市、朝倉市、朝倉郡、三井郡、三潴郡
04	飯塚	〒820-0018 飯塚市芳雄町 13-6 飯塚合同庁舎 0948-22-3200	飯塚市、嘉麻市、嘉穂郡
06	北九州西	〒806-8540 北九州市八幡西区岸の浦 1-5-10 093-622-6550	北九州市のうち八幡西区、若松区、戸畑区、八幡東区、中間市、遠賀郡
07	北九州東	〒803-0814 北九州市小倉北区大手町 13-26 093-561-0881	北九州市のうち小倉北区、小倉南区
08	北九州東門司支署	〒800-0004 北九州市門司区北川町 1-18 093-381-5361	北九州市のうち門司区
09	田川	〒825-0013 田川市中央町 4-12 0947-42-0380	田川市、田川郡

１０	直　方	〒 822-0017 直方市殿町 9-17 0949-22-0544	直方市、宮若市、鞍手郡
１１	行　橋	〒 824-0005 行橋市中央 1-12-35 0930-23-0454	行橋市、豊前市、京都郡、築上郡
１２	八　女	〒 834-0047 八女市稲富 132 0943-23-2121	八女市、筑後市、八女郡
佐　賀			
０１	佐　賀	〒 840-0801 佐賀市駅前中央 3-3-20 佐賀第 2 合同庁舎 3F 0952-32-7133	佐賀市、鳥栖市、多久市、小城市、神埼市、神埼郡、三養基郡
０２	唐　津	〒 847-0861 唐津市二夕子 3-214-6 唐津港湾合同庁舎 1F 0955-73-2179	唐津市、東松浦郡
０３	武　雄	〒 843-0023 武雄市武雄町昭和 758 0954-22-2165	武雄市、鹿島市、嬉野市、杵島郡、藤津郡
０４	伊 万 里	〒 848-0027 伊万里市立花町大尾 1891-64 0955-23-4155	伊万里市、西松浦郡
長　崎			
０１	長　崎	〒 852-8542 長崎市岩川町 16-16 長崎合同庁舎 2F 095-846-6353	長崎市、五島市、西海市、西彼杵郡、南松浦郡
０２	佐 世 保	〒 857-0041 佐世保市木場田町 2-19 佐世保合同庁舎 3F 0956-24-4161	佐世保市（江迎労働基準監督署の管轄区域を除く。)、東彼杵郡（諫早労働基準監督署の管轄区域を除く。）北松浦郡（江迎労働基準監督署の管轄区域を除く。）
０３	江　迎	〒 859-6101 佐世保市江迎町長坂 123-19 0956-65-2141	佐世保市のうち江迎町、鹿町町、平戸市、松浦市、北松浦郡のうち佐々町
０４	島　原	〒 855-0033 島原市新馬場町 905-1 0957-62-5145	島原市、雲仙市、南島原市
０５	諫　早	〒 854-0081 諫早市栄田町 47-37 0957-26-3310	諫早市、大村市、東彼杵郡のうち東彼杵町
０６	対　馬	〒 817-0016 対馬市厳原町東里 341-42 厳原地方合同庁舎 0920-52-0234	対馬市、壱岐市
熊　本			
０１	熊　本	〒 862-8688 熊本市中央区大江 3-1-53 熊本第 2 合同庁舎 5 階 096-362-7100	熊本市（旧植木町を除く）、宇土市、宇城市、下益城郡、上益城郡
０２	八　代	〒 866-0852 八代市大手町 2-3-11 0965-32-3151	八代市、水俣市、八代郡、葦北郡
０３	玉　名	〒 865-0016 玉名市岩崎 273 玉名合同庁舎 5F 0968-73-4411	玉名市、荒尾市、玉名郡

04	人　吉	〒868-0014 人吉市下薩摩瀬町 1602-1 0966-22-5151	人吉市、球磨郡
05	天　草	〒863-0050 天草市丸尾町 16-48 0969-23-2266	天草市、上天草市、天草郡（苓北町）
06	菊　池	〒861-1306 菊池市大琳寺 236-4 0968-25-3136	熊本市のうち旧植木町、菊池市、山鹿市、合志市、菊池郡、阿蘇市、阿蘇郡
大　分			
01	大　分	〒870-0016 大分市新川町 2-1-36 大分合同庁舎 2F 097-535-1511	大分市、別府市、杵築市、由布市、国東市、東国東郡姫島村、速見郡
02	中　津	〒871-0031 中津市大字中殿 550 番地 20 中津合同庁舎 2F 0979-22-2720	中津市、豊後高田市、宇佐市
03	佐　伯	〒876-0811 佐伯市鶴谷町 1-3-28 佐伯労働総合庁舎 3F 0972-22-3421	佐伯市、臼杵市、津久見市
04	日　田	〒877-0012 日田市淡窓 1-1-61 0973-22-6191	日田市、玖珠郡
05	豊後大野	〒879-7131 豊後大野市三重町市場 1225-9 三重合同庁舎 4F 0974-22-0153	竹田市、豊後大野市
宮　崎			
01	宮　崎	〒880-0813 宮崎市丸島町 1-15 0985-29-6000	宮崎市、西都市、東諸県郡、児湯郡
02	延　岡	〒882-0803 延岡市大貫町 1-2885-1 延岡労働総合庁舎 3 階 0982-34-3331	延岡市、日向市、東臼杵郡、西臼杵郡
03	都　城	〒885-0072 都城市上町 2 街区 11 号 都城合同庁舎 6F 0986-23-0192	都城市、小林市、えびの市、北諸県郡、西諸県郡
04	日　南	〒887-0031 日南市戸高 1-3-17 0987-23-5277	日南市、串間市
鹿児島			
01	鹿児島	〒890-8545 鹿児島市薬師 1-6-3 099-214-9175	鹿児島市、枕崎市、指宿市、西之表市、日置市、いちき串木野市、南さつま市、南九州市、鹿児島郡、熊毛郡
02	川　内	〒895-0063 薩摩川内市若葉町 4-24 川内地方合同庁舎 0996-22-3225	薩摩川内市、阿久根市、出水市、薩摩郡、出水郡

０３	鹿　　屋	〒893-0064 鹿屋市西原 4-5-1 鹿屋合同庁舎 5 階 0994-43-3385	鹿屋市、垂水市、曽於市、志布志市、曽於郡、肝属郡
０４	加 治 木	〒899-5211 姶良市加治木町新富町 98-6 0995-63-2035	霧島市、姶良市、伊佐市、姶良郡
０７	名　　瀬	〒894-0036 奄美市名瀬長浜町 1-1 名瀬合同庁舎　0997-52-0574	奄美市、大島郡
沖　縄			
０１	那　　覇	〒900-0006 那覇市おもろまち 2-1-1 那覇第 2 地方合同庁舎 2F 098-868-3344	那覇市、浦添市、糸満市、豊見城市、南城市、島尻郡（名護労働基準監督署の管轄区域を除く。）、中頭郡のうち西原町
０２	沖　　縄	〒904-0003 沖縄市住吉 1-23-1 沖縄労働総合庁舎 3F 098-982-1263	沖縄市、宜野湾市、うるま市、中頭郡（那覇労働基準監督署の管轄区域を除く。）、国頭郡のうち金武町、宜野座村、恩納村
０３	名　　護	〒905-0011 名護市字宮里 452-3 名護地方合同庁舎 1F 0980-52-2691	名護市、国頭郡（沖縄労働基準監督署の管轄区域を除く。）、島尻郡のうち伊是名村、伊平屋村
０４	宮　　古	〒906-0013 宮古島市平良字下里 1016 平良地方合同庁舎 1F 0980-72-2303	宮古島市、宮古郡
０５	八 重 山	〒907-0004 石垣市登野城 55-4 石垣地方合同庁舎 2F 0980-82-2344	石垣市、八重山郡

公共職業安定所・所在地・管轄区域一覧

公共職業安定所		所在地及び電話番号	管轄区域
北海道			
0101	札　　幌	〒064-8609 札幌市中央区南十条西 14 丁目 011-562-0101	札幌市のうち中央区、南区、西区、手稲区
	ハローワークプラザ札幌	〒060-0004 札幌市中央区北四条西 5 丁目 大樹生命札幌共同ビル 5 階 011-242-8689	
0102	函　　館	〒040-8609 函館市新川町 26-6 函館地方合同庁舎分庁舎 0138-26-0735	函館市、北斗市、松前郡（松前町、福島町）、上磯郡（木古内町、知内町）、亀田郡（七飯町）、茅部郡（鹿部町、森町）、二海郡（八雲町）、山越郡（長万部町）、檜山郡（江差町、厚沢部町、上ノ国町）、爾志郡（乙部町）、久遠郡（せたな町）、奥尻郡（奥尻町）、瀬棚郡（今金町）
	ハローワークプラザ函館	〒041-0806 函館市美原 1-4-3 エスポワール石沢ビル 2 階 0138-45-8609	
	八雲（出）	〒049-3113 二海郡八雲町相生町 108-8 八雲地方合同庁舎 1 階 0137-62-2509	山越郡（長万部町）、瀬棚郡（今金町）、久遠郡（せたな町北檜山区、瀬棚区）、二海郡（八雲町のうち熊石を除く）
	江差（出）	〒043-8609 檜山郡江差町宇姥神町 167 江差地方合同庁舎 0139-52-0178	檜山郡（江差町、上ノ国町、厚沢部町）、爾志郡（乙部町）、久遠郡（せたな町大成区）、二海郡（八雲町熊石）、奥尻郡（奥尻町）
0103	旭　　川	〒070-0902 旭川市春光町 10-58 0166-51-0176	旭川市、富良野市、上川郡（鷹栖町、東神楽町、当麻町、比布町、愛別町、上川町、東川町、美瑛町）《帯広・名寄公共職業安定所の管轄区域を除く。》、空知郡のうち上富良野町、中富良野町、南富良野町、勇払郡のうち占冠村
	富良野（出）	〒076-8609 富良野市緑町 9-1 0167-23-4121	富良野市、空知郡のうち上富良野町、中富良野町、南富良野町、勇払郡のうち占冠村
0104	帯　　広	〒080-8609 帯広市西五条南 5-2 0155-23-8296	帯広市、河西郡（芽室町、更別村、中札内村）、上川郡のうち新得町、清水町、河東郡（音更町、上士幌町、鹿追町、士幌町）、中川郡（幕別町、池田町、豊頃町、本別町）《名寄公共職業安定所の管轄区域を除く。》、十勝郡（浦幌町）、広尾郡（大樹町、広尾町）、足寄郡（足寄町、陸別町）
	しごとプラザ帯広	〒080-0012 帯広市西二条南 12-4 エスタ帯広東館 2 階 0155-26-1810	
	池田（分）	〒083-0022 中川郡池田町西二条 2-10 0155-72-2561	中川郡のうち池田町、豊頃町、本別町、十勝郡（浦幌町）、足寄郡のうち足寄町、陸別町

0105	北　　見	〒090-0018 北見市青葉町 6-8 北見地方合同庁舎 0157-23-6251	北見市《網走公共職業安定所の管轄区域を除く。》、網走郡のうち津別町、美幌町、常呂郡、紋別郡（遠軽町、湧別町）《紋別公共職業安定所の管轄区域を除く。》
	美幌（分）	〒092-0004 網走郡美幌町仲町 1-44 0152-73-3555	網走郡のうち美幌町、津別町
	遠軽（出）	〒099-0403 紋別郡遠軽町一条通北 4 0158-42-2779	紋別郡（遠軽町、湧別町）、常呂郡のうち佐呂間町
0106	紋　　別	〒094-8609 紋別市南が丘町 7-45-33 0158-23-5291	紋別市、紋別郡（北見公共職業安定所の管轄区域を除く。）
0107	小　　樽	〒047-8609 小樽市色内 1-10-15 0134-32-8689	小樽市、余市郡（余市町、仁木町、赤井川村）、積丹郡（積丹町）、古平郡（古平町）
	余市（分）	〒046-0004 余市郡余市町大川町 2-26 0135-22-3288	余市郡（余市町、仁木町、赤井川村）積丹郡（積丹町）、古平郡（古平町）
0108	滝　　川	〒073-0023 滝川市緑町 2-5-1 0125-22-3416	芦別市、赤平市、滝川市、砂川市、歌志内市、深川市、空知郡（上砂川町、奈井江町）《旭川公共職業安定所及び岩見沢公共職業安定所の管轄区域を除く。》、樺戸郡のうち新十津川町、石狩市のうち浜益区、雨竜郡（雨竜町、秩父別町、沼田町、北竜町、幌加内町、妹背牛町）
	深川（分）	〒074-0001 深川市一条 18-10 0164-23-2148	深川市、雨竜郡（妹背牛町、秩父別町、沼田町、北竜町、幌加内町、雨竜町）
	砂川（出）	〒073-0166 砂川市西六条北 5-1 0125-54-3147	砂川市、歌志内市、空知郡のうち上砂川町、奈井江町
0109	釧　　路	〒085-0832 釧路市富士見 3-2-3 0154-41-1201	釧路市、釧路郡（釧路町）、厚岸郡（厚岸町、浜中町）、川上郡（標茶町、弟子屈町）、阿寒郡（鶴居村）、白糠郡（白糠町）
	ハローワークプラザ釧路	〒085-0016 釧路市錦町 2-4 釧路フィッシャーマンズワーフ MOO 2階　0154-23-8609	
0110	室　　蘭	〒051-0022 室蘭市海岸町 1-20-28 0143-22-8689	室蘭市、登別市、伊達市、有珠郡、虻田郡のうち洞爺湖町、豊浦町
	ハローワークプラザ中島	〒050-0074 室蘭市中島 2-24-1 栗林中島ビル 1 階 0143-47-8103	
	伊達（分）	〒052-0025 伊達市網代町 5-4 0142-23-2034	伊達市、虻田郡のうち豊浦町、洞爺湖町、有珠郡
0111	岩 見 沢	〒068-8609 岩見沢市五条東 15 岩見沢地方合同庁舎 0126-22-3450	岩見沢市、美唄市、三笠市、空知郡のうち南幌町、樺戸郡（滝川公共職業安定所の管轄区域を除く。）
0112	稚　　内	〒097-8609 稚内市末広 4-1-25 0126-22-1120	稚内市、宗谷郡（猿払村）、天塩郡（天塩町、遠別町、豊富町、幌延町）、利尻郡（利尻町、利尻富士町）、礼文郡（礼文町）

0113	岩　　内	〒 045-8609 岩内郡岩内町字相生 199-1 0135-62-1262	岩内郡（岩内町、共和町）、磯谷郡（蘭越町）、寿都郡（黒松内町、寿都町）、島牧郡（島牧村）、古宇郡（神恵内村、泊村）、虻田郡（倶知安町、京極町、喜茂別町、留寿都村、ニセコ町、真狩村）《室蘭公共職業安定所の管轄区域を除く。》
	倶知安（分）	〒 044-0011 虻田郡倶知安町南 1 条東 3 丁目 1 番地 倶知安地方合同庁舎 0136-22-0248	虻田郡のうち倶知安町、京極町、喜茂別町、留寿都村、ニセコ町、真狩村
0114	留　　萌	〒 077-0048 留萌市大町 2-12 留萌地方合同庁舎 0164-42-0388	留萌市、留萌郡（小平町）、増毛郡（増毛町）、苫前郡（苫前町、羽幌町、初山別村）
0115	名　　寄	〒 096-8609 名寄市西五条南 10 丁目 01654-2-4326	名寄市、士別市、上川郡のうち和寒町、剣淵町、下川町、中川郡のうち美深町、音威子府村、中川町、枝幸郡（枝幸町、中頓別町、浜頓別町）
	士別（出）	〒 095-8609 士別市東四条 3 0165-23-3138	士別市、上川郡のうち和寒町、剣淵町
0116	浦　　河	〒 057-0033 浦河郡浦河町堺町東 1-5-21 0146-22-3036	新冠郡（新冠町）、浦河郡（浦河町）、様似郡（様似町）、幌泉郡（えりも町）、日高郡新ひだか町三石
	静内（分）	〒 056-0017 日高郡新ひだか町静内御幸町 2 丁目 1-40 ショッピングセンターピュア 3 階　0146-42-1734	新冠郡（新冠町）、日高郡新ひだか町静内
0118	網　　走	〒 093-8609 網走市大曲 1-1-3 0152-44-6287	北見市のうち常呂町、網走市、網走郡のうち大空町《北見公共職業安定所の管轄区域を除く。》、斜里郡（清里町、小清水町、斜里町）
0119	苫 小 牧	〒 053-8609 苫小牧市港町 1-6-15 苫小牧港湾合同庁舎 0144-32-5221	苫小牧市、勇払郡（安平町、むかわ町）《旭川公共職業安定所の管轄区域を除く。》、白老郡（白老町）、沙流郡（日高町、平取町）
	ハローワークプラザ苫小牧	〒 053-0022 苫小牧市表町 5-11-5 ふれんどビル 3 階 0144-35-8689	
0120	根　　室	〒 087-8609 根室市弥栄町 1-18 根室地方合同庁舎 4 階 0153-23-2161	根室市、野付郡（別海町）、標津郡（標津町、中標津町）、目梨郡（羅臼町）
	中標津（分）	〒 086-1002 標津郡中標津町東二条南 2-1-1 中標津経済センタービル 0153-72-2544	標津郡（中標津町、標津町）、目梨郡（羅臼町）
0123	札 幌 東	〒 062-8609 札幌市豊平区月寒東一条 3 丁目 2-10 011-853-0101	札幌市のうち白石区、厚別区、豊平区、清田区、江別市、北広島市、石狩郡のうち新篠津村
	江別（出）	〒 067-0014 江別市四条 1 丁目 011-382-2377	江別市、石狩郡のうち新篠津村

0124	札 幌 北	〒065-8609　札幌市東区北十六条東4丁目3-1 011-743-8609	札幌市のうち北区、東区、石狩市（浜益区を除く）、石狩郡（当別町）札幌東公共職業安定所・滝川公共職業安定所の管轄区域を除く。》
	ハローワークプラザ北24	〒001-0024　札幌市北区北24条西5丁目 札幌サンプラザ1階 011-738-3163	
0125	千　　歳	〒066-8609　千歳市東雲町4-2-6 0123-24-2177	千歳市、恵庭市、夕張市、夕張郡（長沼町、栗山町、由仁町）
	夕張（出）	〒068-0403　夕張市本町5-5 0123-52-4411	夕張市、夕張郡（長沼町、栗山町、由仁町）
青　森			
0201	青　　森	〒030-0822　青森市中央2-10-10 017-776-1561（代）	青森市（黒石公共職業安定所の管轄区域を除く。）東津軽郡
0202	八　　戸	〒031-0071　八戸市沼館4-7-120 0178-22-8609（代）	八戸市、三戸郡
0203	弘　　前	〒036-8502　弘前市大字南富田町5-1 0172-38-8609	弘前市、平川市（黒石公共職業安定所の管轄区域を除く。）、中津軽郡、南津軽郡（黒石職業安定所の管轄区域を除く。）、北津軽郡のうち板柳町
0204	む　　つ	〒035-0063　むつ市若松町10-3 0175-22-1331	むつ市、下北郡
0205	野 辺 地	〒039-3128　上北郡野辺地町字昼場12-1 0175-64-8609	上北郡（三沢公共職業安定所の管轄区域を除く。）
0206	五所川原	〒037-0067　五所川原市敷島町37-6 0173-34-3171	五所川原市、つがる市、西津軽郡、北津軽郡（弘前公共職業安定所の管轄区域を除く。）
0208	三　　沢	〒033-0031　三沢市桜町3-1-22 0176-53-4178	三沢市、上北郡のうち六戸町、おいらせ町
0208	十和田（出）	〒034-0082　十和田市西二番町14-12 十和田奥入瀬合同庁舎1階 0176-23-5361	十和田市
0209	黒　　石	〒036-0383　黒石市緑町2-214 0172-53-8609	青森市のうち浪岡、黒石市、平川市のうち小国浅瀬石山、小国川辺、小国川原田、小国館の沢、小国深沢、小国山下、小国横前沢、小国和古婦沢、切明浅瀬石山、切明上井戸、切明誉田邸、切明坂本、切明滝の森、切明滝候沢、切明津根川森、切明温川沢、切明温川森、切明蛍沢、切明山下、葛川浅瀬石山、葛川一本木平、葛川大川添、葛川折戸、葛川上の平、葛川唐川平、葛川葛川沢、葛川葛川平、葛川葛川出口、葛川毛無森、葛川砂子沢、葛川田の沢口、葛川長小股、葛川平六沢上、葛川平六村下、葛川家岸、金屋上松元、金屋中松元、金屋下松元、金屋西松元、金屋上早稲田、金屋中早稲田、金屋下早稲田、南田中村内、南

			田中北原、南田中西原、南田中中村井、南田中北林元、南田中東林元、南田中西林元、南田中南林元、南田中北村井、南田中南村井、南田中北細田、南田中南細田、南田中中細田、李平上安原、李平下安原、李平東豊田、李平西豊田、李平南豊田、李平北豊田、李平上山崎、李平西山崎、李平東和田、李平西和田、高木原富、高木原田、高木松元、高木岡崎、高木豊崎、高木阿部、高木豊岡、高木岡田、高木豊沖、高木豊田、尾上栄松、新屋町村元、新屋町道ノ下、新屋町田川、新屋町松下、新屋町松久、新屋町上沢田、新屋町下沢田、新屋町北鶉野、新屋町南鶉野、新屋町松居、原大野、原北原、原上原、猿賀浅井、猿賀南田、猿賀石林、猿賀南野、猿賀池上、猿賀遠林、猿賀上川、猿賀下川、猿賀上岡、猿賀安田、猿賀浅田、猿賀下岡、猿賀平塚、猿賀明堂、猿賀下野、猿賀池田、猿賀安岡、猿賀富岡、猿賀松枝、中佐渡南田、中佐渡村元、中佐渡前田、中佐渡鎌田、中佐渡石田、中佐渡上石田、中佐渡下石田、長田野田、長田元村、長田沼田、長田村下、八幡崎高原、八幡崎本林、八幡崎松枝、八幡崎宮本、八幡崎高野、八幡崎宮田、八幡崎松橋、八幡崎本宮、西野曽江川崎、西野曽江広田、西野曽江橋元、日沼高田、日沼李田、日沼樋田、日沼一本柳、日沼塚越、日沼富田、日沼河原田、日沼富岳、日沼下袋、日沼下川原、蒲田一本松、蒲田玉田、蒲田三原、蒲田豊田、蒲田元宮、蒲田豊富、新山松橋、新山早稲田、新山阿部、新山村元、新山柳田、南津軽郡のうち田舎館村
岩　手			
0301	盛　　岡	〒020-0885 盛岡市紺屋町 7-26 019-624-8902~8	盛岡市、八幡平市、滝沢市、紫波郡、岩手郡
	ハローワークプラザ盛岡菜園庁舎	〒020-0024 盛岡市菜園 1-12-18 盛岡菜園センタービル 2 階 019-623-4800	
0351	沼宮内（出）	〒028-4301 岩手郡岩手町大字沼宮内 7-11-3 0195-62-2139	岩手郡のうち岩手町、葛巻町
0302	釜　　石	〒026-0043 釜石市新町 6-55 0193-23-8609	釜石市、遠野市、上閉伊郡
0352	遠野（出）	〒028-0524 遠野市新町 2-7 0198-62-2842	遠野市
0303	宮　　古	〒027-0038 宮古市小山田 1-1-1 宮古合同庁舎 0193-63-8609	宮古市、下閉伊郡（久慈公共職業安定所の管轄区域を除く。）

0304	花　　巻	〒025-0076 花巻市城内9-27 花巻合同庁舎1階 0198-23-5118	花巻市
0305	一　　関	〒021-0026 一関市山目字前田13-3 0191-23-4135	一関市、西磐井郡
	ハローワークプラザ一関	〒021-0881 一関市新大町6-52 ガーデンよこや内 0191-31-5911	
0306	水　　沢	〒023-8502 奥州市水沢区東中通り1-5-35 0197-24-8609	奥州市、胆沢郡
0307	北　　上	〒024-0091 北上市大曲町5-17 0197-63-3314	北上市、和賀郡
	ハローワークプラザ北上	〒024-0092 北上市新穀町1-4-1 ツインモールプラザ西館2階 0197-65-5810	
0308	大 船 渡	〒022-0002 大船渡市大船渡町字赤沢17-3 大船渡合同庁舎 0192-27-4165	大船渡市、陸前高田市、気仙郡
0309	二　　戸	〒028-6103 二戸市石切所字荷渡6-1 二戸合同庁舎　0195-23-3341	二戸市、二戸郡、九戸郡のうち軽米町、九戸村
0310	久　　慈	〒028-0051 久慈市川崎町2-15 0194-53-3374	久慈市、九戸郡（二戸公共職業安定所の管轄区域を除く。）、下閉伊郡のうち普代村
宮　城			
0401	仙　　台	〒983-0852 仙台市宮城野区榴岡4-2-3 仙台ＭＴビル3階，4階，5階 022-299-8811（代）	仙台市、名取市、岩沼市、亘理郡、黒川郡（塩釜公共職業安定所の管轄区域を除く。）
	ハローワークプラザ青葉	〒980-0021 仙台市青葉区中央2-11-1 オルタス仙台ビル4階 022-266-8609	
	ハローワークプラザ泉	〒981-3133 仙台市泉区泉中央1-7-1 地下鉄泉中央駅ビル4階 022-771-1217	
	大和（出）	〒981-3626 黒川郡大和町吉岡南2丁目3-15　022-345-2350	黒川郡のうち、大和町、富谷町、大衡村
0402	石　　巻	〒986-0832 石巻市泉町4-1-18 石巻合同庁舎 0225-95-0158	石巻市、東松島市、牡鹿郡
0403	塩　　釜	〒985-0016 塩釜市港町1-4-1 マリンゲート塩釜3階 022-362-3361	塩釜市、多賀城市、黒川郡のうち大郷町、宮城郡
0404	古　　川	〒989-6143 大崎市古川中里6-7-10 古川合同庁舎 0229-22-2305	大崎市、加美郡、遠田郡
0405	大 河 原	〒989-1201 柴田郡大河原町字町向126-4 オーガ（orga）1階 0224-53-1042	白石市、角田市、刈田郡、柴田郡、伊具郡

0409	白石（出）	〒989-0229 白石市字銚子ヶ森 37-8 0224-25-3107	白石市、刈田郡
0406	築　館	〒987-2252 栗原市築館薬師 2-2-1 築館合同庁舎 0228-22-2531	栗原市
0407	迫	〒987-0511 登米市迫町佐沼字内町 42-10 0220-22-8609	登米市
0408	気仙沼	〒988-0077 気仙沼市古町 3-3-8 気仙沼駅前プラザ 2 階 0226-24-1716	気仙沼市、本吉郡
秋　田			
0501	秋　田	〒010-0065 秋田市茨島 1-12-16 018-864-4111（代）	秋田市、男鹿市、潟上市、南秋田郡
	ハローワークプラザアトリオン （マザーズ、コーナー秋田） （秋田新卒応援ハローワーク）	〒010-0001 秋田市中通 2-3-8 アトリオンビル 3 階 018-836-7820	
0509	男鹿（出）	〒010-0511 男鹿市船川港船川字新浜町 1-3　0185-23-2411	男鹿市
0502	能　代	〒016-0851 能代市緑町 5-29 0185-54-7311	能代市、山本郡
0503	大　館	〒017-0046 大館市清水 1-5-20 0186-42-2531	大館市、北秋田市、北秋田郡
0551	鷹巣（出）	〒018-3331 北秋田市鷹巣字東中岱 26-1 0186-60-1586	北秋田市、北秩田郡
0504	大　曲	〒014-0034 大仙市大曲住吉町 33-3 0187-63-0335	大仙市、仙北市、仙北郡
0552	角館（出）	〒014-0372 仙北市角館町小館 32-3 0187-54-2434	仙北市
0505	本　荘	〒015-0013 由利本荘市石脇字田尻野 18-1 0184-22-3421	由利本荘市、にかほ市
0506	横　手	〒013-0033 横手市旭川 1-2-26 0182-32-1165	横手市
0507	湯　沢	〒012-0033 湯沢市清水町 4-4-3 0183-73-6117	湯沢市、雄勝郡
0508	鹿　角	〒018-5201 鹿角市花輪字荒田 82-4 0186-23-2173	鹿角市、鹿角郡
山　形			
0601	山　形	〒990-0813 山形市桧町 2-6-13 023-684-1521（代）	山形市、上山市、天童市、東村山郡

	ハローワークプラザやまがた	〒990-0828 山形市双葉町 1-2-3 やまがた山形テルサ 1 階 023-646-7360	
	ハローワークやまがた天童ワークプラザ	〒994-0034 天童市本町 1-1-2 パルテ 1 階 023-654-5848	
0602	米　沢	〒992-0012 米沢市金池 3-1-39 米沢地方合同庁舎 0238-22-8155(代)	米沢市、南陽市、東置賜郡
0603	酒　田	〒998-8555 酒田市上安町 1-6-6 0234-27-3111(代)	酒田市、東田川郡のうち庄内町、飽海郡
	ハローワークプラザさかた	〒998-0044 酒田市中町 1-4-10 酒田市役所中町庁舎 2 階 0234-24-6611	
0604	鶴　岡	〒997-0035 鶴岡市馬場町 2-12 鶴岡第 2 地方合同庁舎 1 階 0235-25-2501(代)	鶴岡市、東田川郡（酒田公共職業安定所の管轄区域を除く。）
0605	新　庄	〒996-0011 新庄市東谷地田町 6-4 新庄合同庁舎内 0233-22-8609(代)	新庄市、最上郡
0606	長　井	〒993-0051 長井市幸町 15-5 0238-84-8609(代)	長井市、西置賜郡
0607	村　山	〒995-0034 村山市楯岡五日町 14-30 0237-55-8609(代)	村山市、東根市、尾花沢市、北村山郡
0608	寒 河 江	〒991-8505 寒河江市大字西根字石川西 340　0237-86-4221(代)	寒河江市、西村山郡
福　島			
0701	福　島	〒960-8589 福島市狐塚 17-40 024-534-4121	福島市、伊達市、伊達郡
0702	いわき	〒970-8026 いわき市平字堂根町 4-11 いわき地方合同庁舎 1F 0246-23-1421	いわき市（ハローワーク磐城及びハローワーク勿来の管轄区域を除く。）
	小名浜	〒971-8111 いわき市小名浜大原字六反田 65-3 0246-54-6666	いわき市のうち江名、折戸、中之作、永崎、小名浜、鹿島町、泉町、泉もえぎ台、中部工業団地、渡辺町、洋向台、泉ヶ丘、泉玉露、湘南台、葉山
0711	勿来	〒974-8212 いわき市東田町 1-28-3 0246-63-3171	いわき市のうち植田町、中岡町、後田町、仁井田町、高倉町、江畑町、添野町、石塚町、東田町、佐糠町、岩間町、金山町、小浜町、錦町、錦町中央、勿来町、川部町、沼部町、瀬戸町、三沢町、山玉町、山田町、富津町、南台、遠野町、田人町
0703	会津若松	〒965-0877 会津若松市西栄町 2-23 0242-26-3333	会津若松市、大沼郡、耶麻郡のうち磐梯町、猪苗代町、河沼郡

	南会津（出）	〒967-0004 南会津郡南会津町田島字行司 12 0241-62-1101	南会津郡
0709	喜多方	〒966-0853 喜多方市字千苅 8374 0241-22-4111	喜多方市、耶麻郡のうち西会津町、北塩原村
0704	郡　山	〒963-8609 郡山市方八町 2-1-26 024-942-8609	郡山市、田村市、田村郡
0705	白　河	〒961-0074 白河市字郭内 1-136 白河小峰城合同庁舎 1F 0248-24-1256	白河市、西白河郡、東白川郡
0706	須賀川	〒962-0865 須賀川市妙見 121-1 0248-76-8609	須賀川市、岩瀬郡、石川郡
	相　双	〒975-0032 南相馬市原町区桜井町 1-127 0244-24-3531	南相馬市、相馬郡のうち飯舘村
0707	相　馬	〒976-0042 相馬市中村 1-12-1 0244-36-0211	相馬市、相馬郡のうち新地町
0710	富　岡	〒979-1111 双葉郡富岡町大字小浜字大膳 109-1　0240-22-3121	双葉郡
0708	二本松	〒964-0906 二本松市若宮 2-162-5 0243-23-0343	二本松市、本宮市、安達郡
茨　城			
0801	水　戸	〒310-8509 水戸市水府町 1573-1 029-231-6221	水戸市、ひたちなか市、那珂市、茨城町、大洗町、城里町、東海村
	笠間（出）	〒309-1613 笠間市石井 2026-1 0296-72-0252	笠間市
0802	日　立	〒317-0063 日立市若葉町 2-6-2 0294-21-6441	目立市
0803	筑　西	〒308-0821 筑西市成田 628-1 0296-22-2188	筑西市、結城市、桜川市
	下妻（出）	〒304-0067 下妻市下妻乙 124-2 下妻地方合同庁舎 0296-43-3737	下妻市、八千代町
0804	土　浦	〒300-0805 土浦市宍塚 1838 土浦労働総合庁舎 1 階 2 階 029-822-5124	土浦市、つくば市、かすみがうら市、阿見町
0805	古　河	〒306-0011 古河市東 3-7-23 0280-32-0461	古河市、境町、五霞町
0806	常　総	〒303-0034 常総市水海道天満町 4798 0297-22-8609	守谷市、坂東市、常総市、つくばみらい市
0808	石　岡	〒315-0037 石岡市東石岡 5-7-40 0299-26-8141	石岡市、小美玉市
0809	常陸大宮	〒319-2255 常陸大宮市野中町 3083-1 0295-52-3185	常陸太田市、常陸大宮市、大子町

0810	龍ヶ崎	〒301-0041 龍ヶ崎市若柴町 1229-1 0297-60-2727	龍ケ崎市　取手市　牛久市、稲敷市、利根町、河内町、美浦村
0811	高　萩	〒318-0033 高萩市本町 4-8-5 0293-22-2549	高萩市、北茨城市
0812	常陸鹿嶋	〒314-0031 鹿嶋市宮中 1995-1 鹿嶋労働総合庁舎 0299-83-2318	鹿嶋市、潮来市、神栖市、行方市、鉾田市
栃　木			
0901	宇都宮	〒320-0845 宇都宮市明保野町 1-4 宇都宮第２地方合同庁舎１階 028-638-0369	宇都宮市・上三川町・高根沢町
0910	那須烏山（出）	〒321-0622 那須烏山市城東 4-18 0287-82-2213	那須烏山市・那珂川町
	ハローワーク宇都宮駅前プラザ	〒321-0964 宇都宮市駅前通り 1-3-1 ＫＤＸ宇都宮ビル２階 028-623-8609	
0902	鹿　沼	〒322-0031 鹿沼市睦町 287-20 0289-62-5125	鹿沼市
0903	栃　木	〒328-0041 栃木市河合町 1-29 栃木地方合同庁舎１階 0282-22-4135	栃木市・壬生町
0904	佐　野	〒327-0014 佐野市天明町 2553 0283-22-6260	佐野市
0905	足　利	〒326-0057 足利市丸山町 688-14 0284-41-3178	足利市
0906	真　岡	〒321-4305 真岡市荒町 5101 0285-82-8655	真岡市、芳賀郡
0907	矢　板	〒329-2162 矢板市末広町 3-2 0287-43-0121	矢板市、さくら市、塩谷郡のうち塩谷町
0908	大田原	〒324-0058 大田原市紫塚 1-14-2 0287-22-2268	大田原市、那須塩原市（黒磯公共職業安定所の管轄区域を除く。）
0909	小　山	〒323-0014 小山市喜沢 1475 おやまゆうえんハーヴェストウォーク内 0285-22-1524	小山市、下野市、下都賀郡のうち野木町
0911	日　光	〒321-1272 日光市今市本町 32-1 0288-22-0353	日光市
0912	黒　磯	〒325-0027 那須塩原市共墾社 119-1 0287-62-0144	那須塩原市のうち旧黒磯市全域、那須郡のうち那須町
群　馬			
1001	前　橋	〒379-2154 前橋市天川大島町 130-1 027-290-2111	前橋市

1002	高　　崎	〒370-0842 高崎市北双葉町 5-17 027-327-8609	高崎市（藤岡公共職業安定所の管轄区域を除く。）
	安中（出）	〒379-0116 安中市安中 1-1-26 027-382-8609	安中市
1003	桐　　生	〒376-0023 桐生市錦町 2-11-14 0277-22-8609	桐生市、みどり市
1004	伊勢崎	〒372-0006 伊勢崎市太田町 554-10 伊勢崎地方合同庁舎 0270-23-8609	伊勢崎市、佐波郡
1005	太　　田	〒373-0851 太田市飯田町 893 0276-46-8609	太田市
1006	館　　林	〒374-0066 館林市大街道 1-3-37 0276-75-8609	館林市、邑楽郡
1007	沼　　田	〒378-0031 沼田市下之町 888 テラス沼田 5 階 0278-22-8609	沼田市、利根郡
1008	群馬富岡	〒370-2316 富岡市富岡 1414-14 0274-62-8609	富岡市、甘楽郡
1009	藤　　岡	〒375-0054 藤岡市上大塚 368-1 0274-22-8609	藤岡市、多野郡、高崎市のうち新町、吉井町
1010	渋　　川	〒377-0008 渋川市渋川 1696-15 0279-22-2636	渋川市、北群馬郡
1010	中之条（出）	〒377-0425 吾妻郡中之条町大字西中之条 207　0279-75-2227	吾妻郡
埼　玉			
1101	川　　口	〒332-0031 川口市青木 3-2-7 048-251-2901	川口市、蕨市、戸田市
	ハローワークプラザ川口	〒332-0015 川口市 3-2-2 リプレ川口一番街 2 号棟 1F 048-255-8070	
1102	熊　　谷	〒360-0014 熊谷市箱田 5-6-2 048-522-5656	熊谷市、深谷市、寄居町
	本庄（出）	〒367-0053 本庄市中央 2-5-1 0495-22-2448	本庄市、上里町、美里町、神川町
1103	大　　宮	〒330-0852 さいたま市大宮区大成町 1-525 048-667-8609	さいたま市のうち西区、北区、大宮区、見沼区、岩槻区、鴻巣市（旧吹上町、旧川里町を除く。）、上尾市、桶川市、北本市、蓮田市、伊奈町
	ハローワークプラザ大宮	〒330-0854 さいたま市大宮区桜木町 1-9-4 エクセレント大宮ビル4階・6階 048-658-1145	

1104	川　　越	〒350-1118 川越市豊田本 1-19-8 川越合同庁舎　049-242-0197	川越市、富士見市、ふじみ野市、坂戸市、鶴ヶ島市
	東松山（出）	〒355-0073 東松山市上野本 1088-4 0493-22-0240	東松山市、小川町、嵐山町、川島町、吉見町、滑川町、鳩山町、ときがわ町、東秩父村
1105	浦　　和	〒330-0061 さいたま市浦和区常盤 5-8-40 048-832-2461	さいたま市のうち中央区、桜区、浦和区、南区、緑区
1106	所　　沢	〒359-0042 所沢市並木 6-1-3 所沢合同庁舎 04-2992-8609	所沢市、入間市（仏子・野田・新光を除く。）、狭山市、三芳町
	ハローワークプラザ所沢	〒359-0042 所沢市並木 2-4-1 航空公園駅ビル 2 階 04-2993-5334	
	飯能（出）	〒357-0021 飯能市双柳 94-15 飯能合同庁舎 042-974-2345	飯能市、日高市、入間郡（毛呂山町、越生町）、入間市（のうち仏子・野田・新光）
1107	秩　　父	〒369-1871 秩父市下影森 1002-1 0494-22-3215	秩父市、皆野町、長瀞町、小鹿野町、横瀬町
1108	春 日 部	〒344-0036 春日部市下大増新田 61-3 048-736-7611	春日部市、久喜市、幸手市、白岡市、杉戸町、宮代町
1109	行　　田	〒361-0023 行田市長野 943 048-556-3151	行田市、加須市、羽生市、鴻巣市のうち旧吹上町、旧川里町
1110	草　　加	〒340-8509 草加市弁天 4-10-7 048-931-6111	草加市、三郷市、八潮市
1111	朝　　霞	〒351-0025 朝霞市本町 1-1-37 048-463-2233	朝霞市、志木市、和光市、新座市
1112	越　　谷	〒343-0023 越谷市東越谷 1-5-6 048-969-8609	越谷市、吉川市、松伏町
千　葉			
1201	千　　葉	〒261-0001 千葉市美浜区幸町 1-1-3 043-242-1181	千葉市のうち中央区（千葉南公共職業安定所の管轄区域を除く）、花見川区、美浜区、稲毛区、若葉区、四街道市、八街市、山武市、山武郡のうち横芝光町
	ハローワークプラザちば	〒260-0028 千葉市中央区新町 3-13 千葉 TN ビル 1 階 043-238-8300	
1202	市　　川	〒272-8543 市川市南八幡 5-11-21 047-370-8609	市川市、浦安市
1203	銚　　子	〒288-0041 銚子市中央区 8-16 0479-22-7406	銚子市、匝瑳市、旭市
1204	館　　山	〒294-0047 館山市八幡 815-2 0470-22-2236	館山市、鴨川市、南房総市、安房郡

1205	木 更 津	〒 292-0831 木更津市富士見 1-2-1 スパークルシティ木更津ビル 5 階 0438-25-8609	木更津市、君津市、富津市、袖ヶ浦市
1206	佐　原	〒 287-0002 香取市北 1-3-2 0478-55-1132	香取市、香取郡
1207	茂　原	〒 297-0078 茂原市高師台 1-5-1 茂原地方合同庁舎 1 階 0475-25-8609	茂原市、勝浦市、いすみ市、長生郡、夷隅郡
	いすみ（出）	〒 298-0004 いすみ市大原 8000-1 0470-62-3551	いすみ市、勝浦市、夷隅郡
1208	松　戸	〒 271-0092 松戸市松戸 1307-1 松戸ビル 3 階 047-367-8609	松戸市、柏市、流山市、我孫子市
	ハローワークプラザ柏	〒 277-0005 柏市柏 4-8-1 柏東口金子ビル 3 階 04-7166-8609	
	野田（出）	〒 278-0027 野田市みずき 2-6-1 04-7124-4181	野田市
1209	船橋（第一庁舎） （第二庁舎）	〈雇用保険適用、求人受理、各種助成金の受理〉 〒 273-0011 船橋市湊町 2-10-17 047-431-8287 〈職業相談・職業紹介（7 階）、雇用保険給付（4 階）〉 〒 273-0005 船橋市本町 2-1-1 船橋スクエア 21 ビル 4F・7F 047-420-8609	船橋市、習志野市、八千代市、鎌ヶ谷市、白井市
1210	成　田 （駅前庁舎）	〒 286-0036 成田市加良部 3-4-2 0476-27-8609 〈障害者・外国人・新規学卒者の職業相談・職業紹介、雇用保険適用、求人受理、各種助成金相談〉 〒 286-0033 成田市花崎町 828-11 スカイタウン成田 3 階 0476-89-1700 〈職業相談・職業紹介、雇用保険給付〉	成田市、佐倉市、印西市、富里市、印旛郡、山武郡のうち芝山町
1211	千 葉 南	〒 260-0842 千葉市中央区南町 2-16-3 海気館蘇我駅前ビル 3F・4F 043-300-8609	千葉市のうち中央区（赤井町、今井、今井町、鵜の森町、大森町、生実町、川崎町、川戸町、塩田町、白旗、蘇我、蘇我町、大巌寺町、新浜町、仁戸名町、花輪町、浜野町、星久喜町、松ケ丘町、南生実町、南町、宮崎、宮崎町、村田町、若草）、緑区、市原市、東金市、大網白里市、山武郡のうち九十九里町
	ハローワークフラザ市原	〒 290-0050 市原市更級 5-1-18 市原市勤労会館（you ホール） 1 階 0436-23-6941	

東　京			
1301～2	飯田橋（本庁舎）	〒 112-8577 文京区後楽 1-9-20 飯田橋合同庁舎内 1~5 階 03-3812-8609(代)	千代田区、中央区、文京区、大島町、八丈町、利島村、新島村、神津島村、三宅村、御蔵島村、青ヶ島村
1303	上　野	〒 110-8609 台東区東上野 4-1-2 03-3847-8609(代)	台東区
	玉姫労働（出）	〒 111-0022 台東区清川 2-23-2 03-3876-3347~8	
1304	品　川	〒 108-0014 港区芝 5-35-3 03-5419-8609(代)	港区、品川区
1306	大　森	〒 143-8588 大田区大森北 4-16-7 03-5493-8609(代)	大田区
	蒲田ワークプラザ	〒 144-0052 大田区蒲田 5-15-8 蒲田月村ビル 4 階 03-5711-8609	
1307	渋　谷	〒 150-0041 渋谷区神南 1-3-5 03-3476-8609(代)	目黒区、世田谷区、渋谷区
1308	新宿（歌舞伎町庁舎）〈求人受理・雇用保険適用、各種助成金の支給〉 （西新宿庁舎）〈職業相談・職業紹介雇用保険給付の業務〉	〒 160-8489 新宿区歌舞伎町 2-42-10 (注 1) 03-3200-8609(代) 〒 163-1523 新宿区西新宿 1-6-1 (注 2) 新宿エルタワービル 23 階 03-5325-9580	中野区、杉並区、新宿区
※新宿公共職業安定所、池袋公共職業安定所、青梅公共職業安定所は、取扱業務により場所が分かれています。 注 1…＜求人受理、雇用保険適用、各種助成金の支給＞ [青梅分庁舎] 注 2…＜職業相談・職業紹介、雇用保険給付の業務＞ [西新宿庁舎、サンシャイン庁舎] ※玉姫労働（出）、河原町労働（出）は日雇いにかかる業務のみ取扱っています。			
1309	池袋（本庁舎） （サンシャイン庁舎）	〒 170-8409 豊島区東池袋 3-5-13 (注 1) 03-3987-8609(代) 〒 170-6003 豊島区東池袋 3-1-1 (注 2) サンシャイン 60 ビル 3 階 雇用保険給付課 03-5958-8609 職業相談 03-5911-8609	豊島区、板橋区、練馬区
	ハローワークプラザ成増	〒 175-0094 板橋区成増 3-13-1 アリエス 2 階 03-5968-8609	
1310	王　子	〒 114-0002 北区王子 6-1-17 03-5390-8609(代)	北区
1311	足　立	〒 120-8530 足立区千住 1-4-1 03-3870-8609(代)	足立区、荒川区
	あだちワークセンター	〒 120-8510 足立区中央本町 1-17-1 足立区役所北館 2 階 03-3880-0957	
	河原町労働（出）	〒 120-0037 足立区千住河原町 19-3 03-3882-1601	

1312	墨　　田	〒 130-8609 墨田区江東橋 2-19-12 03-5669-8609（代）	墨田区、葛飾区
	かつしか ワークプラザ	〒 124-0003 葛飾区お花茶屋 1-19-18 ダイアパレスステーションプラザお花茶屋 2 階 03-3604-8609	
1313	木　　場	〒 135-8609 江東区木場 2-13-19 03-3643-8609	江戸川区、江東区
	船堀ワークプラザ	〒 134-0091 江戸川区船堀 3-7-17 第 5 トヨダビル 6 階 03-5659-8609	
1314	八 王 子	〒 192-0904 八王子市子安町 1-13-1 042-648-8609（代）	八王子市、日野市
1315	立　　川	〒 190-8509 立川市緑町 4-2 立川地方合同庁舎 1~3 階 042-525-8609（代）	立川市、昭島市、小金井市、小平市、東村山市、国分寺市、国立市、東大和市、武蔵村山市
	北口駅前 JOB ぷらっと	〒 190-0023 立川市柴崎町 3-9-2 立川駅南口東京都・立川市合同施設 4 階 042-523-1509	
1316	青　　梅(本庁舎)	〒 198-0042 青梅市東青梅 3-12-16 0428-24-8609（代）	青梅市、福生市、羽村市、あきる野市、西多摩郡
1317	三　　鷹	〒 181-8517 三鷹市下連雀 4-15-18 0422-47-8609（代）	三鷹市、武蔵野市、清瀬市、東久留米市、西東京市
1319	町　　田	〒 194-0022 町田市森野 2-28-14 町田合同庁舎 1 階 042-732-8609（代）	町田市
1320	府　　中	〒 183-0045 府中市美好町 1-3-1 042-336-8609（代）	府中市、調布市、狛江市、多摩市、稲城市
	永山ワークプラザ	〒 206-0025 多摩市永山 1-5 ベルブ守永山 4 階 042-375-0951	
神奈川			
1401	横　浜（本庁舎） 横　浜（分庁舎）	〒 231-0023 横浜市中区新港 1-6-1 よこはま新港合同庁舎 1F・2F 045-663-8609 〒 220-0004 横浜市西区北幸 1-11-15 横浜STビル　045-663-8609	横浜市のうち神奈川区、西区、中区、南区、保土ヶ谷区、磯子区、港南区、旭区
1413	横浜港労働（出）	〒 231-0002 横浜市中区海岸通 4-23 045-201-2031（代）	
	ハローワークプラザよこはま	〒 220-0004 横浜市西区北幸 1-11-15 横浜STビル　045-410-1010	
1403	戸　　塚	〒 244-8560 横浜市戸塚区戸塚町 3722 045-864-8609（代）	横浜市のうち戸塚区、瀬谷区、栄区、泉区

1404	川　　崎	〒 210-0015 川崎市川崎区南町 17-2 044-244-8609(代)	川崎市のうち川崎区、幸区横浜市のうち鶴見区
1405	横 須 賀	〒 238-0013 横須賀市平成町 2-14-19 046-824-8609(代)	横須賀市（横浜南公共職業安定所の管轄区域を除く。)、三浦市
1406	平　　塚	〒 254-0041 平塚市浅間町 10-22 平塚地方合同庁舎 1・2 階 0463-24-8609(代)	平塚市、伊勢原市、中郡
1407	小 田 原	〒 250-0011 小田原市栄町 1-1-15 ミナカ小田原 9 階 0465-23-8609(代)	小田原市、足柄下郡
1408	藤　　沢	〒 251-0054 藤沢市朝日町 5-12 藤沢労働総合庁舎 1・2 階 0466-23-8609(代)	藤沢市、鎌倉市、茅ヶ崎市、高座郡
	ハローワークプラザ湘南	〒 252-0804 藤沢市湘南台 1-4-2 ピノスビル6階　0466-42-1616	
1409	相 模 原	〒 252-0236 相模原市中央区富士見 6-10-10 相模原地方合同庁舎 1 階 042-776-8609(代)	相模原市
1410	厚　　木	〒 243-0003 厚木市寿町 3-7-10 046-296-8609(代)	厚木市、海老名市、座間市、愛甲郡
1411	松　　田	〒 258-0003 足柄上郡松田町松田惣領 2037 0465-82-8609(代)	秦野市、南足柄市、足柄上郡
1412	横 浜 南	〒 236-8609 横浜市金沢区寺前 1-9-6 045-788-8609(代)	横浜市のうち金沢区、横須賀市のうち船越町、田浦港町、田浦町、港が丘、田浦大作町、田浦泉町、長浦町、箱崎町、鷹取町、湘南鷹取、追浜本町、夏島町、浦郷町、追浜東町、追浜町、浜見台、追浜南町、逗子市、三浦郡
1414	川 崎 北(本庁舎) (溝ノ口庁舎)	〒 213-8573 川崎市高津区千年 698-1 044-777-8609(代) 〒 213-0011 川崎市高津区久本 3-5-7 新溝ノ口ビル 4 階 044-777-8609(代)	川崎市のうち中原区、高津区、多摩区、宮前区、麻生区
	ハローワークプラザ新百合ヶ丘	〒 215-0004 川崎市麻生区万福寺 1-2-2 新百合トウェンティワン1階 044-969-8615	
1415	港　　北(本庁舎)	〒 222-0033 横浜市港北区新横浜 3-24-6 横浜港北地方合同庁舎 1・4 階 045-474-1221(代)	横浜市のうち港北区、緑区、青葉区、都筑区
1416	大　　和	〒 242-0018 大和市深見西 3-3-21 046-260-8609(代)	大和市、綾瀬市
新　潟			
1501	新　　潟	〒 950-8532 新潟市中央区美咲町 1-2-1 新潟美咲合同庁舎 2 号館 025-280-8609	新潟市（新津及び巻公共職業安定所の管轄区域を除く。)

	ハローワークプラザ新潟 ときめきしごと館 若者しごと館	〒950-0901 新潟市中央区弁天 2-2-18 新潟 KS ビル 1 階 025-240-4510	
1502	長　岡	〒940-8609 長岡市千歳 1-3-88 長岡地方合同庁舎 0258-32-1181	長岡市（小千谷出張所の管轄区域を除く。）
	ハローワークプラザ長岡	〒940-0062 長岡市大手通 2-2-6 ながおか市民センター 3 階 0258-34-8010	
	小千谷（出）	〒947-0028 小千谷市城内 2-6-5 0258-82-2441	長岡市のうち川口相川、川口荒谷、川口牛ヶ島、東川口、川口木沢、川口田麦山、川口峠、川口中山、西川口、川口武道窪、川口和南津、小千谷市
1503	上　越	〒943-0803 上越市春日野 1-5-22 上越地方合同庁舎 025-523-6121	妙高市、上越市
	ハローワークプラザ上越	〒943-0832 上越市本町 3-4-1 チャレンジショップ CEN-VAN 2 階　025-523-0453	
	妙高（出）	〒944-0048 妙高市下町 9-3 0255-73-7611	【妙高市、上越市のうち中郷区・板倉区】
1504	三　条	〒955-0053 三条市北入蔵 1-3-10 0256-38-5431	三条市、加茂市、見附市、南蒲原郡
1505	柏　崎	〒945-8501 柏崎市田中 26-23 柏崎地方合同庁舎 0257-23-2140	柏崎市、三島郡、刈羽郡
1506	新発田	〒957-8506 新発田市日渡 96 新発田地方合同庁舎 0254-27-6677	新発田市、阿賀野市、胎内市、北蒲原郡
1507	新　津	〒956-0864 新潟市秋葉区新津本町 4-18-8 新津労働総合庁舎 0250-22-2233	新潟市のうち秋葉区・南区、五泉市、東蒲原郡
1508	十日町	〒948-0004 十日町市下川原町 43 025-757-2407	十日町市、中魚沼郡
1510	糸魚川	〒941-0067 糸魚川市横町 5-9-50 025-552-0333	糸魚川市
1511	巻	〒953-0041 新潟市西蒲区巻甲 4087 0256-72-3155	新潟市のうち西蒲区、燕市、西蒲原郡
1512	南魚沼	〒949-6609 南魚沼市八幡 20-1 025-772-3157	魚沼市、南魚沼市、南魚沼郡
	小出（出）	〒946-0021 魚沼市佐梨 682-2 025-792-8609	【魚沼市】
1513	佐　渡	〒952-0011 佐渡市両津夷 269-8 0259-27-2248	佐渡市
1514	村　上	〒958-0033 村上市緑町 1-6-8 0254-53-4141	村上市、岩船郡

富　山			
1601	富　　山	〒930-0857 富山市奥田新町 45 076-431-8609（代）	富山市
1602	高　　岡	〒933-0902 高岡市向野町 3-43-4 0766-21-1515（代）	高岡市、射水市
1604	魚　　津	〒937-0801 魚津市新金屋 1-12-31 魚津合同庁舎 1 階 0765-24-0365（代）	魚津市、黒部市、下新川郡
1605	砺　　波	〒939-1363 砺波市太郎丸 1-2-5 0763-32-2914（代）	砺波市、小矢部市、南砺市
1608	小矢部（出）	〒932-8508 小矢部市綾子 5185 0766-67-0310（代）	小矢部市
1606	氷　　見	〒935-0023 氷見市朝日丘 9-17 0766-74-0445	氷見市
1607	滑　　川	〒936-0024 滑川市辰野 11-6 076-475-0324（代）	滑川市、中新川郡
石　川			
1701	金　　沢	〒920-8609 金沢市鳴和 1-18-42 076-253-3030（代）	金沢市、かほく市、河北郡
	津幡（分）	〒929-0326 河北郡津幡町字清水ア 66-4 076-289-2530	かほく市、河北郡
1702	小　　松	〒923-8609 小松市日の出町 1-120 小松日の出合同庁舎 2 階 0761-24-8609	小松市、能美市、能美郡
1703	七　　尾	〒926-8609 七尾市小島町西部 2 七尾地方合同庁舎 1 階 0767-52-3255	七尾市、鹿島郡、羽咋市、羽咋郡
1706	羽咋（出）	〒925-8609 羽咋市南中央町キ 105-6 0767-22-1241	羽咋市、羽咋郡
1705	加　　賀	〒922-8609 加賀市大聖寺菅生イ 78-3 0761-72-8609	加賀市
	白　　山	〒924-0871 白山市西新町 235 076-275-8533	白山市、野々市市
	輪　　島	〒928-8609 輪島市鳳至町畠田 99-3 輪島地方合同庁舎 1 階 0768-22-0325	輪島市、珠洲市、鳳珠郡
	能登（出）	〒927-0435 鳳珠郡能登町宇出津新港 3-2-2　　0768-62-1242	珠洲市、鳳珠郡のうち能登町
福　井			
1801	福　　井	〒910-8509 福井市開発 1-121-1 0776-52-8150（代）	福井市、坂井市のうち春江町、吉田郡

1802	武　　生	〒915-0071 越前市府中 1-11-2 平和堂アル・プラザ武雄 4F 0778-22-4078（代）	鯖江市、越前市、今立郡、南条郡、丹生郡
	ハローワークプラザさばえ	〒916-0027 鯖江市桜町 2-7-1 響陽会館 1 階　0778-51-8800	
1803	大　　野	〒912-0087 大野市城町 8-5 0779-66-2408（代）	大野市、勝山市
1804	三　　国	〒913-0041 坂井市三国町覚善 69-1 0776-81-3262（代）	あわら市、坂井市（福井公共職業安定所の管轄区域を除く。）
1805	敦　　賀	〒914-0055 敦賀市鉄輪町 1-7-3 敦賀駅前合同庁舎 1 階 0770-22-4220（代）	敦賀市、三方郡、三方上中郡若狭町のうち倉見、白屋、成願寺、上野、能登野、横渡、井崎、岩屋、田上、東黒田、相田、藤井、南前川、北前川、佐古、田名、向笠、鳥浜、中央、館川、三方、生倉、気山、上瀬、成出、田井、島の内、海山、世久見、塩坂越、遊子、小川、神子、常神
1806	小　　浜	〒917-8544 小浜市後瀬町 7-10 小浜地方合同庁舎 1 階 0770-52-1260（代）	小浜市、大飯郡、三方上中郡（敦賀公職業安定所の管轄区域を除く。）
山　梨			
1901	甲　　府	〒400-0851 甲府市住吉 1-17-5 055-232-6060	甲府市、南アルプス市、甲斐市、笛吹市、中央市、中巨摩郡
1907	富士吉田	〒403-0014 富士吉田市竜ヶ丘 2-4-3 0555-23-8609	富士吉田市、南都留郡のうち忍野村、山中湖村、鳴沢村、富士河口湖町
	大月（出）	〒401-0013 大月市大月 3-2-17 0554-22-8609	大月市、上野原市、北都留郡
	都留（出）	〒402-0051 都留市下谷 3-7-31 0554-43-5141	都留市、南都留郡のうち西桂町、道志村
1903	塩　　山	〒404-0042 甲州市塩山上於曽 1777-1 0553-33-8609	山梨市、甲州市
1904	韮　　崎	〒407-0015 韮崎市若宮 1-10-41 0551-22-1331	韮崎市、北杜市
1905	鰍　　沢	〒400-0601 南巨摩郡富士川町鰍沢 1760-1 富士川地方合同庁舎 2 階 0556-22-8689	南巨摩郡、西八代郡
長　野			
2001	長　　野	〒380-0935 長野市中御所 3-2-3 026-228-1300（代）	長野市（篠ノ井公共職業安定所及び須坂公共職業安定所の管轄区域を除く。）、上水内郡
2002	松　　本	〒390-0828 松本市庄内 3-6-21 0263-27-0111（代）	松本市、塩尻市（木曽福島公共職業安定所の管轄区域を除く。）安曇野市、東筑摩郡
2003	岡谷（出）	〒394-0027 岡谷市中央町 1-8-4 0266-23-8609（代）	岡谷市、諏訪郡のうち下諏訪町
2004	上　　田	〒386-8609 上田市天神 2-4-70 0268-23-8609（代）	上田市、東御市、小県郡

2005	飯　　田	〒395-8609 飯田市大久保町 2637-3 0265-24-8609(代)	飯田市、下伊那郡
2006	伊　　那	〒396-8609 伊那市狐島 4098-3 0265-73-8609(代)	伊那市、駒ヶ根市、上伊那郡
2007	篠ノ井	〒388-8007 長野市篠ノ井布施高田 826-1 026-293-8609(代)	長野市（篠ノ井、松代町、川中島町、稲里町、真島町、小島田町、青木島町、丹波島、三本柳、信更町、大岡の各地域）、千曲市、埴科郡
2008	飯　　山	〒389-2253 飯山市飯山 186-4 0269-62-8609(代)	中野市、飯山市、下水内郡、下高井郡
2009	小諸（出）	〒384-8609 小諸市御幸町 2-3-18 0267-23-8609(代)	小諸市、北佐久郡（立科町を除く。）
2010	木曽福島	〒397-8609 木曽郡木曽町福島 5056-1 0264-22-2233(代)	塩尻市のうち贄川、木曽平沢、奈良井、木曽郡
2011	佐　　久	〒385-8609 佐久市大字原 565-1 0267-62-8609(代)	佐久市、南佐久郡、北佐久郡立科町
2012	大　　町	〒398-0002 大町市大町 2715-4 0261-22-0340(代)	大町市、北安曇郡
2013	須　　坂	〒382-0099 須坂市墨坂 2-2-17 026-248-8609(代)	須坂市、長野市のうち若穂綿内、若穂川田、若穂牛島、若穂保科、上高井郡
2014	諏　　訪	〒392-0021 諏訪市上川 3-2503-1 0266-58-8609(代)	諏訪市、茅野市、諏訪郡（下諏訪町を除く。）
岐　阜			
2101	岐　　阜	〒500-8719 岐阜市五坪 1-9-1 岐阜労働総合庁舎内 058-247-3211	岐阜市、羽島市、各務原市、山県市、瑞穂市、本巣市、羽島郡、本巣郡
2102	大　　垣	〒503-0893 大垣市藤江町 1-1-8 0584-73-8609	大垣市、海津市、養老郡、不破郡、安八郡
	揖斐（出）	〒501-0605 揖斐郡揖斐川町極楽寺字村前 95-1　0585-22-0149	揖斐郡
2103	多治見	〒507-0037 多治見市音羽町 5-39-1 多治見労働総合庁舎内 0572-22-3381	多治見市、瑞浪市、土岐市、可児市、可児郡
	ハローワークプラザ可児	〒509-0203 可児市広見 1-5 可児総合会館 1 階 0574-63-5585	
2104	高　　山	〒506-0053 高山市昭和町 2-220 高山合同庁舎 0577-32-1144	高山市、飛騨市、下呂市（美濃加茂公共職業安定所の管轄区域を除く。）、大野郡
2105	恵　　那	〒509-7203 恵那市長島町正家 1-3-12 恵那合同庁舎 1 階 0573-26-1341	恵那市
2106	関	〒501-3803 関市西本郷通 4-6-10 0575-22-3223	関市、美濃市

	岐阜八幡（出）	〒 501-4235 郡上市八幡町有坂 1209-2 郡上八幡地方合同庁舎 1F 0575-65-3108	郡上市
2107	美濃加茂	〒 505-0043 美濃加茂市深田町 1-206-9 0574-25-2178	美濃加茂市、下呂市のうち金山町、加茂郡
2109	中 津 川	〒 508-0045 中津川市かやの木町 4-3 中津川合同庁舎 1 階 0573-66-1337	中津川市
静　岡			
2201	静　　岡	〒 422-8045 静岡市駿河区西島 235-1 054-238-8609	静岡市（清水公共職業安定所の管轄区域を除く。）
	静岡職業相談窓口	〒 420-0853 静岡市葵区追手町 5-4 アーバンネット静岡追手町ビル 1 階 054-250-8609	
2202	浜　　松	〒 432-8537 浜松市中区浅田町 50-2 053-541-8609	浜松市のうち中区・東区・西区・南区、湖西市
	ハローワーク浜松アクトタワー庁舎	〒 430-7707 浜松市中区板屋町 111-2 アクトタワー 7 階 053-457-5160	
	細江（出）	〒 431-1302 浜松市北区細江町広岡 312-3 053-522-0165	浜松市のうち北区
	浜北（出）	〒 434-0037 浜松市浜北区沼 269-1 053-584-2233	浜松市のうち天竜区、浜北区
2203	沼　　津	〒 410-0831 沼津市市場町 9-1 沼津合同庁舎 1 階 055-931-0145	沼津市、裾野市、駿東郡のうち清水町・長泉町
	御殿場（出）	〒 412-0039 御殿場市竃字水道 1111 0550-82-0540	御殿場市、駿東郡のうち小山町
	裾野職業相談窓口	〒 410-1118 裾野市佐野 1039 ベルシティー裾野 3 階 ベルホール内 055-993-8631	
2204	清　　水	〒 424-0825 静岡市清水区松原町 2-15 清水合同庁舎 1 階 054-351-8609	静岡市のうち清水区
2205	三　　島	〒 411-0033 三島市文教町 1-3-112 三島労働総合庁舎 1 階 055-980-1300	熱海市、三島市、伊豆市、伊豆の国市、田方郡
	伊東（出）	〒 414-0046 伊東市大原 1-5-15 0557-37-2605	伊東市
2206	掛　　川	〒 436-0073 掛川市金城 71 0537-22-4185	掛川市、御前崎市、菊川市
2207	富 士 宮	〒 418-0031 富士宮市神田川町 14-3 0544-26-3128	富士宮市

2208	島　　田	〒 427-8509 島田市本通 1 丁目 4677-4 島田労働総合庁舎 1 階 0547-36-8609	島田市、榛原郡、牧之原市
	榛原（出）	〒 421-0421 牧之原市細江 4138-1 0548-22-0148	榛原郡のうち吉田町、牧之原市
2209	磐　　田	〒 438-0086 磐田市見付 3599-6 磐田地方合同庁舎 1 階 0538-32-6181	磐田市、袋井市、周智郡
	袋井職業相談窓口	〒 437-0125 袋井市上山梨 4-1-2 （袋井北部）ショッピングセンターパティオ 1 階 0538-49-4400	
2210	富　　士	〒 417-8609 富士市南町 1-4 0545-51-2151	富士市
2211	下　　田	〒 415-8509 下田市 4-5-26 0558-22-0288	下田市、賀茂郡
2212	焼　　津	〒 425-0028 焼津市駅北 1-6-22 054-628-5155	焼津市、藤枝市
	藤枝職業相談窓口	〒 426-0067 藤枝市前島 1-7-10 「Bivi 藤枝」 2 階 054-636-2126	
愛　知			
2301	名古屋東	〒 465-8609 名古屋市名東区平和が丘 1-2 052-774-1115	名古屋市のうち千種区、東区、昭和区、守山区、名東区、天白区、日進市、長久手市、愛知郡（東郷町）
2302	名古屋中	〒 450-8640 名古屋市中区錦 2-14-25 ヤマイチビル 052-855-3740	名古屋市のうち北区、西区、中村区、中区、中川区、清須市、北名古屋市、西春日井郡
	名古屋人材銀行	〒 450-0003 名古屋市中村区名駅南 2-14-19 住友生命名古屋ビル 23 階 052-582-2425	
2303	名古屋南	〒 456-8503 名古屋市熱田区旗屋 2-22-21 052-681-1211	名古屋市のうち瑞穂区、熱田区、港区、南区、緑区、豊明市
	ハローワークプラザなるみ	〒 458-0805 名古屋市緑区鳴海町字向田 1-3 名鉄鳴海駅 2 階 052-629-4151	
2304	豊　　橋	〒 440-8507 豊橋市大国町 111 豊橋地方合同庁舎内 0532-52-7191	豊橋市、田原市
	豊橋外国人職業相談センター	〒 440-8506 豊橋市大国町 73 大国ビル庁舎 2 階 0532-57-1356	
2305	岡　　崎	〒 444-0813 岡崎市羽根町字北乾地 50-1 岡崎合同庁舎内 0564-52-8609	岡崎市、額田郡

2306	一　　宮	〒 491-8509 一宮市八幡 4-8-7 一宮労働総合庁舎 0586-45-2048	一宮市、稲沢市（津島公共職業安定所の管轄区域を除く。）
2307	半　　田	〒 475-8502 半田市宮路町 200-4 半田地方合同庁舎 0569-21-0023	半田市、常滑市、東海市、知多市、知多郡
2308	瀬　　戸	〒 489-0871 瀬戸市東長根町 86 0561-82-5123	瀬戸市、尾張旭市
2309	豊　　田	〒 471-8609 豊田市常盤町 3-25-7 0565-31-1400	豊田市、みよし市
2310	津　　島	〒 496-0042 津島市寺前町 2-3 0567-26-3158	津島市、稲沢市のうち平和町、愛西市、弥富市、海部郡、あま市
2311	刈　　谷	〒 448-8609 刈谷市若松町 1-46-3 0566-21-5001	刈谷市、安城市、知立市、高浜市、大府市
	碧南（出）	〒 447-0865 碧南市浅間町 1-41-4 0566-41-0327	碧南市
2312	西　　尾	〒 445-0071 西尾市熊味町小松島 41-1 0563-56-3622	西尾市
2313	犬　　山	〒 484-8609 犬山市松本町 2-10 0568-61-2185	犬山市、江南市、岩倉市、丹羽郡
2314	豊　　川	〒 442-0888 豊川市千歳通 1-34 0533-86-3178	豊川市
2318	蒲郡（出）	〒 443-0034 蒲郡市港町 16-9 0533-67-8609	蒲郡市
2315	新　　城	〒 441-1384 新城市西入船 24-1 0536-22-1160	新城市、北設楽郡
2317	春 日 井	〒 486-0841 春日井市南下原町 2-14-6 0568-81-5135	春日井市、小牧市
三　重			
2401	四 日 市	〒 510-0093 四日市市本町 3-95 059-353-5566	四日市市、三重郡（桑名公共職業安定所の管轄区域を除く。）
2402	伊　　勢	〒 516-0072 伊勢市宮後 1-1-35 MiraISE8 階 0596-27-8609	伊勢市、鳥羽市、志摩市、度会郡（尾鷲公共職業安定所の管轄区域を除く。）
2403	津	〒 514-8521 津市島崎町 327-1 059-228-9161	津市
2404	松　　阪	〒 515-8509 松阪市高町 493-6 松阪合同庁舎 1 階 0598-51-0860	松阪市、多気郡
2405	桑　　名	〒 511-0078 桑名市桑栄町 1-2 サンファーレ北館 1 階 0594-22-5141	桑名市、いなべ市、桑名郡、員弁郡、三重郡のうち朝日町

2406	伊　　賀	〒 518-0823 伊賀市四十九町 3074-2 0595-21-3221	伊賀市、名張市
	ハローワークプラザ名張	〒 518-0718 名張市丸の内 79 名張市総合福祉センターふれあい 1 階　0595-63-0900	
	熊野（出）	〒 519-4324 熊野市井戸町赤坂 739-3 0597-89-5351	熊野市、南牟婁郡
2408	尾　　鷲	〒 519-3612 尾鷲市林町 2-35 0597-22-0327	尾鷲市、北牟婁郡、度会郡のうち大紀町錦
2409	鈴　　鹿	〒 513-8609 鈴鹿市神戸 9-13-3 059-382-8609	鈴鹿市、亀山市
滋　賀			
2501	大　　津	〒 520-0806 大津市打出浜 14-15 滋賀労働総合庁舎 1・2 階 077-522-3773（代）	大津市、高島市
2501 1	高島（出）	〒 520-1214 高島市安曇川町末広 4-37 0740-32-0047	高島市
2502	長　　浜	〒 526-0032 長浜市南高田町辻村 110 0749-62-2030（代）	長浜市、米原市
2503	彦　　根	〒 522-0054 彦根市西今町 58-3 彦根地方合同庁舎 1 階 0749-22-2500（代）	彦根市、愛知郡、犬上郡
2504	東 近 江	〒 527-0023 東近江市八日市緑町 11-19 0748-22-1020（代）	近江八幡市、東近江市、蒲生郡
2505	甲　　賀	〒 528-0031 甲賀市水口町本町 3-1-16 0748-62-0651（代）	甲賀市、湖南市
2506	草　　津	〒 525-0027 草津市野村 5-17-1 077-562-3720（代）	草津市、守山市、栗東市、野洲市
京　都			
2601	京都西陣	〒 602-8258 京都市上京区大宮通中立売下ル和水町 439-1 075-451-8609（代）	京都市のうち上京区、北区、左京区、中京区、右京区、西京区、亀岡市、南丹市、船井郡
	【烏丸御池庁舎】 雇用保険の受給手続き	〒 604-0845 京都市中京区烏丸御池上ル北西角 明治安田生命京都ビル 1 階 075-283-0140	
2601	園部（出）	〒 622-0001 南丹市園部町宮町 71 0771-62-0246	亀岡市、船井郡、南丹市、京都市右京区のうち京北

	ハローワークプラザ かめおか	〒621-0805 亀岡市安町中畠 100 スカイビル５階 0771-24-6010	
2602	京都七条	〒600-8235 京都市下京区西洞院通塩小路 下ル東油小路町 803 075-341-8609	京都市のうち下京区、南区、東山区、山科区、長岡京市、向日市、乙訓郡
	京都七条　労働課	〒600-8841 京都市下京区朱雀正会町 1 075-284-0221	京都市のうち下京区、南区、東山区、山科区、長岡京市、向日市、乙訓郡
	ハローワークプラザ 山科	〒607-8145 京都市山科区東野八反畑町 22-8　豊栄ビル２階 075-595-2699	
2603	伏　　見	〒612-8058 京都市伏見区風呂屋町 232 075-602-8609	京都市のうち伏見区、八幡市
2604	京都田辺	〒610-0334 京田辺市田辺中央 2-1-23 0774-65-8609	京田辺市、綴喜郡のうち井手町、相楽郡、木津川市
2604	木津（出）	〒619-0214 木津川市木津駅前 1-50 木津地方合同庁舎１階 0774-73-8609	木津川市、相楽郡のうち笠置町、和束町、南山城村
2605	福 知 山	〒620-0933 福知山市東羽合町 37 0773-23-8609	福知山市、綾部市
	綾部（出）	〒623-0053 綾部市宮代町宮ノ下 23 0773-42-8609	綾部市
2606	舞　　鶴	〒624-0937 舞鶴市字西小字西町 107-4 0773-75-8609	舞鶴市
2607	峰　　山	〒627-0012 京丹後市峰山町杉谷 147-13 0772-62-8609	宮津市、京丹後市、与謝郡
	宮津（出）	〒626-0046 宮津市宇中ノ丁 2534 宮津地方合同庁舎 0772-22-8609	宮津市、与謝郡
2608	宇　　治	〒611-0021 宇治市宇治池森 16-4 0774-20-8609	宇治市、城陽市、久世郡、綴喜郡のうち宇治田原町
	ハローワークプラザ 城南	〒611-0033 宇治市大久保町上ノ山 43-1 藤和ライブタウン宇治大久保 １階　0774-46-4010	
大　阪			
2701	大 阪 東	〒540-0011 大阪市中央区農人橋 2-1-36 ピップビル１階~3 階 06-6942-4771	大阪市のうち中央区（大阪西公共職業安定所の管轄区域を除く。）、天王寺区、東成区、生野区、城東区、鶴見区
2702	梅　　田	〒530-0001 大阪市北区梅田 1-2-2 大阪駅前第２ビル 16 階 06-6344-8609	大阪市のうち北区、都島区、福島区、此花区、西淀川区、旭区

	大阪新卒応援ハローワーク	〒530-0017 大阪市北区角田町 8-47 阪急グランドビル 18 階 06-7709-9455	
	大阪わかものハローワーク	〒530-0017 大阪市北区角田町 8-47 阪急グランドビル 18 階 06-7709-9470	
2703	大 阪 西	〒552-0011 大阪市港区南市岡 1-2-34 06-6582-5271	大阪市中央区のうち安堂寺町、上本町西、東平、上汐、中寺、松屋町、瓦屋町、高津、南船場、島之内、道頓堀、千日前、難波千日前、難波、日本橋、東心斎橋、心斎橋筋、西心斎橋、宗右衛門町、谷町六丁目、谷町七丁目、谷町八丁目、谷町九丁目、西区、港区、大正区、浪速区
	大阪マザーズハローワーク	〒542-0076 大阪市中央区難波 2-2-3 御堂筋グランドビル 4 階 06-7653-1098	
	ハローワークプラザ難波	〒542-0076 大阪市中央区難波 2-2-3 御堂筋グランドビル 4 階 06-6214-9200	
2717	大阪港労働 （港湾事業所及び日雇い労働者専門のハローワーク）	〒552-0021 大阪市港区築港 1-12-18 06-6572-5191	（取扱い内容により管轄が異なります。詳細については、直接お問い合わせください。）
2704	阿 倍 野	〒545-0004 大阪市阿倍野区文の里 1 丁目 4-2　06-4399-6007	大阪市のうち住之江区、住吉区、西成区、阿倍野区、東住吉区、平野区
	【ルシアス庁舎】 （職業紹介コーナー）	〒545-0052 大阪市阿倍野区阿倍野筋 1-5-1 あべのルシアスオフィス棟 8 階 06-6631-1675	
2719	あいりん労働 （日雇労働者専門のハローワーク）	〒557-0004 大阪市西成区萩之茶屋 1-11-18（南海線高架下） 06-6649-1491	（取扱い内容により管轄が異なります、詳細については、直接お問い合わせください。）
2706	淀　　川	〒532-0024 大阪市淀川区十三本町 3-4-11 06-6302-4771	大阪市のうち淀川区、東淀川区、吹田市
2707	布　　施	〒577-0056 東大阪市長堂 1-8-37 イオン布施駅前店 4 階 06-6782-4221	東大阪市、八尾市
2708	堺	〒590-0078 堺市堺区南瓦町 2-29 堺地方合同庁舎 1~3 階 072-238-8301	堺市
	【堺東駅前庁舎】	〒590-0028 堺市堺区三国ヶ丘御幸通 59 高島屋堺店 9 階 072-340-0944	

	ハローワークプラザ泉北	〒 590-0115 堺市南区茶山台 1-3-1 パンジョ 4F 072-291-0606	
2709	岸 和 田	〒 596-0826 岸和田市作才町 1264 072-431-5541	岸和田市、貝塚市
2710	池　　田	〒 563-0058 池田市栄本町 12-9 072-751-2595	池田市、豊中市、箕面市、豊能郡
	ハローワークプラザ千里	〒 560-0082 豊中市新千里東町 1-4-1 阪急千里中央ビル 10 階 06-6833-7811	
2711	泉 大 津	〒 595-0025 泉大津市旭町 22-45 テクスピア大阪２階 0725-32-5181	泉大津市、和泉市、高石市、泉北郡
2712	藤 井 寺	〒 583-0027 藤井寺市岡 2-10-18 ＤＨ藤井寺駅前ビル３階 072-955-2570	柏原市、松原市、羽曳野市、藤井寺市
2713	枚　　方	〒 573-0031 枚方市岡本町 7-1 ビオルネ・イオン枚方店６階 072-841-3363	枚方市、寝屋川市、交野市
2714	泉 佐 野	〒 598-0007 泉佐野市上町 2-1-20 072-463-0565	泉佐野市、泉南市、阪南市、泉南郡
2715	茨　　木	〒 567-0885 茨木市東中条町 1-12 072-623-2551	茨木市、高槻市、摂津市、三島郡
2716	河内長野	〒 586-0025 河内長野市昭栄町 7-2 0721-53-3081	河内長野市、富田林市、大阪狭山市、南河内郡
2718	門　　真	〒 571-0045 門真市殿島 6-4 守口門真商工会館２階 06-6906-6831	守口市、大東市、門真市、四條畷市
兵　庫			
2801	神　　戸 （学卒部門）	〒 650-0025 神戸市中央区相生町 1-3-1 078-362-8609（代） 〒 650-0025 神戸市中央区東川崎町 1-1-3 神戸クリスタルタワー 12 階 078-362-4581	神戸市（灘公共職業安定所、明石公共職業安定所及び西神公共職業安定所の管轄区域を除く。）、三田市
	神戸港労働（出）	〒 650-0042 神戸市中央区波止場町 6-11 078-351-1671	
	三田（出）	〒 669-1531 三田市天神 1-5-25 079-563-8609	神戸市北区のうち有野台、有野町、有野中町、唐櫃六甲台、有馬町、淡河町、大沢町、赤松台、鹿の子台北町、鹿の子台南町、唐櫃台、京地、菖蒲が丘、道場町、長尾町、上津台、西山、八多町、東有野台、東大池、藤原台北町、藤原台中町、藤原台南町、三田市

2802	灘	〒657-0833 神戸市灘区大内通 5-2-2 078-861-8609（代）	神戸市のうち東灘区、灘区、中央区のうち旭通、吾妻通、生田町、磯上通、磯辺通、小野柄通、小野浜町、寵池通、上筒井通、神若通、北本町通、国香通、雲井通、熊内町、熊内橋通、御幸通、琴ノ緒町、坂口通、東雲通、神仙寺通、大日通、筒井町、中尾町、中島通、二宮町、布引町、野崎通、旗塚通、八幡通、浜辺通、日暮通、葺合町、真砂通、南本町通、宮本通、八雲通、若菜通、脇浜海岸通、脇浜町、割塚通
	ハローワーク三宮	〒651-0088 神戸市中央区小野柄通 7-1-1 日本生命三宮駅前ビル 1 階 078-231-8609	
2803	尼　崎	〒660-0827 尼崎市西大物町 12-41 アマゴッタ 2 階 06-7664-8609	尼崎市
2804	西　宮	〒662-0911 西宮市池田町 13-3 JR 西宮駅南庁舎 2 ～ 4 階 0798-22-8600	西宮市、芦屋市、宝塚市
2805	姫　路	〒670-0947 姫路市北条宇中道 250 079-222-8609（代）	姫路市（龍野公共職業安定所の管轄区域を除く。）、神崎郡、揖保郡
	ハローワークステーション姫路	〒670-0927 姫路市駅前町 265 番地 姫路 KT ビル 3 階 079-285-1186	
2806	加古川	〒675-0017 加古川市野口町良野 1742 079-421-8609（代）	加古川市、高砂市、加古郡
2807	伊　丹	〒664-0881 伊丹市昆陽 1-1-6 伊丹労働総合庁舎 072-772-8609	伊丹市、川西市、川辺郡
2808	明　石	〒673-0891 明石市大明石町 2-3-37 078-912-2277（代）	神戸市西区のうち曙町、天が岡、伊川谷町有瀬、伊川谷町上脇、伊川谷町潤和、伊川谷町長坂、伊川谷町別府、池上、今寺、岩岡町、枝吉、王塚台、大沢、大津和、上新地、北別府、小山、白水、玉津町、天王山、中野、長畑町、福吉台、二ツ屋、丸塚、水谷、南別府、宮下、持子、森友、竜が岡、和井取、明石市
2809	豊　岡	〒668-0024 豊岡市寿町 8-4 豊岡地方合同庁舎 0796-23-3101	豊岡市、美方郡
	香住（出）	〒669-6544 美方郡香美町香住区香住 844-1　0796-36-0136	美方郡
2817	八鹿（出）	〒667-0021 養父市八鹿町八鹿 1121-1 079-662-2217	養父市

	和田山（分）	〒669-5202 朝来市和田山町東谷 105-2 079-672-2116	朝来市
2810	西　脇	〒677-0015 西脇市西脇 885-30 西脇地方合同庁舎 0795-22-3181	西脇市、小野市、加西市、加東市、多可郡
2811	洲　本	〒656-0021 洲本市塩屋 2-4-5 兵庫県洲本総合庁舎 0799-22-0620	洲本市、南あわじ市、淡路市
2813	柏　原	〒669-3309 丹波市柏原町柏原字八之坪 1569　0795-72-1070	丹波市
	篠山（出）	〒669-2341 篠山市郡家 403-11 079-552-0092	丹波篠山市
2820	西　神	〒651-2273 神戸市西区糀台 5-3-8 078-991-1100	神戸市のうち西区（明石公共職業安定所の管轄区域を除く。）、三木市
2814	龍　野	〒679-4167 たつの市龍野町富永 1005-48 0791-62-0981	姫路市のうち安富町、宍粟市、たつの市、佐用郡
2815	相生（出）	〒678-0031 相生市旭 1-3-18 相生地方合同庁舎 0791-22-0920	【相生市、赤穂市、赤穂郡】
	赤穂（出）	〒678-0232 赤穂市中広字北 907-8 0791-42-2376	【赤穂市《西有年、東有年、有年横尾、有年楢原、有年原、有年牟礼を除く。》】
奈　良			
2901	奈　良	〒630-8113 奈良市法蓮町 387 奈良第３地方合同庁舎 0742-36-1601（代）	奈良市、天理市、生駒市、山辺郡
2902	大和高田	〒635-8585 大和高田市池田 574-6 0745-52-5801（代）	大和高田市、橿原市、御所市、香芝市、葛城市、北葛城郡、高市郡
2903	桜　井	〒633-0007 桜井市外山 285-4-5 0744-45-0112（代）	桜井市、宇陀市、磯城郡、宇陀郡、吉野郡のうち東吉野村
2904	下　市	〒638-0041 吉野郡下市町下市 2772-1 0747-52-3867（代）	五條市、吉野郡（桜井公共職業安定所の管轄区域を除く。）
2905	大和郡山	〒639-1161 大和郡山市観音寺町 168-1 0743-52-4355（代）	大和郡山市、生駒郡
和歌山			
3001	和 歌 山	〒640-8331 和歌山市美園町 5-4-7 073-425-8609	和歌山市、紀の川市、岩出市
	ワークプラザ紀ノ川	〒649-6216 岩出市上野 97 岩出中央ショッピングセンター内　0736-61-3100	

3002	新　　宮	〒647-0044 新宮市神倉 4-2-4 0735-22-6285	新宮市、田辺市のうち本宮町、東牟婁郡（串本出張所の管轄区域を除く。）
3008	串本（出）	〒649-3503 東牟婁郡串本町串本 2000-9 0735-62-0121	西牟婁郡のうちすさみ町、東牟婁郡のうち串本町、古座川町
3003	田　　辺	〒646-0027 田辺市朝日ヶ丘 24-6 0739-22-2626	田辺市（新宮公共職業安定所の管轄区域を除く。）、西牟婁郡（串本出張所の管轄区域を除く。）、日高郡のうちみなべ町
3004	御　　坊	〒644-0011 御坊市湯川町財部 943 0738-22-3527	御坊市、日高郡（田辺公共職業安定所の管轄区域を除く。）
3005	湯　　浅	〒643-0004 有田郡湯浅町湯浅 2430-81 0737-63-1144	有田市、有田郡
3006	海　　南	〒642-0001 海南市船尾 186-85 073-483-8609	海南市、海草郡
3007	橋　　本	〒648-0072 橋本市東家 5-2-2 橋本地方合同庁舎 1 階 0736-33-8609	橋本市、伊都郡
鳥　取			
3101	鳥　　取	〒680-0845 鳥取市富安 2-89 0857-23-2021（代）	鳥取市、岩美郡、八頭郡
3102	米　　子	〒683-0043 米子市末広町 311 イオン米子駅前店 4 階 0859-33-3911（代）	米子市、境港市、西伯郡、日野郡（日南町、日野町、江府町）
	根雨（出）	〒689-4503 日野郡日野町根雨 349-1 0859-72-0065	日野郡（日南町、日野町、江府町）
3103	倉　　吉	〒682-0816 倉吉市駄経寺町 2-15 倉吉地方合同庁舎 0858-23-8609	倉吉市、東伯郡
島　根			
3201	松　　江	〒690-0841 松江市向島町 134-10 松江地方合同庁舎 2 階 0852-22-8609	松江市、安来市、隠岐郡
3251	隠岐の島（出）	〒685-0016 隠岐郡隠岐の島町城北町 55 08512-2-0161	【隠岐郡】
3252	安来（出）	〒692-0011 安来市安来町 903-1 0854-22-2545	【安来市】
3202	浜　　田	〒697-0027 浜田市殿町 21-6 0855-22-8609	浜田市、江津市、邑智郡
3207	川本（出）	〒696-0001 邑智郡川本町川本 301-2 0855-72-0385	江津市のうち桜江町、邑智郡
3203	出　　雲	〒693-0023 出雲市塩冶有原町 1-59 0853-21-8609	出雲市

3204	益　　田	〒698-0027 益田市あけぼの東町 4-6 0856-22-8609	益田市、鹿足郡
3205	雲　　南	〒699-1311 雲南市木次町里方 514-2 0854-42-0751	雲南市、仁多郡、飯石郡
3206	石見大田	〒694-0064 大田市大田町大田ロ 1182-1 0854-82-8609	大田市
岡　山			
3301	岡　　山	〒700-0971 岡山市北区野田 1-1-20 086-241-3222	岡山市（西大寺公共職業安定所の管轄区域を除く。）、加賀郡（高梁公共職業安定所の管轄区域を除く。）
	ハローワークプラザ岡山	〒700-0901 岡山市北区本町 6-36 第一セントラルビル７階 086-222-2900	
3302	津　　山	〒708-8609 津山市山下 9-6 津山労働総合庁舎 0868-22-8341	津山市、真庭市、苫田郡、久米郡、真庭郡
3302-A	美作（出）	〒707-0041 美作市林野 67-2 0868-72-1351	美作市、英田郡、勝田郡
3303	倉敷中央	〒710-0834 倉敷市笹沖 1378-1 086-424-3333	倉敷市（総社出張所、児島出張所の管轄区域を除く。）、都窪郡
3303-A	総社（出）	〒719-1131 総社市中央 3-15-111 0866-92-6001	総社市、倉敷市のうち真備町有井、真備町岡田、真備町市場、真備町尾崎、真備町川辺、真備町上二万、真備町下二万、真備町妹、真備町辻田、真備町服部、真備町箭田
3305	児島（出）	〒711-0912 倉敷市児島小川町 3672-16 086-473-2411	倉敷市のうち児島稗田町、児島柳田町、児島小川町、児島小川一丁目、児島小川二丁目、児島小川三丁目、児島小川四丁目、児島小川五丁目、児島小川六丁目、児島小川七丁目、児島小川八丁目、児島小川九丁目、児島小川十丁目、下津井吹上、下津井田之浦、児島味野、児島味野一丁目、児島味野二丁目、児島味野三丁目、児島味野四丁目、児島味野五丁目、児島味野六丁目、児島味野城一丁目、児島味野城二丁目、児島味野上一丁目、児島味野上二丁目、児島味野山田町、児島味野城山、児島赤崎、児島赤崎一丁目、児島赤崎二丁目、児島赤崎三丁目、児島赤崎四丁目、児島通生、

			児島唐琴町、児島唐琴一丁目、児島唐琴二丁目、児島唐琴三丁目、児島唐琴四丁目、児島下の町一丁目、児島下の町二丁目、児島下の町三丁目、児島下の町四丁目、児島下の町五丁目、児島下の町六丁目、児島下の町七丁目、児島下の町八丁目、児島下の町九丁目、児島下の町十丁目、児島下の町、児島田の口一丁目、児島田の口二丁目、児島田の口三丁目、児島田の口四丁目、児島田の口五丁目、児島田の口六丁目、児島田の口七丁目、児島田の口、児島上の町、児島上の町一丁目、児島上の町二丁目、児島上の町三丁目、児島上の町四丁目、児島由加、児島白尾、菰池、菰池一丁目、菰池二丁目、菰池三丁目、下津井、下津井一丁目、下津井二丁目、下津井三丁目、下津井四丁目、下津井五丁目、下津井吹上一丁目、下津井吹上二丁目、下津井田之浦一丁目、下津井田之浦二丁目、大畠、大畠一丁目、大畠二丁目、林、串田、木見、尾原、曽原、福江、児島阿津一丁目、児島阿津二丁目、児島阿津三丁目、児島元浜町、児島駅前一丁目、児島駅前二丁目、児島駅前三丁目、児島駅前四丁目
3304	玉　野	〒706-0002 玉野市築港 2-23-12 0863-31-1555	玉野市
3306	和　気	〒709-0451 和気郡和気町和気 481-10 0869-93-1191	備前市（備前出張所の管轄区域を除く。）、赤磐市、和気郡
3306-A	備前（出）	〒705-0022 備前市東片上 227 0869-64-2340	備前市（三石、八木山、野谷、今崎、岩崎、加賀美、金谷、神根本、笹目、高田、多麻、都留岐、福満、三股、南方、吉永中、和意谷を除く。）
3307	高　梁	〒716-0047 高梁市段町 1004-13 0866-22-2291	高梁市、加賀郡吉備中央町のうち上竹、納地、竹荘、豊野、黒土、田土、湯山、吉川（字日ノヘ 7518 番、宇日ノヘ 7519 番、字長坂 7520 番を除く。）、黒山、北、峠谷、宮地、西
3307-A	新見（出）	〒718-0003 新見市高尾 2379-1 0867-72-3151	新見市
3308	笠　岡	〒714-0081 笠岡市笠岡 5891 0865-62-2147	笠岡市、井原市、浅口市、小田郡、浅口郡

3311	西 大 寺	〒 704-8116 岡山市東区西大寺中 1-13-35 NTT 西日本西大寺ビル 086-942-3212	岡山市東区、瀬戸内市
広　島			
3401	広　　島	〒 730-8513 広島市中区上八丁堀 8-2 広島清水ビル 1~4F 082-223-8609	広島市のうち中区、西区、安佐南区、佐伯区（廿日市公共職業安定所管轄区域を除く。）
3402	広島西条	〒 739-0041 東広島市西条町寺家 6479-1 082-422-8609	東広島市
3409	竹原（出）	〒 725-0026 竹原市中央 5-2-11 0846-22-8609	竹原市、豊田郡
3403	呉	〒 737-8609 呉市西中央 1-5-2 0823-25-8609	呉市、江田島市
3404	尾　　道	〒 722-0026 尾道市栗原西 2-7-10 0848-23-8609	尾道市、世羅郡
3405	福　　山	〒 720-8609 福山市東桜町 3-12 084-923-8609	福山市
3406	三　　原	〒 723-0004 三原市館町 1-6-10 0848-64-8609	三原市
3407	三　　次	〒 728-0013 三次市十日市東 3-4-6 0824-62-8609	三次市
	安芸高田（出）	〒 731-0501 安芸高田市吉田町吉田 1814-5 0826-42-0605	安芸高田市
3410	庄原（出）	〒 727-0012 庄原市中本町 1-20-1 0824-72-1197	庄原市
3408	可　　部	〒 731-0223 広島市安佐北区可部南 3-3-36 082-815-8609	広島市のうち安佐北区、山県郡
3411	府　　中	〒 726-0005 府中市府中町 188-2 0847-43-8609	府中市、神石郡
3414	広 島 東	〒 732-0051 広島市東区光が丘 13-7 082-264-8609	広島市のうち東区、南区、安芸区、安芸郡
3415	廿 日 市	〒 738-0033 廿日市市串戸 4-9-32 0829-32-8609	廿日市市、広島市佐伯区のうち湯来町、杉並台
	大竹（出）	〒 739-0614 大竹市白石 1-18-16 0827-52-8609	大竹市
山　口			
3501	山　　口	〒 753-0064 山口市神田町 1-75 083-922-0043	山口市（防府公共職業安定所の管轄区域を除く。）
3502	下　　関	〒 751-0823 下関市貴船町 3-4-1 083-222-4031	下関市

	ハローワークプラザ下関	〒750-0025 下関市竹崎町 4-3-3 JR 下関駅ビル ripie 2階 083-231-8189	
3503	宇　部	〒755-8609 宇部市北琴芝 2-4-30 0836-31-0164	宇部市、山陽小野田市、美祢市
3505	防　府	〒747-0801 防府市駅南町 9-33 0835-22-3855	山口市徳地、防府市
3506	萩	〒758-0074 萩市平安古町 599-3 0838-22-0714	萩市、長門市、阿武郡
	長門（分）	〒759-4101 長門市東深川 1324-1 0837-22-8609	長門市
3507	徳　山	〒745-0866 周南市大字徳山 7510-8 0834-31-1950	周南市（下松公共職業安定所の管轄区域を除く。）
3508	下　松	〒744-0017 下松市東柳 1-6-1 0833-41-0870	下松市、光市、周南市のうち大字大河内、大字奥関屋、大字小松原、大字清尾、大字中村、大字原、大字樋口、大字八代、大字安田、大字呼坂、勝間ヶ丘、熊毛中央町、新清光台、清光台町、高水原、鶴見台、藤ヶ台、呼坂本町
3509	岩　国	〒740-0022 岩国市山手町 1-1-21 0827-21-3281	岩国市、玖珂郡
3510	柳　井	〒742-0031 柳井市南町 2-7-22 0820-22-2661	柳井市、大島郡、熊毛郡
徳　島			
3601	徳　島	〒770-0823 徳島市出来島本町 1-5 088-622-6305	徳島市、名東郡、名西郡
3602	小松島（出）	〒773-0001 小松島市小松島町外開 1-11 小松島みなと合同庁舎 1階 0885-32-3344	小松島市、勝浦郡
3603	三　好	〒778-0002 三好市池田町マチ 2429-10 0883-72-1221	三好市、三好郡
3604	美　馬	〒779-3602 美馬市脇町大字猪尻字東分 5 0883-52-8609	美馬市、阿波市のうち阿波町、美馬郡
3605	阿　南	〒774-0011 阿南市領家町本荘ヶ内 120-6 0884-22-2016	阿南市、那賀郡
3608	牟岐（出）	〒775-0006 海部郡牟岐町大字中村字本村 52-1 0884-72-1103	海部郡
3606	吉野川	〒776-0010 吉野川市鴨島町鴨島 388-27 0883-24-2166	吉野川市、阿波市（美馬公共職業安定所の管轄区域を除く。）
3607	鳴　門	〒772-0003 鳴門市撫養町南浜字権現 12 088-685-2270	鳴門市、板野郡
香　川			

3701	高　松	〒761-8566 高松市花ノ宮町 2-2-3 087-869-8609(代)	高松市、香川郡、木田郡
	しごとプラザ高松	〒760-0029 高松市丸亀町 13-2 087-823-8609	
3702	丸　亀	〒763-0033 丸亀市中府町 1-6-36 0877-21-8609(代)	丸亀市（飯山町、綾歌町を除く。)、善通寺市、仲多度郡
3703	坂　出	〒762-0001 坂出市京町 2-6-27 坂出合同庁舎 0877-46-5545(代)	丸亀市のうち綾歌町、飯山町、坂出市、綾歌郡
3704	観 音 寺	〒768-0067 観音寺市坂本町 7-8-6 0875-25-4521(代)	観音寺市、三豊市
3705	さ ぬ き	〒769-2301 さぬき市長尾東 889-1 0879-52-2595(代)	さぬき市
	東かがわ（出）	〒769-2601 東かがわ市三本松 591-1 大内地方合同庁舎 0879-25-3167(代)	東かがわ市
3706	土　庄	〒761-4104 小豆郡土庄町甲 6195-3 0879-62-1411(代)	小豆郡
愛　媛			
3801	松　山	〒791-8522 松山市六軒家町 3-27 松山労働総合庁舎 089-917-8609	松山市、伊予市、東温市、伊予郡、上浮穴郡
	ハローワークプラザ松山	〒790-0011 松山市千舟町 4-4-1 グランディア千舟２階 089-913-7401	
3802	今　治	〒794-0043 今治市南宝来町 2-1-6 0898-32-5020	今治市（新居浜公共職業安定所の管轄区域を除く。)、越智郡
	ハローワークプラザ今治	〒794-0027 今治市大門町 1-3-1 新棟１Ｆ 0898-31-8600	
3803	八 幡 浜	〒796-0010 八幡浜市松柏丙 838-1 0894-22-4033	八幡浜市、西予市、西宇和郡
	西予市ふるさとハローワーク	〒797-0015 西予市宇和町卯之町 3-435-1 西予卯之町駅前複合施設「ゆるりあん」２階　099-223-8010	
3804	宇 和 島	〒798-0036 宇和島市天神町 4-7 0895-22-8609	宇和島市、北宇和郡、南宇和郡
3805	新 居 浜	〒792-0025 新居浜市一宮町 1-14-16 0897-34-7100	今治市のうち宮窪町四阪島、新居浜市
3806	西　条	〒793-0030 西条市大町 315-4 0897-56-3015	西条市

3807	四国中央	〒 799-0405 四国中央市三島中央 1-16-72 0896-24-5770	四国中央市
3808	大　　洲	〒 795-0054 大洲市中村 210-6 0893-24-3191	大洲市、喜多郡
高　知			
3901	高　　知	〒 781-8560 高知市大津乙 2536-6 088-878-5320	高知市（春野町を除く。）、南国市、長岡郡、土佐郡
	香美（出）	〒 782-0033 香美市土佐山田町旭町 1-4-10 0887-53-4171	香南市、香美市
3902	須　　崎	〒 785-0012 須崎市西糺町 4-3 0889-42-2566	須崎市、吾川郡のうち仁淀川町、高岡郡（日高村を除く。）
3903	四 万 十	〒 787-0012 四万十市右山五月町 3-12 中村地方合同庁舎 0880-34-1155	宿毛市、土佐清水市、四万十市、幡多郡
3904	安　　芸	〒 784-0001 安芸市矢ノ丸 4-4-4 0887-34-2111	安芸市、室戸市、安芸郡
3905	い　　の	〒 781-2120 吾川郡いの町枝川 1943-1 088-893-1225	高知市のうち春野町、土佐市、吾川郡いの町、高岡郡のうち日高村
福　岡			
4001	福岡中央	<職業紹介・求人・雇用保険の給付窓口> 〒 810-8609 福岡市中央区赤坂 1-6-19 092-712-8609（代）	福岡市のうち博多区、中央区、南区のうち那の川一丁目、那の川二丁目、城南区、早良区、糟屋郡のうち宇美町、志免町、須恵町
	福岡中央赤坂駅前庁舎	<雇用保険の加入窓口> 〒 810-0041 福岡市中央区大名 2-4-22 新日本ビル 2 階 092-712-8609（代）	
	ハローワークプラザ福岡	〒 810-0001 福岡市中央区天神 1-4-2 エルガーラ 12 階 092-716-8609	
4002	飯　　塚	〒 820-8540 飯塚市芳雄町 12-1 0948-24-8609	飯塚市、嘉麻市、嘉穂郡
4003	大 牟 田	〒 836-0047 大牟田市大正町 6-2-3 0944-53-1551	大牟田市、柳川市、みやま市
4004	八　　幡	〒 806-8509 北九州市八幡西区岸の浦 1-5-10　093-622-5566	北九州市のうち八幡東区、八幡西区、中間市、遠賀郡
	八幡黒崎駅前庁舎（職業紹介・雇用保険の給付窓口）	〒 806-0021 北九州市八幡西区黒崎 3-15-3 コムシティ 6 階 093-622-5566	
4011	若松（出）	〒 808-0034 北九州市若松区本町 1-14-12 093-771-5055	北九州市のうち若松区
	戸畑（分）	〒 804-0067 北九州市戸畑区汐井町 1-6 ウエルとばた 8 階 093-871-1331	北九州市のうち戸畑区

4005	久 留 米	〒 830-8505 久留米市諏訪野町 2401 0942-35-8609	久留米市（城島町を除く）、小郡市、うきは市、三井郡
	大川（出）	〒 831-0041 大川市大字小保 614-6 0944-86-8609	久留米市のうち城島町、大川市、三潴郡
4006	小　　倉	〒 802-8507 北九州市小倉北区萩崎町 1-11 093-941-8609	北九州市のうち小倉北区、小倉南区
4013	門司（出） 門司（港湾労働課）	〒 800-0004 北九州市門司区北川町 1-18 093-381-8609	北九州市のうち門司区
4008	直　　方	〒 822-0002 直方市大字頓野 3334-5 0949-22-8609	直方市、宮若市、鞍手郡
4009	田　　川	〒 826-8609 田川市弓削田 184-1 0947-44-8609	田川市、田川郡
4010	行　　橋	〒 824-0031 行橋市西宮市 5-2-47 0930-25-8609	行橋市、京都郡、築上郡のうち築上町
	豊前（出）	〒 828-0021 豊前市大字八屋 322-70 0979-82-8609	豊前市、築上郡のうち吉富町、上毛町
4012	福 岡 東	〒 813-8609 福岡市東区千早 6-1-1 092-672-8609	福岡市のうち東区、宗像市、古賀市、福津市、糟屋郡のうち篠栗町、新宮町、久山町、粕屋町
4014	八　　女	〒 834-0023 八女市馬場 514-3 0943-23-6188	八女市、筑後市、八女郡
4015	朝　　倉	〒 838-0061 朝倉市菩提寺 480-3 0946-22-8609	朝倉市、朝倉郡
4018	福 岡 南	〒 816-8577 春日市春日公園 3-2 092-513-8609	福岡市のうち南区（那の川一丁目、那の川二丁目を除く。）、筑紫野市、春日市、大野城市、太宰府市、那珂川市
4019	福 岡 西	〒 819-8552 福岡市西区姪浜駅南 3-8-10 092-881-8609	福岡市のうち西区、糸島市
佐　賀			
4101	佐　　賀	〒 840-0826 佐賀市白山 2 丁目 1-15 0952-24-4361	佐賀市、多久市、小城市、神埼市
4102	唐　　津	〒 847-0817 唐津市熊原町 3193 0955-72-8609	唐津市、東松浦郡
4103	武　　雄	〒 843-0023 武雄市武雄町昭和 39-9 0954-22-4155	武雄市、杵島郡（鹿島公共職業安定所の管轄区域を除く。）
4104	伊 万 里	〒 848-0027 伊万里市立花町通谷 1542-25 0955-23-2131	伊万里市、西松浦郡
4105	鳥　　栖	〒 841-0035 鳥栖市東町 1 丁目 1073 0942-82-3108	鳥栖市、神埼郡、三養基郡
4106	鹿　　島	〒 849-1311 鹿島市高津原二本松 3524-3 0954-62-4168	鹿島市、嬉野市、藤津郡、杵島郡白石町のうち新開、牛屋、坂田、新明、田野上、戸ヶ里、深浦、辺田

長崎			
4201	長　崎	〒852-8522 長崎市宝栄町 4-25 095-862-8609（代）	長崎市、西彼杵郡時津町、長与町
	ハローワークプラザ長崎	〒850-0877 長崎市築町 3-18 メルカつきまち３階 095-823-1001	
	西海（出）	〒857-2303 西海市大瀬戸町瀬戸西浜郷 412　0959-22-0033（代）	【西海市】
4202	佐世保	〒857-0851 佐世保市稲荷町 2-30 0956-34-8609（代）	佐世保市（江迎公共職業安定所の管轄区域を除く。）、北松浦郡
	ハローワークプラザ佐世保	〒857-0052 佐世保市松浦町 2-28 JA ながさき西海会館３階 0956-24-0810	
4203	諫　早	〒854-0022 諫早市幸町 4-8 0957-21-8609（代）	諫早市、雲仙市
4204	大　村	〒856-8609 大村市松並 1-213-9 0957-52-8609（代）	大村市、東彼杵郡
4205	島　原	〒855-0042 島原市片町 633 0957-63-8609（代）	島原市、南島原市
4206	江　迎	〒859-6101 佐世保市江迎町長坂 182-4 0956-66-3131（代）	佐世保市のうち江迎町、鹿町町、平戸市、松浦市
4207	五　島	〒853-0007 五島市福江町 7-3 0959-72-3105（代）	五島市、南松浦郡
4208	対　馬	〒817-0013 対馬市厳原町中村 642-2 0920-52-8609（代）	対馬市、壱岐市
	壱岐（出）	〒811-5133 壱岐市郷ノ浦町本村触 620-4 0920-47-0054（代）	壱岐市
熊本			
4301	熊　本	〒862-0971 熊本市中央区大江 6-1-38 096-371-8609（代）	熊本市（旧植木町・旧城南町・旧富合町を除く）
	上益城（出）	〒861-3206 上益城郡御船町辺田見 395 096-282-0077	上益城郡、阿蘇郡のうち西原村
4302	八　代	〒866-0853 八代市清水町 1-34 0965-31-8609	八代市、八代郡
4303	菊　池	〒861-1331 菊池市隈府 771-1 0968-24-8609	熊本市のうち旧植木町、菊池市、山鹿市、合志市、菊池郡
4304	玉　名	〒865-0064 玉名市中 1334-2 0968-72-8609	荒尾市、玉名市、玉名郡
4306	天　草	〒863-0050 天草市丸尾町 16-48 0969-22-8609	天草市、上天草市、天草郡

4307	球　磨	〒868-0014 人吉市下薩摩瀬町 1602-1 0966-24-8609	人吉市、球磨郡
4308	宇　城	〒869-0502 宇城市松橋町松橋 266 0964-32-8609	熊本市のうち旧城南町・旧富合町、宇土市、宇城市、下益城郡
4309	阿　蘇	〒869-2612 阿蘇市一の宮町宮地 2318-3 0967-22-8609	阿蘇市、阿蘇郡（西原村を除く。）
4310	水　俣	〒867-0061 水俣市八幡町 3-2-1 0966-62-8609	水俣市、葦北郡
大　分			
4401	大　分	〒870-8555 大分市都町 4-1-20 097-538-8609	大分市、由布市
	OASIS ひろば 21 職業相談窓口	〒870-0029 大分市高砂町 2-50 OASIS ひろば 21 地下 1 階 097-538-8622	
4402	別　府	〒874-0902 別府市青山町 11-22 0977-23-8609	別府市、杵築市、国東市、東国東郡姫島村、速見郡日出町
4403	中　津	〒871-8609 中津市中殿 550-21 0979-24-8609	中津市
4404	日　田	〒877-0012 日田市淡窓 1-43-1 0973-22-8609	日田市、玖珠郡
4406	佐　伯	〒876-0811 佐伯市鶴谷町 1-3-28 佐伯労働総合庁舎 1F 0972-24-8609	佐伯市、臼杵市、津久見市
4407	宇　佐	〒879-0453 宇佐市大字上田 1055-1 0978-32-8609	宇佐市、豊後高田市
4408	豊後大野	〒879-7131 豊後大野市三重町市場 1225-9 0974-22-8609	竹田市、豊後大野市
宮　崎			
4501	宮　崎	〒880-8533 宮崎市柳丸町 131 0985-23-2245（代）	宮崎市、東諸県郡
	ハローワークプラザ 宮崎	〒880-2105 宮崎市大塚台西 1 丁目 1-39 0985-62-4141	
4502	延　岡	〒882-0803 延岡市大貫町 1-2885-1 延岡労働総合庁舎 1 階 0982-32-5435（代）	延岡市、西臼杵郡
4503	日　向	〒883-0041 日向市北町 2-11 0982-52-4131（代）	日向市、東臼杵郡
4504	都　城	〒885-0072 都城市上町 2 街区 11 号 都城合同庁舎 1 階 0986-22-1745（代）	都城市、北諸県郡
4505	日　南	〒889-2536 日南市吾田西 1-7-23 0987-23-8609（代）	日南市、串間市

4506	高　　鍋	〒 884-0006 児湯郡高鍋町大字上江字高月 8340　　0983-23-0848（代）	西都市、児湯郡
4507	小　　林	〒 886-0004 小林市大字細野 367-5 0984-23-2171（代）	小林市、えびの市、西諸県郡
鹿児島			
4601	鹿 児 島	〒 890-8555 鹿児島市下荒田 1-43-28 099-250-6060	鹿児島市、鹿児島郡
	熊毛（出）	〒 891-3101 西之表市西之表 16314-6 0997-22-1318~9	西之表市、熊毛郡
	ハローワークかごしま ワークプラザ天文館	〒 892-0842 鹿児島市東千石町 1-38 鹿児島商工会議所ビル（アイムビル）6 階　　099-223-8010	
4602	川　　内	〒 895-0063 薩摩川内市若葉町 4-24 川内地方合同庁舎 1 階 0996-22-8609	薩摩川内市
	宮之城（出）	〒 895-1803 薩摩郡さつま町宮之城屋地 2035-3　　0996-53-0153	薩摩郡
4603	鹿　　屋	〒 893-0007 鹿屋市北田町 3-3-11 鹿屋産業支援センター 1 階 0994-42-4135	鹿屋市、垂水市、肝属郡
4604	国　　分	〒 899-4332 霧島市国分中央 1-4-35 0995-45-5311	霧島市、姶良市
	大口（出）	〒 895-2511 伊佐市大口里 768-1 0995-22-8609	伊佐市、姶良郡
4605	加 世 田	〒 897-0031 南さつま市加世田東本町 35-11 0993-53-5111	枕崎市、南さつま市、南九州市（指宿公共職業安定所の管轄区域を除く。）
4606	伊 集 院	〒 899-2521 日置市伊集院町大田 825-3 099-273-3161	日置市、いちき串木野市
4608	大　　隅	〒 899-8102 曽於市大隅町岩川 5575-1 099-482-1265	曽於市、志布志市、曽於郡
4609	出　　水	〒 899-0201 出水市緑町 37-5 0996-62-0685~6	出水市、阿久根市、出水郡
4611	名　　瀬	〒 894-0036 奄美市名瀬長浜町 1-1 0997-52-4611	奄美市、大島郡のうち瀬戸内町、大和村、宇検村、龍郷町、喜界町、和泊町、知名町、与論町
	徳之島（分）	〒 891-7101 大島郡徳之島町亀津 553-1 0997-82-1438	大島郡のうち徳之島町、天城町、伊仙町

4612	指　　宿	〒891-0404 指宿市東方 9489-11 0993-22-4135	指宿市、南九州市のうち頴娃町
沖　縄			
4701	那　　覇	〒900-8601 那覇市おもろまち 1-3-25 沖縄職業総合庁舎 098-866-8609	那覇市、浦添市、糸満市、豊見城市、南城市、島尻郡（名護公共職業安定所の管轄区域を除く。）、中頭郡のうち西原町
	ハローワークプラザ那覇	〒900-0021 那覇市泉崎 1-20-1 カフーナ旭橋 A 街区 6 階 098-867-8010	
4702	沖　　縄	〒904-0003 沖縄市住吉 1-23-1 沖縄労働総合庁舎１・２階 098-939-3200	沖縄市、宜野湾市、うるま市、中頭郡（那覇公共職業安定所の管轄区域を除く。）、国頭郡のうち金武町、宜野座村、恩納村
	ハローワークプラザ沖縄	〒904-0004 沖縄市中央 2-28-1 沖縄市雇用促進等施設 3 階 098-939-8010	
4703	名　　護	〒905-0021 名護市東江 4-3-12 0980-52-2810	名護市、国頭郡（沖縄公共職業安定所の管轄区域を除く。）、島尻郡のうち伊是名村、伊平屋村
4704	宮　　古	〒906-0013 宮古島市平良字下里 1020 0980-72-3329	宮古島市、宮古郡
4705	八 重 山	〒907-0004 石垣市字登野城 55-4 石垣市合同庁舎 1 階 0980-82-2327	石垣市、八重山郡

－わかりやすい年度更新の手続－

労働保険の手引　令和６年度版

2024 年　3 月 26 日　初版

著　　者　株式会社労働新聞社

発 行 所　株式会社労働新聞社
〒 173-0022　東京都板橋区仲町 29-9
TEL：03-5926-6888（出版）　03-3956-3151（代表）
FAX：03-5926-3180（出版）　03-3956-1611（代表）
https://www.rodo.co.jp　　pub@rodo.co.jp

表　　紙　尾﨑　篤史

印　　刷　株式会社ビーワイエス

ISBN 978-4-89761-972-9